闽南师范大学学术著作出版专项经费资助

混合式教学环境下教育数据分析

刘冰 著

厦门大学出版社 国家一级出版社
XIAMEN UNIVERSITY PRESS 全国百佳图书出版单位

图书在版编目(CIP)数据

混合式教学环境下教育数据分析 / 刘冰著. -- 厦门：厦门大学出版社，2024.9
ISBN 978-7-5615-9296-0

Ⅰ.①混… Ⅱ.①刘… Ⅲ.①教育研究-数据处理-研究 Ⅳ.①G40-059.9

中国国家版本馆CIP数据核字(2024)第029174号

责任编辑　眭　蔚　陈玉环
美术编辑　张雨秋
技术编辑　许克华

出版发行　厦门大学出版社
社　　址　厦门市软件园二期望海路39号
邮政编码　361008
总　　机　0592-2181111　0592-2181406(传真)
营销中心　0592-2184458　0592-2181365
网　　址　http://www.xmupress.com
邮　　箱　xmup@xmupress.com
印　　刷　厦门市明亮彩印有限公司

开本　787 mm×1 092 mm　1/16
印张　16
字数　400 千字
版次　2024 年 9 月第 1 版
印次　2024 年 9 月第 1 次印刷
定价　48.00 元

本书如有印装质量问题请直接寄承印厂调换

前言

混合式教学是一种将线上和线下教学活动有效融合的教学模式,旨在提高教学效果和学习体验。混合式教学在国内外已经得到了广泛的应用和研究,尤其是在新冠疫情的影响下,这种新型的教学方式已经成为教育领域一种重要的应对策略。混合式教学不仅为教师和学习者提供了更多的教学选择和学习机会,也为教育数据分析提供了更多的数据来源和应用场景。教育数据分析是一种利用科学的方法和技术,对教育领域的各类数据进行收集、处理、分析、挖掘和可视化,以提高教育质量和效率,促进个性化学习,辅助教育决策和评估的研究活动。过去几年混合式教学得到广泛开展,同时也在教学平台上留下了海量的教育数据。如何有效利用这些教育数据为教学服务,是广大教育工作者面临的一项挑战。

本书的写作背景是信息技术与教育改革相互推动、相互融合的时代。党的二十大报告对办好人民满意的教育做出重要部署,强调要"推进教育数字化"。《人民日报》刊登的文章《以数字化开辟教育发展新赛道》指出,"通过教育数字化,我们的学习将融合物理空间、社会空间和数字空间,构建以学习者为中心的教育教学场景,培育跨班级、跨年级、跨学科、跨时空的学习共同体,形成以数据驱动大规模因材施教为核心的教学新范式"(李永智,2023)。在这样的大环境下,混合式教学和数据分析已经成为推进教育数字化的有效手段和重要工具。通过有效利用线上线下资源和活动进行数据采集与数据分析,我们可以评估混合式教学的教学质量和学习效果,监测和评价学习过程和成果,支持个性化学习和指导,保护数据安全和隐私等。

本书旨在系统地探讨混合式教学环境下教育数据分析的理论、方法、实践和发展趋势,为构建以数据驱动的个性化教学新范式,推进教育数字化转型提供理论与实践参考。为此,我们需要从理论上进行深入探讨,从方法上进行创新尝试,并在实践中进行有效验证。全书分为10章。

1~3内容包括混合式教学环境下教育数据分析的关联理论要素,主要介绍了混合式教学、教育数据和学习分析(learning analytics,LA)等相关理论知识,为后续的方法篇和实践篇提供了理论基础。

1 介绍了混合式教学的概念及特征、混合式教学的演变过程、混合式教学的优势与不足,以及从物理特性维度和教学特性维度进行分类的混合式教学模式,并阐述了混合式教学设计与实施的4个步骤。

2 介绍了教育数据的定义和分类,以及教育数据的应用,并介绍了教育数据素养和教育数据伦理两个重要话题,同时构建了混合式教学环境下教育数据分析框架。

3 介绍了学习分析的定义和内涵、类型以及机遇与挑战,学习分析理论基础,并阐述了学习分析模型、学习者画像(learner profile),以及学习分析在大规模在线开放课程(massive open online course,MOOC)上的应用。

4~6 内容包括混合式教学环境下研究者数据分析时可以借助的技术手段或方法,主要介绍了教育数据采集和预处理、教育数据分析方法、教育数据挖掘(educational data mining,EDM)等内容。

4 介绍了教育数据来源、教育数据采集的概念和技术,并说明了这些技术的优缺点和适用场景。同时介绍了数据采集的质量和标准,以及数据预处理的概念和步骤,并给出了相应的示例。

5 介绍了教育数据分析的定量与定性方法,包括描述性统计分析、相关性分析、回归分析、访谈法、观察法、文本分析和情感分析等,并给出了相应的示例。

6 介绍了教育数据挖掘的定义、任务、功能、过程和应用领域,常用的数据挖掘方法,如预测、聚类、关系挖掘等,以及数据挖掘工具和可视化工具,并给出了相应的示例。

7~10 内容包括混合式教学环境下学习者的情感态度(如学习态度等)、学习行为(如参与、互动等)和学习支持(如个性化教学策略等)3个方面的实践案例,主要介绍了大学生学习态度的调查研究、互动行为研究、基于学习者画像的个性化教学策略研究等内容。

7 设计与实施了一项基于问卷调查的实证研究,旨在探索混合式教学环境下大学生的学习态度,包括对混合式教学的认知、情感和行为等方面的态度。

8 设计与实施了多项基于观察法、文本分析和社会网络分析(social network analysis,SNA)等的实证研究,旨在探索混合式教学环境下师生的互动行为,包括在线互动行为和课堂互动行为。

9 设计与实施了一项基于数据挖掘的实证研究,旨在探索混合式教学环境下如何基于学习者画像设计和实施个性化教学策略。

此外,10 介绍了在新技术不断发展和新需求不断涌现的背景下,混合式教学环境下的教育数据分析所面临新的机遇和挑战,以及如何应对这些机遇和挑战,以期为教育数字化转型的不断深化和完善提供更多的思考和探索。例如,混合现实(mixed reality,MR)技术、人工智能(artificial intelligence,AI)技术、GPT(generative pretrained transformer)大模型技术、移动学习(mobile learning,M-learning)技术、区块链技术等新技术对教育数据分析有哪些影响;如何在保护个人隐私和数据安全的前提下,实现跨学科、跨平台的教育数据共享与合作;如何在遵守数据伦理和法律规范的基础上,保障教育数据分析的公平性、透明性和可解释性等。这些问题需要我们持续关注和研究,以期为混合式教学环境下的教育数据分析提供更多的理论指导、方法支持和实践参考。

笔者作为福建省线上线下混合式一流本科课程"现代教育技术应用"的负责人,多年来一直与课程教学团队共同进行混合式教学改革实践。这些实践经验对于本书的撰写起到了至关重要的作用。书中所涉及的案例和数据大多来源于该课程的教学实践,具有一定的实用性和代表性。该书成书过程历时两年多,经历了诸多波折,特别是在新冠疫情的影响下,混合式教学的形式和内容都发生了很大的变化,给本书的撰写带来了不少困难和挑战,同时也为本书的撰写提供了不少机遇和启发。另外,该书作为福建省2023社会科学基金一般项目"混合式教学环境下基于学习者画像的精准教学模式研究"(FJ2023B022)的部分研究成果,得到了闽南师范大学教育与心理学院的大力支持,获得了教育学一级学科建设专项资助,这为其顺利出版提供了有力的保障。感谢参与该课程教学团队的教师,他们在混合式教学的设计、实施、评价和改进中做出了重要的贡献。同时感谢参与该课程学习的所有学生,他们在混合式教学中展现了积极主动、探索创新、合作分享的精神,他们的反馈和建议也为该书的撰写提供了宝贵的数据和信息。

本书不仅为混合式教学的设计者和实施者提供了宝贵的资源,帮助他们通过教育数据分析来优化教学策略,还为教育工作者和学习者揭示了数据分析在教育中的重要性,让他们了解并掌握教育数据分析的基本知识和技能,提升其在混合式教学环境下的学习能力。此外,本书也为从事教育数据分析研究的学者们提供了丰富的理论和实践参考,促进该领域研究的深入发展。

本书是笔者对国家教育数字化战略的积极参与和支持,也是与广大教育工作者和研究者共同探索教育数字化转型的过程和成果。期待通过数据深度赋能,实现个性化教育的新模式,为教育发展和社会进步做出贡献。本书虽经过反复修改和校对,但仍不免存在疏漏和错误之处,恳请读者批评指正。

刘 冰
2023 年 11 月

目　录

1　混合式教学 ··· 1
　1.1　混合式教学概述 ·· 1
　　1.1.1　混合式教学的概念及特征 ·· 1
　　1.1.2　混合式教学的演变过程 ··· 2
　　1.1.3　混合式教学的优势与不足 ·· 3
　1.2　混合式教学设计 ·· 4
　　1.2.1　混合式教学模式的分类 ··· 4
　　1.2.2　混合式教学设计与实施步骤 ·· 6

2　教育数据 ··· 8
　2.1　教育数据的定义与分类 ··· 8
　　2.1.1　教育数据的定义 ··· 8
　　2.1.2　教育数据的分类 ··· 10
　2.2　教育数据的应用 ··· 15
　　2.2.1　实现个性化学习 ··· 15
　　2.2.2　辅助教师进行教学设计 ··· 17
　　2.2.3　为教育工作者提供教育决策 ·· 20
　2.3　教育数据素养 ·· 23
　　2.3.1　数据素养与教育数据素养 ··· 24
　　2.3.2　教育数据素养能力框架 ··· 24
　　2.3.3　教育数据素养能力框架对教育工作者的启示 ······················· 30
　2.4　教育数据伦理 ·· 31
　　2.4.1　数据伦理的定义 ··· 32
　　2.4.2　教育数据伦理需要关注的关键问题 ·································· 33
　2.5　混合式教学环境下教育数据分析框架 ···································· 37

3　学习分析 ·· 40
　3.1　学习分析概述 ·· 40
　　3.1.1　学习分析的定义和内涵 ··· 40

  3.1.2 学习分析的类型 ····· 43
  3.1.3 学习分析的机遇与挑战 ····· 45
 3.2 学习分析理论基础 ····· 47
  3.2.1 数据科学为精准刻画学习者提供了技术支持 ····· 47
  3.2.2 学习理论为学习分析提供了研究和实践的指导与支持 ····· 48
  3.2.3 多模态学习分析弥补了传统学习分析的不足 ····· 49
 3.3 学习分析模型 ····· 50
  3.3.1 学习分析过程性模型 ····· 50
  3.3.2 学习分析框架性模型 ····· 54
 3.4 学习者画像 ····· 57
  3.4.1 学习者画像概述 ····· 57
  3.4.2 学习者画像标签结构维度 ····· 59
  3.4.3 学习者画像类型 ····· 60
 3.5 学习分析与MOOC ····· 64
  3.5.1 MOOC简介 ····· 64
  3.5.2 从MOOC到学习分析 ····· 67
  3.5.3 MOOC平台上的学习分析工具 ····· 70

4 教育数据采集和预处理 ····· 74
 4.1 教育数据来源 ····· 74
  4.1.1 学生学习记录 ····· 74
  4.1.2 在线教学平台数据 ····· 76
  4.1.3 问卷调查数据 ····· 77
  4.1.4 观察数据 ····· 78
 4.2 教育数据采集 ····· 79
  4.2.1 概述 ····· 79
  4.2.2 教育数据采集技术 ····· 81
  4.2.3 教育数据采集的质量和标准 ····· 84
 4.3 数据预处理 ····· 87
  4.3.1 数据清洗和筛选 ····· 87
  4.3.2 数据集成 ····· 89
  4.3.3 数据转换 ····· 91
  4.3.4 数据归约 ····· 91

5 教育数据分析方法 ····· 93
 5.1 定量分析方法 ····· 93
  5.1.1 描述性分析 ····· 93
  5.1.2 相关性分析 ····· 100

5.1.3　回归分析 ··· 104
　5.2　定性分析方法 ·· 110
　　　5.2.1　访谈法 ··· 110
　　　5.2.2　观察法 ··· 111
　　　5.2.3　文本分析 ··· 113
　　　5.2.4　情感分析 ··· 120

6　教育数据挖掘 ·· 122
　6.1　教育数据挖掘概述 ·· 122
　　　6.1.1　定义 ·· 122
　　　6.1.2　数据挖掘的任务和功能 ·· 123
　　　6.1.3　数据挖掘的过程 ·· 124
　　　6.1.4　应用领域 ··· 125
　6.2　教育数据挖掘的主要方法 ·· 126
　　　6.2.1　预测 ·· 126
　　　6.2.2　聚类 ·· 132
　　　6.2.3　关系挖掘 ··· 136
　6.3　数据挖掘与可视化工具的应用 ··· 144
　　　6.3.1　数据挖掘工具介绍与比较 ··· 144
　　　6.3.2　数据可视化工具与技术 ·· 154

7　混合式教学环境下大学生学习态度的调查研究 ································· 158
　7.1　研究背景 ··· 158
　　　7.1.1　学习态度的相关理论 ··· 158
　　　7.1.2　学习态度量表的编制 ··· 159
　　　7.1.3　研究现状 ··· 159
　7.2　研究设计 ··· 160
　　　7.2.1　问卷设计 ··· 160
　　　7.2.2　研究对象 ··· 161
　　　7.2.3　数据收集与处理 ·· 161
　7.3　结果分析 ··· 161
　　　7.3.1　项目分析与探索性因子分析 ·· 161
　　　7.3.2　验证性因子分析 ·· 163
　　　7.3.3　信度和效度检验 ·· 163
　　　7.3.4　影响大学生学习态度的人口统计学因素分析 ························· 163
　7.4　结论与建议 ·· 166
　　　7.4.1　结论 ·· 166
　　　7.4.1　建议 ·· 166

8 混合式教学环境下互动行为研究 168
8.1 研究背景 168
8.1.1 在线互动和课堂互动 168
8.1.2 师生互动行为 170
8.2 研究设计与实施 172
8.2.1 研究工具 172
8.2.2 课程简介 175
8.2.3 实施过程 176
8.3 课堂教学行为分析 177
8.3.1 编码规则与编码步骤 177
8.3.2 课堂师生互动行为分析 178
8.3.3 课堂师生互动行为序列分析 183
8.3.4 研究结论与建议 186
8.4 在线互动行为分析 187
8.4.1 人机互动 187
8.4.2 人际互动 191
8.4.3 结论与建议 195
8.5 在线学习互动行为与课堂学习互动行为的有效融合 196

9 混合式教学环境下基于学习者画像的个性化教学策略研究 197
9.1 研究背景 197
9.1.1 学习者画像 197
9.1.2 个性化学习 198
9.2 研究设计 199
9.2.1 基于学习者画像的个性化教学设计框架 199
9.2.2 学习者画像模型的构建 200
9.2.3 样本选择和数据收集 201
9.2.4 基于学习者画像的个性化教学策略 202
9.2.5 研究实施过程 204
9.3 结果 204
9.3.1 学习者画像的输出 204
9.3.2 不同群体学习者特征 205
9.3.3 基于学习者画像的个性化教学策略的应用 208
9.4 结论与启示 212
9.4.1 结论 212
9.4.2 启示 213
9.4.3 局限性与未来研究 213

10 混合式教学环境下教育数据分析的未来发展趋势 …… 214
10.1 新技术的发展对教育数据分析的影响 …… 214
10.1.1 混合现实技术 …… 214
10.1.2 人工智能技术 …… 217
10.1.3 GPT 大模型技术 …… 218
10.1.4 移动学习技术 …… 219
10.1.5 区块链技术 …… 221
10.2 教育数据伦理与法律规范 …… 222
10.2.1 教育数据分析的伦理问题 …… 222
10.2.2 教育数据法律制度与规范 …… 225
10.2.3 教育数据伦理的挑战 …… 227
10.3 教育数据共享与合作 …… 228
10.3.1 跨学科数据整合与应用 …… 228
10.3.2 跨国教育数据共享的挑战与机遇 …… 229
10.3.3 国际合作与标准化的推动 …… 230

参考文献 …… 231
后　　记 …… 241

1 混合式教学

混合式教学是一种新兴的教学模式,它结合了在线教学和面授教学的优势,为学生提供了更加丰富、个性化、高效的学习体验。本章主要介绍了混合式教学的概念、特征、演变、优势与不足等内容,并阐述了混合式教学模式的分类以及混合式教学设计与实施步骤。

1.1 混合式教学概述

1.1.1 混合式教学的概念及特征

1. 混合式教学的概念

混合式教学是一种基于建构主义学习理论的教学模式,它将在线教学与面授教学有机地结合起来,形成一个整体的教学系统。混合式教学强调以学生的学习为中心,利用信息技术和移动设备创造多元化、个性化、高度参与性的学习体验,旨在增强学生的自主学习、协作学习、探究学习和创新能力,提高教与学的效果和质量。

混合式教学的概念并不是单一的,而是有多种解释和理解。不同的研究者或机构根据不同的目的、背景、理论和实践,对混合式教学给出了不同的定义。例如:美国培训与发展协会(American Society for Training and Development,ASTD)定义混合式教学为"将不同的事件类型(如虚拟课堂、自我研究、现场课堂等)结合起来以创建最佳的培训计划"。美国斯隆联盟(Sloan Consortium)定义混合式教学为"将在线学习和面对面教学模式结合起来,在线至少占25%,以利用在线学习模式所具有的独特优势"。李克东和赵建华(2004)认为"混合学习是在在线学习反思基础上形成的,可以看作面对面的课堂学习和在线学习两种形式的有机整合。其核心思想是根据不同问题、要求,采用不同的方式解决问题,在教学上就是采用不同的媒体与信息传递方式进行学习,而且这种解决问题的方式要求付出的代价最小,而取得效益最大"。何克抗(2004)定义混合式教学为"把传统教学方式的优势和网络化教学的优势结合起来,既发挥教师引导、启发、监控教学过程的主导作用,又充分体现学生作为学习过程主体的主动性、积极性与创造性"。从上述不同的定义中可以看出,混合式教学有以下几个共同点:

① 混合式教学是一种有效融合在线教学与面授教学的教学模式,不是简单地将两种方

式叠加或拼接,而是要在理论和实践上进行有机结合和互动协作,使两种方式相互补充、相互促进。

② 混合式教学是一种灵活多变的教学模式,没有统一的标准和规范,可以根据不同的目标、内容、对象、环境等因素进行设计和实施。混合式教学可以涵盖多种形式、策略、方法、组织形式等,如讲授式、讨论式、研究式、案例式、在线学习、翻转课堂等。

③ 混合式教学是一种个性化和多元化的教学模式,能够满足不同类型、水平、兴趣、需求的学生的个性化和差异化学习。混合式教学通过网络平台提供丰富多样的学习资源和自适应学习功能,使学生可以自主选择和安排自己的学习内容、进度、方式等。同时,混合式教学通过线下课堂提供面对面的交流研讨和指导反馈功能,使学生可以与教师和同伴进行有效互动和协作,提高自己的思维能力和社交能力。

2. 混合式教学的特征

① 教学模式的变革与再设计。混合式教学不仅是技术和教学方式的混合,更是教学模式的根本变革与再设计,要求教师根据教学目标、内容、对象、环境等因素,对线上和线下的教学内容、过程、评价等方面进行有效对接和整合,形成一个完整的教学系统。

② 教与学的关系重构。混合式教学改变了传统教与学的关系,使教师从知识传授者转变为知识建构者、引导者、协作者和评价者,使学生从知识接受者转变为知识建构者、参与者、协作者和评价者。混合式教学强调以学生为中心,促进师生之间、生生之间的互动与协作。

③ 学习体验的丰富与创新。混合式教学利用信息技术和移动设备创造多元化、个性化、高度参与性的学习体验,使学生可以在不同的时间、地点、方式下自主选择和安排学习活动,享受更加灵活、便捷、高效的学习过程。

④ 学习效果与质量的提升。混合式教学旨在增强学生的自主学习、协作学习、探究学习和创新能力,提高教与学的效果和质量。研究表明,混合式教学相比传统教学或纯在线教学,更能提高学生的知识掌握水平、理解能力、应用能力和满意度。

1.1.2 混合式教学的演变过程

冯晓英等(2018)认为,混合式教学的概念应包括物理特性和教学特性两个维度,其概念的演变可以划分为 3 个阶段,如表 1-1 所示。

表 1-1 混合式教学概念演变的 3 个阶段

项目	技术应用阶段	技术整合阶段	"互联网+"阶段
物理维度	在线与面授的结合	明确在线的比例	移动技术、在线、面授的结合
教学维度	技术的应用	教学策略与方法的混合	学习体验
关注重点	信息技术	交互	以学生为中心
关注角度	技术的视角	教师的视角	学生的视角

1. 技术应用阶段(20 世纪 90 年代末—2006 年)

技术应用阶段的混合式教学主要强调其物理特性,即在线教学与面授教学的结合,糅合了两种各自独立的教学模式。这个阶段的混合式教学也主要被理解为一种新的学习方式,重点强调技术在教与学中的核心作用。人们将混合式教学看作是纯面授教学与纯在线教学之间的过渡阶段,是二者基于信息技术的简单结合,而技术应用的多少成为关键划分标准。

2. 技术整合阶段(2007—2013年)

技术整合阶段的混合式教学开始更加清晰地界定在线与面授的比例,将其作为一种独立的教学模式,而不是一种过渡性的教学模式来看待。这个阶段的混合式教学也开始更多地从教学策略、教学方法的角度界定和关注混合式教学,关注在线与面授相结合的混合式学习环境下的教学设计。这个阶段的混合式教学概念重点关注"交互",关注混合式学习环境给交互带来的变化,以及相应教学设计的改变。人们将混合式教学看作是"教学模式的根本变革与再设计",并提出了混合式教学的3个特征:由以教师为中心转向以学生为中心;增强了学生与学生、学生与教师、学生与内容、学生与外部资源之间的交互;采用形成性评价与总结性评价相结合的评价机制。

3. "互联网+"阶段(2013年以后)

"互联网+"阶段的混合式教学受到迅猛发展的互联网与移动技术和"互联网+"时代的影响,有了新发展。在物理特性维度,移动技术的应用被正式纳入混合式教学的概念中,混合式教学由"在线教学与面授教学的混合",演变为"基于移动通信设备、网络学习环境与课堂讨论相结合的教学情境"。在教学特征维度,混合式教学被重新理解为一种新的"学习体验",人们对混合式教学的理解终于落到了学生视角,开始关注混合式教学带给学生的改变、对学生学习的支持。越来越多的学者指出,混合式教学并不是简单的技术混合,而是为学生创造一种真正高度参与性的、个性化的学习体验。这个阶段的混合式教学概念强调的重点是"以学生为中心"。人们将混合式教学看作是"以学生为中心"的学习环境下教学与辅导方式的混合。

总之,混合式教学概念的演变经历了从技术应用到技术整合,再到"互联网+"的3个阶段,是对混合式教学物理特性的关注逐渐弱化,而对其教学特性逐渐强化的过程。这一过程反映了混合式教学的理论和实践的不断发展和创新,也为混合式教学的未来提供了更多的可能性和挑战。

1.1.3 混合式教学的优势与不足

混合式教学作为一种有效融合在线教学与面授教学的教学模式,相对于传统课堂教学,具备了一些显著的优势,但也存在一些不足和挑战。本节将从以下几个方面分析混合式教学的优势与不足。

1. 混合式教学的优势

混合式教学能够充分发挥在线教学与面授教学各自的优势,实现优势互补,提高教与学的效果和质量。具体来说,混合式教学具备以下几个方面的优势:

① 满足个性化和差异化的学习需求。混合式教学能够充分利用网络技术提供的丰富多样的学习资源和自适应学习功能,使不同类型、水平、兴趣、需求的学生都能找到适合自己的学习内容、进度、方式等,实现个性化和差异化的学习。

② 形成完整的教学系统。混合式教学能够结合线上和线下的教学内容、过程、评价等

方面,实现有效的对接和整合,避免重复或冲突,形成一个完整的教学系统。在线上,学生可以通过网络平台获取知识、进行练习、参与讨论等;在线下,学生可以通过面授课堂进行交流研讨、展示汇报、指导反馈等。

③ 促进主动建构、协作交流和深度思维。混合式教学能够激发学生的自主性、积极性和创造性,促进学生的主动建构、协作交流和深度思维。在线上,学生可以根据自己的兴趣和需求选择和安排自己的学习活动,进行自主探究和创新实践;在线下,学生可以与教师和同伴进行有效互动和协作,进行批判性思维和问题解决。(马健云,2018)

④ 提高教师的教学效率和质量。混合式教学能够提高教师的教学效率和质量,使教师能够根据学生的学习数据进行及时地诊断、反馈和调整。在线上,教师可以通过网络平台发布课程资源、布置作业、监测进度等;在线下,教师可以通过面授课堂进行引导启发、示范操作、评价改进等。

2. 混合式教学的不足

尽管混合式教学具有很多优势,但也存在一些不足和挑战。具体来说,混合式教学面临以下几个方面的问题:

① 网络条件和设备支持不足。混合式教学对网络条件和设备支持要求比较高,需要保证在线教学的稳定性和可靠性。然而,由于网络技术的不完善或不均衡,可能存在技术故障或网络不稳定等问题,影响教学效果。

② 教师素养和专业能力不足。混合式教学需要较高的教师素养和专业能力,要求教师能够熟练运用网络技术,设计和实施有效的混合式教学方案。然而,由于教师的知识结构、思维方式、教学理念等方面的局限,可能存在对网络技术的抵触或不适应,影响教学质量。

③ 学生自律和责任感不足。混合式教学需要学生具备较高的自律和责任感,要求学生能够自主安排和管理自己的在线学习,避免分心或放弃。然而,由于学生的心理特点、学习习惯、动机水平等方面的差异,可能存在对在线学习的厌倦或逃避,影响学习效果。

④ 沟通和协作能力不足。混合式教学需要较高的沟通和协作能力,要求教师和学生能够在线上和线下进行有效的互动和协作,解决可能出现的问题或冲突。然而,由于文化背景、语言表达、情感态度等方面的差异,可能存在沟通障碍或协作困难,影响教与学的关系。

1.2 混合式教学设计

1.2.1 混合式教学模式的分类

混合式教学模式是指在混合式教学环境下,教师和学生采用的教学方式和学习方式的组合。混合式教学模式的选择和设计,不仅取决于教师的教学目标和理念,也取决于学生的学习需求和特点,以及课程的性质和内容。关于混合式教学模式的研究有很多种,如 Valiathan(2002)提出的技能驱动型模式、态度驱动型模式和能力驱动型模式。技能驱动型模式是在学生自主学习的基础上,教师给予在线指导,学生之间、师生之间通过信息技术实现交互;态度驱动型模是指面授学习与在线学习相结合;能力驱动型模是指以互联网为媒介,师生共同探究生成对知识的理解。此外,美国的两名学者 Barnum 和 Paarmann(2002)则提出了四阶段混合教学模式,包括基于网络的传输、面对面学习、解决方案、协作延伸学习。还有 Beatty(2019)提出的 HyFlex 模式,其模式的特点是在整个课程的学习中,同时提供在线学习和课堂面对面学习的机会,是在课堂学习还是在线学习则由学生来选择。

可见,混合式教学模式是多样化、灵活化、个性化的,没有一种固定的、最佳的、适用于所有情境的模式。但是,我们可以根据混合式教学的物理特性和教学特性两个维度,对混合式教学模式进行分类和分析,以便更好地理解和运用混合式教学(冯晓英,2018)。

1. 从物理特性维度进行分类

从物理特性维度,我们可以根据不同学习方式在混合式教学中所占的比重,将混合式教学模式分为三类。

(1) 线下主导型混合式教学

这种模式以面授的现场教学、交流、讨论为主导,基于在线和移动技术的教学为辅。在这种模式中,在线教学和移动学习方式主要用于呈现、扩展教学资源。这种模式适用于那些需要强调现场互动、实践操作、情感交流等方面的课程,或者那些存在在线资源较少、网络条件较差、设备支持较弱等情况的课程。

(2) 线上主导型混合式教学

这种模式以在线教学和移动学习的自主学习为主,面授的现场教学和讨论为辅。这种模式通常采用模块化的设计,即面授(工作坊)＋数周的在线学习和讨论＋面授(工作坊)的结构。这种模式适用于那些需要强调自主学习、知识探究、在线资源丰富的课程,或者那些现场教学时间受到限制的课程。

(3) 完全融合型混合式教学

这种模式将线下现场的面授教学、基于网络的在线教学、移动学习三种方式完全融合,无缝连接。这种模式打破了模块式的教学设计,更加注重整合不同方式的教学内容和过程,形成一种统一的教学系统。这种模式是混合式教学的最高形式,能够充分发挥每种方式的优势,实现教与学的最佳效果。这种模式适用于那些需要强调多元化、个性化、高度参与性的学习体验的课程,或者那些网络条件和设备支持较好的课程。

2. 从教学特性维度进行分类

从教学特性维度,我们可以根据所采用的教学法,将混合式教学模式分为三类。

(1) 讲授式混合教学

在这种模式下,教师主要采用讲授式教学法。教师无论通过现场讲授,还是通过在线的讲座视频,或是移动终端的微课视频的形式传递知识,学生都是通过聆听教师讲座(视频)和完成作业的方式,被动地参与学习。这种模式适用于那些需要强调知识传授、理论阐释、基础知识巩固等方面的课程,或者适用于那些学生基础较弱、自主学习能力较低等情况下的课程。

(2) 自主式混合教学

在这种模式下,学生主要通过自主学习的形式,学习在线或移动终端的学习资源,参与面授现场的教学和交流,参与在线论坛或移动终端的交流讨论等。学生根据自己的学习步调,基于混合式的学习环境,进行主动的自主学习。这种模式适用于那些需要强调自主探究、知识构建、个性化选择等方面的课程,或者适用于那些学生基础较好、自主学习能力较高等情况下的课程。

（3）交互/协作式混合教学

在这种模式下,教师为学生设定一定的学习活动和任务,创设恰当的学习情境,支持学生在与同伴的交流与协作过程中,共同形成对问题的理解或形成对任务的解决方案。在这个过程中,教师根据需要选择恰当的学习方式（如面授、在线教学、移动学习）来支持学生的交互与协同知识建构。这种模式适用于那些需要强调交互性、协作性、创新性等方面的课程,或者适用于那些学生具有较高的社会化和沟通能力等情况下的课程。

1.2.2　混合式教学设计与实施步骤

混合式教学设计与实施是指在混合式教学环境下,根据教学目标、内容、对象、方法和评价等要素,有计划地组织和实施混合式教学活动的过程。混合式教学设计与实施是混合式教学的核心环节,也是混合式教学的难点和重点。混合式教学设计与实施需要遵循以下几个步骤。

1. 分析教学情境

为了了解教学的背景、目的、对象、条件等因素,为后续的教学设计提供依据,需要分析教学情境。具体来说,主要包括以下几个方面：

① 分析课程特点。课程特点是指课程的性质、目标、内容、结构、难度等方面,它决定了课程适不适合采用混合式教学模式,以及应该采用什么样的混合比例和方式。

② 分析学习者特征。学习者特征是指学习者的年龄、性别、基础知识储备、兴趣、动机、自主学习能力、网络使用能力等方面,它决定了学习者对混合式教学的接受度和适应度,以及需要什么样的支持和引导。

③ 分析教师角色。教师角色是指教师在混合式教学中承担的职责和任务,以及需要具备的知识和技能。教师角色在混合式教学中发生了变化,从传统的知识传授者变成了知识建构者、协作促进者、资源提供者、评价反馈者等。

④ 分析资源条件。资源条件是指混合式教学所需的硬件设备、软件平台、网络环境、人力支持等方面,它决定了混合式教学的可行性和质量。

2. 设计教学方案

根据分析得到的信息,制定具体的混合式教学方案,包括以下几个方面：

① 确定教学目标。教学目标是指混合式教学所期望达到的效果,包括知识技能目标、过程方法目标和情感态度目标等。确定教学目标要符合课程标准和素质教育要求,同时要考虑混合式教学的特点和优势。

② 选择教学内容。教学内容是指混合式教学所涉及的知识点、概念、原理、方法等。选择教学内容要根据课程特点和教学目标,同时要考虑不同的混合方式对内容呈现和组织的影响。

③ 安排教学活动。教学活动是指混合式教学中线上和线下所进行的各种互动和协作。安排教学活动要根据不同的线上线下场景,设计适当的任务和策略,激发学生的主动性和创

造性,促进知识建构和能力发展。

④ 设计评价方式。评价方式是指混合式教学中对学生的学习效果和过程进行检测和反馈的方法。设计评价方式要根据教学目标和内容,同时要考虑不同的线上线下工具和渠道,实现形成性和终结性评价的有机结合。

3. 实施教学过程

根据教学方案,开展具体的混合式教学活动,包括线上教学和线下教学两个方面。

线上教学是指利用网络平台和移动设备,为学生提供在线的学习资源、交流论坛、作业测试等功能。实施线上教学要注意以下几点:

① 提供丰富多样的学习资源,包括文字、图片、音频、视频、动画、模拟等形式,满足不同学习者的需求和偏好。

② 利用网络平台的互动功能,如讨论区、问答区、投票区等,增加学生之间和师生之间的交流和协作,形成在线学习社区。

③ 利用网络平台的评价功能,如自动批改、即时反馈、数据分析等,对学生的在线学习进行监测和指导,提高学习效率和质量。

线下教学是指利用传统的课堂环境,为学生提供面对面的讲授、演示、实验、讨论等活动。实施线下教学要注意以下几点:

① 与线上教学相衔接,回顾和巩固在线学习的内容,解决在线学习中遇到的问题,激发线下教学的兴趣和动机。

② 利用课堂时间进行重点和难点的讲解,引导和启发学生进行深度思考,培养学生的批判性思维和创新能力。

③ 利用课堂空间进行分组合作,安排适当的任务和角色,促进学生之间的互动和协作,培养学生的人际交往和沟通能力。

4. 反思评价结果

根据教学过程中收集到的数据和信息,对混合式教学的效果和问题进行分析和评价,包括以下几个方面:

① 反思评价目标。评价目标是指混合式教学所要达到的标准和期望,包括对教师、学生、课程等方面的要求。反思评价目标要明确具体可量化,同时要与教学目标相一致。

② 反思评价内容。评价内容是指混合式教学中需要关注和考察的方面,包括对教师、学生、课程等方面的表现。反思评价内容要全面客观公正,同时要与教学内容相匹配。

③ 反思评价方法。评价方法是指混合式教学中采用的收集和分析数据的工具和技术,包括对教师、学生、课程等方面的测量。反思评价方法要科学有效可靠,同时要与教学方法相协调。

④ 反思评价结果。评价结果是指混合式教学中得到的数据和信息,包括对教师、学生、课程等方面的反馈。反思评价结果要及时准确明确,同时要与教学结果相比较。

2 教育数据

教育数据是指与教育活动相关的各种数据,它是教育工作者进行教育研究、教学设计、教育决策的重要依据。教育数据的定义、分类、应用、素养和伦理等方面是本章的主要内容。本章将从教育数据的定义与分类开始,介绍教育数据的基本概念和类型。

2.1 教育数据的定义与分类

2.1.1 教育数据的定义

数据是一些有意义的信息,它可以用来表示事物的特征、状态或关系。数据有助于我们更好地了解事物,并可以作为决策的依据。

数据被认为是推动 21 世纪变革的关键因素之一,通常被称为"数据革命""大数据时代",或者更简单地称为"大数据",该术语用于描述我们在生活的各个方面产生的数据量的巨大增长。大数据可以带来巨大的可能性,从而创造巨大的期望。(Shacklock,2016)

"大数据使您能够通过以更高的量、速度、多样性或准确性对数据进行分析来实现卓越的价值。"IBM(2019)从大数据的 4V 中提取商业价值,总结了这一观点(Mougiakou et al.,2023),如表 2-1 所示。

表 2-1 大数据的 4V 特征

量	可用数据的规模一直在以指数速度增长。"随着数据量的增加,您可以更全面地了解主题的过去、现在和可能的未来"
速度	数据流以前所未有的速度产生。在更高的数据速度下,您可以根据持续更新的实时数据做出决策
多样化	数据以各种格式出现。"有了更多种类的数据,你就能对手头的事情有更细致入微的看法"
准确性	数据准确性不仅指数据集的准确性或真实性,还指数据源、类型和数据处理的可信度。"随着数据准确性的提高,您可以放心地使用最真实、最干净、最一致的数据"

教育数据是指与教育相关的信息。这些数据包括学生的成绩、老师的表现、学校的资源分配等,可以用来帮助管理人员做出更好的决策,改进教学方式和评估教育质量。

在学校环境中,教育数据可以广义地定义为:收集和组织的代表学校某些方面的信息,包括以定性和定量分析方法得出的关于学生、家长、学校和教师的任何相关信息(Lai and Schildkamp,2013)。

正如这个定义所暗示的,教育数据并不局限于学生在考试和测验中的成绩。相反,教育数据包括来自学校内部(学校范围内和课堂教学中)和外部(省市和地区)的各种数据。这个定义可以扩展到高等教育、专业培训机构和政府部门,如图2-1所示(Long and Siemens,2011)。

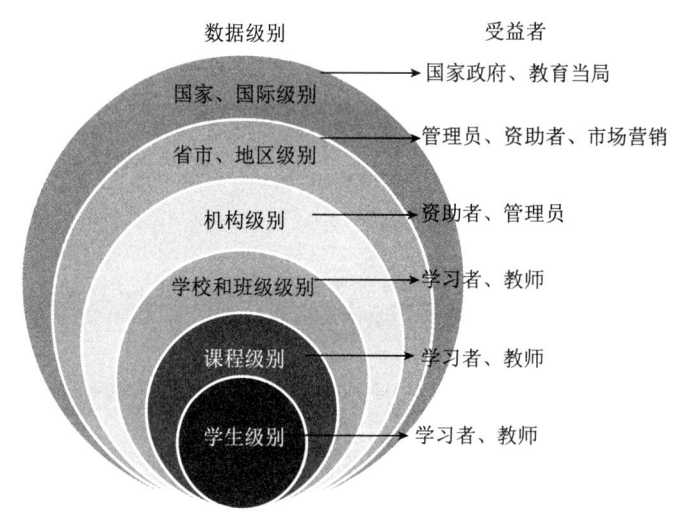

图 2-1 不同级别的教育数据

Ikemoto 和 Marsh(2007)将教育数据分为输入数据(例如,学校开支、学生人口统计)、过程数据(例如,财务操作的数据、教学质量的数据)、结果数据(例如,辍学率、学生测试分数),以及满意度数据(例如,教师、学生、家长或社区的意见)。Lai 和 Schildkamp(2013)扩展了教育数据的分类,提出了一种更广泛的布局,包括上下文数据(例如,课程、学校人力资源、基础设施、财务计划、学校文化)、输入数据(例如,学生特征,如人口统计和先前的学业表现;教师特征,如教师能力、学术资格或专业经验)、过程数据(例如,课程计划、评估方法、教室管理),以及结果数据(例如,学生的成就、幸福感、社交和情感发展)。

在在线教育的背景下,教师和学习者通过网络教学与学习,在数字学习平台上留下了丰富的数据足迹。特别是在新冠疫情暴发期间,大量学生居家隔离,在线教育成为取代学校线下教育的一种主要方式,在线教学得到飞速发展,学习平台上的教育数据呈指数级增长。

教育数据和数据分析技术可以通过识别数据中的模式和趋势,帮助我们更好地了解学习者的活动、行为和偏好,进而帮助我们预测未来可能的结果,并采取措施改善学习者在课程中的体验。因此,在在线课程和混合课程中,教育数据的作用有几个方面,如图2-2所示。

一方面,教学设计者可以使用数据来(重新)设计他们的课程。导师可以使用数据来调整他们的辅导策略和对学习者的支持策略。学校教师可以使用数据来更好地规划课堂内外的活动,并评估学生的学习情况。

图 2-2 教育数据的作用

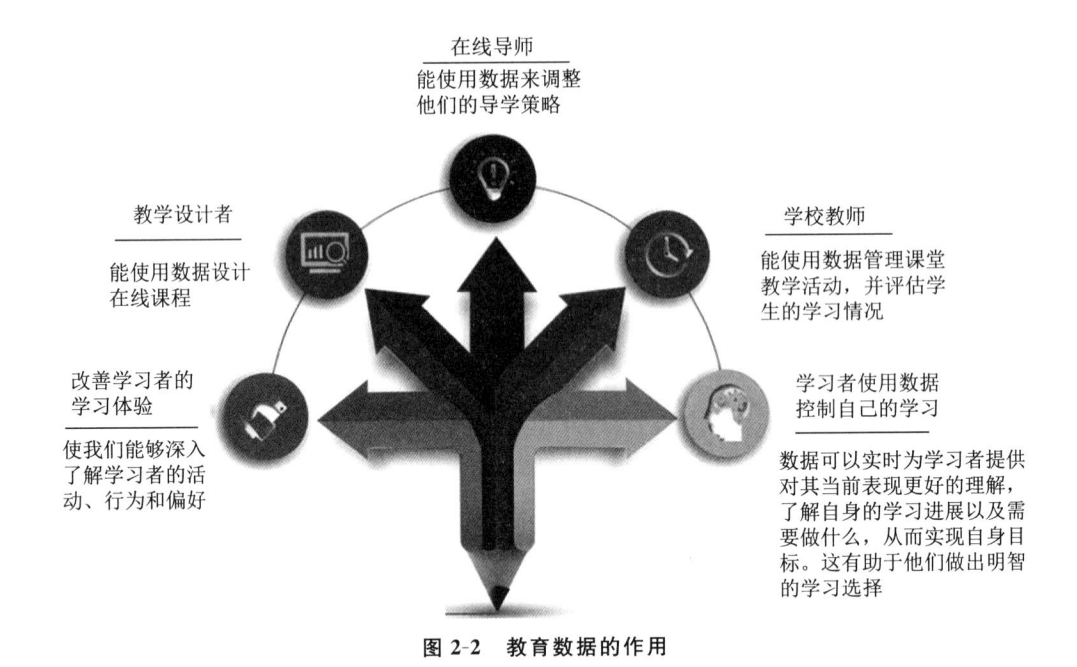

另一方面,数据能使学习者控制自己的学习。当恰当地传递时,数据可以使学习者更好地实时洞察他们当前的学业表现、进步(与同龄人相比),以及提出关于他们需要做些什么来实现学习目标的建议,并帮助他们做出明智的、基于数据的学习选择。

2.1.2 教育数据的分类

教育数据按照不同标准可分为多种不同类型。

1. 按数据来源来划分

根据数据来源的不同,可以将教育数据分为内部数据和外部数据。内部数据是指来自学校内部活动和管理的数据,例如学生成绩、教师考勤、校园管理信息等。外部数据是指来自政府部门、教育机构或其他来源的数据,例如学生人口普查数据、教育质量评估报告等。

2. 按数据性质来划分

根据数据的性质,可以将教育数据分为定性数据和定量数据。定性数据是指非数值型的数据,例如文字描述、观察记录等,这类数据通常难以量化和统计分析。定量数据是指数值型的数据,例如学生成绩、教师工资等,这类数据通常比较容易进行统计分析。它们的功能如表 2-2 所示。

表 2-2 定性和定量教育数据

定性数据	定量数据
定性数据是一种不易被简化为数字的数据。在学校里,定性数据可能来自观察、工作样本、对话和书面文件等	定量数据是能够被简化为一系列数字信息的数据。通过这些信息可以创建均值、方差和总数等

续表

定性数据	定量数据
特别有助于总结快照中的大量信息,跟踪随时间变化的趋势,理解一组参与者到另一组参与者之间的模式和差异	特别有助于探索新出现的问题,提供关于一个复杂问题的丰富描述和背景,并建立可能可以解释的理论以及定量数据中的趋势和模式
帮助我们回答关于什么、如何和为什么会出现这种现象	帮助我们回答关于"多少"等数量问题

3. 按数据产生的流程来划分

根据数据产生的流程,可以将教育数据分为过程性数据和结果性数据。过程性数据包括线上作业、论坛发帖、课堂抢答、线上学习频率和时间等数据,是教育活动过程中采集的数据。结果性数据主要包括各科目的学习成绩、等级、教学成果等数据。

4. 按数据生成可变性来划分

根据数据生成是否可变,可以将教育数据分为静态数据和动态数据。

静态数据是由机构收集、记录和存储的数据,传统上包括学生记录、教职员工数据、财务数据和房地产数据。高等教育机构一直在信息丰富的环境中运营,每天都生成和收集大量数据。以下是高等教育机构每天处理的数据类型:

① 学生记录数据。典型的学生记录可能包括学生姓名、年龄、地址、种族、社会经济地位、学校、平时成绩、所修课程、所学模块、考试成绩、授予的学位和学位分类等详细信息。

② 工作人员数据。各机构拥有关于其工作人员的数据,包括全职和兼职雇员人数、每个级别和每个系内的人数以及工作人员数据。

③ 入学和申请数据。这些记录包括申请该机构的学生人数、录取率和任何扩大参与数据(如种族和社会经济地位)的详细信息。

④ 财务数据。大学拥有关于其财务的数据,包括收入流、支出、预测利润或亏损,这些数据由机构层面、教职员工和学校持有。

⑤ 校友数据。大学保存校友的数据,包括毕业生去向(即就业或继续学习)、当前地址和联系方式,以及之前向该机构捐赠的任何详细信息。

⑥ 课程数据。包括每门课程和每个模块的注册学生数据。

⑦ 教学用房和设施数据。包括校园内房间数量和类型(演讲厅、教室、计算机实验室、科学实验室)的数据,房间容量、设备、住宿、设施和零售等信息。

动态数据是指以更高的频率产生的数据,它们主要与学习者在学习过程中的活动有关。这种数据通常由电子导师、课堂教师通过学习管理系统收集,是学生在与学校互动的方式日益数字化时生成的新型数据。这就是我们所说的"数字足迹"——学生通过在线系统和校园技术与学校互动时留下的数据。例如,要求刷卡进入其建筑物的大学将具有关于每个学生访问校园的频率、他们最频繁访问的建筑物,以及他们最经常在校园内的日期和时间的数据集。

学生每次登录其机构的在线学习系统时,都会创建一组数据,包括登录时间、页面点击量、下载量、访问时间长度和所做评论等。视频和音频讲座(如果可用)也会生成数据,例如,学生收听/观看单个文件的时间、倒带/快进的频率,以及关闭文件和停止收听的时间。

图书馆会记录每个学生借了多少书,提供电子教科书的图书馆还可以收集学生如何使用这些书的数据。例如,当学生使用电子教科书时,他们将生成关于页面点击、阅读速度、文本中的任何突出显示和注释的数据,甚至可能跟踪学生的眼睛落在页面上何处的数据。图2-3 展示了各种常用的静态教育数据和动态教育数据的类型。

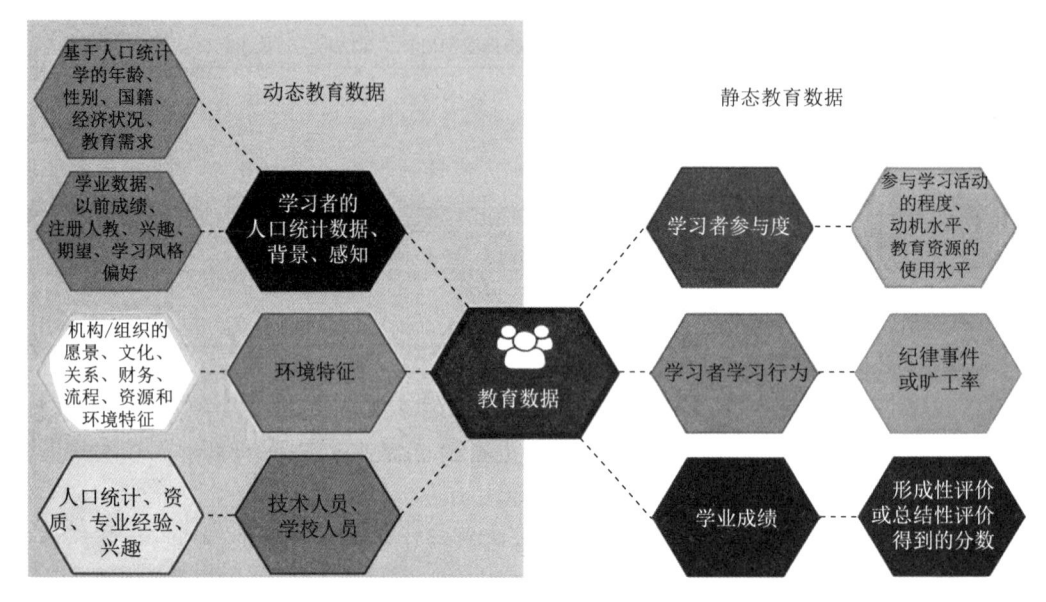

图 2-3　静态教育数据和动态教育数据

Lai 和 Schildkamp(2013)扩展了 Ikemoto 和 Marsh(2007)的教育数据类别,将输入数据、背景数据、过程数据和结果数据包括在内。按照数据分析的先后步骤来呈现收集的教育数据,如图 2-4 所示。

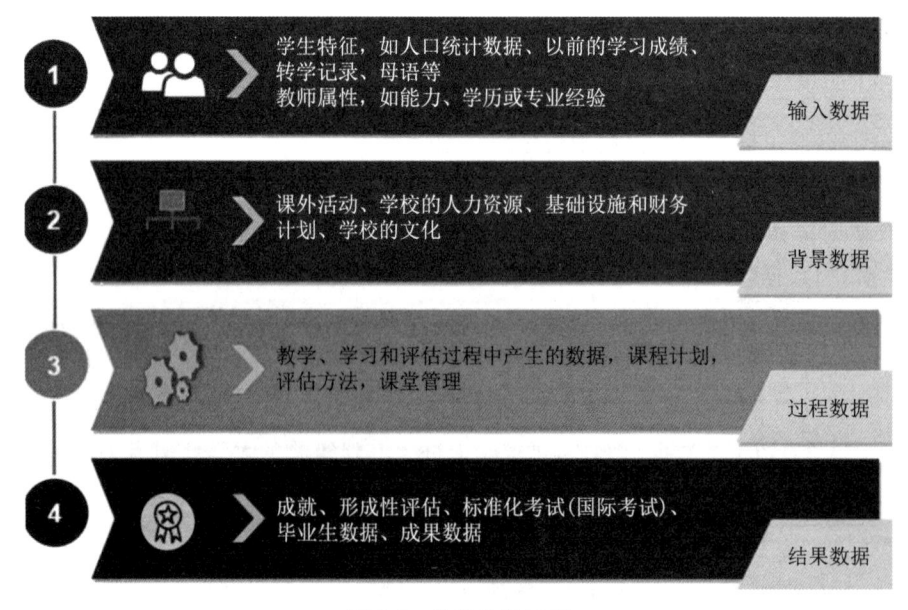

图 2-4　教育数据示例

5. 按教育数据有效性来划分

数据无处不在,但"数据"一词本身常常会引起恐惧或焦虑。数据是信息片段。冰箱里的鸡蛋数量、牛奶的保质期、每个月的电费、员工的出勤率都是数据的例子。教育中的大数据可用于做出有效的决策,促进教育的成功。

数据在用于做出有效、明智的决策时,有助于将学校从当前的现实(无论好坏)转变为一个能够实现更高教育质量和学生成就的地方。学校的许多类型的数据都可用于改进学校的教育。学校中可用的有效数据类型可分为学业成绩数据、非学业数据、程序和系统数据、感知数据等类型。

(1) 学业成绩数据

学业成绩数据是指与学生学业目标的实现和进展相关的信息,具体包括:基准评估、诊断评估、形成性和总结性评估、普通年级水平评估、学生班级平均分、进度及监控数据、学生作品样本、投资组合、作业任务。

(2) 非学业数据

非学业数据是以某种方式影响学生学业成绩的信息或因素,但不是学习成果的直接衡量标准,如:学生出勤率、教师出勤、办公室制度、特殊需求、社会经济状况、流动模式。

(3) 程序和系统数据

程序和系统数据是与工作本身的结构相关的信息,它会影响工作成就和成功。这类数据包括:学习标准、教学期望、课程资源、观察数据、时间表、新教师指导信息、会议议程和纪要、职业发展计划、行为管理计划、学生支持系统信息。

(4) 感知数据

感知数据是与影响成功的文化相关的信息。观点和知觉会影响人们的行为和决定。感知数据包括:学生调查、员工调查、家长调查、社区调查、对话、家长参与信息。

6. 按教育数据的结构来划分

教育数据的结构可划分为四个层次,依次是基础层、状态层、资源层和行为层(杨现民、唐斯斯、李冀红,2016)。基础层主要是指国家教育行政机构发布的相关教育信息,包括学校管理信息、行政管理信息、教育管理信息等,这一系列标准设计的数据都是国家教育的基础性数据;状态层存储的是与教育相关的事物的运行信息,如教育装备、教育环境和教育业务中的设备消耗、故障、运行状况,以及校园空气质量、教学进程等;资源层存储的是各类教学资源,如 PPT 课件、教学视频、教学软件、图片、问题、试题试卷等;行为层存储的是与教育相关的行为用户的行为数据,如学生的学习数据、教师在教学中产生的数据、管理者维护系统时产生的数据和教研员在指导教学过程中产生的数据等。

教育数据的层次不同,数据的采集、生成方式和应用场景也不同,如表 2-3 所示。数据采集的难度按照从上到下的层次依次递增,其中采集行为层次数据的难度是最大的,如果不使用技术工具作为辅导工具,一般情况下无法采集到这类数据。

表 2-3　教育数据采集方式与应用场景比较

数据层次	数据采集方式	数据应用场景
基础层	人工采集、数据交换	宏观掌控教育发展现状、科学制定教育政策、合理配置教育资源、完善教育体系等
状态层	人工记录、传感器感知	教育装备的智能管理、教育环境的智能优化、教育业务的实时监控等
资源层	专门建设、动态生成	各种形式的教学与培训,如课堂教学、教师培训、网络探究学习、移动学习、协作学习等
行为层	日志记录、情境感知	个性化学习、发展性评价、学习路径推送、教学行为预测等

（1）基础层数据

一方面,通过人工定期采集数据的方式将教育基础方面的数据逐级上报,包括每年的教师招聘、招生数量等最新的教育数据;另一方面,通过与其他系统交换数据的方式,定期采集和更新教育基础数据,如学籍系统、人事系统和资产系统等。作为高度结构化教育数据的一个重要组成部分,基础层数据的优势在于能够对教育发展现状、教育决策的科学性、教育资源的优化和教育体系的完善进行宏观掌控。其中,学籍、人事、资产等基础性教育数据具有隐私性和保密性的特征,需要国家进行重点保护。

（2）状态层数据

状态层数据主要运用人工记录和传感器感知这两种方式进行采集,目前应用最广泛的采集方式是人工记录。未来,传感技术会不断发展并广泛应用,将全天候、全自动化地记录教育装备、教育环境和教育业务等方面的运行情况和产生的数据。状态层的数据使管理和维护教育装备更加高效化,有利于对教育业务的运行状况进行全面的掌控,打造更加人性化教育环境。

（3）资源层数据

大部分的资源层数据属于非结构化数据,且具有总量大、形态多样的特点。产生资源的方式主要有以下两种:一是进行专门的建设活动,如个体发挥自主性进行教学课件的建设,企业发挥优势提供学习的资源和学习工具,国家发挥组织特征开放精品课程等;二是动态生成资源,如在教学活动中,通过课堂讨论、记笔记、完成试题等产生的资源。要创新教学模式、变革教学方法,最重要的就是要利用好丰富多样的优质资源。例如,当前基于微课的翻转课堂、基于MOOC(大规模开放在线课程)的开放创新教学、基于电子书的移动学习等。随着移动与开放教育浪潮的兴起,微课、电子书、APP应用、慕课等将成为未来重要的学习资源。

（4）行为层数据

教育行为包括录入成绩、教师备课、学生上课、设备报修、财务报销等多种形式,但是在行为层数据中占据主导地位的是教师和学生之间的教与学这一行为数据。大数据时代可以采集更多、更细微的教学行为数据,如学生在何时何地应用何种终端浏览了哪些视频课件、观看了多长时间、先后浏览顺序、是否跳跃观看等细颗粒度的行为都将以日志记录的形式被保存下来。GPS定位、情境感知、移动通信等技术使各种教与学行为的日志信息更加丰富,不仅仅可以记录什么人在什么时间什么地点做了什么,还可以采集到行为发生时周边的环境信息、个人体征信息、情绪状态等。这些看似无用的数据都将成为后期数据挖掘与学习行为分析的宝贵数据源,为个性化学习、发展性评价、学习路径推送、教学行为预测等提供数据支持。

2.2 教育数据的应用

2.2.1 实现个性化学习

个性化学习是指根据学生个人的短期、中期和长期需求,以教学有效和实践高效的个性化方式支持学生个人学习(Freeman et al.,2017)。个性化学习被认为是 21 世纪的主要教育挑战之一,因为它可以帮助学生联系他们的需求和愿望,缩小成绩差距,提高学生参与度,以及让学生成为自我导向的终身学习者。本节将介绍个性化学习的概念、目标和方法,并探讨其在在线和混合学习环境中的应用。

1. 个性化学习的概念

个性化学习的概念并不新鲜,早在 20 世纪初,教育家们就提出了根据每个学生的兴趣、能力和进度进行差异化教学的理念(Dewey,1938;Montessori,1912;Piaget,1952)。然而,由于传统的教育模式和资源限制,实现真正意义上的个性化学习一直是一项挑战。随着信息通信技术(information and communications technology,ICT)和数据科学的发展,个性化学习得到了新的机遇和可能。ICT 可以成为个性化学习的强大工具,因为它使学习者能够方便地获取学习资料和信息,并提供一种交流、辩论和记录学习成果的机制(Pogorskiy,2013)。数据科学可以帮助分析在线和混合学习环境中捕获的学习者表现、参与度和行为数据,并根据数据提供个性化的反馈、建议和支持。

不同的研究者和机构对个性化学习有不同的定义和理解。《美国国家教育技术计划》(2017)将个性化学习定义为"针对每个学习者的需求优化学习进度和教学方法的教学"。这一定义强调了个性化学习需要考虑每个学习者在不同时间点上的不同需求,并根据这些需求调整教育目标、内容、方法和评估。此外,这一定义也强调了个性化学习需要与学习者的兴趣、动机和背景相联系,并赋予学习者更多的选择、控制和自主权。Pogorskiy(2013)则将个性化学习定义为"根据每个人在特定情境中所处位置、目标、能力、知识水平、兴趣等因素来设计最适合他们自己的最佳方式来完成特定任务或活动"。这一定义强调了个性化学习需要考虑每个人在特定情境中所面临的具体任务或活动,并根据这些任务或活动提供最适合他们自己的方式。此外,这一定义也强调了个性化学习需要考虑每个人在特定情境中所处位置、目标、能力、知识水平、兴趣等因素,并根据这些因素提供最适合他们自己的最佳方式。

2. 个性化学习的目标

个性化学习的目标是为了提高学习者的学习效果和体验,促进学习者的个人发展和社会参与。具体来说,个性化学习的目标可以分为以下几个方面:

① 提高学习者的学习成绩和能力。个性化学习可以根据每个学习者的当前水平、潜能和目标,提供适当的挑战和支持,帮助学习者掌握所需的知识、技能和素养,并提高他们在不同领域和层次上的表现和水平。

② 提高学习者的学习参与度和动机。个性化学习可以根据每个学习者的兴趣、偏好和背景,提供有意义和相关的学习内容和活动,激发学习者的内在动机和情感投入,并增强他们对学习的价值和意义的认识。

③ 提高学习者的学习自主性和自我调节能力。个性化学习可以根据每个学习者的需求和特点,提供更多的选择、控制和反馈,帮助学习者更好地认识自己,制定合理的学习目标和计划,并采取有效的学习策略和方法,实现自我监督、评估和改进。

④ 提高学习者的创新思维和问题解决能力。个性化学习可以根据每个学习者的潜力和需求,提供更多的探索、实践和创造的机会,帮助学习者发展批判性思维、创造性思维、协作性思维等21世纪所需的核心能力,并应用这些能力解决实际问题。

⑤ 提高学习者的终身学习能力。个性化学习可以根据每个学习者的长期目标和需求,提供更多的跨领域、跨层次、跨时空的学习资源和机会,帮助学习者建立持续的学习兴趣、态度和行为,并适应不断变化的社会环境。

3. 实现个性化学习的方法

① 充分运用信息技术助力个性化学习和终身学习。教育部提出,要开放基于大数据的智能诊断、资源推送和学习辅导等应用,促进学生个性化发展;开放基于人工智能的智能助教、智能学伴等教学应用,实现"人机共教、人机共育",提高教学质量;深化普及网络学习空间应用,利用空间开展基于数据的教育教学和学生综合素质评价,实现个性化教学和精准化施策,促进教育公平,提高教育质量。

② 基于智慧教育环境的个性化教学策略研究。智慧教育环境由教学活动大数据、丰富的算法、海量的教学资源和个性化的课程四个要素构成。在智慧教育环境下,个性化教学的实施由"测—学—练—评—辅"组成教学策略闭环,更加尊重学生个体差异,从而更好地促进学生个性化成长。

③ 利用教育大数据,建立学生个性化分析指导。通过教育大数据,建立学生成长模型,包括品德发展、学业发展、身心健康、兴趣特长四个维度,使学生发展可视化、数据化,探索各种变量之间的关系,形成诊断性的预测。通过大数据的分析,建立学生个性化的学业诊断。依据大数据,观察学生的出勤、课堂表现、平时作业以及考试等过程性评价的数据,就可以分析出学业成绩和学习行为各要素的相关性,进而针对学生个体形成诊断意见,提出个性化分析指导。

④ 在大数据驱动下精准教学,打造高效课堂。教师可以根据学生学习过程中的个性化数据,人工推送个性化的作业单,实现个人学习的精准巩固。同时,数据的积累还可以反映出学生在学科学习方面的个性化表现,帮助老师进行个性化的培养。智慧课堂中使用的平板同频教学,也让教师与学生的分享交互成为可能,有利于教师收集动态实时的数据并进行教学决策,推进精准教学。鼓励学生用小组合作的方式完成课堂任务,通过组间的合作与交流,实现知识与能力的生成,教师只需在过程中适时提供点拨和指导,引导学生自主探究,从而使学生养成自主学习和终身学习的习惯。

4. 个性化学习在混合学习环境中的应用案例

可汗学院是一个非营利性的教育组织,它为全世界的学习者提供免费的在线课程、视频和练习。它的目标是让每个人都能按照自己的节奏和兴趣进行个性化的学习。

可汗学院支持学生的个性化学习,它主要采用了以下几种方式:

① 为学生提供了丰富和多样的学习信息和内容,涵盖了从幼儿园到大学,从数学到艺术,从计算机编程到经济学等多个领域和主题。

② 为学生提供了灵活和自适应的学习路径,让学生可以根据自己的水平和目标,选择适合自己的课程和知识点,以及适合自己的学习方式和速度。

③ 为学生提供了实时和有效的学习反馈,让学生可以通过视频、文章、练习和测试来掌握每个知识点,并通过学生学习记录数据并分析,得到自己的表现和进度,获得积分、徽章和奖励,激发自己的兴趣和动力。

④ 为学生提供了定制和专业的学习辅导,让学生可以通过可汗学院的账户关联自己的美国大学理事会(College Board)账户,导入以前的学术能力评估考试(scholastic assessment test,SAT)、学术评估测试预考(preliminary scholastic assessment test,PSAT)等考试成绩,以此创建适合自己的个性化的备考计划。

⑤ 为教师和家长提供了便捷和高效的教育工具,让教师和家长可以使用可汗学院的平台提供的教育数据来监测和指导学生的学习情况,发现他们的优势和弱点,提供有针对性的支持和鼓励。

可汗学院在全球范围内开展了多个项目和合作,以推广和实施个性化学习。例如,在美国公立学校、印度农村地区、巴西圣保罗州等地区,可汗学院都与当地政府或教育机构合作,为当地公立学校的中小学生提供个性化的在线教育。这些项目取得了一定的效果和影响,提高了学生的数理能力,增强了学生的自信心和兴趣,促进了教师和家长的参与和支持。可汗学院展示了个性化学习对于提高教育质量、缩小教育差距、培养终身学习等方面所具有的潜力和价值。

2.2.2 辅助教师进行教学设计

教学设计是指根据教育目标、内容、方法、评估等要素进行系统规划、组织、实施和评价的过程,旨在改善各种教育环境下学习者学习和表现的教学和非教学过程,优化教学资源的设计、开发、实施、评估和管理(Reiser,2001)。教学设计是教育活动的核心环节,也是教师职业发展的重要内容。然而,由于教学设计涉及多种复杂的因素,如学习者特征、教学目标、教学内容、教学方法、教学评估等,教师往往面临着诸多困难和挑战。为了辅助教师进行有效的教学设计,本节将介绍一种常用的教学设计模型——ADDIE模型,并探讨如何利用教育数据来支持该模型的各个阶段。

1. ADDIE 模型

ADDIE模型是一种设计和开发教学材料的系统方法,它由五个阶段组成:分析(analysis)、设计(design)、开发(develop)、实施(implement)和评估(evaluate)(Molenda,2015)。ADDIE模型是一种迭代式的模型,每个阶段都会根据前一个阶段的结果进行调整,并为后一个阶段提供输入。ADDIE模型的基本结构如图2-5所示。

ADDIE模型各个阶段的主要内容和任务如下。

(1) 分析阶段

分析阶段包括收集有关学习者及其需求和教学目标的信息。这些信息被用来确定教学

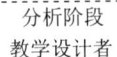

分析阶段
教学设计者
A1. 识别教学/教育/学习问题
A2. 情景分析
A3. 学习者分析
主要成果：
对背景和学习者条件的概述

评估阶段
教学设计者
E1. 形成性评价
E2. 总结性评价
主要成果：
识别问题或更改需求

设计阶段
教学设计者
DES1. 制订教育目标
DES2. 选择教学方法或策略
DSE3. 选择评价方法
主要成果：
详细的流程蓝图和学习与评估活动描述

实施阶段
培训师/导师
I1. 传递
I2. 监控
主要成果：
支持学习者实现教育目标

开发阶段
教学设计者
DEV1. 教育资源的开发与选择
DEV2. 开发或选择教育工具及服务
DEV3. 开发/安排适当的交付设置
主要成果：
教育材料/工具的选择与制作

图 2-5　ADDIE 教学设计模式

目标，并确定适当的教学策略和方法。分析阶段需要回答以下问题：

① 学习者是谁？他们有什么样的特征、背景、兴趣和动机？

② 学习者需要学习什么？他们有什么样的知识、技能和态度方面的需求？

③ 教学目标是什么？它们与学习者需求和期望相符吗？

④ 教学策略和方法是什么？它们能有效地帮助学习者达到教学目标吗？

（2）设计阶段

设计阶段对教学材料进行规划和组织，包括创建一个课程计划，选择适当的教学材料，并确定教学方法和活动。设计阶段需要回答以下问题：

① 课程计划是什么？它包括了哪些主题、单元和课时？

② 教学材料是什么？它们包括了哪些类型、格式和来源？

③ 教学方法和活动是什么？它们包括了哪些方式、形式和步骤？

（3）开发阶段

开发阶段，教学材料被创建和测试，包括创建教学材料，对其进行试点测试，并根据反馈意见进行修改。开发阶段需要回答以下问题：

① 教学材料如何创建？它们遵循了哪些原则、标准和规范？

② 教学材料如何测试？它们采用了哪些方法、工具和指标？

③ 教学材料如何修改？它们根据了哪些反馈、建议和要求？

（4）实施阶段

实施阶段将教学材料交付给学习者，包括为学习者提供必要的支持和指导，以成功完成教学。实施阶段需要回答以下问题：

① 教学材料如何交付？它们采用了哪些媒介、平台和渠道？
② 学习者如何使用教学材料？它们提供了哪些说明、提示和帮助？
③ 教师如何辅导学习者？他们提供了哪些监督、反馈和支持？
（5）评估阶段

评估阶段对教学材料的有效性进行评估，包括收集学习者的反馈，分析他们的表现，以确定是否达到了教学目标。评估阶段需要回答以下问题：
① 教学材料的有效性如何评估？它们采用了哪些方法、工具和指标？
② 学习者的反馈是什么？他们反映了哪些方面的信息？
③ 学习者的表现是什么？他们达到了哪些方面的教学目标？

ADDIE 模型是一种设计和开发教学材料的系统性和综合性方法。它能确保教学材料计划周密，组织有序，并能有效地达到教学目标。

2. 利用教育数据来支持 ADDIE 模型的各个阶段

在 ADDIE 教学设计模式的各个阶段中，教育者都可以利用各种教育数据收集方法和工具，收集并分析学习者的学习需求、表现和成果，以便更好地设计和实施教学计划，提高学习者的学习成果。教育数据不仅可以帮助教育者进行教学设计，也可以帮助学习者进行自我评估和自我调节，提高学习者的学习自主性和自我效能感。例如，学习者可以通过查看自己的学习数据，了解自己的学习进度、水平和问题，并根据这些数据制定合理的学习目标和计划，并采取有效的学习策略和方法，实现自我监督、评估和改进：

① 分析阶段。教育者可以利用各种工具和方法来收集教育数据，如问卷调查、焦点小组讨论、专家访谈等。这些数据可以帮助教育者了解学习者的特征、需求和目标，并确定适当的教学策略和方法。例如，教育者可以通过问卷调查来收集学习者的学习兴趣、学习需求和学习难点，并利用这些数据来确定教学内容和教学方式。

② 设计阶段。教育者可以利用前期收集的教育数据，制定具体的教学目标和学习活动，并通过教学评估工具来验证教学效果。例如，教育者可以通过设计学习者测验、模拟实验等方式来收集学习者的学习成果数据，并利用这些数据来反馈教学设计的有效性和可行性。

③ 开发阶段。教育者可以利用教学评估工具来测试和修改教学材料。例如，教育者可以通过试点测试来收集学习者的反馈意见，并根据这些意见对教学材料进行修改。

④ 实施阶段。教育者可以利用教学评估工具来实时收集和分析学习者的学习表现数据，并根据这些数据来调整教学方式和教学活动，以提高学习者的学习成果。例如，教育者可以通过课堂反馈、作业成绩和考试成绩等数据来判断学习者的学习进度和题目的难易程度，并采取适当的教学策略来辅助学习者掌握学习内容。

⑤ 评估阶段。教育者可以利用各种评估方法和工具，如问卷调查、焦点小组讨论、专家访谈、测验和模拟实验等，来收集和分析学习者的学习成果数据和学习表现数据，以便对教学设计进行客观评估。例如，教育者可以通过问卷调查来收集学习者的满意度，并利用这些数据来判断教学设计的效果和成效。

ADDIE 模型是一种设计和开发教学材料的系统性和综合性方法，它能确保教学材料计划周密,组织有序,并能有效地达到教学目标。教育数据是辅助教师进行教学设计的重要依据,可以帮助教师分析每个学习者的学习状态、进度、需求和困难,并根据数据提供个性化的反馈、建议和支持。利用教育数据来支持ADDIE模型的各个阶段,可以提高教学设计的质量和效果,也可以提高学习者的学习成果和体验。

2.2.3 为教育工作者提供教育决策

教育决策是指教育工作者在教育环境中为实现教育目标而做出的选择和行动。教育决策涉及多种层次和领域,如课程设计、教学方法、学习评估、学生支持、教师发展等。教育决策的质量和效果直接影响到教育的质量和效果,因此需要有合理的依据和指导。本节将介绍一种为教育决策提供信息的方法——数据驱动的决策,并探讨其在教育中的应用和案例。

1. 数据驱动的决策

数据驱动的决策是指系统地收集、分析、检查和解释数据,为教育环境中的实践和决策提供相关信息的过程(Mandinach and Gummer,2013)。数据驱动的决策已经成为教育工作者开展教育实践的一个重要组成部分,因为它可以帮助教育工作者洞察教育存在的问题,并为决策提供相关的参考信息。

数据驱动的决策要求教育工作者具备有效地将信息转化为可操作知识和实践的能力(Ridsdale et al.,2015)。这种能力包括以下几个方面:

① 数据收集能力。这是指能够选择合适的数据来源、类型、格式和工具,以收集高质量的原始数据,如学生测试结果、访谈记录、观察报告等。

② 数据分析能力。这是指能够运用合适的方法、工具和指标,以进行有效和准确的数据分析,如统计分析、可视化分析、文本分析等。

③ 数据解释能力。这是指能够理解和评价数据分析的结果,以确定数据的相关性和诊断性,如数据之间的关系、趋势、异常等。

④ 数据使用能力。这是指能够利用相关和诊断性的数据,为指导和操作性的决策提供信息,如制定学习目标、选择教学策略、评估干预效果等。

数据驱动的决策不是一个静态或线性的过程,而是一个动态或循环的过程。一个典型的数据驱动的决策过程,包括以下三个连续的步骤:

① 组装高质量的原始数据。这个步骤包括选择合适的数据来源、类型、格式和工具,以收集高质量的原始数据。不同的决策需要不同类型和层次的数据,因此需要根据手头的决定来确定应该收集哪些数据。例如,如果要评估学生在某个单元中掌握了哪些知识点,就需要收集学生在该单元的测试结果;如果要评估教师的教学效果,就需要收集教师的教学计划、观察报告、学生反馈等。

② 进行分析以确保结果具有相关性和诊断性。这个步骤包括运用合适的方法、工具和指标,以进行有效和准确的数据分析。数据分析的目的是从原始数据中提取有用的信息,以反映教育环境中的现状和问题。数据分析的结果应该具有相关性和诊断性,即能够与手头的决策相关,并能够诊断出教育存在的问题和原因。例如,如果要评估学生在某个单元中掌

握了哪些知识点,就可以运用统计分析方法,如平均分、标准差、百分比等,来计算学生在每个知识点上的得分情况;如果要评估教师的教学效果,就可以运用文本分析方法,如内容分析、主题分析、情感分析等,来提取教师的教学计划、观察报告、学生反馈中的关键信息。

③ 使用相关的诊断数据为指导和操作决策提供信息。这个步骤包括利用相关和诊断性的数据,为指导和操作性的决策提供信息。数据本身并不会导致教学和学习的改善,只有当数据被用于决策时,才能发挥其价值。数据可以为不同层次和领域的决策提供信息,如课程设计、教学方法、学习评估、学生支持、教师发展等。例如,如果要评估学生在某个单元中掌握了哪些知识点,就可以利用数据来确定学生在哪些知识点上需要加强复习或补充教学;如果要评估教师的教学效果,就可以利用数据来确定教师在哪些方面需要改进或提供支持。

数据驱动的决策是一个连续循环的过程,在采取行动后,需要收集新的数据来评估行动的有效性,并根据新的数据进行调整和改进。因此,在数据驱动的决策过程中,需要不断地收集、分析、解释和使用数据,以支持教育实践和决策。

2. 支持数据驱动的决策

为了有效地进行数据驱动决策,需要有一定的组织支持。根据 Hallgren(2016)的研究,以下三个关键的组织特征必须到位,如图 2-6 所示。

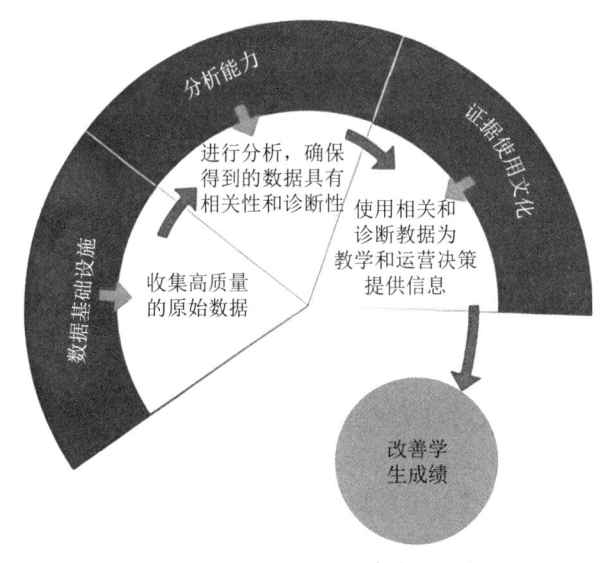

图 2-6 支持数据驱动决策的关键特征

(1) 数据基础设施

数据基础设施是指能够支持高质量数据收集、传输和处理的系统和设备,包括以下几个方面:

① 数据系统。这是指用于存储、管理和访问数据的软件或硬件平台,如数据库、服务器、云端等。数据系统应该具有高效、安全和可靠的特点,以保证数据质量和完整性。

② 数据链接。这是指在不同的数据库之间建立联系或对应关系,以便于跨数据类型或跨层次进行分析。例如,在学生数据库和教师数据库之间建立链接,可以方便地分析学生表现与教师特征之间的关系。

③ 数据收集机制。这是指用于获取原始数据的方法或工具,如问卷调查、观察报告、测试结果等。数据收集机制应该具有低负担和高效率的特点,以减少数据收集者的工作量和提高数据收集的速度和准确性。

④ 数据收集者。这是指负责收集原始数据的人员,如教师、学生、管理员等。数据收集者应该具有足够的知识和技能,以确保数据收集的质量和完整性,并遵守数据收集的规范和要求。

⑤ 数据访问和管理。这是指规定谁可以访问和使用数据,以及如何访问和使用数据的政策和实践。数据访问和管理应该保护数据的安全性和隐私性,同时也应保证数据的及时性和可用性。

(2) 分析能力

分析能力是指教育工作者制定分析计划和理解分析结果的能力,包括以下几个方面:

① 分析培训。这是指为教育工作者提供有关数据分析的知识和技能的培训活动,如培训课程、研讨会、指导手册等。分析培训应该涵盖不同类型和层次的数据分析方法、工具和指标,以及如何解释和评价分析结果。

② 技术援助。这是指为教育工作者提供有关数据分析的专业支持和咨询服务,如技术人员、专家顾问、同行辅导等。技术援助应该针对教育工作者在数据分析过程中遇到的具体问题或挑战,提供有效的解决方案或建议。

③ 数据可访问性。这是指为教育工作者提供方便快捷的获取和查看数据的方式,如网络访问、移动设备、可视化界面等。数据可访问性应该提高教育工作者使用数据的便利性和舒适性,同时也应保证数据的安全性和隐私性。

(3) 证据使用文化

证据使用文化是指教育组织中对使用数据进行决策的价值观和行为规范,包括以下几个方面:

① 领导力。这是指教育领导者在推动和支持数据驱动决策方面所发挥的作用,如制定愿景、设定目标、分配资源、监督进展等。领导力应该体现在教育领导者对于使用数据进行决策的态度、信念和行为上,以及他们对教育工作者使用数据进行决策的期望、鼓励和认可上。

② 问责制。这是指教育组织中对于使用数据进行决策的责任和义务的规定和执行,如政策法规、监测评估、奖惩机制等。问责制应该确保教育工作者按照既定的标准和要求使用数据进行决策,并对其决策过程和结果负责。

③ 数据共享。这是指教育组织中对于交流和协作使用数据进行决策的氛围和机制,如团队合作、反思会议、共享平台等。数据共享应该促进教育工作者之间的相互学习和支持,以提高数据使用的质量和效果。

3. 数据驱动的决策的应用领域

数据驱动的决策可以在教育中的多个层次和领域进行应用,以提高教育的质量和效果。以下是一些数据驱动决策的应用领域和案例。

(1) 评估学生的进步

教育数据可以帮助教育工作者随着时间的推移跟踪学生的进步,找出学生遇到困难的领域,并相应地调整他们的教学策略。例如,教育工作者可以利用形成性评估的数据,如课堂测验、作业、项目等,来了解学生在每个单元或课程中掌握了哪些知识和技能,以及在哪些方面需要加强或补充教学;教育工作者也可以利用总结性评估的数据,如期末考试、标准化测试等,来了解学生在整个学期或年级中达到了哪些学习目标,以及与其他学生或基准水平相比有哪些优势或劣势。

(2) 确定优势和劣势

教育数据可以帮助教育工作者确定他们自己和学生在教学实践中的优势和劣势。这可以帮助他们调整教学以更好地满足学生的需求。例如,教育工作者可以利用自我评估或同行评估的数据,如教学计划、观察报告、反馈意见等,来了解自己在教学内容、方法、技巧等方面有哪些优点或不足,并根据这些数据制定个人发展计划或参加专业发展活动;教育工作者也可以利用学生评估或反馈的数据,如测试结果、问卷调查、访谈记录等,来了解学生在不同的主题、领域、技能等方面的兴趣或困难,并根据这些数据提供个性化或分层次的教学支持。

(3) 识别趋势

教育数据可以帮助教育工作者识别学生表现和行为的趋势,这可以为他们围绕课程和教学策略做出决策提供信息。例如,教育工作者可以利用历史数据或比较数据,如过去几年或不同班级、学校、地区的测试结果等,来发现学生在某些方面表现出的持续改善或下降,并分析其可能的原因和影响因素;教育工作者也可以利用实时数据或预测数据,如当前或未来几周或几个月的出勤率、迟到率、违纪率等,来预测学生可能出现的问题或风险,并采取预防或干预措施。

(4) 评估干预措施的有效性

教育数据可以帮助教育工作者评估他们为支持学生学习而实施的干预措施的有效性。例如,教育工作者可以利用前后对比数据或对照组数据,如实施干预措施前后或干预组与非干预组之间的测试结果、满意度、行为等,来判断干预措施是否达到了预期的目标和效果,并根据数据提出改进或优化的建议;教育工作者也可以利用过程数据或反馈数据,如干预措施实施过程中的观察记录、访谈记录、问卷调查等,来了解干预措施的实施情况和遇到的问题,并根据数据进行调整或修正。

2.3 教育数据素养

教育工作者可以利用教与学过程中生成的教育数据更好地支持在线和混合式课程中的个体学习者。因此,大多数在线学习平台现在都采用了教育数据分析工具。然而,这些工具并没有得到广泛使用,因为这些工具的使用者——教学人员的教育数据素养(educational data literacy,EDL)能力较低。这就导致了教学人员在混合式教学中无法充分利用教育数据分析的优势。

因此,教育数据素养是未来学校教师专业发展的必备素养,而现有的教育工作者专业能力框架很少关注教育数据素养,忽略了在在线和混合式教学中使用新兴教育数据素养方法和工具的潜力。因此,需要扩展现有的教育工作者专业能力框架,使其具备新的能力,以适应教育数据素养这一新兴领域。

2.3.1　数据素养与教育数据素养

数据素养是指有效阅读、使用、分析和交流数据的能力。它涉及对数据概念的理解,知道如何使用工具和技术来分析数据,并能够以清晰和有意义的方式交流从数据中获得的结果和见解。Vahey 等(2006)提出,数据素养"包括使用数据阐明和回答问题的能力,作为循证思维的一部分;使用适当的数据、工具和表示来支持这种思维;从数据中解释信息;发展和评估基于数据的推论和解释;并利用数据来解决实际问题和交流解决方案"。Mandinach 和 Gummer(2013)将数据素养定义为"理解和有效使用数据以制定决策的能力"。此外,根据 Prado 和 Marzal(2013)的研究,数据素养使个人能够访问、解释、批判性评估、管理(即保存和管理)、处理和合乎道德地使用数据。与一般概念的读写能力非常相似,数据素养侧重于与数据处理相关的能力(例如,阅读、理解、创建和交流数据),同时考虑数据的道德使用。

与数据素养类似,教育数据素养作为数字化学习领域中重要的研究内容,存在多个定义,如表 2-4 所示。

表 2-4　教育数据素养的主要定义

主动性	EDL 定义
Means et al. (2011)	掌握数据定位、数据理解、数据解释、提问和教学决策数据使用的技能
Love(2012)	准确观察、分析和响应各种不同类型数据的能力,以不断改进课堂和学校的教学
North Carolina Department of Public Instruction(2013)	一个人对如何发现、评估和使用数据来指导教学的理解水平——一个精通数据的教育工作者应该拥有收集、分析和以图形方式传达信息和数据的知识,以支持教育过程中各个层面的决策
Mandinach and Gummer(2013)	有效理解和使用数据来制定决策,由特定的技能集和知识库组成,使教育工作者能够将数据转化为信息,并最终转化为可操作的知识
Data Quality Campaign(2014a)	教育工作者持续、有效、合乎道德地访问、解释、处理和交流来自州、地方、课堂和其他来源的多种类型的数据,以适合教育工作者专业角色和职责的方式改善学生的学习成果
Ridsdale et al. (2015)	以关键方式收集、管理、评估和应用数据的能力
Wolff et al. (2016)	能够通过查询过程从大型和小型数据集中提出和回答现实世界中的问题,并考虑数据的道德使用。它基于核心的实践和创造性技能,包括选择、清理、分析、可视化、评论和解释数据的能力,以及从数据中传达故事和使用数据作为设计过程的一部分的能力

2.3.2　教育数据素养能力框架

美国的数据质量活动组织(Data Quality Center,DQC)是唯一致力于确保数据为所有人服务的全国性非营利倡导组织。2014 年他们在"解决数据素养问题的教育许可政策路线图"报告中(Data Quality Campaign,2014b),建议教师应具备以下数据素养能力,如图 2-7 所示:

① 查找并收集相关的教育数据。
② 分析不同来源的教育数据。
③ 了解分数以外的教育数据。
④ 理解如何使用分数以外的教育数据。
⑤ 参与数据驱动的持续查询流程。
⑥ 使用数据分析为不同群体定制教学计划。
⑦ 用自己的数据反思实践。
⑧ 便于学生理解他们的数据。
⑨ 向利益相关者传达数据分析的见解。
⑩ 持续监控这一过程。

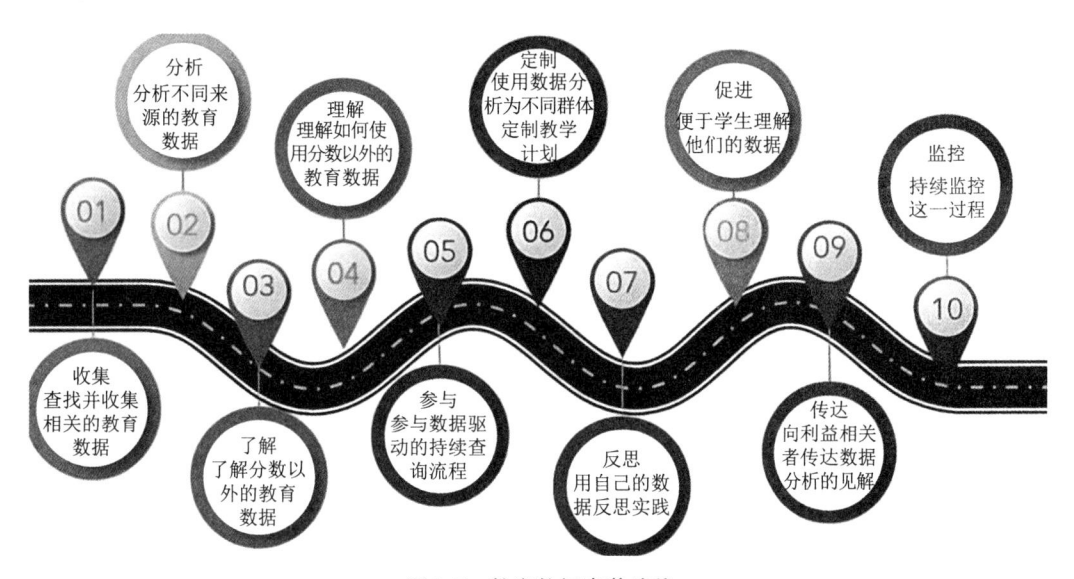

图 2-7 教育数据素养路线

然而,与现在倡导的设计和应用数据驱动的在线和混合学习课程来开展教育教学活动相比较,现有的教师发展专业能力框架几乎忽略了教育数据素养的维度。

教育数据素养能力框架（educational data literacy competence framework,EDL-CF）是一种根据一组标准开发或评估教育数据素养能力的工具。该工具建立了相互交织能力的描述符,旨在提高教育工作者群体的教育数据素养。本质上,该工具应涵盖教育数据素养的所有维度,并综合塑造教师的能力概况。教育数据素养能力框架主要由离散的概念维度组成,并涵盖与这些维度中的每一个维度相对应的能力。

本节主要介绍了五种教育数据素养能力框架。

1. 教育数据素养的策略和最佳实践

数据素养是指个体对数据的认识、理解、评估、使用和应用的能力,它是信息素养的一个重要组成部分,也是当今数字化社会的一项基本技能。Ridsdale 等(2015)基于对同行评审文献的主题分析,提出了一个数据素养教育的框架,以及一些跨学科教育数据素养的最佳实践。如图 2-8 所示,该框架包括以下五个维度:

① 概念框架,即对数据的一般知识和理解,以及数据的使用和应用的目的和方法。

② 数据收集，即从多个教育来源发现和收集数据的相关技能和知识，确保数据收集的质量和适用性。

③ 数据管理，即与数据组织、保存、操作、管理和安全相关的技能，包括使用元数据、数据库和存储库等工具。

④ 数据评估，即与数据分析、呈现、解释和根据数据做出教学决策相关的技能，包括使用统计、可视化和评估工具等方法。

⑤ 数据应用，即共享和引用数据、评估基于数据的决策以及以合乎道德的方式处理数据所需的知识和技能，包括遵守版权、隐私和伦理等原则。

- 概念能力
- 核心能力
- 高级能力

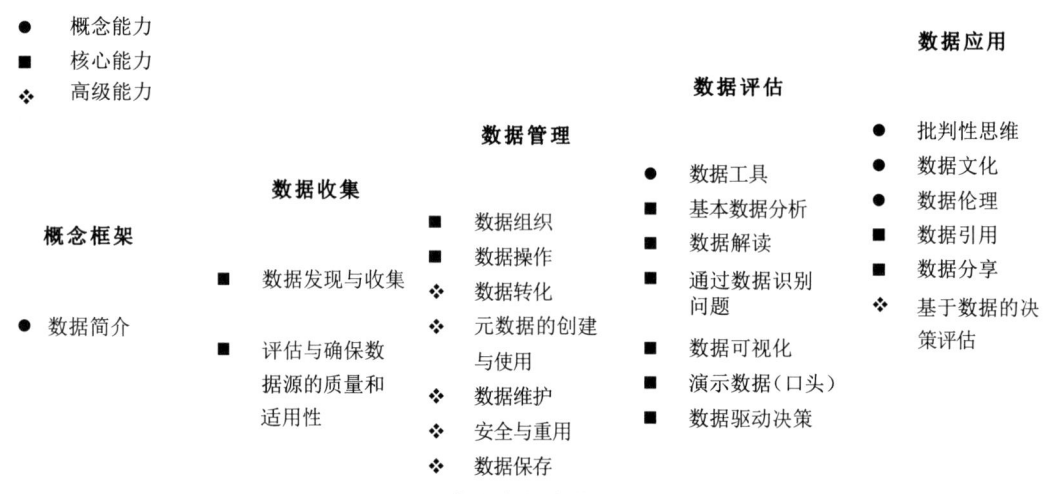

概念框架

- 数据简介

数据收集
- 数据发现与收集
- 评估与确保数据源的质量和适用性

数据管理
- 数据组织
- 数据操作
- 数据转化
- 元数据的创建与使用
- 数据维护
- 安全与重用
- 数据保存

数据评估
- 数据工具
- 基本数据分析
- 数据解读
- 通过数据识别问题
- 数据可视化
- 演示数据（口头）
- 数据驱动决策

数据应用
- 批判性思维
- 数据文化
- 数据伦理
- 数据引用
- 数据分享
- 基于数据的决策评估

图 2-8　教师数据素养能力框架

这些维度可进一步细分为概念能力、核心能力和高级能力，以反映不同层次或阶段的数据素养水平。该框架旨在为教育者提供一个参考模型，帮助他们设计和实施适合不同学科和背景的数据素养教育课程或活动。

除了 Ridsdale 等（2015）的框架，还有其他一些关于数据素养教育的框架或模型，例如 Prado 和 Marzal（2013）的图书馆信息素养计划框架，Sampson 等（2021）的 Learn2Analyse 教育数据素养能力档案等。这些框架或模型都有各自的侧重点和适用范围，但都强调了数据素养在教育领域中的重要性和必要性。

2. 教师数据素养概念框架

Mandinach 和 Gummer（2016）对教师数据素养进行了更广泛的定义，将其视为"通过收集、分析和解释所有类型的数据，将信息转化为可操作的教学知识和实践的能力，以帮助确定教学脚步。它将对数据的理解与标准、学科知识和实践、课程知识、教学内容知识以及对儿童学习方式的理解相结合"。

根据这个定义，他们提出了一个教师数据素养概念框架，结合了七个关键知识领域和五个数据使用方面，如图 2-9 所示。具体而言，知识领域包括以下内容：

① 内容知识，即对教学内容的专业知识。

② 一般教育学知识，即对教学方法、策略、原则和理论的通用知识。

③ 课程知识，即对教学内容在不同年级或阶段的组织和安排的知识。

④ 教育内容知识，即对特定内容领域中的教学方法和策略的知识。
⑤ 学习者及其特征知识，即对不同类型和水平的学生的认识和理解。
⑥ 教育情景知识，即对影响教育过程和结果的环境因素（如政策、文化、社会等）的了解。
⑦ 对教育目的、目标和价值的了解，即对教育活动所追求的理想和期望的了解。

这些知识维度只有在教育者熟练处理数据和支持数据驱动决策发展的技术工具可用的情况下，才能有效地应用于数据驱动决策。

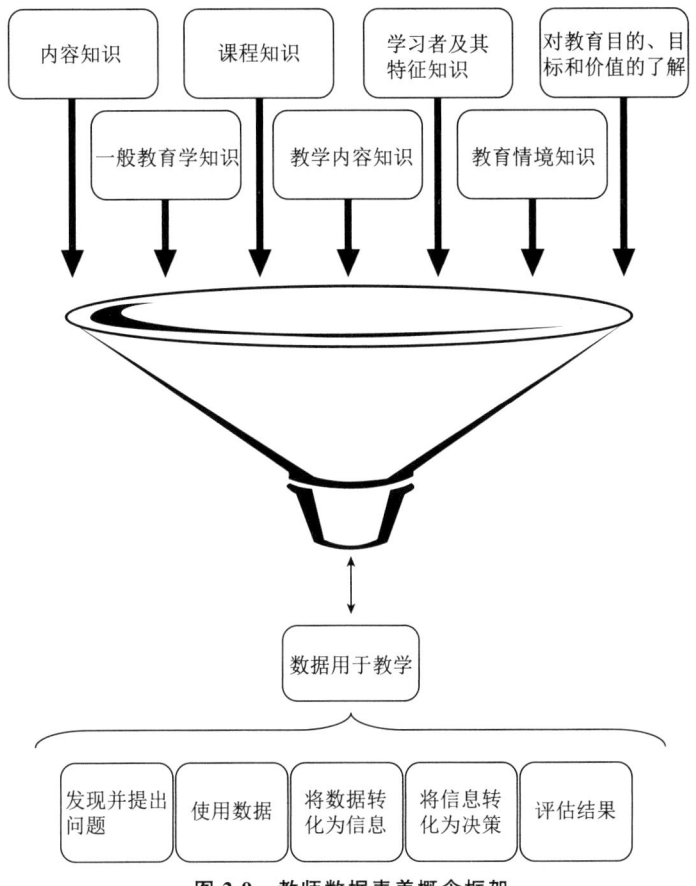

图 2-9 教师数据素养概念框架

五个数据使用方面包括：
① 发现并提出问题，即确定要解决或探究的主题或问题，并将其转化为可回答或可测量的形式。
② 使用数据，即从多个来源获取或生成相关和可靠的数据，并使用适当的工具和技术进行清理、组织、分析和呈现。
③ 将数据转化为信息，即从数据中提取有意义且有用的信息，并结合教育背景进行解释和评估。
④ 将信息转化为决策，即基于信息制定行动计划，并实施相应的干预措施或改进策略。
⑤ 评估结果，即检查行动计划或干预措施的效果，并根据反馈进行调整或修正。

3. 教师数据素养的五维框架

教师使用数据为教学提供信息的能力是教师数据素养的一个重要方面,它涉及教师如何有效地利用数据和分析来改进教学质量和学习成果。Means 等(2011)指出,教师培训计划还没有充分解决数据技能和数据知情决策过程的培养。他们通过对个别教师和一小群学校工作人员进行访谈,确定了教师数据素养的五个维度,以及评估这些维度的标准编码方案,如图 2-10 所示。这五个维度及其相关内容如下:

① 数据定位,即在数据系统中找到相关和可用的数据的能力,包括识别数据需求、选择合适的数据源、使用适当的工具和技术获取数据等。

② 数据理解,即理解数据的含义的能力,包括识别数据类型、格式、单位、变量、指标等。

③ 数据解释,即解释数据的含义的能力,包括分析数据之间的关系、比较不同来源或时间点的数据、识别数据中的模式或趋势等。

④ 将数据用于教学决策,即通过数据确定教学方法的能力,包括制定目标、制定行动计划、实施干预措施、监测进展等。

⑤ 提出问题,即构建可由数据解决的教学相关问题的能力,包括提出有意义和可回答的问题、定义问题范围和重要性、确定所需的数据和分析方法等。

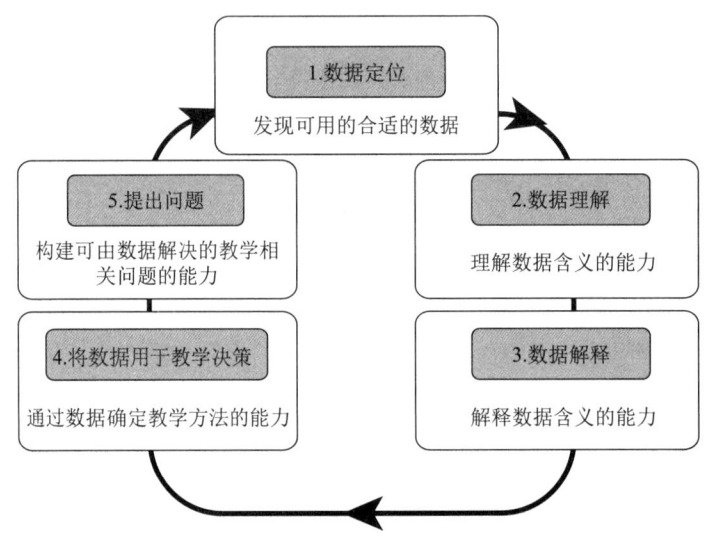

图 2-10 教育数据素养维度(Means 等,2011)

这些维度反映了教师在使用数据为教学提供信息时所需遵循的一般过程,即收集、理解、解释、应用和提问。这一过程与其他一些关于教师使用证据或数据进行决策的模型或框架相一致,例如 Mandinach 和 Gummer(2013)的四阶段模型(收集、准备、分析和行动),Hamilton 等(2009)的六步模型(确定目标和问题、选择和创建测量工具、收集和组织数据、分析和汇总结果、制定行动计划和执行行动计划),以及 Earl 和 Timperley(2009)的循环模型(收集证据、分析证据、制定行动计划和执行行动计划)。这些模型或框架都强调了教师需要具备一系列的知识、技能和态度,才能有效地利用数据或证据来改进教学。

4. 图书馆信息素养计划框架

数据素养是信息素养的一个重要组成部分,它涉及学生如何对统计数据、数据信息和相关可视化内容进行批判性思考的能力。Prado 和 Marzal(2013)基于信息素养标准的一般结构,构建了一个将数据素养纳入图书馆信息素养计划的框架。该框架由五个通用维度组成,每个维度对应一系列的能力,并将这些能力具体化为教学主题,以便于实施和评估。这五个维度及其相关能力分别是:

① 理解数据,包括对数据的基本概念和特征、数据的产生方式,以及数据的不同类型和来源的认识。

② 查找和/或获取数据,包括访问/评估数据源的技能。

③ 阅读、解释和评估数据,包括与数据呈现方式和数据质量相关的技能。

④ 管理数据,包括与元数据、数据管理、存储库和数据重用相关的技能。

⑤ 使用数据,包括正确和合乎道德地处理和综合数据的技能和知识。

这些维度和能力为图书馆教学实践中的数据素养提供了一个基本框架,其关键在于根据不同类型的图书馆和不同的学科需求进行适当的调整。在学术图书馆中教授数据素养有多种方式和方法,例如与教师合作,在课程中嵌入数据素养教学;建立专门的机构或中心,提供工作坊或咨询服务;开设独立的课程或模块,涵盖不同层次或领域的数据素养内容;利用在线平台或工具,提供自主学习或互动式学习的机会等。公共图书馆也可以通过提供媒体素养教育等项目来促进用户的信息素养和数据素养。

5. Learn2Analyse 教育数据素养能力画像

Sampson 等(2021)基于对现有的教育数据素养定义和能力框架的分析,提出了一个适用于数字教育专业人员的教育数据素养能力画像(Learn2Analyse educational data literacy competence profile, L2A-EDL-CP)。该能力画像旨在描述数字教育专业人员为了不断改进教学、学习和评估过程而需要具备的从不同来源获取、理解、评估、使用和应用教育数据的能力,如图 2-11 所示。该能力画像包括以下六个维度和十七项能力:

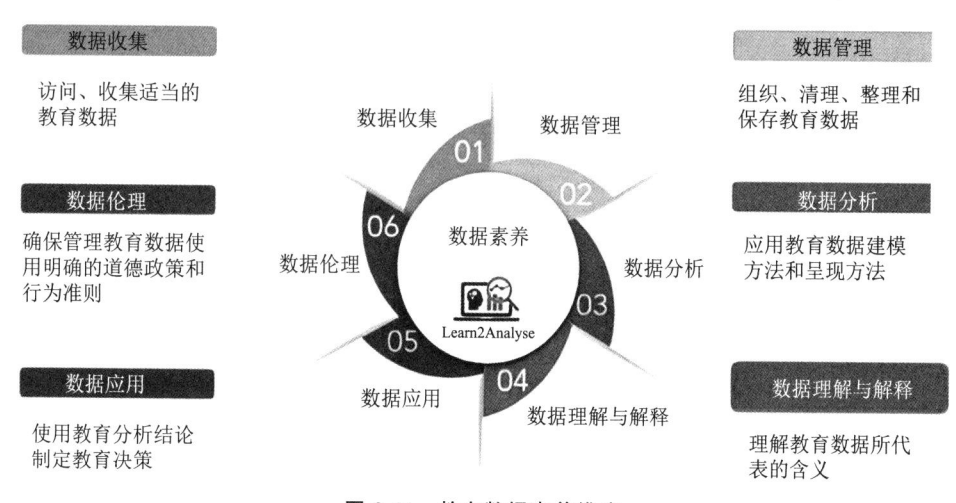

图 2-11 教育数据素养维度

① 数据收集,即获取、访问和收集适当的数据和/或数据源的相关知识和技能,以及应用数据限制和质量措施(例如有效性、可靠性、数据偏差、收集难度、准确性、完整性)的知识和技能。

② 数据管理,即应用数据处理和处理方法(例如清理和改变数据以使其更有组织性)、数据描述(例如元数据)、数据管理过程(例如确保数据可靠地检索以供未来重用,并确定哪些数据值得保存以及保存多久),以及使用技术保护数据(例如存储、持久化、维护、备份数据)的相关技能。

③ 数据分析,即应用数据分析和建模方法(例如描述性统计、探索性数据分析、数据挖掘),以及数据呈现方法(例如使用图形、图表、地图等可视化工具,或者使用文本或表格等其他数据形式)的相关技能。

④ 数据理解与解释,即解释数据属性(例如测量误差、异常值、数据中的差异、关键要点、数据依赖性)、常用于教育数据的统计量(例如随机性、中心趋势、均值、标准差、显著性)、从数据分析中得出的洞察(例如模式的解释、假设的提出、多个观察的联系、潜在趋势)的相关技能,以及从教学角度提出潜在的含义或联系的能力。

⑤ 数据应用,即使用数据分析结果做出修订教学的决策,以及评估基于数据的教学修订的相关技能。

⑥ 数据伦理,即使用知情同意以及保护个人数据隐私、保密性、完整性和安全的相关知识和技能。

该能力画像经过了 210 位来自高等教育机构和在线教育行业企业的专家通过在线问卷调查进行的验证,并根据反馈进行了修订,为数字教育专业人员提供了一个参考模型,帮助他们开发自己的教育数据素养,并可为设计和实施与教育数据素养相关的培训课程或活动提供指导。

2.3.3 教育数据素养能力框架对教育工作者的启示

教育数据素养能力框架作为一种指导教育工作者提高数据素养能力的工具,涵盖了数据收集、管理、分析、理解、应用和伦理等多个维度,以及与之相对应的具体能力。教育数据素养能力框架不仅可以帮助教育工作者了解数据素养的概念和要求,还可以为教育工作者的专业发展提供参考和支持。在当前的教育环境中,教育工作者需要具备数据素养能力,以便有效地利用各种类型和来源的数据,改进教学实践,提高学习效果,促进学习者的发展,以及满足社会和个人的需求。本节从以下从几个方面阐述教育数据素养能力框架对教育工作者的启示:

① 教育数据素养能力框架可以帮助教育工作者应对混合式教学中的数据挑战。混合式教学是指将在线和面对面的教学模式结合起来,以提供更灵活、更个性化、更有效的学习体验。混合式教学中,教育工作者需要处理来自不同渠道和平台的大量数据,包括学习者的背景、行为、表现、反馈等数据。这些数据不仅量大而且多样,需要教育工作者有能力收集、管理、分析、理解、应用和保护这些数据。例如,教育工作者需要知道如何从在线课程平台、学习管理系统、社交媒体等来源获取和整合学习者的数据;如何使用合适的软件和工具存储和操作这些数据;如何运用适当的统计方法和算法对这些数据进行分析和建模,以发现学习者的特点、需求、偏好、困难等;如何利用图表、图形和表格等方式呈现分析结果,并根据分析结果做出合理的推断和结论;如何根据分析结果制定并实施相应的教学计划、策略和干预措施,以提高学习者的参与度、满意度和成就感;如何保护学习者的个人信息,避免滥用或误用

数据,尊重并承认数据来源和贡献者。通过掌握这些数据素养能力,教育工作者可以更好地应对混合式教学中的数据挑战,提高混合式教学的质量和效果。

②教育数据素养能力框架可以帮助教育工作者实现专业发展。专业发展是指教育工作者通过持续地学习和反思,提高自己在知识、技能、态度等方面的水平,以适应不断变化的教育环境和需求。专业发展需要教育工作者有能力使用数据作为自我评估和改进的依据。例如,教育工作者需要能够使用自己或他人的数据反思自己的教学实践,识别自己的优势和劣势,找出自己的问题和需求,制定自己的学习目标和计划,参与数据驱动的持续查询流程,以及评估自己的学习成果和影响。教育工作者还需要便于学习者理解的数据,帮助学习者根据数据评估自己的学习进度和效果,指导学习者制定自己的学习目标和策略,以及促进学习者的自主和终身学习。教育工作者还需要能够向不同的内部和外部利益相关者传达数据分析的见解,与其他教育工作者分享数据和经验,参与数据相关的专业交流和合作,以及持续监控这一过程。通过掌握这些数据素养能力,教育工作者可以更好地实现专业发展,提高自己在教育领域的竞争力和影响力。

③教育数据素养能力框架可以帮助教育工作者促进社会和个人的利益得到提升。社会和个人的利益是指教育工作者通过教育活动,为社会和个人创造价值,满足社会和个人的需求。促进社会和个人的利益需要教育工作者有能力使用数据作为创新和改变的动力。例如,教育工作者需要能够使用数据分析为不同群体定制教学计划,以满足不同群体的特殊需求,如少数民族、低收入家庭、残疾人士等;教育工作者需要能够使用数据分析识别社会和个人面临的挑战和机遇,如就业、健康、环境等,并提出相应的解决方案或建议;教育工作者需要能够使用数据分析评估自己的教育活动对社会和个人产生的影响,如提高社会公平、促进经济发展、增强文化多样性等,并根据评估结果进行调整或改进。通过掌握这些数据素养能力,教育工作者可以为社会和个人带来更多的利益。

④教育数据素养能力框架可以帮助教育工作者遵守数据伦理。数据伦理是指保护个人数据隐私和安全,实现符合伦理道德的数据访问和共享所需的知识和技能。教育工作者需要了解并遵守与数据相关的法律法规、政策规范、行业标准和道德准则,以及与数据利益相关者之间的权利和责任。教育工作者还需要注意保护学习者、自己和他人的个人信息,避免滥用或误用数据,以及尊重并承认数据来源和贡献者。通过遵守数据伦理,教育工作者可以建立良好的信誉和形象,维护公平和正义,以及促进社会和个人的利益的发展。

总之,教育数据素养能力框架对教育工作者有着重要的启示作用,它可以帮助教育工作者提高对数据素养概念和要求的认识,为教育工作者的专业发展提供参考和支持,以及指导教育工作者有效地利用各种类型和来源的数据,应对混合式教学中的数据挑战,实现专业发展,调节社会和个人的利益,以及遵守数据伦理。因此,教育工作者应该积极地学习并培养自己在各个维度上的数据素养能力,并在实践中不断地反思、评估和改进自己的数据素养水平。

2.4 教育数据伦理

近几年来随着新冠疫情的暴发,数据分析技术在教育领域的应用急剧扩大。在此期间,学校通过网络学习平台来支持学习者的远程学习,并收集有关学生健康的新数据,以提供安全的面对面教学。随着对数据和技术的日益依赖,教育工作者的责任也越来越大,不仅要确保数据的私密性和安全性,而且要确保新技术只用于造福学生,而不是限制他们的教育机会。为了实现这一目标,教育工作者在保护学生个人信息的隐私和安全的同时,也应防止数据和技术可能被滥用而产生意想不到的后果。例如,学校能够安全地收集学生的新数据,如他们的健康状况或新冠症状,但对于应该如何处理这些信息存在着争论。学校必须为教师和学生创造安全的环境,同时确保这些敏感信息不被用于歧视、侮辱或以其他方式对学生造成伤害。因此,教育工作者和管理人员需要掌握"负责任地"使用技术和数据的技能和知识——这一领域通常被称为数据伦理学。

2.4.1 数据伦理的定义

Shacklock(2016)强调,教育机构应制定明确的道德政策和行为准则来管理教育数据的使用。这些政策至少应解决隐私、数据安全和同意问题。因此,有学者将数据伦理定义为伦理学的一个分支,以评估在数据收集、共享和使用方面可能对人类和社会产生负面影响的数据实践(Broad, Smith, and Wells, 2017)。

所谓数据伦理,是指一套不断发展的原则,涉及如何以安全、公平的方式收集、管理、共享和使用数据,以避免对个人造成伤害并支持公共利益(Vallee and Laird, 2021)。

实施数据伦理实践需要进一步理解和界定两个关键领域。

1. 公平公正地使用技术

公平合理地使用数据和技术,包括促进组织的目标以及支持个人。就教育而言,这意味着利用数据和技术来改善每个学习者的学习状况。

为支持公平和公正地使用数据,教育工作者应考虑五项指导原则:

① 解决数据的整个生命周期问题。数据道德应纳入数据的整个生命周期,包括收集、管理、分析、应用,以及一旦数据不再使用,最终予以删除或归档。

② 确保公平。数据伦理要求组织和从业人员确保数据的使用符合公平原则,但在这一过程中,必须仔细考量"公平"这一概念的具体含义。公平可以指最大限度地减少偏见、解决权力不平衡、利用数据突出现有的不平等,以及确保公平地获得数据和技术。

③ 支持公益事业。负责任地使用数据和技术,包括促进更大利益而非私利的明确道德义务。支持公共利益可以包括向研究人员公开数据以获得更广泛的利益(同时铭记数据主体的隐私和安全),以及研究数据收集后如何使用。

④ 关注数据主体的最大利益。除了支持公共利益外,还应考虑到数据提供者的利益。以数据主体的最大利益为中心必然意味着保护其隐私,但也应考虑个人如何从数据和技术的使用中获益,授予个人访问他们的数据,并尽量减少潜在的伤害,如歧视。

⑤ 明确数据使用目的。应该考虑如何收集、管理和使用数据,而不是为了数据而使用数据。应制定一个以目的为导向的计划,说明将如何利用数据和技术来造福公众和个人。

2. 管理数据和技术使用风险

利用数据推动各行业发展的好处显而易见,但隐私和公平的风险也同时并存。数据伦理提供了一个框架,帮助组织和从业人员获得利益,同时减轻和尽量减少对个人的伤害。为此,从业人员和决策者应处理数据和技术的四个方面的伦理关系:

① 保护隐私。保护敏感数据是数据道德的关键组成部分,包括隐私以及安全存储、用户访问控制和数据保留策略。

② 超越法律合规性。与如何收集、共享和使用数据相关的法律往往不足以涵盖数据和新技术的新用途,因为技术的发展速度往往快于管理技术的法律框架。关注数据道德可以帮助组织识别这些缺陷,并制定超越现有法律的规范。

③ 随着技术和策略的变化而发展。数据伦理原则需要随着技术的发展而发展,以解决随着数据和技术的转变而出现的问题。各组织应定期重新审查其政策,以跟上技术的变化。

④ 防止歧视。数据伦理旨在防止数据和技术使用可能产生的潜在危害,包括歧视性行为,其中一些行为还可能带来法律风险。算法系统的新用途特别容易加剧不平等。

2.4.2 教育数据伦理需要关注的关键问题

前面介绍的几个教育数据素养能力框架中,绝大多数没有涉及数据伦理维度。为此,作者在分析了 6 个通用的数据伦理框架(Clark et al.,2019;Clarke,2018;Drew,2018;Tene and Polonetsky,2016;Zook et al.,2017)后,发现了教育数据伦理需要关注的一些关键问题,即所有框架都强调了从受试者那里收集数据时需要签订知情同意书,并且大多数框架都侧重于保护个人隐私与安全、公平性、相关利益方的参与、数据治理等。

1. 知情同意书

知情同意是数据收集和使用的伦理学中的一个关键问题。它指的是确保个人充分了解其个人数据的收集、使用和存储的过程,并且他们已经明确同意收集和使用这些数据。

在教育数据方面,知情同意特别重要,因为学生和他们的家人可能不知道正在收集他们的数据类型以及如何使用这些数据。因此,学校和教育机构在收集和使用教育数据方面必须有明确和透明的政策,并在收集或使用学生及其家人的个人数据之前获得他们的明确同意。

获得知情同意涉及若干步骤,包括:

① 提供清晰、简明的信息。重要的是向个人提供清晰简洁的信息,说明收集数据的目的,数据将如何使用,以及谁将有机会接触到这些数据。这些信息应以个人易于理解的方式呈现,并应在数据收集前提供。

② 给予个人提出问题的机会。让个人有机会提出关于数据收集和使用过程的问题,并让他们的问题得到充分和透明的回答,这一点很重要。

③ 确保个人理解这些信息。重要的是要确保个人理解提供给他们的信息,并确保他们能够就是否同意做出知情决定。这可能涉及在必要时提供补充信息或澄清。

④ 获得明确的同意。知情同意必须是明确的,这意味着个人必须采取肯定的行动来表明他们同意数据的收集和使用。这可以通过使用书面同意书或电子同意程序来实现。

为了确保以符合道德和尊重个人权利的方式收集和使用个人数据,获得知情同意是关键。教育机构必须有健全的知情同意程序,以保护其学生的隐私和尊严,并与更广泛的社区建立信任。

2. 治理和监督

在当今的数字化教育环境中,数据的收集和使用可能会对学生的隐私造成威胁,因此数据治理与监督是至关重要的。

数据治理是指确保数据在收集、使用、存储和删除过程中遵循道德准则和法律规定的过程,包括确保数据的准确性、安全性和保密性,以及确保数据只在收集目的范围内使用。数据治理还包括确保获得学生和家长的同意,并向他们提供充分的信息,使他们能够了解数据的收集和使用情况。

数据监督是指对数据治理过程进行监督的过程。这可以通过内部审计、外部审计或法律程序实现。数据监督的目的是确保数据治理过程的有效性,以及确保数据的收集和使用符合道德准则和法律规定。

数据治理与监督对于保护学生的隐私和权益至关重要。在收集和使用数据时,学校和教育机构应当确保遵循严格的数据治理准则,并进行有效的数据监督,以确保学生的隐私得到有效保护。

数据治理与监督有助于确保数据的准确性。通过数据监督,可以确保数据在收集、存储和使用过程中不被篡改或损坏。这对于避免因使用不准确或过时的数据而导致的负面影响至关重要。

数据治理与监督有助于确保数据的合法性。在收集和使用数据时,学校和教育机构必须遵守所有适用的法律法规,包括个人信息保护法和数据保护法。通过数据监督,可以确保学校和教育机构遵守这些法律法规,并避免因违反法律而导致的负面影响。

数据治理与监督有助于建立信任。学生和家长对于学校和教育机构的信任是至关重要的。通过严格的数据治理和有效的数据监督,学校和教育机构可以向学生和家长表明自己是可信赖的,并且致力于保护学生的隐私和权益。

3. 利益相关者参与

教育数据伦理中的关键问题之一就是利益相关者的参与。在收集和使用教育数据时,必须考虑到所有相关利益者的利益,包括学生、家长、教师和学校。因此,在收集和使用教育数据时,应当确保所有利益相关者都有机会参与决策过程,并且应当认真听取他们的意见和建议。

对于学生来说,他们是教育数据收集和使用的最直接受益者,也是最可能受到数据收集和使用影响的人。因此,学生应当在决策过程中得到充分的考虑,并且应当充分了解有关数据收集和使用的情况,以便他们能够做出明智的决策。

对于家长来说,他们在学生的教育过程中扮演着重要的角色。他们对学生的教育负有直接责任,并且有权了解有关学生的教育数据收集和使用的情况。因此,在收集和使用教育数据时,应当确保家长有机会参与决策过程,并且应当听取他们的意见和建议。

教师也是教育数据收集和使用的重要利益相关者。他们在日常教学中收集和使用大量数据来更好地帮助学生学习。同时,教师也是学生教育数据收集和使用的第一手见证人,因此他们的意见十分重要,应当确保教师有机会参与决策过程,并且应当听取他们的意见和建议。

学校也是教育数据收集和使用的重要利益相关者。他们负责制定和实施教育数据收集和使用的政策,并且要承担相应的责任。因此,在收集和使用教育数据时,应当确保学校有机会参与决策过程,并且应当听取他们的意见和建议。

总的来说,利益相关者参与教育数据伦理的决策是非常重要的。在收集和使用教育数据时,应当确保所有利益相关者都有机会参与决策过程,并且应当认真听取他们的意见和建议。这样,才能确保教育数据收集和使用的决策是公平、合理的,并且能够满足所有相关利益者的需求。

4. 公平与偏见

在教育数据伦理中,公平与偏见是一个关键问题。在收集和使用教育数据时,必须确保不会损害任何一群学生。

公平是指在收集和使用教育数据时,不会有意识或无意识地歧视或不公平地对待某些学生。例如,如果一所学校使用学生的测试成绩来决定是否将其转入特殊教育课程,而学生的测试成绩因为某些原因(例如家庭环境、语言能力等)受到影响,那么这种做法就是不公平的。

偏见是指在收集和使用教育数据时,存在某种主观偏见,导致某些学生受到不公平对待。例如,如果一名教师对某些学生有偏见,那么他可能会不公平地评分,这可能会导致这些学生在转入特殊教育课程的决策中处于劣势。

为了确保教育数据的使用是公平的,有几个方法可以考虑:

① 尽量减少主观因素。在收集和使用教育数据时,应尽量减少人为因素的影响,例如考试评分时可以使用自动化系统。

② 提供培训。为了减少偏见,可以考虑为教师和其他学校人员提供培训,让他们了解什么是偏见,如何避免偏见。

③ 建立监督机制。为了确保教育数据的使用是公平的,可以建立一套监督机制,定期对数据的使用进行审核。

④ 与学生和家长沟通。为了确保教育数据的使用是公平的,应该与学生和家长沟通,让他们了解数据的收集和使用情况,并让他们有机会对数据使用提出意见。

⑤ 使用多种数据来评估学生的表现。为了减少对单一测试成绩的依赖,可以使用多种数据来评估学生的表现,包括课堂表现、家庭作业、实践活动等。

在收集和使用教育数据时,必须谨慎考虑公平与偏见问题。通过采取上述措施,可以确保教育数据的使用是公平的,避免损害任何一群学生的利益。

除了在数据收集和使用方面避免偏见外,还应考虑数据使用中可能出现的其他公平问题。这些问题之一是公平获取数据,这可能受到特定局势的权力动态的影响。对个人具有权限的组织可以控制是否共享其数据以及与谁共享其数据。

最后,新兴技术有可能加剧偏见。例如,预测分析,特别是在利用机器学习的情况下,如果在设计和评估中没有考虑到偏见,可能会显著增加不公平的结果。

5. 透明度

数据伦理寻求确保数据生命周期所有阶段的透明度,从收集到分析和使用,以支持数据质量,建立信任。透明度意味着在收集和使用教育数据时,应该向学生和家长充分说明数据收集和使用的内容和目的。这样,学生和家长就可以了解数据收集和使用的细节,并能够对其有更好的掌控。

① 透明度可以确保教育数据收集和使用的合法性和正当性。如果学生和家长被充分告知数据收集和使用的内容和目的,他们就可以做出决策,是否愿意让学校收集和使用自己的数据。这样,就可以确保学生和家长的合法权益得到保护,并避免因数据收集和使用而导致的不必要的纠纷和冲突。

② 透明度有助于确保教育数据的准确性和可靠性。如果学生和家长能够了解数据收集和使用的细节,他们就可以对数据的准确性和可靠性进行检验。这样,就可以确保教育数据在支持决策和评估时是可靠的,并避免因使用不准确或不可靠的数据而导致的差错和损害。

③ 透明度还有助于提高公众对教育数据收集和使用的信任。如果学校能够向学生和家长充分说明数据收集和使用的内容和目的,并且能够保证数据的安全性和保密性,那么公众就会更加信任学校的数据收集和使用。这样,学校就可以更好地满足公众的信息需求,并且能够更好地与公众沟通和交流。

④ 透明度也带来了一定的挑战。例如,在向学生和家长说明数据收集和使用的内容和目的时,可能会遇到语言障碍和文化差异的问题。因此,学校应该提供相关的信息材料,并采取适当的措施,如提供翻译服务和文化教育讲座,来帮助学生和家长理解数据收集和使用的内容和目的。

⑤ 透明度也可能会带来技术方面的挑战。例如,学校可能需要在数据收集和使用过程中采用特定的技术,以保证数据的安全性和保密性。这样,学校就需要投入一定的资源来购置和维护这些技术,这可能会给学校带来额外的费用和管理难度。此外,学校还要为数据收集和使用提供适当的人员培训和支持,以确保数据的准确性和可靠性。

6. 隐私和安全

隐私和安全是支持合乎道德和负责任地使用数据技术这一目标需要解决的基本问题。隐私是指人们应该能够控制自己的信息,并且被授权收集和使用该信息的实体以尊重个人自主权的方式收集和使用该信息。安全是防止未经授权访问信息和保存信息的系统做法。

在教育领域,隐私与安全的问题更加突出。因为教育信息通常都是关于个人的,涉及个人的各种信息,例如学生的成绩、考试情况、健康状况等。如果这些信息被泄露出去,将会对学生造成巨大的影响,甚至可能导致学术不端和人身安全受到威胁。因此,保护学生的隐私权和保障数据安全是教育数据伦理中非常重要的问题。

在实际操作中,有几个方面需要注意:

① 在使用数据时要注意遵守法律法规。例如,在获取和使用学生的个人信息时,必须遵守《个人信息保护法》的相关规定。这意味着,在使用学生的个人信息之前,必须征得学生或家长的同意,并且在使用这些信息的过程中必须保证信息的安全性。此外,还要遵守教育机构本身的相关规定,例如关于信息安全的规章制度。

② 要注意保护数据的安全性,包括对数据进行加密处理,使得数据无法被未经授权的人员访问。此外,还要注意保护网络安全,例如使用防火墙和其他安全设备,防止黑客入侵。另外,还要注意保护数据备份,以防数据遗失或损坏。

③ 要注意数据的使用目的。在使用数据时,必须确保数据的使用目的是合法的,并且不能将数据用于其他目的。例如,如果学生的个人信息被用于营销目的,就违反了隐私保护的规定。

④ 要注意建立数据管理制度。数据管理制度是指在使用数据时所遵循的规则和流程,

包括数据获取、使用、存储和保护等方面。建立数据管理制度能够有效地保障数据的安全性,同时也有助于提高数据使用的效率。

2.5 混合式教学环境下教育数据分析框架

混合式教学环境下的教育数据分析涉及多种数据形态、分析方法和研究问题。为了有效地进行教育数据分析,我们需要构建一个适用于混合式教学环境下的教育数据分析框架,指导教育工作者从数据采集到结果呈现,再到反馈和建议的整个过程。为此,我们构建了混合式教学环境下教育数据分析框架,这个框架共包括五个部分,如图 2-12 所示。

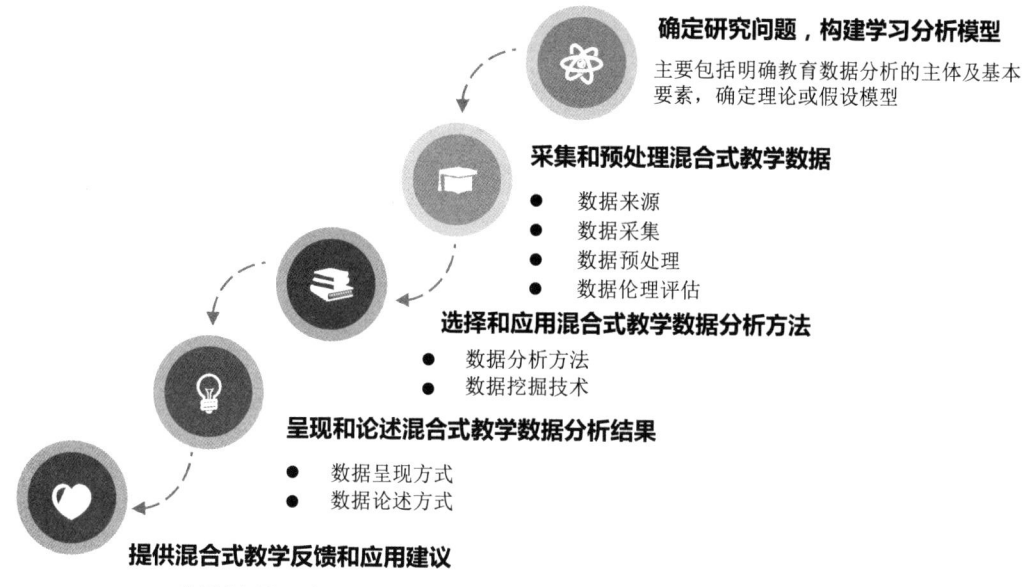

确定研究问题,构建学习分析模型
主要包括明确教育数据分析的主体及基本要素,确定理论或假设模型

采集和预处理混合式教学数据
- 数据来源
- 数据采集
- 数据预处理
- 数据伦理评估

选择和应用混合式教学数据分析方法
- 数据分析方法
- 数据挖掘技术

呈现和论述混合式教学数据分析结果
- 数据呈现方式
- 数据论述方式

提供混合式教学反馈和应用建议
- 为师生提供反馈
- 为管理者提供反馈
- 为开发者提供反馈

图 2-12 混合式教学环境下教育数据分析框架

第一部分:确定研究问题,构建学习分析模型。这一部分是教育数据分析的起点和基础,需要研究者根据自己的研究目标和研究背景,确定具体的研究问题,并明确教育数据分析的主体及基本要素。这些要素包括如下:

① 混合式教学情景:指由不同的教学目标、内容、方法、组织形式和评价方式等构成的多元化的教学场景,如传统教室、信息化教室、智慧教室、在线学习平台、虚拟现实(virtual reality,VR)实验室等。混合式教学情景是教育数据分析的对象和背景,决定了教育数据分析的范围和侧重点。

② 教育数据:指在混合式教学过程中产生或收集的与教师和学生相关的各种数据,如行为数据、成绩数据、反馈数据、情感数据等。教育数据是教育数据分析的材料和来源,反映了不同方面的教育过程和结果,如认知(知识、技能)、情感(态度、情感)、行为(参与、互动)、元认知(策略、监控)等。

③ 基于理论驱动的学习分析：指根据不同的理论模型或假设，对教育数据进行有目标的分析，以探究混合式教学中的学习过程、效果和影响因素等。基于理论驱动的学习分析是教育数据分析的方法和工具，提供了对教育现象进行解释和评价的依据和框架。

在明确了这些要素后，研究者需要构建理论模型或假设模型，即面向特定教学问题的数据驱动和领域知识相结合的计算模型。其主要包括确定教育问题、选取指标体系、提取数据特征、筛选分析变量和明晰评量规则五个环节。其中，前三个环节是基于数据驱动的过程，后两个环节是基于领域知识的过程。这些环节相互作用，形成一个迭代优化的循环。

第二部分：采集和预处理混合式教学数据。这一部分是教育数据分析的准备阶段，需要研究者根据自己的研究问题情境和学习分析模型，选择合适的数据来源和采集技术，获取混合式教学环境下产生的多源、多形态的数据，并对数据进行清洗、整合、转换等预处理操作，使数据符合分析的要求和标准。同时，对数据进行评估，以检验教育数据分析是否符合伦理与法律规范。这一部分涉及以下几个方面：

① 数据来源。指混合式教学数据的产生或收集的场所或平台，如课程管理系统（coures management system，CMS）或学习管理系统、在线或移动平台、社交媒体或通讯工具、传感器或可穿戴设备、人工或自动化的观察或评估等。不同的数据来源反映了不同的教学活动和学习行为，需要研究者根据研究问题和情境，选择与之相关的数据来源，以保证数据的有效性和完整性。

② 数据采集。指混合式教学数据的获取或抽取的方法或技术，如日志记录、网络爬虫、接口调用、问卷调查、面试访谈、测试测验等。不同的数据采集方法或技术有不同的优缺点和适用条件，需要研究者根据数据特征和质量，选择合适的数据采集方法或技术，以保证数据的准确性和可靠性。

③ 数据预处理。指在分析混合式教学数据之前进行的清洗、整合、转换等操作，如去除噪声和异常值、填补缺失值、消除重复值、统一数据格式、提取数据特征等。不同的数据预处理操作有不同的目的和效果，需要研究者根据分析目标和方法，选择合适的数据预处理操作，以保证数据的一致性和规范性。

④ 数据伦理评估。指对教育数据的来源、采集和预处理等各个环节的道德合理性和社会责任性进行评价和判断的过程，如是否尊重数据主体和数据客体的自主权、是否保护数据主体和数据客体的隐私权、是否保障数据主体和数据客体的公平权、是否维护教育的道德和价值等。不同的教育数据分析的伦理评估有不同的标准和方法，需要研究者根据研究内容和结果，选择合适的教育数据分析的伦理评估，以实现教育数据分析的伦理反思和改进。

第三部分：选择和应用混合式教学数据分析方法。这一部分是教育数据分析的核心阶段，需要研究者根据自己的研究问题和数据特征，选择合适的定量或定性的数据分析方法，对混合式教学数据进行描述、探索、推断或预测等操作，并利用数据挖掘技术，从混合式教学数据中发现潜在的规律、模式或关系。这一部分涉及以下几个方面：

① 数据分析方法。指对混合式教学数据进行统计或计算的方法，如统计分析、相关性分析、回归分析、访谈法、观察法、文本分析、情感分析等。不同的数据分析方法有不同的适用场景和条件，需要研究者根据研究目标和背景，选择合适的数据分析方法，以实现对教育现象进行描述、探究、推断或预测等操作。

② 数据挖掘技术。指从混合式教学数据中发现潜在的规律、模式或关系的技术，如预

测、聚类、关系挖掘等。不同的数据挖掘技术有不同的结果和价值，需要研究者根据研究问题和背景，选择合适的数据挖掘技术，以实现对教育现象的挖掘和发现。

第四部分：呈现和论述混合式教学数据分析结果。这一部分是教育数据分析的输出阶段，需要研究者根据自己的研究目标和受众，选择恰当的方式呈现和论述混合式教学数据分析结果，并对结果进行解释和评价，与相关理论或文献进行对比或联系。这一部分涉及以下几个方面：

① 数据呈现方式。指将混合式教学数据分析结果以数据矩阵、图表描述、社会网络关系图、行为关联图、活动序列图等统计或可视化形式展示给受众，如教师、学生、管理者或开发者等。不同的数据呈现方式有不同的优缺点和注意事项，需要研究者根据受众的特点和需求，选择合适的数据呈现方式，以提高数据的可读性和可理解性。例如，对于教师而言，可以使用图表描述或活动序列图等方式，展示学生的学习行为和效果，以便于教师进行教学反思和调整；对于学生而言，可以使用社会网络关系图或行为关联图等方式，展示学生的学习互动和关系，以便于学生进行自我评价和改进；对于管理者或开发者而言，可以使用数据矩阵或统计报表等方式，展示混合式教学的整体情况和影响因素，以便于管理者或开发者进行决策支持和技术改进。

② 数据论述方式。指将混合式教学数据分析结果以文字、图表、语音、视频等形式进行解释和评价，并与相关理论或文献进行对比或联系。不同的数据论述方式有不同的效果和影响，需要研究者根据研究目标和背景，选择合适的数据论述方式，以提高数据的有效性和说服力。例如，对于描述性或探索性的研究问题，可以使用文字、图表或语音等形式，简要概括数据分析结果，并给出可能的解释或假设；对于推断性或预测性的研究问题，可以使用文字、图表或视频等形式，详细论述数据分析结果，并给出有力的证据或建议；对于与相关理论或文献有关的研究问题，可以使用文字或语音等形式，比较或联系数据分析结果，并给出创新的观点或贡献。

第五部分：提供混合式教学反馈和应用建议。这一部分是教育数据分析的应用阶段，需要研究者根据自己的研究结果和背景，为混合式教学环境下的师生、管理者或开发者等提供实时的反馈和应用建议。这些反馈和建议可能包括：

① 为师生提供反馈。指根据混合式教学数据分析结果，帮助师生了解自己或他人的学习态度、行为和认知状态，促进教学过程的反思、评价和改进。例如，根据学生的在线学习行为数据，给出学习风格、兴趣、优势、困难等方面的反馈，并提供相应的学习策略、资源、辅导等建议；根据教师的混合式教学设计和实施数据，给出教学目标、内容、方法、组织形式、评价方式等方面的反馈，并提供相应的教学改进、创新、分享等建议。

② 为管理者提供反馈。指根据混合式教学数据分析结果，为教育决策者提供数据支持，优化教育资源的配置和利用。例如，根据混合式教学的整体情况和影响因素数据，给出混合式教学的优势、劣势、机遇、挑战等方面的反馈，并提供相应的政策制定、资源投入、质量保障等建议。

③ 为开发者提供反馈。指根据混合式教学数据分析结果，为技术开发者提供数据反馈，改进混合式教学环境的设计和实现。例如，根据混合式教学平台或系统的使用情况和用户满意度数据，给出混合式教学平台或系统的功能、界面、交互、稳定性等方面的反馈，并提供相应的技术优化、更新、维护等建议。

3 学习分析

医疗、银行、保险、航空、娱乐和电信等众多行业长期以来都通过大规模数据分析获得了深刻的见解,引领了行业的发展。如从优化的飞行路线到预测性的医疗保险模型,大数据的使用颠覆了行业,改变了消费者行为。然而,几乎形成鲜明对比的是,教育部门在收集学生学习期间产生的大量数据方面进展缓慢。虽然学习管理系统、MOOC 等教育技术已经成熟,并且大多被视为当代教学实践的核心资源,但是教育数据利用率之低令人惊讶。直到最近几年,教育机构才开始涉足数据分析和机器学习的深水区,提供有关教学质量和学生学习体验的见解。

早在学习分析出现之前,教育研究就已经知道各种形式的学习技术和学习数据的使用。许多数据挖掘技术和方法现在普遍用于学习分析研究,如社会网络或话语分析,在教育领域已有很长的历史。然而,学习分析作为一个独立领域的建立,起到了催化剂的作用,使多个研究领域、方法和理论结合起来,为理解学习过程提供了新的研究机会。

3.1 学习分析概述

3.1.1 学习分析的定义和内涵

1. 定义

学习分析一词最早由美国教育部在 2009 年提出。由于学习分析涉及的观点和动机范围很广,其被赋予了多个不同的定义,如表 3-1 所示。

表 3-1 学习分析的各种定义

定义	来源
测量、收集、分析和报告关于学习者及其背景的数据,目的是理解和优化学习及其发生的环境	Siemens and Long(2011)
专注于学生的数据收集、分析和报告,以便理解和改进学习体验,使其达到最佳水平	Siemens and Gasevic(2012)
帮助教育工作者检查、理解和支持学生的学习行为,是改变学生的学习环境的一种手段	Drachsler and Kalz(2016);Rubel and Jones(2016)

续表

定义	来源
一个专注于通过与学生相关的数据集或通过大量教育数据来达到模式或趋势的领域,以维持个性化高等教育系统的发展	Johnson et al. (2014)
通过问题定义和统计模型的应用以及针对现有和/或模拟的未来数据的分析来开发可操作的见解的过程	Cooper(2012)
学习分析是收集学习者留下的痕迹,并使用这些痕迹来改进学习	Duval(2012)
利用各种数据收集和数据分析工具,基于教育领域的海量数据,通过收集、测量、分析和报告等方式,提取出隐含的、有潜在应用价值的、涉及"教与学"或"教学管理"过程及行为的各种信息、知识与模式,从而为教师的"教"、学习者的"学"及教学管理提供智能型辅助决策技术	何克抗(2016)

在上述众多定义中,被学者们普遍认同的定义是Siemens和Long(2011)给出的:学习分析是测量、收集、分析和报告关于学习者及其背景的数据,目的是理解和优化学习及其发生的环境。该定义侧重于一个中心对象——关于学习者的数据或教育数据,并暗示了Clow(2012)学习分析周期中包含的目标:了解学习和学习者、收集数据、定义指标以及得出旨在优化教育过程的干预措施。强调了对学习者的关注和学习过程的优化,以及技术在建模、生成学习者画像、个性化和适应性学习等方面的潜在用途(Siemens,2012)。

虽然学习分析有着不同的定义,但在这些定义中存在共性,如大数据挖掘、预测未来表现、提供干预及提升教学质量和学习效率。经过多年的概念迭代,学术界对其定义和内涵基本上已达成共识(张琪,2018)。

2. 学习分析的目的与要素

学习分析已经成为教育界、组织和机构的热门话题。一个完整的学习分析流程包含四个基本要素:数据、分析、报告和行动。

① 数据作为主要的分析资产,是转化为分析见解的原材料。在教育领域,它们包括(通常)在学习过程发生时收集的信息,这些信息与学习者、学习环境、学习互动和学习结果有关。

② 分析是转换收集到的数据以从中获取可操作信息的过程,为此使用了一套数学和统计算法和技术。在数据分析期间,数据被净化、转换和建模,目的是发现有意义的信息并支持决策和行动。

③ 报告是总结所收集数据的分析结果,并以有意义的方式展示这些信息。它是一套将学习者和学习数据的分析结果组织和呈现为图表的过程。通过报告学习者数据和学习数据,我们可以深入了解学习者在学习期间的状态。对学习者状态的解释将有助于教育者指导基于数据的决策和行动。

④ 行动是任何学习分析过程的最终目标。这是教育利益相关者采取的一系列知情决定和实际干预措施。后续行动的结果决定分析工作的成败,学习分析只有在实施的结果是"行动"时才有用。

基于数据做出决策和采取行动的需求日益增长,这表明了在日常教育实践中理解和采用学习分析的重要性。

学习分析的目标(Chatti et al.,2012;Papamitsiou et al.,2021)如图3-1所示,主要包括

以下内容：监控学习者的进度；监控学习者的行为；检测学习者的情绪；预测学习者的成绩/辍学率/保留率；产生反馈；提供建议；指导改进；增加自我反思/自我意识；促进自我监管。

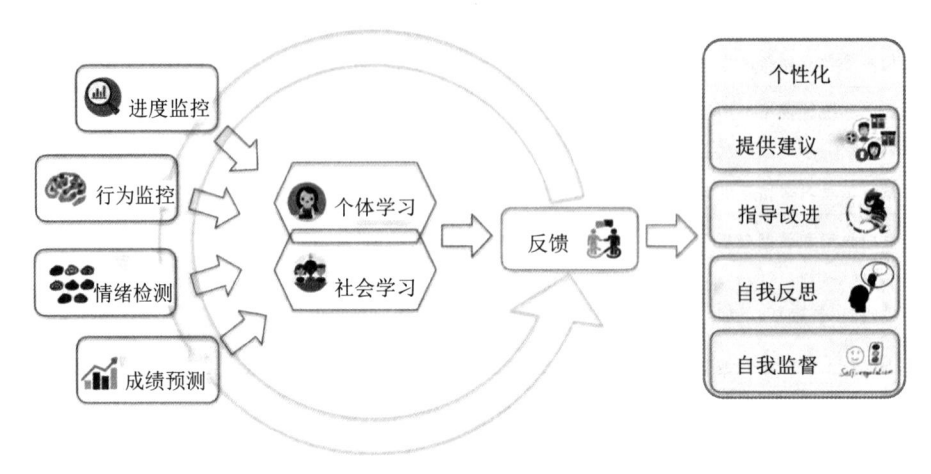

图 3-1　学习分析的目标

3. 学习分析的一般过程

根据 Chatti 等人的观点，学习分析是一个迭代循环的过程，通常按三个步骤进行，如图 3-2 所示。

① 数据收集与预处理。这一步包括从各种教育环境和系统中收集数据，这对于从数据中成功地发现有用的模式是非常关键的。收集的数据可能太大和/或涉及许多不相关的属性，需要进行数据预处理。数据预处理还允许将数据转换为可用作特定 LA 方法输入的适当格式。在这一步中可以使用从数据挖掘领域借用的几个数据预处理任务，包括数据清理、数据集成、数据转换、数据简化、数据建模、用户和会话识别以及路径完成。

② 分析与行动。基于预处理的数据，可以应用不同的 LA 方法来探索数据，以便发现可以帮助提供更有效的学习体验的隐藏模式。这方面的行动包括监测、分析、预测、干预、评估、适应、个性化、建议和反思。

③ 后处理。对于分析练习的持续改进，后处理是基本的。它可能涉及从其他数据源汇编新数据、完善数据集、确定更新迭代所需的新属性、确定新指标/度量标准、修改分析变量或选择新的分析方法。

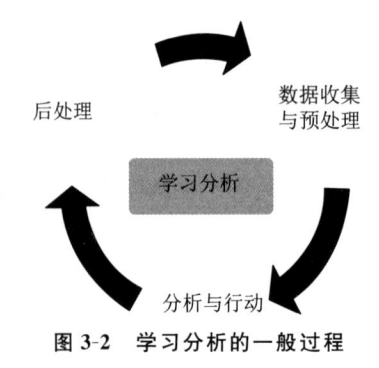

图 3-2　学习分析的一般过程

总的来说，学习分析很重要，因为在线学习环境中的每个"痕迹"都可能是有价值的信息，这些信息可以被跟踪、分析并与外部学习者数据相结合；在这样的环境中，每一个简单或复杂的行为都可以通过计算方法被分离、识别和分类成有意义的模式；每种类型的互动都可以编码成行为模式，解码成可解释的决策指南。

3.1.2 学习分析的类型

1. 描述性学习分析

描述性学习分析是使用数据来描述学习者、教师、课程或教育系统的现状和特征，例如学习者的基本信息、学习行为、学习成绩、学习满意度等。描述性学习分析通常使用描述性统计方法，如平均数、标准差、频数、百分比等来汇总和展示数据。描述性学习分析可以帮助我们了解学习的基本情况，但不能解释为什么会出现这样的情况，也不能预测未来会发生什么。

描述性分析回答了这个问题："发生了什么？"

许多学习管理平台和学习系统提供描述性分析报告，旨在帮助教育者衡量学习者的表现，以确保达到学习目标。可以让教师查看他们课程中的各种描述性统计数据，如注册人数、活跃人数、完成人数、访问活动的受欢迎程度。例如，教师在学习平台上查看自己课程中各个活动的访问次数的情况，如图3-3所示。从中可以看出，该教师的课程包含了多种类型的活动，如视频、作业、测验、考试等，其中视频是最受学习者欢迎的活动，考试的活动次数最少。这些数据可以让教师了解自己课程的优势和不足，以及学习者的偏好和需求。

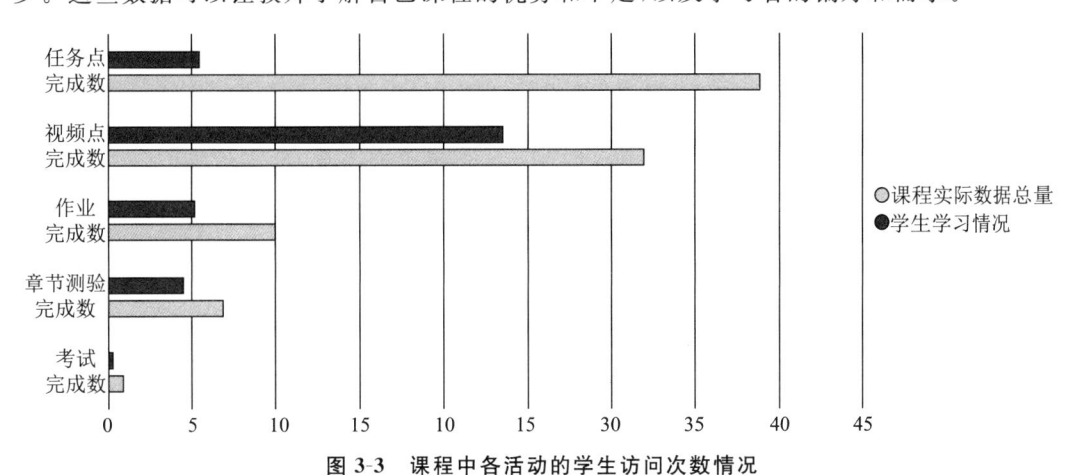

图 3-3 课程中各活动的学生访问次数情况

2. 诊断性学习分析

诊断性学习分析是使用数据来探究学习过程和结果背后的原因和影响因素，例如学习者的知识水平、认知策略、情感态度、动机等。诊断性学习分析通常使用相关性分析或回归分析等方法，来检验数据之间的联系或影响程度。诊断性学习分析可以帮助我们发现学习的问题和障碍，但不能提供解决方案或建议。

诊断分析解决了这个逻辑问题："为什么会发生这种情况？"

教师可以使用基于一些在线教育项目提供的学习分析工具,或者运用其他的数据分析工具,对课程中的各种数据进行相关性分析或回归分析,如成绩与出勤率、成绩与讨论参与度、成绩与作业提交时间等。这些数据可以帮助教师发现影响学习成绩的重要因素,以及不同学习者的特点和差异。例如,表3-2展示了一个教师查看自己课程中学习者的成绩分别与在线学习时长、观看视频时长、观看视频数量、课件与文档查看时间以及资源下载次数等的相关性分析的情况。从中可以看出,在该教师的课程中,学习者的在线学习时长与成绩呈现了显著的正相关,即在线学习时长越长,成绩越好。而观看视频时长与成绩呈现负相关,即观看视频时间越长,成绩越差。这些数据可以让教师了解自己课程的有效性和必要性,以及学习者的学习态度和行为。

表3-2 学习者学业成绩与在线行为特征的关系

行为类型	行为特征变量	相关系数(r)	显著性(Sig.)
课程访问行为	在线学习时长	0.330*	0.031
资源学习行为	观看视频时长	−0.413**	0.006
	观看视频数量	−0.276	0.073
	课件与文档查看时间	0.172	0.269
	资源下载次数	0.205	0.187

注:*表示在0.05水平(双侧)上显著相关;**表示在0.01水平(双侧)上显著相关。

3. 预测性学习分析

预测性学习分析是使用数据来预测未来的学习过程和结果,例如学习者的成绩、辍学率、毕业率等。预测性学习分析通常使用数据挖掘或机器学习等方法,来构建预测模型或分类模型。预测性学习分析可以帮助我们提前发现潜在的风险或机会,但不能提供干预或优化的方法。

预测分析用于预测未来趋势或事件,并回答"未来会发生什么?"的问题。

一个典型的预测性学习分析的案例是基于开放大学分析(open university analytical, OUA)系统的在线教育项目,它可以让教师对他们课程中的各种数据进行数据挖掘或机器学习,如使用决策树(decision tree)或神经网络等方法来预测学习者的作业提交、成绩、辍学率、毕业率等。这些数据可以帮助教师提前识别和干预处于风险或困难的学习者,以及发现和奖励优秀或进步的学习者。OUA是一个由英国开放大学设计的预测性学习分析系统(predictive learning analytics, PLA),它使用一系列先进的统计和机器学习方法来预测学生的风险,从而可以进行有效的干预措施。OUA的主要目标是尽早识别可能无法提交教师布置的任务的学生。通常情况下,每门课程要求学生完成四到六个教师布置的任务。通过结合关于学生是否会提交下一个教师评定的评估(teacher-managed assessment, TMA)预测,该系统还提供关于学生是否会完成课程的信息。OUA被设计为一个工具,可以向教师提供有关学生行为的信息,并在学生有可能不提交任务时激励他们采取行动。更广泛的目标是增加学生的保留率并促使他们完成学业(Herodotou et at., 2019)。机器学习算法使用学生的静态数据和行为数据来构建预测模型。模型可以预测学生是否会在下一个作业的截止日期之前提交作业。这些预测结果可以用来标识那些可能会错过作业截止日期的学生,以便教师可以采取干预措施来帮助他们,如图3-4所示。

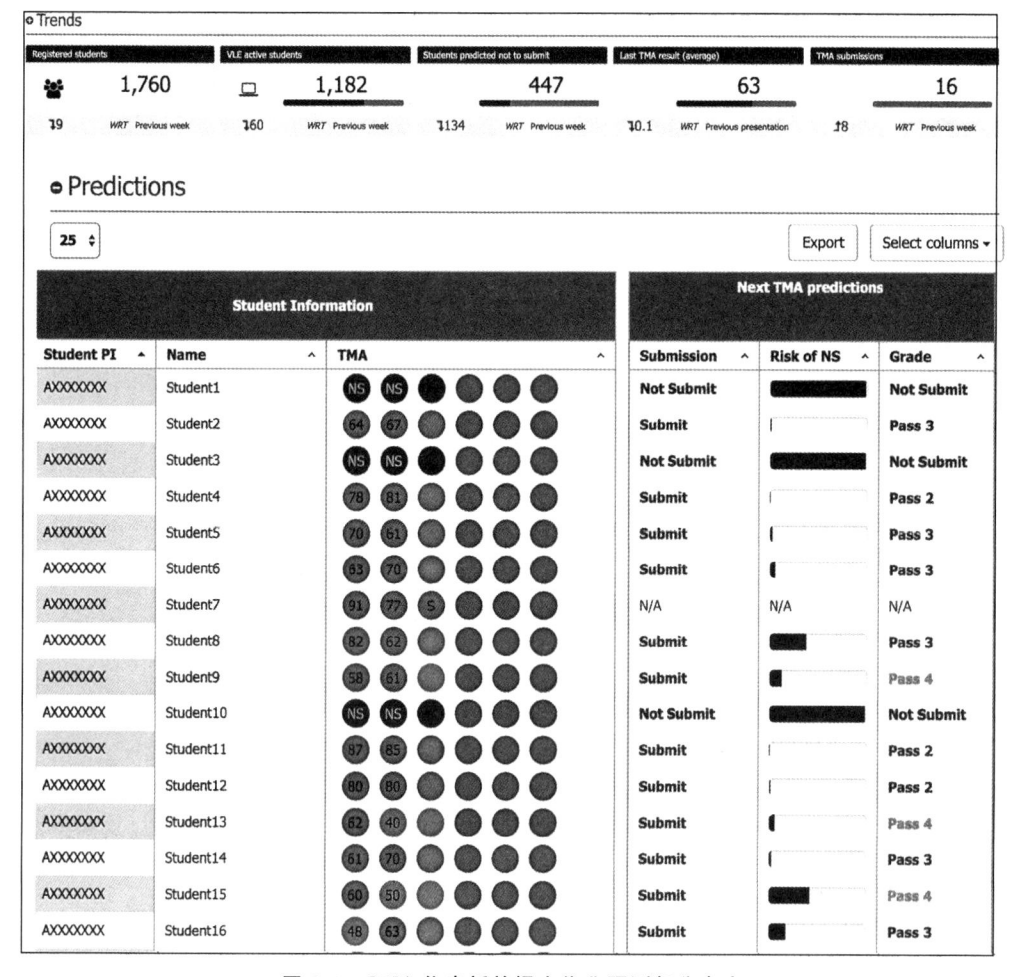

图 3-4　OUA 仪表板的提交作业预测部分内容

注：该面板显示了当前课程展示（趋势）的整体统计数据，其中列出了所有学生的 TMA（教师评定的评估）预测，以一周为单位呈现。针对在给定时间内尚未提交下一个作业的所有学生生成预测。对于已经提交了作业的学生，不生成预测。这样的学生（例如，学生7）会被标记为"S"（已提交）。

4. 规范性学习分析

规范性学习分析是一种统计方法，用于生成建议并根据模型结果做出决策。规范性学习分析被认为是预测分析的扩展，由于其运行所需的机器学习的复杂性，因此使用率不高。但是，它可以在一些学习体验平台中找到。使用规范性学习分析的平台能够确定教师面临的困难领域，促使建设量身定制的新内容，以更好地满足学习者的需求。

规范性学习分析回答了这个问题："我们下一步应该做什么？"

3.1.3　学习分析的机遇与挑战

大数据思维方式及其技术革新促进了学习分析的概念内涵、框架、模型和应用领域的持续发展，同时，也给学习分析带来了机遇和挑战（王良周、于卫红，2015）。

1. 大数据带来的学习分析机遇

（1）价值利益

大数据背景下学习分析的价值链创新包括三个层次的创新。首先，可以从数据本身获得直接收益。基于数据的公司可以直接将他们从学习管理系统和在线平台收集的数据出售给第三方。其次，处理大数据所需的云计算和物联网等先进技术，由少数高科技公司控制。这些公司可以受益于他们在数据分析方面的专业知识，而不需要收集自己的数据。最后，学习分析是一种社会分析，对适应性和个性化学习的需求是其背后的驱动力。注重创新思维的公司可以通过学习分析创造新的需求和服务，并从这些新的商业模式中获益。

（2）学习与教育方式的革新

数字媒体和分析技术的发展使得学习和教育的方式更加多样化和立体化。学习分析正越来越多地被整合到在线学习、混合学习、协作学习和虚拟学习中。学习分析强调情境和人为干预的重要性，并注重适应性和个性化服务。它要求环境与用户之间、教与学之间有良好的互动，使其成为智能教学的最佳实践。例如，在大规模的开放课程平台中，利用学习分析技术可以提取用户信息，实现学习路径的个性化，为学习者提供个性化的反馈。

此外，学习分析的使用也可以提高教学的效果和效率。通过分析学生表现的数据，教师和教育工作者可以确定弱势和优势领域，并相应调整他们的教学方法。这可以为学生带来更加个性化和有效的学习体验。同时，学习分析也可用于支持教育领域的研究和发展。通过分析关于学生成绩和学习行为的大量数据，研究人员可以更深入地了解人们如何学习，以及如何设计更有效的学习环境。这可以促进新的教学方法、技术和策略的发展，从而提高教育的整体质量。

（3）对其他学习科学领域的影响

学习分析对其他学习科学领域具有积极的影响。其中，学习分析与学术分析、教育数据挖掘等相互融合，其方法和思想可以相互借鉴。在此基础上，学习分析技术被应用于MOOCs(大规模开放在线课程)学习环境、学习管理系统、智能导师系统等，使得这些系统更加智能化。同时，新兴的学习科学领域，如游戏和游戏化学习、翻转课堂、多模态学习、量化自我等，也受到了学习分析技术的影响。

总的来说，大数据创新和学习分析所提供的机会是巨大而多样的。从直接的经济效益到提高教育质量，学习分析能对教育产生积极影响。因此，教育工作者、研究人员和政策制定者必须持续探索和投资学习分析，以充分实现其潜在效益。

2. 学习分析面临的挑战

在大数据时代，学习分析面临着多源异构、分布广泛、动态增长等问题。这些问题需要强大的数据存储和分析能力来解决。在大数据背景下，学习分析应该以用户需求为中心，以服务为导向。然而，在大数据管理思维下，相关的法律和制度尚待完善。因此，在大数据时代学习分析面临着诸多挑战。

（1）数据与技术挑战

首先，由于学习轨迹数据的海量性和非结构化性，典型的数据库软件工具难以对其进行捕捉、储存、管理和分析。因此，大数据技术创新是解决学习分析中基础问题的关键。然而，由于系统的复杂性和"蝴蝶效应"的存在,需要谨慎地选择数据,避免数据主宰人类决策。

其次,尽管大数据关注数据之间的关系,但由于缺乏被广泛接受和验证的整体框架,针对特定情境、问题和用户的学习分析模型仍然相对稀缺。因此,如何定义问题、选择合适的模型和算法仍然是一个开放的问题。

最后,云计算等大数据关键技术尚未成熟,在大数据存储和计算方面仍然存在许多挑战。因此,提升云计算等大数据技术的成熟度是学习分析领域中的一项重要任务。

(2) 制度和管理能力限制

学习分析不仅是一种技术问题,还涉及人为干预和优化。在制度和管理技能方面的缺陷限制了学习分析的应用。首先,学习分析需要大量的人力和物力投入,这对于一般教育机构来说成本较高。其次,学习分析需要聪明的消费者来使用数据,而传统的教师和管理者可能缺乏分析和使用数据的能力,甚至对学习分析工具的使用存在抵触。最后,学习和教育是一个社会化过程,研究和发展适应性和个性化的分析方案是学习分析领域永恒的话题。

(3) 道德与安全挑战

学习分析在大数据背景下面临着道德和安全方面的挑战。这些挑战可以分为三类:数据位置和数据解释问题、隐私管理和匿名化问题、数据分类和管理问题。由于学习分析需要获取用户信息并管理用户数据,因此不可避免地涉及用户隐私问题。另外,与学习分析相关的法律制度、道德引导和安全技术尚未明确。

3.2 学习分析理论基础

没有理论的研究是盲目的,没有研究的理论是空洞的(Bourdieu and Wacquant,1992)。对学习分析领域的研究来说,也是如此。Elias认为学习分析从多个相关领域汲取养料,如商务智能、网站分析、学业分析、教育数据挖掘、数据挖掘等。Siemens总结了推动学习分析发展的相关领域和教育研究活动,包括社会网络分析、用户建模、教育和认知建模、数据库中的知识探索等。Macfadyen等认为学习分析需要解读海量数据呈现出的特征、问题或规律,必须依靠学习理论、组织行为理论、优秀教学实践案例、知识社区、学生动机、毅力与动机等研究领域的知识。可以发现,数据挖掘、网络技术、学习理论、教学理论、社会网络都为学习分析的研究与实践提供了理论依据,涉及了数据科学、教育学、心理学、神经科学等多个学科知识(郭炯、郑晓俊,2017)。

3.2.1 数据科学为精准刻画学习者提供了技术支持

数据科学涉及多学科知识,并建立在这些学科的理论和技术之上,包括数学、统计学、数据挖掘、机器学习、可视化等,在学习分析中发挥着重要作用。通过对大量数据的收集、处理、分析和可视化,数据科学家可以提取有用信息,帮助组织和个人做出更明智的决策。

在学习分析中,数据科学可以帮助研究者更好地了解学习者的行为和表现。例如,通过对学习者在学习系统中的活动记录进行分析,可以获得有关学习者学习首选项和挑战的信息。这些信息可以帮助设计者改进学习体验,提高学习效果。

数据科学还可以帮助研究者评估学习策略和教学方法的有效性。例如,通过对使用不同教学方法的学习者的表现进行对比分析,可以获得有关哪种方法更有效的信息。这些信息可以帮助教师和教育工作者选择最佳教学策略,提高学习者的学习效果。

在机器学习方面,数据科学也扮演着重要角色。数据科学家可以利用机器学习算法对大量数据进行建模,从而预测未来趋势或进行分类。在学习分析中,这种方法可以用来预测学习者的学习成果,并根据预测结果调整教学策略。例如,可以使用机器学习算法来预测哪些学习者可能会遇到困难,并采取相应措施帮助他们改善学习。

3.2.2　学习理论为学习分析提供了研究和实践的指导与支持

Clow(2012)指出,学习分析借鉴了更广泛的教育理论和学习理论,它不仅提供了学习分析实践的理论基础,同时也引导学习分析项目的不断改进。

学习分析是一门跨学科的领域,它需要借鉴和运用不同的学习理论来指导和支持其研究和实践。学习理论是指对人类学习的本质、过程、机制和结果的解释和预测,它可以帮助我们理解和改进教与学的效果。Khalil 等(2022)对 2010 年以来 74 篇与学习分析有关的学习理论文献进行了分析,发现了以下结论:

学习分析涉及了多种多样的学习理论,共有 32 种不同的理论被引用,其中自我调节学习(self-regulated learning,SRL)是最常用的理论,被引用了 19 次。自我调节学习是一种元认知过程,包括 3 个阶段:前置阶段(目标设定、计划、策略选择)、执行阶段(注意力控制、自我监控、自我指导)和后置阶段(自我评价、反馈、自我反思)。这说明学习分析关注学习者如何主动地组织、管理、调节和评价自己的学习过程,以及如何通过数据分析来提供个性化和适应性的支持。学习分析可以通过收集和分析学习者在在线教与学平台上的行为数据、心理数据和生理数据,来评估他们在每个阶段的表现,并根据他们的需求给予相应的干预和支持。

学习分析中使用的理论可以归属于不同的范式,如行为主义、认知主义、建构主义、社会文化理论等。不同的范式会影响学习分析的研究问题、数据来源、分析方法和结果解释。例如,行为主义范式关注学习者的可观察行为,认知主义范式关注学习者的心智过程,建构主义范式关注学习者的主动创造,社会文化理论范式关注学习者的社会互动等。行为主义范式倾向于使用实验法和统计法进行数据分析,认知主义范式倾向于使用计算模型和认知网络进行数据分析,建构主义范式倾向于使用内容分析和话语分析进行数据分析,社会文化理论范式倾向于使用社交网络分析和情境分析进行数据分析。因此,学习分析者需要根据不同的教与学情境和需求来选择或创新合适的研究范式和视角。

学习分析中使用的理论在不同年份有不同的比例和趋势,没有哪一种理论呈现单一的增长或下降模式。这说明学习分析是一个不断发展和变化的领域,需要根据不同的教与学目标和内容来选择或创新合适的理论。例如,建构主义和元认知等理论在一些特定年份占有很大比例,可能与当时流行的在线教与学平台或活动有关。例如,在 2011—2013 年期间,MOOCs 开始兴起,这些课程强调学习者的主动参与和社会互动,因此建构主义和元认知等理论被广泛应用于 MOOCs 的学习分析中。而自我调节学习和认知负荷理论近年来一直以较高的比例出现,可能与这些年关注的教与学目标或内容有关。在 2019—2022 年期间,受新冠疫情的影响,远程教育和在线教育成为主流,这些教育形式要求学习者具备更强的自主学习能力和信息处理能力,因此自我调节学习和认知负荷理论被广泛应用于远程教育和在线教育的学习分析中。

学习理论为学习分析领域提供了理论框架和方法指导,用于研究学习过程中的心理和认知过程。在大数据分析的基础上,学习理论可以帮助我们理解学习过程中的各种因素如何影响学习效果,并提供有关如何提高学习效果的建议。

3.2.3 多模态学习分析弥补了传统学习分析的不足

学习分析研究通常利用学习痕迹来解释复杂的学习现象,并为教学和学习过程提供支持。这些痕迹来源于学习者和线上线下学习环境之间的相互作用。这些交互产生的数据范围从简单的构建(如多项选择题的回答时间和正确性)到更高级结构(如阅读策略和合作学习模式)。传统分析将这些交互表示为一系列操作和索引,通常被记录在日志文件中,并通过可视化导航图来显示学习性能和其他有意义的信息。这些分析通过不同表示(如图形和图表)来通知学习者或教师,通常作为学习系统的附加组件来增加其功能性和智能性(如推荐系统和自适应系统)。这对教学法有影响,使学习者和教师能够了解他们的进步并做出明智的决策;也对学习技术设计有影响,如在学习系统中添加哪些服务。

近年来,传感器数据、社会信号处理和计算分析在理解学习方面的进展已经证明了其巨大的潜力。多模态学习分析(multimodal learning analytics,MMLA)研究结合了学习科学、数据科学、神经科学、计算机科学等不同的专业知识,研究人们如何学习以及如何用技术支持这一复杂的过程。学习分析研究协会(society for learning analytics research,SoLAR)专门成立了跨空间多模态学习分析特别兴趣小组促进研究,考虑如何理解涉及多种模态、人员和学习空间的复杂教育数据的挑战。MMLA的研究提供了"高级学习痕迹",说明学习者的认知、情感和行为因素,可以通过建立在学习分析基础上的模型来改善学习环境。

多模态学习分析是一个多学科的研究领域,借鉴了学习科学和信息通信技术的知识。除了传统的学习分析,多模态学习分析还包括整合其他学科的知识,如心理生理学,以确定生理反应,如点击、眼动、心率以及认知和情绪状态;认知科学和神经科学,以确定人类神经系统如何表示、处理和转换信息;数据科学,通过整合社会信号处理、知识提取和工程技术,来分析和解释复杂的数据模式,从而更全面地了解学习者的行为和学习过程。

多模态学习分析通过利用多模态数据和先进的数据分析技术,很好地弥补了传统学习分析的不足(Giannakos et al.,2022)。它具有以下三个优势:第一,它有利于丰富人类学习领域的测量,能够收集传统学习分析和学习技术研究中通常无法涉及的数据,如眼动、面部表情或手势。第二,它通过利用多模态数据(如通过手势或凝视)来支持更丰富的多模态互动。第三,它通过利用多模态数据(如情感系统)来支持学习系统的可用性。这些优势可以由研究人员单独或结合使用,积极影响相关的学习经验和结果。

3.3 学习分析模型

学习分析模型是指从学习数据中提取、分析和解释有价值的信息的理论或方法。学习分析模型的建立,有助于在学习分析研究与实践中更为系统有效地设计研究方案,提升效率,可为学习分析系统平台与学习分析工具的设计、开发、应用与推广提供参考与指导。

根据国内外 2010 年以来关于学习分析的期刊论文,研究者提出的学习分析模型主要包括两类:过程性模型与框架性模型(郭炯、郑晓俊,2017)。

3.3.1 学习分析过程性模型

过程性模型着眼于学习分析的流程,重点探讨学习分析活动的要素与各环节之间的递进作用与影响,对于学习分析实践与学习分析工具的开发具有更重要的指导意义。过程性模型主要有以下几种。

1. 学习分析过程模型

学习分析过程模型是一种描述学习分析活动的基本框架,它包括以下四个主要组成部分(Siemens,2012):

① 智能数据。指从不同的数据源(如教育系统、社交媒体、网络资源等)收集和整合的数据,它们可以反映学习者的行为、表现、偏好、背景等信息。

② 学习者数据。指从智能数据中提取和分析的与学习者相关的数据,它们可以反映学习者的知识、技能、态度、情感、目标等信息。

③ 分析模型。指用于从学习者数据中发现隐藏的信息和社会联系的算法和方法,它们可以基于机器学习、人工智能、统计学、可视化等技术。

④ 预测和建议。指基于分析模型生成的对学习者的反馈和指导,它们可以帮助学习者改进和优化学习过程和结果。

Siemens 的学习分析过程模型强调了智能数据、学习者数据、分析模型和预测与建议之间的相互作用和影响,以及它们对教育环境和教育政策的影响。该模型旨在提供一个通用的视角来理解和实施学习分析,而不是提供一个具体的操作步骤或方法。该模型也可以根据不同的应用场景和目标进行调整和扩展。Siemens 的学习分析过程模型如图 3-5 所示。

2. 学习分析循环模型

学习分析循环模型是一种用于描述和实施有效的学习分析活动的模型,由 Clow(2012)提出。该模型认为通过采取干预措施实现反馈的完整回路对于学习分析尤为重要。学习者、数据、度量、干预四个要素首尾相接,形成循环。在这个模型中,干预措施并非一定要施加于最初的学习者,如一位教师可以将对一次期末考试的分析与反馈结果应用至下一轮同一年级学生的教学中。该模型将学习分析视为一个由四个相互关联的步骤组成的循环过

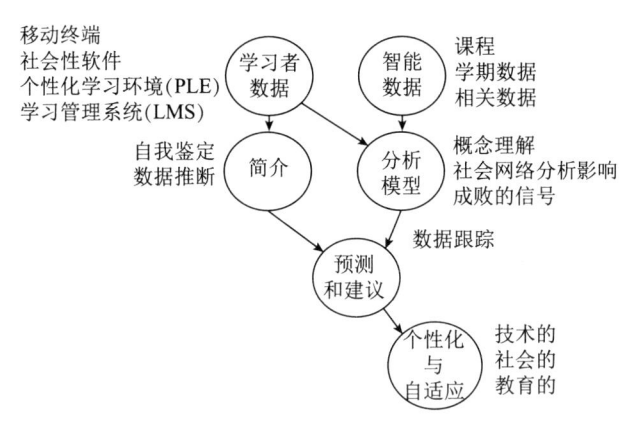

图 3-5　Siemens 学习分析过程模型

程，分别是：

① 学习者。指在不同的教育系统和环境中进行学习活动的人，如学生、教师、研究者等。他们是学习分析的主体和对象，也是学习分析的数据源和目标。

② 数据。指由学习者在学习过程中产生或提供的不同类型和形式的数据，如行为数据、表现数据、反馈数据、背景数据等。这些数据反映了学习者的学习情况和需求，是进行学习分析的基础和原料。

③ 度量。指通过对数据进行处理、分析和呈现而生成的不同类型和形式的结果，如指标、分析、可视化等。这些结果揭示了数据中的有价值的信息和知识，是进行学习分析的工具和成果。

④ 干预。指根据产品对学习者进行反馈、指导、支持或改变等行为，如提供评价、建议、鼓励、提醒等。这些行为旨在改进和优化学习者的学习过程和效果，是进行学习分析的目的和意义。

Clow 的学习分析循环模型强调了"闭环"的重要性，即通过干预将产品反馈给学习者，从而实现数据驱动的教育改进。该模型也强调了循环迭代的重要性，即通过干预引发新的学习活动，从而产生新的数据，进入下一个循环。该模型旨在提供一个简单而有效的框架来指导教育工作者利用数据进行持续的学习和改进，如图 3-6 所示。

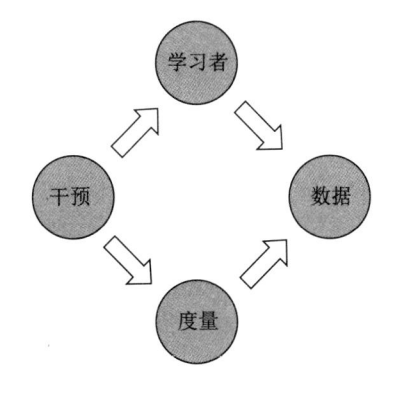

图 3-6　学习分析循环模型

3. 学习分析持续提升循环模型

学习分析持续提升循环模型是一种基于数据驱动的方法,用于在教育环境中实施和评估改进措施(Erickson et al.,2012),如图 3-7 所示。

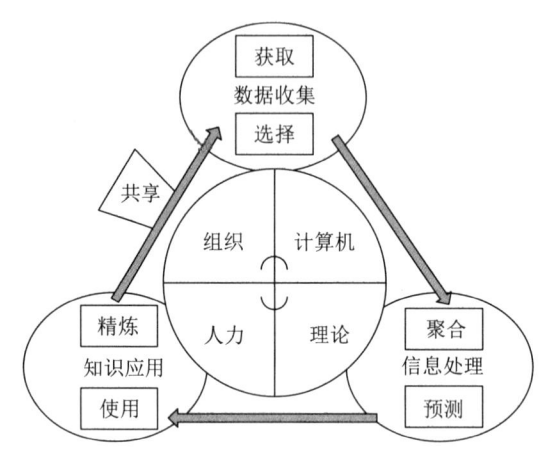

图 3-7 学习分析持续提升循环模型

(1) 四个核心资源

① 计算机资源:利用计算机技术进行数据收集、处理和分析。
② 理论资源:基于教育理论和学习理论来指导数据分析和应用。
③ 人力资源:涉及教师、学生、教育管理者等不同角色的参与和协作。
④ 组织资源:包括学校、教育机构等组织的支持和协调。

(2) 三个关键环节

① 数据收集:通过各种技术手段(如学习管理系统、在线课程平台等)收集学习者的行为数据、成绩数据和互动数据等,并选择与学习目标和分析目的相关的数据。这需要对数据进行初步的筛选和过滤,确保数据的相关性和有效性。
② 信息处理:对收集到的分散数据进行整合和聚合,形成统一数据集。利用统计学、机器学习等方法,对聚合后的数据进行深入分析,预测学习者的学习趋势和行为模式。这可以帮助教育者提前识别潜在的学习问题和需求,制定相应的干预措施。
③ 知识应用:将分析结果转化为精炼的知识,形成易于理解和应用的结论和建议。这需要对分析结果进行进一步的解释和总结,提炼出关键的洞察和见解。将精炼的知识应用于教学实践,优化教学策略和课程设计。这包括调整教学内容、改进教学方法、提供个性化的学习支持等。

(3) 循环提升机制

① 循环性:模型强调持续的循环过程,每个环节的输出都会成为下一个循环的输入。例如,知识利用的结果会反馈到数据收集和信息处理环节,形成闭环。
② 提升性:通过不断的循环,模型能够逐步优化学习分析的过程和结果,提升教育质量和学习效果。

(4) 成果共享与优化

① 成果共享:模型特别强调将学习分析的成果与更广泛的教育社区共享,促进知识的传播和应用。

② 优化机制：通过共享和反馈，模型能够不断吸收新的见解和方法，促进新一轮的学习分析优化。

学习分析持续提升循环模型强调了数据在改进过程中的核心作用，以及各个环节之间的相互联系和循环迭代。该模型旨在提供一个实用和灵活的框架来指导教育工作者利用数据进行持续的学习和改进。

4. 学习分析生命周期模型

学习分析的生命周期模型是一种用于指导和管理学习分析项目的方法，它综合了2015年之前的大量会议文集、工作坊成果、期刊论文等相关研究，由 Khalil 和 Ebner(2015) 提出。该模型认为学习分析包括四个主要部分，如图3-8所示。

① 学习环境。指提供数据源的不同类型的教育系统，如学习管理系统、虚拟学习环境、大规模开放在线课程等，以及在这些系统中进行学习活动的利益相关者，如学习者、指导者、研究者等。

② 大数据。指从学习环境中收集和整合的海量的多样化的数据，如学习者的行为、表现、偏好、背景等信息，以及教育环境的结构、内容、资源等信息。

③ 分析模型。指用于从大数据中发现隐藏的信息和社会联系的算法和方法，如机器学习、人工智能、统计学、可视化等技术。

④ 干预行动。指基于分析模型生成的对利益相关者的反馈和指导，如帮助学习者改进和优化学习过程和结果，或帮助教师和管理员提升教育质量和效率。

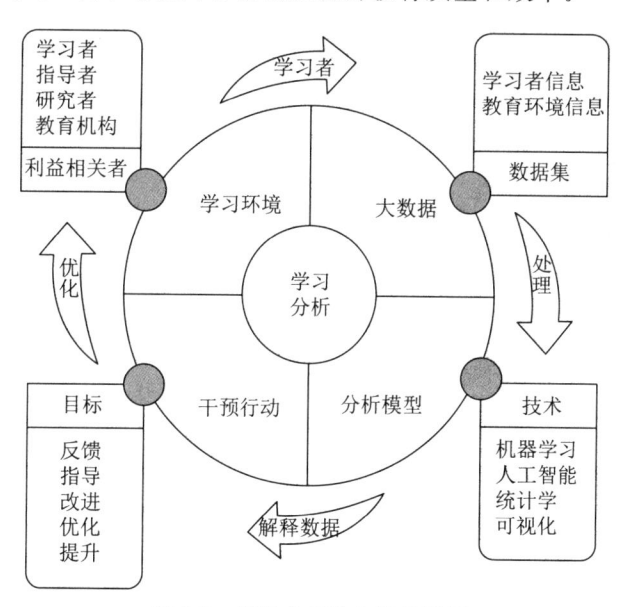

图3-8 学习分析生命周期模型

学习分析生命周期模型强调了各个部分之间的相互作用和影响，以及它们对教育环境和教育政策的影响。该模型认为学习分析是一个循环迭代的过程，上一个周期的结束同时是新的学习分析周期的开始。同时，该模型也强调了学习分析的整个过程都会受到数据质量、数据安全、隐私、数据伦理、数据所有权、限制条件、准确性和政策等8种因素的制约。

总之，学习分析过程性模型着眼于学习分析的流程，重点探讨学习分析活动的要素与各环节之间的递进作用与影响。这类模型可以帮助我们明确混合式教学中需要收集和分析的数据类型、来源、形式和质量，选择合适的分析技术和工具，生成有用的反馈和建议，实施有效的干预和改进。例如，Clow 的学习分析循环模型强调了通过干预措施实现反馈的完整回路对于混合式教学尤为重要，即通过干预引发新的学习活动，从而产生新的数据，进入下一个循环。这样可以实现数据驱动的教育改进，提高混合式教学的效果。

3.3.2 学习分析框架性模型

学习分析框架性模型着眼于学习分析的结构，重点描述和解释学习分析活动中涉及的主要概念、变量、维度和关系，对于理解和评估学习分析的本质和价值具有更重要的启示意义(Chatti et al.，2012)。框架性模型主要有以下几种。

1. 学习分析四维参考模型

Chatti 等(2012)的学习分析四维参考模型是一个基于四个维度的模型，分别是数据和环境(What)、目标(Why)、利益相关者(Who)以及技术(How)。这四个维度构成了学习分析的迭代循环的过程，如图 3-9 所示。

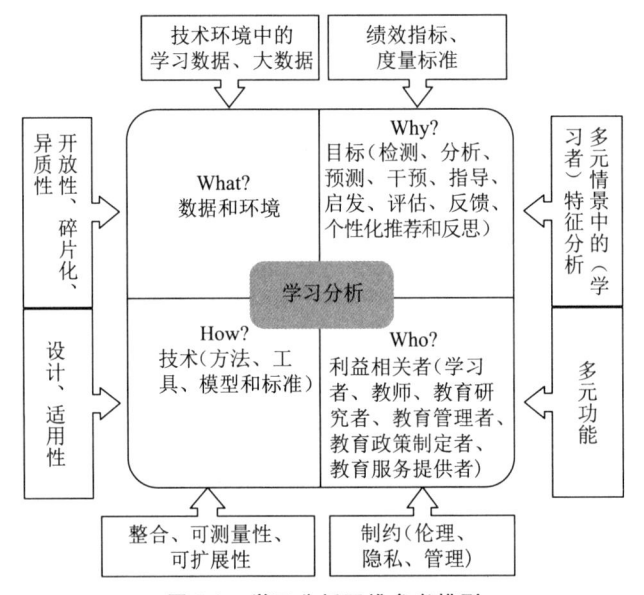

图 3-9　学习分析四维参考模型

① 数据和环境。涉及学习分析的数据来源、类型、格式、质量、存储和管理等问题。数据可以来自不同的学习环境，如教室、虚拟学习环境、社交网络、移动设备等。数据的类型可以包括结构化的、半结构化的或非结构化的数据，如成绩、考试、问卷、日志、文本、音频、视频等。数据的格式可以是 XML、JSON、CSV、RDF 等。数据的质量和完整性是学习分析的关键因素，需要考虑数据的准确性、一致性、可靠性、时效性等。数据的存储和管理需要考虑数据的安全性、隐私性、可访问性、可扩展性等。

② 目标。根据不同利益相关者的作用，学习分析可以有多种目标，包括检测、分析、预测、干预、指导、启发、评估、反馈、个性化推荐和反思等。

③ 利益相关者。涉及学习分析的参与者、角色、需求和利益等问题。利益相关者可以包括学习者、教师、教育研究者、教育管理者、教育政策制定者、教育服务提供者等。不同的利益相关者在学习分析中扮演不同的角色，如数据的提供者、使用者、受益者、受影响者等。不同的利益相关者有不同的需求和利益，如数据的获取、分析、呈现、应用、共享、保护等。利益相关者之间的协作和沟通是学习分析的重要条件，需要考虑利益相关者的参与度、满意度、信任度、责任度等。

④ 技术。涉及学习分析的方法、工具、模型和标准等问题。方法可以包括数据挖掘、机器学习、人工智能、信息检索、统计、可视化等。工具可以包括数据采集、清洗、转换、加载、存储、查询、分析、呈现、应用、共享等的软件或平台。模型可以包括数据模型、分析模型、预测模型、推荐模型、反馈模型、评估模型等。标准可以包括数据标准、分析标准、呈现标准、应用标准、共享标准、隐私标准等。

2. 学习分析六维关键因素设计框架

学习分析六维关键因素设计框架是一种用于指导和管理学习分析项目的模型，由 Greller 和 Drachsler(2012)提出。区别于常见的过程模型，该框架包括六种关键因素，并为每种关键因素给出了典型的例证，因此这一框架既可以为学习分析的程序设计提供任务清单，也可作为不同境脉下学习分析变量对比的参照模型，如图 3-10 所示。

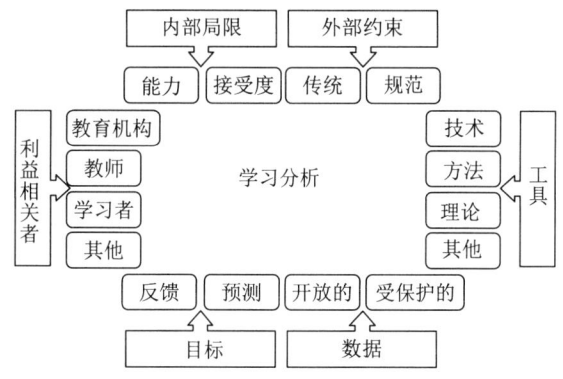

图 3-10　学习分析六维关键因素设计框架

它从以下六个维度考虑了学习分析的主要因素：

① 利益相关者。指参与或受益于学习分析的不同角色，如学习者、教师、教育机构、研究者等。不同的利益相关者有不同的需求、目标、期望和责任，需要明确他们在学习分析中的作用和权利。

② 内部局限。指影响学习分析项目实施的内部因素，如数据质量、数据安全、数据隐私、数据伦理、数据所有权、数据可访问性、数据可解释性和数据可行动性等。这些因素需要考虑到数据的准确性、完整性、一致性、可靠性、有效性、保护性、尊重性、符合性、归属性、控制性、获取性、存储性、传输性、理解性、评价性和引发性等方面。

③ 外部约束。指影响学习分析项目实施的外部因素，如法律法规、社会文化、组织结构、政策指导等。这些因素需要考虑到数据的合法性、合规性、合理性、适应性等方面。

④ 工具。指用于收集、处理、分析和呈现数据的不同技术和方法，如教育数据挖掘、社会网络分析、语义网络分析、情感计算等。不同的工具有不同的功能和特点，需要根据数据

的类型和特征,以及利益相关者的需求和目标,选择合适的工具。

⑤ 数据。指用于进行学习分析的不同来源和形式的数据,如教育系统中的行为数据、表现数据、反馈数据等,以及社交媒体中的文本数据、图像数据、音频数据等。不同的数据有不同的内容和结构,需要根据工具的要求和能力,对数据进行清洗、转换、整合和存储等操作。

⑥ 目标。指用数据实现的不同目的,如反馈、预测、评估、推荐、适应、个性化等。不同的目标有不同的结果和影响,需要根据利益相关者的期望和责任,对结果进行解释和评价,以及对影响进行监控和管理。

学习分析六维关键因素设计框架强调了各个维度之间的相互关联和影响,以及它们对理解和评估学习分析项目的本质和价值的启示意义。该模型旨在提供一个通用和灵活的框架来分类和比较学习分析项目的不同方面和特征。

3. 个性化自适应在线学习分析模型

这个模型主要由国内学者姜强等(2015)提出,是一种基于个性化自主学习、个性化自适应推荐、个性心理学和计算机科学的理论,从数据与环境、目标、利益相关者、方法四个维度构建的模型,如图3-11所示。

① 数据与环境。指提供数据的不同类型的教育系统,如自适应学习系统、社会媒体、传统学习管理系统和开放学习环境等,以及在这些系统中产生的海量的结构化、非结构化和半结构化数据,如学习者的行为、表现、偏好、背景等信息。

② 目标。指用数据驱动在线教育的不同目的,如监控/分析、预测/干预、辅导/指导、评价/反馈、自适应、个性化推荐和反思等,以提高在线学习者的学习效果和满意度。

③ 利益相关者。指参与在线教育的不同角色,如学习者、教师、智能导师、教育机构等,他们有不同的需求和目标,如控制学习、调整教学策略、提供个性化推荐、提高教育质量等。

④ 方法。指用于收集、处理、分析和呈现数据的不同技术,如统计分析、机器学习、文本挖掘、可视化等,以发现数据中的有价值的信息和知识,以及用于设计和实施个性化自适应学习系统的技术,如聚类、贝叶斯网络、决策树等。

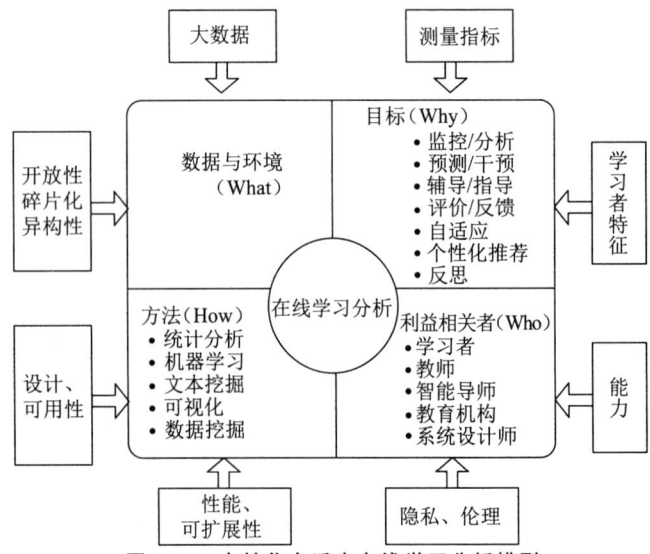

图 3-11 个性化自适应在线学习分析模型

该模型通过监控/分析、预测/干预等手段，跟踪学习者当前学习活动、行为和成绩，生成学习报告，并构建预测模型，从而能够很容易了解学习者学习的现状，包括主要特征、学习行为特点、学习行为的影响因素及其所带来的学业结果，有助于了解学习者的学习规律，掌握学习者的需求和能力，预测学习者下一步所需要的教学内容和形式，实施因材施教。具体的分析手段包括可视化与大数据学习分析支持下的个性化自适应学习、知识结构可视化等。通过分析学习者的学习过程和情境，能够为每一个学习者提供个性化的学习服务。具体来说，该模型能够根据学习者的学习特点和需求，推送个性化的教学资源、学习路径等，实现个性化自适应推荐。同时，该模型还能够根据学习者的学习情况，实施个性化指导和教学干预，帮助学习者克服学习困难，提高学习效果。通过这些个性化的服务，能够促进学习者的学习兴趣和动力，提高学习效率和质量。

3.4 学习者画像

3.4.1 学习者画像概述

1. 学习者画像的定义与内涵

学习者画像是一种教育技术，它利用数据分析技术，从多个维度收集、处理和提炼学习者的数据，形成能够反映学习者的特征、偏好和需求的标签体系，从而为个性化学习提供支持和指导。学习者画像的概念借鉴了商业领域的用户画像，也叫用户角色，是一种描述目标用户的虚拟模型，用于优化产品设计和服务质量（Cooper，2012）。不同的用户画像需要根据不同的情境、目标和数据选择合适的维度和方法进行构建（肖君、乔惠、李雪娇，2019）。

在教育领域，关于学习者画像的定义，学术界尚未有统一的界定。不同的研究者从不同的角度对学习者画像进行了解释和描述。有的研究者强调了学习者画像是对学习者特征信息进行标签化和可视化的过程（陈海建等，2017）；有的研究者强调了学习者画像是对学习者相关数据进行不同维度的画像建模的过程，呈现出一个高度精炼和抽象的学习者特征模型（唐烨伟等，2019）；有的研究者强调了学习者画像是以群体特征为核心，通过聚类将学习者划分为具有相同特征的不同类别（肖君、乔惠、李雪娇，2019）；还有的研究者将学习者画像分为面向个体和面向群体两种类型（余明华、张治、祝智庭，2021）。可以看出，学习者画像是一种基于真实学习数据的学习者模型，利用学习分析技术对学习者进行全面、细致、动态的描述和评价（袁军，2019）。学习者画像可以包括学习者的基本属性、知识水平、媒体偏好、学习参与度、学习风格等多个方面，形成一个抽象的标签化的学习者模型（陈海建等，2017）。学习者画像可以帮助学习者了解自己的优势和不足，促进自我认知和自我发展（Lester et al.，1997；Ryu and Baylor，2005）。近年来，关于学习者画像的研究主要分为四个方面：画像构建的理论框架设计、画像建模方法研究、画像构建案例研究和画像应用效果研究（李瑞，2021）。其中，理论框架设计侧重于确定画像构建的结构和流程；画像建模方法研究旨在探讨如何建立有效和科学的画像标签体系；画像构建案例研究展示了在不同教育场景下建立画像的具体步骤和过程；画像应用效果研究主要评估了学习者画像在教学实践中的作用和价值。

2. 构建学习者画像的步骤

学习者画像是一种基于数据分析的画像技术,它需要通过一系列的步骤来构建反映学习者特征和偏好的标签体系。根据不同的研究和实践,构建学习者画像的步骤可能有所不同,如田雅慧(2020)提出了在线学习环境下学习者画像构建的五步程序。Park 等(2015)、Nehiri 和 Aknin(2017)提出了构建在线学习者画像的三步程序。Yang(2013)提出了学习社区中学习者画像构建的四步程序。从这些不同学习环境下的学习者画像构建过程中,我们将学习者画像的构建过程归纳为以下几个步骤:

① 设置画像目标。明确学习者画像的用途和需求,确定要分析的学习者群体和数据来源,以及要提取的画像特征和指标。

② 收集数据。从不同的渠道和平台获取学习者的基本信息、学习行为、学习成果等数据,对数据进行清洗、整合和存储。

③ 分析标签和构建画像模型。对数据进行统计分析、聚类分析、关联分析等,提取学习者的兴趣、能力、风格、目标等特征,形成标签体系,然后根据标签体系构建画像模型,将学习者划分为不同的类型。

④ 输出学习者画像。根据画像模型,为每个学习者生成一个具有个性化特征的画像,可以是文字描述、图表展示、头像符号等形式。

⑤ 应用画像并评估效果。将学习者画像应用于教育服务中,如个性化推荐、智能辅导、自适应学习等,同时收集反馈数据,评估画像的准确性和有效性,不断优化画像模型。

3. 学习者画像的应用

学习者画像是一种基于大数据分析的方法,能够根据学习者的个性、兴趣、能力、行为等多维度的数据,构建出学习者的特征描述和可视化展示,从而为教学和学习提供更有效的支持和指导。学习者画像在教育领域有着广泛的应用价值,主要体现在以下几个方面:

① 优化学习过程。学习者画像能够帮助教师和学习者更好地了解自己的学习状况,发现自己的优势和不足,从而制定更合适的学习目标和策略。通过对学习者画像的分析,教师可以根据不同类型的学习者提供个性化的教学资源和反馈,激发学习者的主动性和积极性,提高学习效果和满意度。

② 降低辍学风险。学习者画像能够实现对学习者的风险预警和干预,特别是对于那些低于平均水平的学习者。通过对历史数据的分析,智能系统可以匹配当前学习者的模式与以往表现结果和辍学率之间的相似性,并输出风险预测分析(Wolff et al.,2016)。通过对学习经验数据的收集,包括签到次数、学习时长等,在课程初期或中期,教师可以将学习者分为不同类别,如活跃型和非活跃型。基于证据的预测,教师可以提供针对性的指导和帮助,降低辍学风险。

③ 推荐个性化资源。学习者画像能够揭示出学习者的偏好和需求,为资源推荐提供依据。通过对学习者画像的可视化展示,有利于那些优秀的学习者获得更多的发展机会。在传统教育中,学习者只能随着年龄增长而进步,这对于同班中少数天才型的学习者是不友好的。通过大数据系统收集实时的学习数据,可以持续地评估学习者的学业表现,而不是偶尔地考核,并根据具体情况设计更高级别的学习路径。

④ 提高教育决策合理性。学习者画像能够帮助教师发现课程设计中存在的问题，根据学习者的反馈和成绩调整课程设置。基于大数据系统收集到的信息，可以制定个性化智能化的学习计划。随着入选课程规模增长，需要灵活地引导不同类型的学习者走上不同类型的路径。传统课程设置缺乏个性化，对所有学习者采用统一的学习计划和路径，而不考虑他们学业表现的差异。在线学习与传统教学相结合，形成了混合式学习模式。这样可以让学习者达到预期的学习目标，同时以最佳的速度吸收课程内容。在学习过程中，学习者通过平均成绩、课程参与度和满意度调查等方式实现了对课程设置的反馈，教师可以根据这些反馈调整课程设置。

3.4.2 学习者画像标签结构维度

在学习者画像模型的构建过程中，一个关键的步骤是确定画像标签的结构。画像标签是指能够反映一组学习者共同特征的标识符，它们可以从不同的维度对学习者的行为、偏好、表现等进行高度概括和清晰展示，从而为教学服务和教育设计提供依据和指导。在大数据时代，学习者的画像通常采用"标签体系"方法进行建模，这一方法涉及标签的组成，即一系列用于描述学习者的特征的标签，如图 3-12 所示。这些标签包括基础属性、行为属性、人群属性、认知属性和兴趣偏好等多个维度。这种方法具备两个关键特征：首先，它具有"意识化整为零"的特点，意味着每个标签都代表了我们观察、理解和描述用户的一个方面；其次，它实现了要"化零为整"，即学习者画像被视为一个整体，各个维度之间存在属性联系，不是孤立的。（张琪，2018）

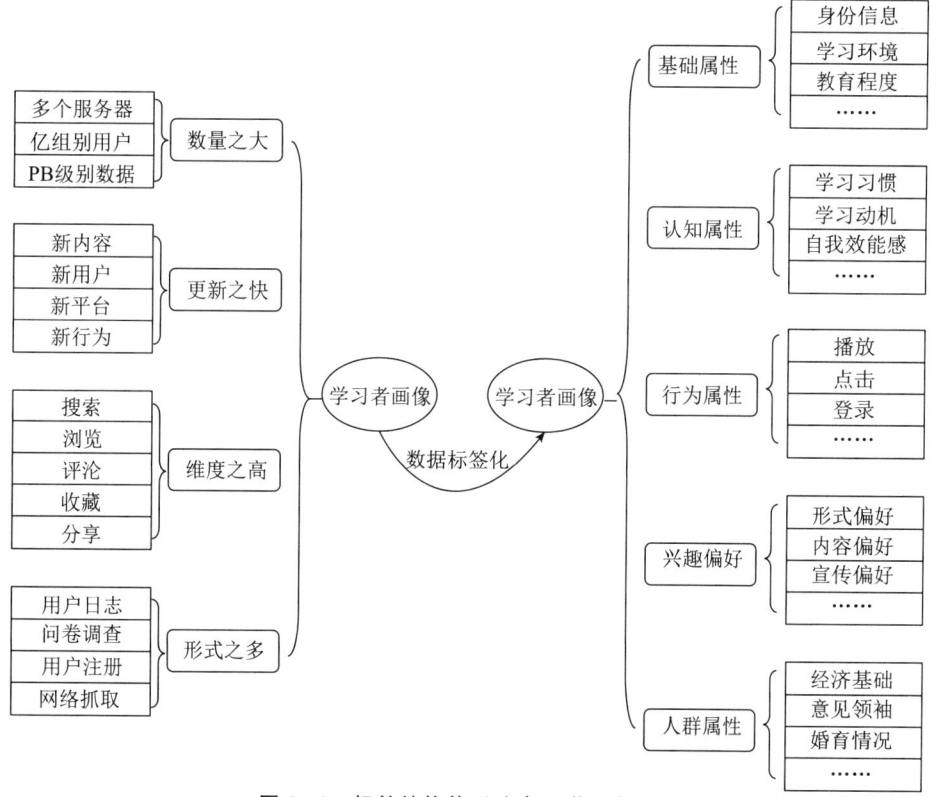

图 3-12　标签结构体系法表示学习者画像

目前,尚未有统一的画像标签定义和划分方法,不同的研究根据自身的目的和数据类型,采用了多层次的画像标签结构,从不同的教学环境下多个角度构建了较为全面和深入的学习者模型,不仅涵盖了学习者的基本信息(如人口学特征)和学习结果,也包括了学习者的兴趣、风格、情感、能力等潜在特征因素。我们总结了以前研究中标签结构的维度,如表3-3所示。

表3-3 以前研究者学习者画像标签结构维度

研究目标	教学环境	结构维度	来源
通过学习分析系统,从实时监控数据中自动生成学习者特征,并提供个性化的教学建议	自适应学习系统	背景知识、认知能力、偏好信息、知识水平、动机状态	Park,Ji,and Lim(2015)
在开放式教学环境下依据学习者的个性,有效地提供个性化的教学服务	开放式教学	基本信息、知识点兴趣、学习者类型、学习偏好	陈海建等(2017)
在线学习支持服务策略设计研究,实现更加精准化的在线学习支持服务	在线学习	基本属性、行为属性和结果属性	李雪娇(2019)
构建一个能表征不同学习场景下学习者特征状态变化的个性化学习者模型,以满足互联网学习环境下高精准的个性化学习服务需求	数字化学习环境	基本信息、认知水平、学习风格、兴趣偏好、社会网络、情感状态	武法提、黄石华、殷宝媛(2019)
研究画像对学习用户流失的影响	在线学习	社会因素,经济因素,与学习相关的因素	Bohra and Joshi(2019)
反映用户需求,全面展示学习者特征,能够最大化程度帮助用户决策	在线学习	态度特征、行为特征、学习结果	肖君、乔惠、李雪娇(2019)
优化学习效果、改善学习过程、提升新的远程教育模式质量	网络教育	个体信息、学习准备、学习态度、认知水平、学习风格	李华珍(2020)
构建智慧课堂中小学科学学习者画像标签体系,精准定位学生的学习情况,提出个性化教学决策	智慧课堂	基本属性特征、心理属性特征、行为属性特征、能力属性特征、结果属性特征	黄银芳(2021)

3.4.3 学习者画像类型

学习者的画像包括多个方面的建模,包括知识状态建模、学习风格建模、学习行为建模、学习认知建模、学习情感建模以及学习综合建模等。然而,需要强调的是,这些不同类型的建模并不是孤立存在的,它们之间相互关联、相互影响。例如,学习者的认知因素和情感与学习行为之间存在着相互作用的复杂关系。学习者的知识状态也会直接影响其学习行为和学习情感,而不同学习风格的学习者在其学习行为方面也会呈现出一定的差异和共性。这种多层次的关联性和互动性在学术研究中具有重要的意义(张琪,2018)。

1. 学习风格模型

学习风格是指学习者在学习过程中所表现出的个性化的认知、情感和行为特征。不同的学习者可能有不同的学习风格,这会影响他们对信息的接收、处理和记忆方式。因此,了解学习者的学习风格对于提高教学效果和满足个性化需求具有重要意义。

目前,有许多不同的学习风格模型,其中常见的几种模型如下:

① VARK 模型。该模型将学习者分为四种类型,即视觉型(visual)、听觉型(auditory)、阅读/写作型(reading/writing)和动觉型(kinesthetic)。视觉型学习者喜欢通过图像、图表和符号等视觉材料来学习;听觉型学习者喜欢通过听讲座、录音或对话等听觉材料来学习;阅读/写作型学习者喜欢通过阅读书籍、文章或笔记等文字材料来学习;动觉型学习者喜欢通过实践操作、动手做或体验等身体活动来学习(Fleming and Baume,2006)。

② Kolb 模型。该模型基于经验学习理论,认为人们有两种方式获取信息,即具体体验和抽象概念化,以及两种方式转化信息,即反思观察和主动实验。根据这四种方式的组合,可以得到四种类型的学习者,即发散型、同化型、收敛型和适应型。发散型学习者善于从多个角度观察问题,并且具有想象力和创造力;同化型学习者善于理论推导和逻辑分析,并且注重概念和思想;收敛型学习者善于解决实际问题,并且注重技能和应用;适应型学习者善于主动尝试新事物,并且注重行动和经验(Kolb,1984)。

③ 洋葱模型。该模型将所有相关的学习风格理论分为三层,即教学偏好层、信息处理方式层和认知个性风格层。教学偏好层指的是学习者对于不同教育环境、教材或教师的偏好;信息处理方式层指的是学习者在接收、组织和记忆信息时所采用的策略或技巧;认知个性风格层指的是学习者在思维方式、价值取向或人际关系方面所表现出的稳定特征(Curry,1983)。

④ Felder-Silverman 模型。该模型主要用于评估工程和科学领域的学习者的学习风格。该模型将学习者分为四个维度,即感知方式(sensing/intuitive)、输入方式(visual/verbal)、组织方式(inductive/deductive)和理解方式(sequential/global)。其中,感知方式指的是学习者对于具体事实或抽象概念的偏好;输入方式指的是学习者对于图像或文字的偏好;组织方式指的是学习者对于归纳或演绎的偏好;理解方式指的是学习者对于线性或整体的偏好。

另外,在混合式教学环境下,获取学习者学习风格的方式主要有以下几种:

① 问卷调查。这是一种常用的方式,通过让学习者填写一些与学习风格相关的问题或陈述,然后根据得分或选择来判断学习者的学习风格类型。这种方式的优点是操作简单、成本低、覆盖面广;缺点是可能存在主观偏差、测量误差或有效性问题。

② 行为观察。这是一种直接的方式,通过观察学习者在混合式教学环境中的实际行为,如选择的教材、使用的工具、参与的活动等,来推断学习者的学习风格类型。这种方式的优点是客观真实、动态反映;缺点是需要大量的数据、时间和人力,以及合适的分析方法。

③ 学习分析。这是一种间接的方式,通过分析学习者在混合式教学环境中产生的数据,如登录次数、停留时间、点击率、成绩等,来推断学习者的学习风格类型。这种方式的优点是数据丰富、分析精准、反馈及时;缺点是需要高级的技术、算法和模型,以及保护学习者的隐私和安全。

2. 学习认知模型

学习认知模型是指对学习者在学习过程中所涉及的知识、技能、策略和心理状态的表征和描述。学习认知模型可以帮助教师和学习者了解学习的本质、规律和机制,从而设计和实施更有效的教学和学习活动。目前,有许多不同的学习认知模型,其中常见的几种模型如下:

① 布鲁姆的认知层次模型。该模型将认知思维目标由低到高、由简到繁分为六个层次,即记忆、理解、应用、分析、评价和创造。每个层次都有相应的行为描述和评价指标,以及适合的教学方法和评价方式。该模型强调了从浅层学习到深度学习的过渡,以及高阶思维能力的培养。

② Henri 的认知水平分析框架。该框架是基于布鲁姆的认知层次模型,将在线异步讨论中的学生文本分为五个层次,即参与、描述、解释、分析和评价。参与层指的是学生是否参与了讨论,而不考虑其内容的质量;描述层指的是学生是否能够描述或重述自己或他人的观点或信息;解释层指的是学生是否能够阐明或澄清自己或他人的观点或信息;分析层指的是学生是否能够对自己或他人的观点或信息进行比较、分类、组织或归纳;评价层指的是学生是否能够对自己或他人的观点或信息进行判断、评估或批判。该框架强调了从低阶认知到高阶认知的过渡,以及批判性思维能力的培养(Henri and Rigault, 1996)。

③ 信息加工模型。该模型将人类记忆分为感觉记忆、短时记忆和长时记忆三个部分,并描述了信息在这三个部分之间的流动和转化。该模型强调了编码、巩固和检索等过程对于信息存储和提取的重要性,以及重复、组织和联想等策略对提高记忆效率的作用。

④ Anderson 的理性思维的自适应控制(adaptive control of thought-rational, ACT-R)模型。该模型是一种基于生产系统的认知架构,将人类认知分为陈述性知识和程序性知识两种类型,并描述了它们在不同记忆组件中的存储和运用。该模型强调了从陈述性知识到程序性知识的转化过程,以及编译、优化和调整等机制对于提高认知技能的作用(Anderson et al., 2004)。

3. 学习行为建模

学习行为建模是指利用数据挖掘、机器学习、统计分析等方法,从学习者的在线和离线的学习行为数据中提取有意义的特征和模式,以反映学习者的学习过程、状态和效果。学习行为建模的目的是理解和评估学习者的学习情况,为教师和学生提供及时的反馈和指导,以优化教学设计和提高学习效果。

在混合式教学中,根据不同的研究目标和数据来源,可以采用以下几种建模方法:

① 基于规则的建模方法。这种方法是根据教育理论或经验,制定一些规则或标准,来判断学习者的学习行为是否符合预期。例如,可以根据课程目标和要求,设定一些完成作业、观看视频、参与讨论等方面的指标,然后根据学习者的实际表现,给予相应的评分或反馈。这种方法比较简单易行,但也存在一些局限性,如规则可能不够全面或灵活,不能适应不同的教学场景和个性化的学习需求。

② 基于聚类的建模方法。这种方法是根据学习者的学习行为数据,运用聚类算法,将具有相似特征的学习者划分为不同的群组或类型。例如,可以根据学习者在混合式教学中的线上和线下活动的频率、时长、顺序等方面,将其分为主动型、被动型、平衡型等不同的学习风格或策略。这种方法可以揭示学习者之间的异质性和内在规律,但也需要注意选择合适的聚类算法和评价指标,以保证结果的有效性和可解释性。

③ 基于关联的建模方法。这种方法是根据学习者的学习行为数据,运用关联规则挖掘、相关分析、回归分析等方法,发现学习行为之间或与其他变量之间的关系或影响。例如,可以根据混合式教学中收集到的各种数据,探究线上和线下活动之间的互动性和互补性,或者分析不同类型或水平的学习行为对于学习成绩或满意度等方面的影响。这种方法可以揭示混合式教学中存在的因果关系或预测关系,但也需要注意选择合适的分析方法和控制变

量,以保证结果的可靠性和有效性。

以上是一些常用的学习行为建模方法,在实际应用中,可以根据具体的研究问题和数据特点,灵活选择或组合使用。通过对混合式教学中产生的海量数据进行有效地建模和分析,可以更好地理解和改进混合式教学过程和效果。

4. 学习情感建模

学习情感是指与学习活动相关的情感体验,如兴趣、好奇、自信、焦虑、挫折等。学习情感是影响学习者认知、动机和行为的重要因素,也是评价教学质量和效果的重要指标。

学习情感建模是指利用计算机技术对学习者在混合式教学环境中的情感状态进行分析、理解和调节的过程。学习情感建模的目的是提高学习者的学习效果、学习兴趣和学习满意度,以及促进学习者的情感发展和心理健康。

不同的心理学理论对情感的分类有不同的方法,Ekman 认为人类有几种基本的、普遍的和不可分割的情感,如快乐、悲伤、愤怒、恐惧、厌恶和惊讶等。人类的情感可以用几个维度来表示,如正负性、唤醒度、优势度等。每个维度有两个极端,形成一个连续的情感空间(张静抒,2006)。人类的情感既有基本的成分,又有复杂的组合,如爱、嫉妒、羞耻等。

学习情感建模的前提是情感分析。情感分析是指利用自然语言处理、机器学习、计算机视觉等技术对文本、语音、面部表情等多模态数据中所包含的情感信息进行提取、识别和量化的过程。常见的情感分析方法有以下几种:

① 基于词典的方法。利用预先构建好的包含各种词语及其对应情感极性和强度的词典,对输入数据进行匹配和计算,得到其整体或局部的情感分数。

② 基于机器学习的方法。利用有标注或无标注的数据集训练出能够对输入数据进行分类或回归的模型,如朴素贝叶斯、支持向量机、决策树、神经网络等。

③ 基于深度学习的方法。利用深层神经网络结构,如卷积神经网络、循环神经网络、注意力机制等,对输入数据进行特征提取和表示学习,并结合多任务学习、对比学习等技术进行优化和融合,得到更准确的情感分析结果。

在混合式教学中,进行学习情感建模需要考虑以下几个方面:

① 数据收集。需要选择合适的传感器设备和软件平台,如摄像头、麦克风、智能手环等,以及在线教学平台、社交媒体平台等,来获取学习者在不同场景下产生的多模态数据,如文本、语音、面部表情、身体姿态、生理信号等。

② 数据预处理。需要对收集到的数据进行清洗、筛选、标注等操作,以去除噪声和无关信息,提高数据质量和可用性。

③ 模型构建。需要根据研究目标和数据特点,选择合适的情感分析方法和算法,如基于词典的方法、基于机器学习的方法或基于深度学习的方法,来构建能够对学习者的情感状态进行准确识别和预测的模型。

④ 模型评估。需要根据模型的性能和效果,选择合适的评价指标和方法,如准确率、召回率、均方误差等,来评估模型的优劣和改进空间。

⑤ 模型应用。需要根据模型的输出结果,设计合适的情感干预和反馈策略,如提供正向激励、调整难度水平、推荐个性化资源等,来帮助学习者调节和改善自己的情感状态,提高学习效果和满意度。

3.5 学习分析与 MOOC

3.5.1 MOOC 简介

1. MOOC 概述

MOOC 是大规模开放在线课程的缩写,它指的是一种可以让无限数量的人注册并完全在线进行的教育形式(Sidhartha,2016),如图 3-13 所示。MOOC 有以下几个特点:

① 大规模:参与者通常有数千甚至数十万人。

② 开放:它不需要任何先决条件或费用,而且所有的课程材料和作业都是公开的,供所有人阅读、反思和评论。

③ 在线:课程是通过互联网进行的,使用各种多媒体工具和平台。

④ 课程:它有一定的结构和目标,有开始和结束日期,有教师和助教的指导,也有评估和证书。它是围绕一个对人们有意义的主题的学习活动。

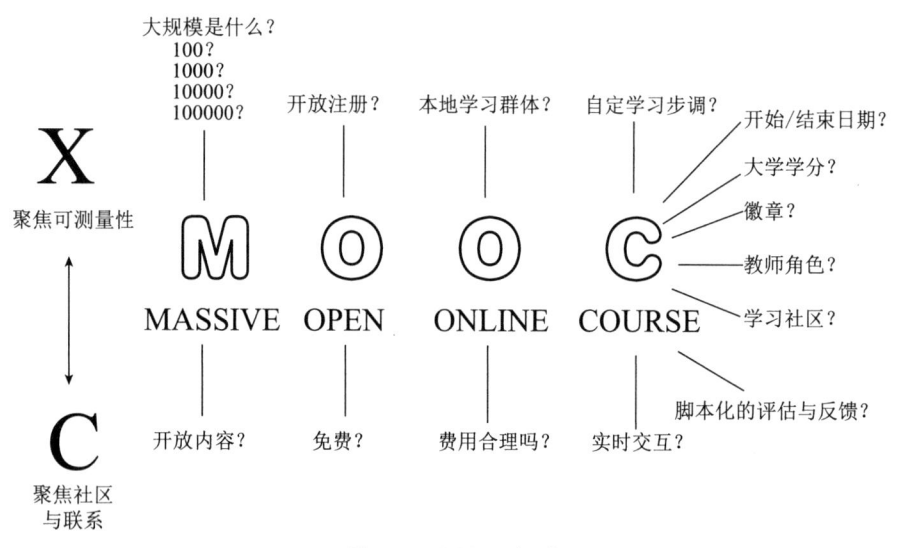

图 3-13 MOOC 概述

2. MOOCs 简史

MOOC 这个词最早出现在 2008 年,当时 Stephen Downes 和 George Siemens 开设了一门名为"连接主义和连接知识"(connectivism and connected knowledge)的在线课程。他们的目标是利用网络技术和社交媒体,促进参与者之间的互动和协作,创造一种比传统教育更丰富的学习体验。这门课程有 25 名在校学生和 2300 名来自世界各地的在线学生。这种基于交互和连接的 MOOC 后来被称为 cMOOCs。

2011 年秋季,斯坦福大学开始提供三门免费的在线课程,分别是人工智能、机器学习和数据库。其中人工智能课程由 Peter Norvig 和 Sebastien Thrun 教授，吸引了超过 16 万名来自世界各地的学生注册。其中 2 万多名学生完成了这门课程。这些课程不太关注参与者之间的互动，而更多地关注向广大受众传播知识。这种基于内容和教师中心的 MOOC 后来被称为 xMOOCs。

2012 年初，Thrun 创立了一家名为 Udacity 的公司，专门创建和提供免费的 MOOC。2012 年 4 月，Coursera 公司由斯坦福大学的另外两位计算机科学教授 Andrew Ng 和 Daphne Koller 创立，他们与多所大学合作，规划和提供高质量的 MOOC。

同年 5 月，麻省理工学院推出了 MITx 平台，提供自己制作的 MOOC。后来与哈佛大学合作后，该平台更名为 edX。目前，edX 是一个非营利性组织，拥有 30 多个大学合作伙伴（包括 McGill），共同生产和提供 MOOC。edX 还提供了一个开源平台，供其他组织和个人使用和创建 MOOC。edX 还通过分析从学生那里收集到的数据，对在线教育的新技术和方法进行研究。

到目前为止，Coursera 已经有超过 400 万名注册学生，Udacity 和 edX 也有超过 100 万名注册学生。Udacity 曾经与圣何塞州立大学合作，提供低成本的可转学分课程，这些课程结合了 MOOC 的资源和校内的教师和助教的支持。Thrun 曾经预测，在未来 50 年内，可能只有 10 所高等教育机构能够提供高等教育。

然而，圣何塞州立大学的实验并不成功，一些课程的通过率远低于传统课程。而且，大多数 MOOC 的辍学率也很高，超过 90%。Thrun 在 2013 年 11 月承认，Udacity 提供的是一个"糟糕的产品"，并决定重新定位为职业教育。相比之下，edX 的主席 Anant Agarwal 强调，MOOC 的普及性对于学生和大学都是有益的。

3. MOOC 优缺点

（1）优点

MOOC 是一种新型的教育形式，它不需要太多的学术支持，但需要利用网络技术和平台，满足许多人对免费课程的需求。任何有网络连接的人都可以注册并参加 MOOC。通常，注册后，学生需要观看视频讲座，阅读课程材料，并完成练习和作业。

以下是一些 MOOC 的优势（Goldy-Brown，2021）：

① 提供多样化的主题。大学的课程安排很紧张，你可能无法选修你感兴趣的所有课程。你所在的学校甚至可能没有提供你想要学习的主题。MOOC 可以在这方面帮助你。你可以在 MOOC 提供商的网站上搜索各种各样的课程。主题涵盖了瑜伽、个人理财、工程、IT、写作等领域。在某些情况下，你甚至可以通过完成 MOOC 来获得大学学分。但是，在付费之前，请先查看你所在学校的学分政策。

② 向世界同行学习。任何国家的任何人只要能上网，都可以参加 MOOC 课程。参与者可以通过社交网络和讨论板相互交流和互动。就像在真实的教室里一样，你可以向你的同伴学习，也许还可以拓宽你的视野和见识。

③ 对所有人开放。MOOC 的优势之一是参与学习不需要任何先决条件或资格证明。你可以注册任何课程，无论你的背景或年龄。只要你有学习的热情和动力，你就可以开始你的 MOOC 之旅。

④ MOOC 有多种免费优质资源。你的课程并不局限于你所在的地区或语言。你可以

享受来自世界各地的优秀教师的教学,而且有字幕可以帮助你理解。字幕也使这些课程对于聋人或听力障碍者更加友好。

⑤ 提升你的职业前景和技能。用人单位期待他们未来的员工具备一些重要的软技能,如沟通、团队合作、创新、解决问题等。相比其他课程,MOOC 可以帮助你培养这些非技术性的技能,从而消除大学毕业生和用人单位之间的差距。edX 提供了一些免费的"软技能"课程,涵盖了从团队合作到公众演讲等主题。edX 还提供了一些付费的专业证书课程,涵盖了从数据科学到人工智能等领域。

(2) 缺点

以下是一些 MOOC 的缺点(Sidhartha,2016):

① MOOC 可能缺乏个性化和定制化的课程和教师指导。MOOC 通常是为大量的学生设计的,而不是根据每个学生的水平、兴趣和目标来调整的。教师也很难及时回答所有学生的问题,或提供个别的反馈和辅导。这可能会影响学生的学习效果和满意度。

② MOOC 可能难以跟踪和评估学生的学习进度和成果。MOOC 通常使用自动评分的测验或作业,或者同行评审评估,来检测学生的理解和应用。然而,这些方法可能无法有效地评估学生的高阶思维技能,如分析、创造、批判等。此外,MOOC 也面临着作弊、抄袭、身份验证等诚信问题。

③ MOOC 可能存在技术和语言的障碍。MOOC 需要学生有稳定和快速的网络连接,以及适当的设备和软件,来观看视频、下载资料、参与讨论等。然而,并不是所有人都能够享受到这些条件,特别是在一些发展中国家。此外,MOOC 也需要学生有一定的语言能力,来理解教师的讲解和课程的内容。虽然有些 MOOC 提供了字幕或翻译,但并不是所有语言都覆盖到了。

④ MOOC 可能缺乏深度和持续性。MOOC 提供了大量的视频讲座和阅读资源,但这并不意味着学生会仔细地观看和阅读。有些学生可能会选择快速浏览或跳过一些内容,而不是逐步地构建他们对概念的理解。有些学生可能会在短时间内完成整个课程,而不是按照教师安排的时间表来进行学习。这样做可能会导致表面化或片段化的学习,而不是深入或持续的学习。

4. MOOC 教学原则

MOOC 是一种新型的教育形式,它不需要太多的学术支持,但需要利用网络技术和平台,满足许多人对免费课程的需求。MOOC 有两种主要的类型:cMOOC 和 xMOOC。cMOOC 侧重于同行和社会学习模式,鼓励参与者之间的互动和协作,创造个性化和多元化的学习体验。xMOOC 侧重于在线学习管理,提供标准化和结构化的课程内容,以及视频讲座、评估和消息传递等功能。

不同类型的 MOOC 有不同的教学法,但一般来说,它们都遵循以下几个原则(Grainger,2013):

① 灵活性。MOOC 允许学生根据自己的时间、地点、兴趣和能力来安排学习进度。学生可以随时访问课程资源,也可以选择参与或跳过某些活动或主题。

② 多样性。MOOC 提供了各种各样的课程主题,涵盖了从瑜伽、个人理财、工程、IT、写作等各个领域。学生可以根据自己的目标和需求来选择适合自己的课程。

③ 互动性。MOOC 利用各种多媒体工具和平台,促进学生与教师、助教和其他学生之间的沟通和交流。学生可以通过视频讲座、论坛、社交媒体、现场视频会议等方式来获取信息、提出问题、分享想法和反馈。

④ 反馈性。MOOC 提供了多种评估方法,旨在检测和提高学生的学习效果。评估方法包括自动评分的测验或作业、同行评审评估、教师或助教的指导和评价等。

⑤ 创新性:MOOC 利用最新的网络技术和教育理念,为学生提供了一种新颖和有趣的学习方式。MOOC 中使用了一些先进的视频动画和模拟,以增加课程的互动性和趣味性。MOOC 也通过分析从学生那里收集到的数据,对在线教育的新技术和方法进行研究和改进。

一个 cMOOC 的例子是"连接主义和连接知识",这是 2008 年开设的第一个 MOOC。这门课程由 Stephen Downes 和 George Siemens 教授,他们是连接主义理论的创始人。连接主义认为知识是分布在网络中的节点之间的连接,而学习是建立和维持这些连接的过程。这门课程没有固定的课程大纲或内容,而是由参与者根据自己的兴趣和需求来创建和分享资源。参与者使用各种社交媒体工具,如博客、推特、Facebook 等,发布自己的想法和作品,以及评论和反馈其他人的贡献。教师的角色是提供一些指导和建议,而不是传授知识或评估学习。这门课程的目标是让参与者体验一种自主、协作和创新的学习方式,以及培养他们在网络环境中的学习技能和素养。

一个 xMOOC 的例子是"机器学习",这是 2011 年秋季斯坦福大学提供的三门免费在线课程之一。这门课程由 Andrew Ng 教授,他是机器学习领域的权威专家。机器学习是一门研究如何让计算机从数据中学习和做出预测的科学。这门课程有一个明确的课程大纲和内容,包括视频讲座、阅读材料、编程作业和测验。参与者需要按照教师安排的时间表来完成课程任务,并通过自动评分系统来获得反馈和成绩。教师的角色是传授知识和概念,以及设计和监督评估。这门课程的目标是让参与者掌握机器学习的基本原理和应用,以及培养他们在实际问题中使用机器学习技术的能力。

3.5.2 从 MOOC 到学习分析

在过去十年中,MOOC 已经在信息教育、高等教育和持续专业发展等领域广泛应用。大学和职业学校利用 MOOC 来扩大教育选择,促进学生之间的虚拟流动,改善教育机会,并降低大学成本。使用 MOOC 时,大学需要面对如何选择优质课程和评估在线学习效果的问题。为了制定有效的决策原则,必须深入研究选择在线课程的技术和评估方法。MOOC 中的学习分析是提高教育质量的关键工具(O'Farrell,2017)。它不仅可以评估和研究学习者的互动情况,还可以提供关于在线学习方法和技术有效性的定量细节。此外,学习分析也是提高 MOOC 效率的重要预测因素,并被积极用于优化 MOOC 设计(Bystrova et al.,2018)。

学习分析在对 MOOC 学习行为的大数据研究的基础上,可以揭示学习成功和失败的原因,并预测可能的学习习惯。研究结果可用于改善学习体验并使其适应新环境。

根据 Bystrova 等(2018)的总结,在 MOOC 中开展学习分析的主要目标有以下几个:

① 收集、测量和呈现用户行为数据。
② 分析学生在整个课程中的表现。
③ 利用大数据分析行为模式。
④ 建立绩效评估和学习之间的因果关系。
⑤ 发现 MOOC 中的错误和方法问题。
⑥ 为修订课程内容制定指导方针。
⑦ 预测学生学业的成败。

总之，学习分析涵盖了不同的方法，从描述性统计到数据挖掘，在在线学习和 MOOC 领域中发挥重要作用。

1. MOOC 中学习分析的参数

由于通过 MOOC 收集了大量数据，学习分析的结果将是进行相应的 MOOC 中教学设计的重要依据。MOOC 中学习分析的参数是指用于描述和评估学习者在 MOOC 平台上的学习行为和学习效果的指标。根据不同的分析目的和层次，可以将 MOOC 中学习分析的参数分为以下几类：

① 学习者个体层面的参数。这类参数主要反映学习者在 MOOC 平台上的个人特征、学习行为和学习成果，例如学习者的基本信息、注册课程数、完成课程数、观看视频时长、参与讨论次数、提交作业次数、获得证书情况等。

② 学习者群体层面的参数。这类参数主要反映学习者在 MOOC 平台上的群体特征、学习行为和学习成果，例如学习者的地域分布、年龄分布、教育背景分布、职业分布、课程选修情况、课程完成率、课程满意度等。

③ 课程内容层面的参数。这类参数主要反映 MOOC 平台上提供的课程内容的特征和质量，例如课程的类别、难度、时长、结构、教学方法、资源类型、资源质量等。

④ 课程互动层面的参数。这类参数主要反映 MOOC 平台上提供的课程互动的特征和效果，例如课程中的教师—学生互动、学生—学生互动、学生—内容互动等。

一门好的网络课程，应该让学生与学生之间、学生与教师之间能够互动。在每个在线课程中，在线讨论板或聊天等功能都是必不可少的。教师可以了解关于学生参与课程评论数量的统计数据。众多学者发现，在线讨论显著影响学生对课程的满意度。通过学习分析，教师可以更多地了解他们的 MOOC 学生，并创建适合他们需求的教学设计。

2. MOOC 学习分析创新周期

MOOC 学习分析创新周期（MOOC learning analytics innovation cycle，MOLAC）是一个模型，它把学习分析和 MOOC 的各个方面联系起来，包括领域、目标、分析水平和过程（Drachsler and Kalz，2016），如图 3-14 所示。这个模型分为三个层次：

① 微观层次。在这个层次上，数据是从每一门课程中收集的，用来对每一个学生的学习情况进行预测和反馈。

② 中观层次。在这个层次上，教育机构把多门 MOOC 课程整合起来，通过标准化的元数据来共享和分析数据，而不是只关注单一的课程。这样可以对学习者进行分组，并帮助他们找到适合自己的学习方式和风格。

③ 宏观层次。在这个层次上,MOOC 提供商进行数据分析,并通过数据仓库来实现课程和数据的共享。这种跨机构的学习分析可以为每个机构和更广泛的利益相关者(如学习科学研究者)提供有助于创新学习和教育的建议和方案。

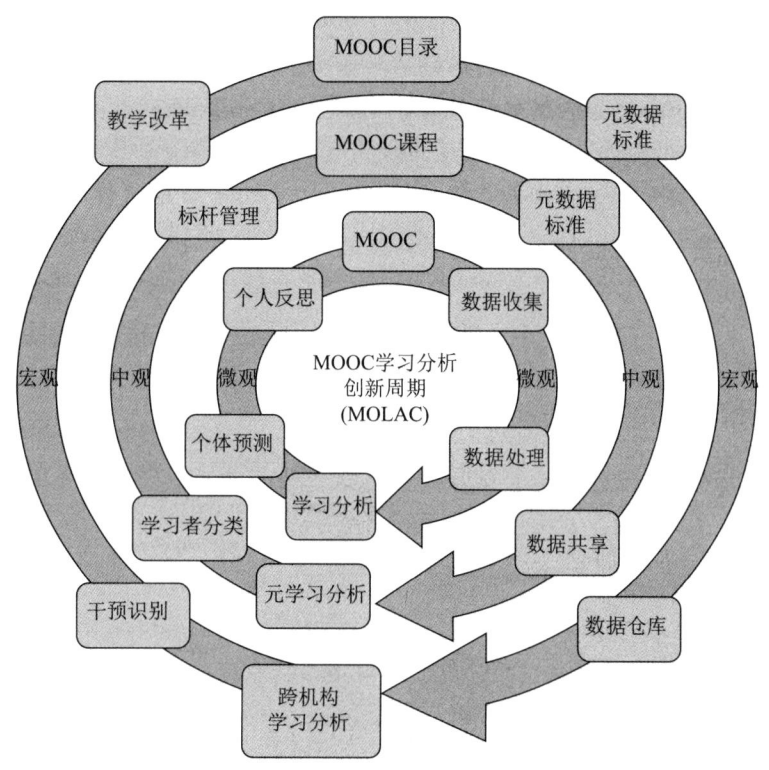

图 3-14　MOOC 学习分析创新周期

MOOC 和学习分析的结合为教育机构提供了一个创新的环境,让他们可以在现有的教育体系之外尝试和评估新的想法和措施。大多数的创新都是从微观层次开始的,但最好能够通过跨机构的合作来扩大研究范围和影响力。

3. 面向学习分析的 MOOC 功能

MOOC 中的学习分析可以记录学习者在课程中的行为。从注册、参与(视频、讨论)到评估,都可以对学习者进行跟踪。学习者可以查看一些跟踪数据,比如进度、成绩、完成情况和课程统计等,包括单门课程和所有注册课程。通常,还会向学习者提供一些详细信息,提醒他们注意整个课程中的重要活动。

Chauhan 和 Goel(2017)对各种 MOOC 平台提供给学习者的功能进行了分析,他们考虑了三种类型的功能:

①单人学习单门课程:反映个人从单门课程中学习情况的功能。
②单人学习所有课程:提供个人注册所有课程信息的功能。
③所有人学习单门课程:为学习者社区提供学习、行为和表现信息的功能。

他们根据学习过程来制定了功能列表,并给出了每个功能可供选择或控制的参数,如表 3-4 所示。

表 3-4 不同 MOOC 课程类型的功能和参数

类别	学习步骤	功能	参数
单个学员单门课程	注册	追踪	总注册人数
	课程活动	课程内容	课程名称、简介、目标、大纲、教师、时长、难度、评价等
		课程单元	单元名称、简介、目标、内容、时长、难度、评价等
		论坛	创建的主题数、评论数
	评估	小测验	测验名称、类型、题目、答案、得分、反馈等
		作业	作业名称、类型、要求、提交、评分、反馈等
		考试	考试名称、类型、题目、答案、得分、反馈等
	状态	进度	完成百分比、时间、顺序、速度等
		完成状态	完成与否、日期、证书等
	能力	学习能力	学习风格、策略、效果等
	特定报告	注册跟踪	最近的学员注册
		近期活动	活动名称(列表)、日期等
		趋势分析	帖子、提交等
		最高/最低得分者	学生姓名、得分(百分比)等
单个学员所有课程	课程活动	课程	课程名称
		课程单元	完成百分比
	评估	任务	任务名称、截止日期等
		等级	最终等级(百分比)、证书要求等
	状态	进度	完成百分比或查看的课程单元(百分比)
		完成状态	完成百分比
	特定报告	课程	最近的活动/非活动/完成情况,过去/计划/退出情况
		最近访问的课程	课程名称,课程单元状态(作业截止日期、已结束/未结束情况)
所有学员单门课程	注册	跟踪	最近注册的课程
		参与者	小组参与者姓名
	特定报告	近期活动	活动名称(列表)、更新日期
		趋势分析	帖子和提交、今天的活跃学员/团队
		最高/最低得分者	三个最高/两个最低的得分

3.5.3 MOOC 平台上的学习分析工具

MOOC 平台上的学习分析工具是指用于收集、处理、分析和展示 MOOC 平台上的学习数据的软件或系统,以帮助教师、学习者和管理者了解和改进 MOOC 平台上的学习过程和效果。MOOC 平台上的学习分析工具可以分为以下几类。

1. 针对教师的学习分析工具

这类工具主要为教师提供课程设计和教学改进的支持,可以帮助教师实现智慧教学。这类工具可以实时监测和分析课程的开展情况,包括课程的注册人数、活跃人数、完成率、满意度等,以及学习者的基本信息、学习行为、学习成绩等。这类工具还可以根据数据分析结果,为教师提供个性化的教学建议,如优化课程内容、调整教学策略、提高教学质量等。下面以慕课堂智慧教学为例来进行说明。

慕课堂智慧教学是中国大学 MOOC 平台提供的一款针对教师的学习分析工具,可以帮助教师实现智慧教学,如图 3-15 所示。该工具有以下几个特点:

① 一体化教学管理:教师可以通过慕课堂创建关联线上课程或独立线下课堂,统筹考虑课前、中、后,线上与线下教学,并可实时查看学生线上线下学习数据,针对性地调整下节课的教学内容和方法。

② 全方位课堂支持:教师可以利用慕课堂提供的七大教学活动,如 PPT 授课、签到、练习、点名、问卷、讨论、分组等,赋能各类学科特色教学,实现培养目标。

③ 轻松好用的互动工具:教师可以通过手机端微信小程序和电脑端教学后台,方便地发布和管理教学活动,与学生进行多样化的互动交流。

④ 权威教学资源共享:教师可以共享中国大学 MOOC 平台上的 1000 多门国家精品课程资源,为自己的课堂教学提供优质内容和先进设计。

图 3-15 慕课堂智慧教学主要功能

慕课堂智慧教学是一款适合各类教师的智慧教学工具,无论你是造诣高深的老教师,或是经验丰富的主力教师,还是初入课堂的青年教师,甚至是时刻准备好的职前师范生,都能在慕课堂中找到自己想要的东西。

2. 针对学习者的学习分析工具

这类工具主要为学习者提供个性化和自适应的学习支持，可以帮助学习者实现有效学习。这类工具可以根据学习者的个人特征、学习目标、学习进度等，为学习者推荐合适的课程和资源，以及提供个性化的反馈和引导。这类工具还可以根据学习者的行为数据，为学习者生成可视化的学习报告和图表，以帮助学习者了解自己的学习状况和效果。

以 On Task 为例，这是一款用于提供及时、个性化和可操作的学生反馈的学习分析工具，由澳大利亚政府资助 On Task 项目开发。On Task 项目旨在通过在课程中给予学生个性化的学习支持，提高学生的学习体验和效果。该项目于 2016 年开始，为期两年，由悉尼大学（The University of Sydney，USYD）牵头，与悉尼科技大学（The University of Technology Sydney，UTS）、新南威尔士大学（The University of New South Wales，UNSW）、南澳大学（The University of South Australia，UniSA）、得克萨斯大学阿灵顿分校（The University of Texas at Arlington，UTA）和爱丁堡大学（The University of Edinburgh，UE）合作进行。On Task 学习分析工具工作原理如图 3-16 所示。

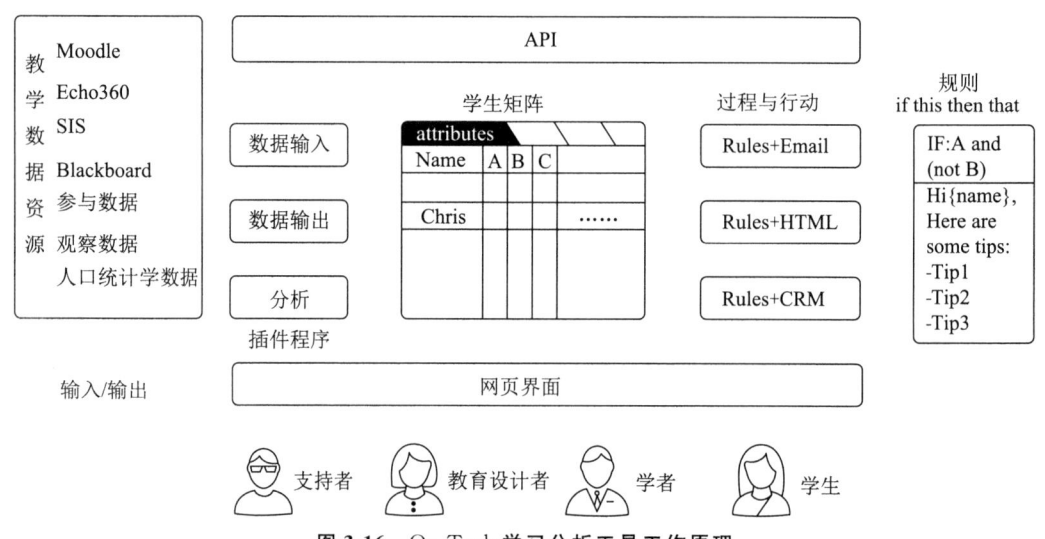

图 3-16 On Task 学习分析工具工作原理

① On Task 的使用环境是在线或混合式的课程，适用于有大量或多样化的学生群体的情况。On Task 可以与不同的学习管理系统兼容，如 Moodle、Blackboard、Canvas 等。On Task 还可以从不同的数据源收集和分析学生的学习数据，如视频观看、评估、学生信息系统、电子教材、讨论论坛等。

② On Task 的原理是利用学习分析技术，将收集到的学习数据转化为可用于支持学习者的知识。On Task 项目的研究发现，教师可以根据与学习经验直接相关的数据指标，结合自己的专业知识，为不同层次的学生提供不同的建议。因此，On Task 提供了一个直观的界面，让教师可以上传关于学生参与度的数据矩阵，并定义一组简单的 when/do 规则来定制发送给学生的电子邮件消息。

③ On Task 的功能是提供个性化、及时和可操作地反馈给学生，帮助他们改进自己的

参与度和成绩。教师可以使用关于学生参与度的指标来选择或忽略文本部分,然后将它们汇总并作为常规电子邮件消息发送给学生。这些消息为学生提供了个性化的支持和一系列简明的建议,如推荐课程和资源、提供额外阅读或练习、建议有效的学习策略、指导学生使用校内支持服务等。在初步实验中,这些消息显著提高了学生对反馈的满意度和适度提高了学业表现。

综上所述,On Task 是一款针对教师和学生的智慧学习分析工具,可以从多个方面帮助提高课程中的学习支持和反馈。

3. 针对管理者的学习分析工具

这类工具主要为 MOOC 平台或机构的管理者提供运营监控和决策支持,可以帮助管理者实现高效管理。这类工具可以收集和分析 MOOC 平台或机构的运营数据,如访问量、访问来源、访问时长、访问路径等,以及用户的行为数据,如点击率、跳出率、转化率等。这类工具还可以根据不同的维度和指标,生成可视化的报告和图表,以帮助管理者了解和优化 MOOC 平台或机构的用户体验和运营效果。例如,Google 提供的 Google Analytics 就是一款通用的网站分析工具,也可以用于 MOOC 平台或机构上的运营分析。

Google Analytics 是一种免费的网络分析工具,可以帮助你了解你的网站用户的行为和偏好,从而优化你的网站性能和营销策略。

(1) Google Analytics 的来源和发展

Google Analytics 最初是基于一家名为 Urchin 的公司的日志文件报告软件,该公司于 2005 年被 Google 收购。经历了多次升级和改进,最新版本是 Google Analytics 4(GA4),于 2020 年 10 月发布。它是一种基于事件的分析工具,可以跨平台和设备跟踪用户的整个生命周期,从获取到激活、保留、收入和参与。它还利用了机器学习技术,可以提供更深入的洞察力和预测能力,帮助你实现更智能的决策。

(2) Google Analytics 使用环境和方法

Google Analytics 可以适用于任何类型和规模的网站,无论是个人博客、电子商务网站、新闻网站还是企业网站。

(3) Google Analytics 的功能和优势

① Google Analytics 可以让你了解你的网站用户是谁、他们来自哪里、他们在你的网站上做了什么、他们对你的网站满意吗、他们是否完成了你期望的目标等。

② Google Analytics 可以让你衡量你的网站性能,如页面加载速度、跳出率、停留时间等,并提供改进建议。

③ Google Analytics 可以让你评估你的营销效果,如不同渠道、媒介、广告系列等对于流量和转化的贡献,并帮助你优化你的营销预算和策略。

④ Google Analytics 可以让你利用机器学习技术,发现隐藏在数据中的模式和趋势,并预测未来可能发生的情况。

⑤ Google Analytics 可以让你与其他 Google 产品和服务无缝集成,如 Google 搜索控制台、Google 广告、Google 数据工作室等,实现更全面和高效的数据管理和利用。

4 教育数据采集和预处理

4.1 教育数据来源

混合式教学中教育数据来源主要有以下几种(张增强、杨艳玲、冯桂珍,2021):

① 静态数据:指基本保持不变的学生基础数据,如姓名、籍贯、入学分数等。

② 动态数据:指随着教学实施不断产生、更新的数据,如登录时间、时长、点击量、测验、作业、考试成绩、发帖讨论等。

③ 即时性数据:指在线下翻转课堂教学过程中发起的签到、随机选人、测验、弹幕、投稿等,有助于提高学生到课率、活跃课堂气氛、组织教学活动、测评学生掌握程度等。

④ 周期性数据:指按时间长短分为小周期(以周为单位)、中周期(以学期为单位)和大周期(以学届为单位)的数据,影响下一节课的教学内容和教学设计、学生的综合评价以及课程内容持续改进等。

⑤ 层次性数据:指有鲜明隶属或递进关系的数据,具体体现在教学内容、对象、过程、测量以及学习行为上,如单个知识点、章节知识点、课程;个人、小组、班级;课前、课中、课后;学习时长、次数、讨论;测验、作业及考试;总成绩等。

⑥ 结构性数据:指彼此之间有关联性的数据,对某一现象或结论的解读研判需要抽丝剥茧,如分析造成某个学生成绩差的原因,关系到该学生微课学习登录时间、时长、完成度、作业、测验正确率、课堂讨论弹幕量等数据。

这些不同类型的教育数据可以通过学生学习记录、在线教学平台、问卷调查、课堂观察等多种不同的渠道和平台进行采集、校验、挖掘和应用,从而实现依靠数据驱动的线上线下混合式教学设计与评价。

4.1.1 学生学习记录

学生学习记录是指记录学生在不同教育环境和场景下的学习行为、过程和结果的数据,是教育大数据的重要组成部分。

1. 学生学习记录的分类

学生学习记录可以分为以下几种。

(1) 基本信息

基本信息涉及学生的个人身份和学习背景,是对学生进行分析和管理的前提条件。基本信息可以分为两类:个人信息和学籍信息。个人信息包括学生的姓名、性别、年龄、籍贯、联系方式等,主要用于识别和联系学生,以及了解学生的个人特征和差异。学籍信息包括学生所在的院系、专业、班级、年级等,主要用于划分和归属学生,以及了解学生的专业方向和水平。基本信息的收集和更新应该遵循准确、完整、及时的原则,以保证数据的有效性和可靠性。

(2) 学习成绩

学习成绩是学生学习记录中最直观也最常用的一种分类,它涉及学生在各种评价方式下的表现和水平,是对学生进行评价和奖惩的主要依据。学习成绩可以分为多种指标,如课程成绩、考试成绩、作业成绩、论文成绩等,主要用于反映学生对知识的掌握程度和运用能力。除了具体的分数外,还可以使用排名、绩点、奖惩情况等方式来衡量和比较学生的相对优劣。学习成绩的收集和分析应该遵循公平、科学、合理的原则,以保证数据的客观性和合法性。

(3) 学习行为

学习行为在学生学习记录中是最丰富也是最有价值的,涉及学生在不同教育环境和场景下的各种学习活动和数据,是对学生进行指导和干预的重要依据。学习行为可以分为多种类型,如选课情况、课堂参与情况、课后作业情况、图书借阅情况、网络学习情况等,主要用于反映学生的学习兴趣、偏好、态度、方法等。除了具体的数据外,还可以使用时间、频率、时长、方式等维度来描述和分析学生的行为特征。学习行为的收集和挖掘应该遵循全面、深入、动态的原则,以保证数据的多样性和时效性。

(4) 学习过程

这是学生学习记录中最隐蔽也最复杂的一种分类,它涉及学生在进行知识获取和加工过程中所发生的各种心理变化和数据,是对学生进行理解和支持的关键依据。学习过程可以分为多个层面,如认知过程、情感过程、策略过程等,主要用于反映学生对知识的理解程度、感受状态、调节方式等。除了直接观察外,还可以使用问卷、测试、访谈等方法来获取和评估学生的过程数据。学习过程的收集和评价应该遵循灵活、细致、个性化的原则,以保证数据的真实性和针对性。

(5) 学习结果

学习结果涉及学生在完成知识学习后所达到的各种学习效果和数据,是对学生进行总结和反馈的基本依据。学习结果可以分为多个方面,如知识掌握程度、能力发展水平、素质培养状况等,主要用于反映学生的学习成果和价值。除了定量的数据外,还可以使用定性的描述和评价来展示和认可学生的结果数据。学习每一种分类都可以进一步细化和扩展,具体取决于数据来源和分析目的。不同分类之间也可能存在交叉和关联,需要进行综合分析和挖掘。

2. 学生学习记录的作用

学生学习记录的作用主要体现在以下几方面。

(1) 揭示学生实际情况

通过搜集和剖析学生学习记录,可以深入了解学生的基本信息、学业表现、优缺点、面临的需求与难题等,为教育教学提供了实质性的信息和可靠的依据。

（2）评估教育质量

通过对比和评估学生学习记录,能够检验教育目标的达成情况、教育内容的合适性以及教育方法的有效性,为教育体系的改进提供了具体的反馈和建议。

（3）引导个性化教育

通过挖掘和应用学生学习记录,能够识别并满足学生的个性需求,提供量身定制的教育资源、服务和支持,有助于激发每位学生的潜能,推动其全面发展。

（4）预测未来发展

通过建模和分析学生学习记录,有望预测和推荐学生的未来发展方向、职业规划以及潜在的就业机会,为学生提供有价值的指导和支持。这有助于更好地规划个人发展路径,使学生能够更有信心、明智地迎接未来的挑战。

4.1.2 在线教学平台数据

1. 用户数据

用户数据包括用户在在线教学平台上的注册、登录,以及学习过程中产生的基本信息和行为数据,如姓名、年龄、性别、地区、学习时长、课程进度和成绩等。这些数据通过不同方式进行采集:

① 日志采集。通过在线教学平台的后台系统,自动记录和存储用户的各项操作和行为,如点击、浏览、搜索、评论等,生成日志文件。这可用于分析用户访问量、路径、频率,以更好地理解用户的偏好和学习习惯。

② 问卷调查。利用在线教学平台的前端界面向用户发送问卷,收集用户的基本信息、满意度、反馈意见等。问卷数据反映了用户的满意度、学习目标和困难,为平台改进服务提供依据。

③ 传感器采集。利用平台的智能终端和传感器设备,如摄像头、麦克风、手写板,捕捉用户的面部表情、语音语调和手势笔迹等信息。这些传感器数据有助于了解用户的情绪状态、学习兴趣和学习参与度,为平台提供更智能的学习支持。

2. 课程数据

课程数据包含在线教学平台上各门课程的基本信息和内容,如课程名称、简介、目标、大纲、资源和活动等。这些数据来源于教师或平台方在平台上进行的设计、开发和发布等操作:

① 元数据采集。通过平台的后台系统,自动提取和存储课程的基本信息,如课程编号、作者、关键词等,形成元数据文件。这些元数据有助于平台组织管理课程资源和提供检索推荐服务。

② 内容分析。通过平台的前端界面,对课程内容进行分析,包括文本、图像和视频等。有助于评估课程的质量、难度和覆盖度,以更好地匹配不同用户的需求。

③ 评价反馈。利用平台的前端界面,收集并展示用户对课程的评价反馈,如评分、评论和点赞。提供了有关用户满意度、意见建议和学习收获的信息,帮助平台监测课程效果并激励用户学习。

3. 互动数据

互动数据涵盖了在线教学平台上发生的各种互动行为和结果,如视频通话、语音聊天、文字讨论和协作编辑。这些数据源于用户在平台上进行互动的过程:

① 事件追踪。通过平台的后台系统,自动记录和存储用户在平台上进行互动时触发的事件,如加入会议、发言请求、屏幕共享等,有助于分析用户的互动模式和频率,为平台提供更好的互动支持。

② 内容记录。利用平台的前端界面或后台系统,记录用户在互动过程中产生的各种内容,如视频录制、语音转写和文字存档,提供了有关用户在互动过程中的内容质量和主题的信息,有助于评估用户的知识水平和结构。

③ 情感分析。通过平台的前端界面或后台系统,对用户在互动过程中表现出的情感进行分析,包括情绪识别、情感分类和评分。情感分析数据有助于识别用户的情感需求,提高用户在学习过程中的情感满足。

4.1.3 问卷调查数据

1. 概述

问卷调查指通过设计一系列的问题,向被调查者征求意见或了解情况的一种数据收集方法。问卷调查数据可以分为以下几种类型(戴力农,2016):

① 定性数据。用言辞或类别来描绘的数据,典型的例子包括性别、职业、爱好等。这类数据并非适用于数值运算,而主要用于频数统计或百分比计算。

② 定量数据。相对而言,定量数据则以数字或可量化的形式呈现,比如年龄、收入、成绩等。这类数据可以进行数值运算,同时也可应用于描述性统计或推断性统计。

③ 结构化数据。主要是按照一定格式或标准进行收集和存储的数据,典型的例子包括选择题、判断题、量表题等。结构化数据具有易于输入、处理和分析的特点,然而,它却会限制被调查者的自由回答。

④ 非结构化数据。与结构化数据形成对比的是非结构化数据,它并没有受到固定格式或标准的约束,包括开放题、附加题、附件上传等。非结构化数据能够提供更为丰富深入的信息,但其难以进行输入、处理和分析。

2. 问卷调查数据的优点

① 节省时间、经费和人力。问卷调查可以通过邮寄、网络、报刊等方式,向大量的被调查者发放和收集问卷,不需要调查人员入户访问或现场观察,可以在短时间内完成数据收集。

② 具有很好的匿名性。问卷调查一般不需要被调查者署名或留下联系方式,可以保护被调查者的隐私和安全,也可以减少被调查者的顾虑和压力,使其更真实地表达自己的意见或情况。

③ 可以避免偏见、减少调查误差。问卷调查对所有的被调查者都是用同一问卷进行提问,可以保证问题的一致性和标准性,避免因为调查人员的主观因素或被调查者的反应性而导致的偏差或误差。

④ 便于定量处理和分析。问卷调查大多是以封闭式问题为主,可以对答案进行编码并

输入数据,利用计算机进行定量的处理和分析,如描述性统计、推断性统计、相关分析、回归分析等。

3. 问卷调查数据的缺点

① 只能获得有限的书面信息:问卷调查由于受到问题数量、内容、形式等方面的限制,不能获得被调查者更多细致、深入的信息,对于复杂或模糊的问题,简单的答案可能不能反映真实的情况。

② 易受被调查者影响:问卷调查由于缺乏直接的交流和互动,不能及时解决被调查者对问题的疑惑或误解,也不能检查被调查者是否认真填写或遗漏填写,可能导致被调查者漏答、错答、随意答等情况。

③ 回收率和有效率较低:问卷调查由于没有对被调查者进行任何约束或激励,可能导致被调查者不愿意或不及时地填写或返回问卷,影响问卷的回收率和有效率,从而影响数据的代表性和价值。

④ 面向设计的问卷调查通常较难:问卷调查要求研究者在设计问卷时就要考虑清楚研究目的、研究假设、研究变量等方面,同时要注意问题的内容、形式、顺序、数量等方面,以及答案的设置、编码、输入等方面,这些都需要研究者具备一定的专业知识和技能。

4.1.4 观察数据

1. 观察法

指通过直接或间接地观察被调查者的行为、表情、语言等,来记录和分析其特征或现象的一种数据收集方法。观察数据可以分为以下几种类型(戴力农,2016):

① 直接观察。指研究者亲自以肉眼或辅助工具对被调查者进行仔细观察和记录,比如实地考察或现场访谈。尽管直接观察能够获取第一手信息,但却可能受到研究者主观偏见或被调查者反应性的影响。

② 间接观察。与直接观察相反,间接观察是指研究者通过其他途径,如视频录像、文献资料或网络平台等,对被调查者进行观察和记录。这种方式可以规避研究者主观偏见或被调查者反应性的影响,但也可能失去一些细节或背景信息。

③ 参与观察。主要指研究者以一定的身份或角色深入参与被调查者的活动或社会环境中,既进行观察和记录,又进行交流和互动,例如田野调查或民族志研究。虽然参与观察能够获取更深入和全面的信息,但也可能涉及伦理问题或引发角色冲突。

④ 非参与观察。与参与观察相反,研究者不以任何身份或角色参与被调查者的活动或社会环境,只进行观察和记录,而不进行交流和互动,比如实验室观察或隐秘观察。非参与观察有助于保持客观和中立的立场,但也可能导致缺乏内在和主观的信息。

2. 观察数据的优势

① 获取初手资料。观察数据通过直接或间接观察被调查者的行为、表情和语言,无需仰赖被调查者自行报告或回忆,更真实地呈现其特征和现象。

② 深入全面信息。通过长时间或多次观察被调查者的活动和社会环境,获得更深层次和全面的信息,揭示被调查者内在、主观信息,如动机、态度、信仰,以及了解其背景和情境,

如文化、氛围和影响因素。

③ 保持客观中立。观察数据在不干涉或少干涉被调查者活动的基础上获取信息,避免对被调查者造成干扰或压力,减少研究者主观偏见或预设立场的影响。

④ 发现新问题或假设。以开放性和探索性方式获取信息,有助于发现预先未考虑或设计的问题或假设,对不明确或不确定的问题或假设进行验证或修正。

3. 观察数据的不足

① 时间、经费、人力投入大。观察数据需要亲临现场或利用其他途径观察被调查者,耗费较多时间、经费和人力,受到地点、时间和设备等方面的限制,不能观察到所有所需信息。

② 部分细节或背景信息遗漏。由于观察依赖肉眼或辅助工具,可能因研究者的注意力、记忆力或理解力差异而遗漏或误解一些细节或背景信息,也可能因被调查者不愿透露或隐瞒信息而导致信息不完整。

③ 伦理问题或角色冲突。观察数据涉及以一定身份或角色参与被调查者的活动,可能引发隐私或安全问题,也可能由于研究者与被调查者之间关系而产生信任、忠诚、责任等方面的冲突。

④ 难以定量处理和分析。观察数据以记录行为、表情和语言为主,这些非结构化的文字或图像信息难以编码或输入,也难以利用计算机进行定量处理和分析。

4.2 教育数据采集

4.2.1 概述

教育数据采集是指从教育领域的各种对象和来源获取教育相关的数据,并将其存储、整理、传输或提供给其他系统或用户的过程。教育数据采集是教育数据分析和挖掘的基础和前提,也是教育信息化和智能化的重要组成部分。

1. 教育数据采集的特点

(1) 多样性

涉及文本、数值、图像、音频、视频等多种数据类型,以及结构化、半结构化、非结构化等多种形式的数据。

(2) 动态性

需要适应教育领域的变革,包括政策调整、教学模式创新、学习需求变化等,因此要不断更新和扩充数据内容和范围。

(3) 复杂性

处理来自教育管理系统、教学平台、考试系统、教研平台、教育评估系统等多来源、多格式的数据,需要选择和应用多种方法和工具。

(4) 隐私性

涉及个人或机构的隐私信息,如学生或教师的个人信息、成绩、考勤等,因此需遵守法规和伦理要求,采取加密、脱敏、授权等措施。

2. 教育数据采集的目的

(1) 提供数据支持

教育数据采集为后续的教育数据分析和挖掘提供必要的数据支持,使得分析和挖掘能够基于充分和准确的数据进行,从而提高分析和挖掘的效果和价值。

(2) 提高数据质量

教育数据采集在获取数据的过程中,可以对数据进行一定程度的预处理和清洗,以去除或修正错误、缺失、重复、噪声等不一致或低质量的部分,从而提高数据的完整性、准确性、一致性和时效性。

(3) 增强数据价值

教育数据采集可以将分散在不同对象或来源的数据进行汇聚和整合,以形成更完整和全面的教育信息体系,从而增强数据之间的关联性和内涵性,以及对外部环境的反映性和适应性。

(4) 促进数据应用

教育数据采集可以将获取到的数据按照一定的标准或规范进行存储、整理、传输或提供,以便于其他系统或用户方便快捷地访问和使用,从而促进数据在各个层面和领域的应用和服务。

3. 教育数据采集所面临的挑战

教育数据采集虽然有很多成功的案例和应用场景,但也面临着一些挑战和问题,主要包括以下几个方面。

(1) 数据来源多样化

教育数据来源非常广泛,包括了学校管理系统、在线学习平台、社交媒体、物联网设备等多种渠道。这些数据格式不统一,质量不稳定,难以进行有效的整合和利用。

(2) 数据安全隐私

教育数据涉及学生、教师、家长等多方面的个人信息,如何保证数据的安全性和隐私性,防止数据泄露、滥用、篡改等风险,是一个亟待解决的问题。

(3) 数据分析能力

教育数据采集需要运用各种先进的技术手段和方法,如大数据技术、人工智能技术、数据挖掘技术等。这些技术需要高水平的专业知识和实践经验,目前在教育领域还缺乏足够的人才和能力。

(4) 数据应用效果

教育数据采集的最终目的是改善教育质量和效果,但如何将数据分析结果转化为具体的行动方案和改进措施,如何评估数据应用效果和影响力,还需要进一步探索和验证。

4. 教育数据采集的发展趋势

针对这些挑战和问题,未来教育数据采集可能会呈现以下几个发展趋势。

(1) 数据标准化

建立教育数据标准体系,规范教育数据的格式、内容、结构、编码等方面,提高教育数据的一致性和互操作性。参考国际标准和国家标准,制定适合教育领域的行业标准和地方标准,充分发挥标准的基础性作用(王正青、徐辉,2018)。

(2) 数据安全化

建立教育数据安全管理制度,保障教育数据的安全性和隐私性,防止数据泄露、滥用、篡改等风险。加强教育数据的分类分级、加密存储、访问控制等技术措施,建立数据安全审计和应急响应机制,提高数据安全防护能力。

(3) 数据智能化

建立教育数据智能分析平台,利用人工智能技术提升教育数据的分析效率和效果,实现教育数据的价值挖掘和应用创新。运用机器学习、深度学习、自然语言处理等技术,构建教育数据的分析模型和算法,实现对教育数据的预测、分类、聚类、关联、推荐等智能分析功能。

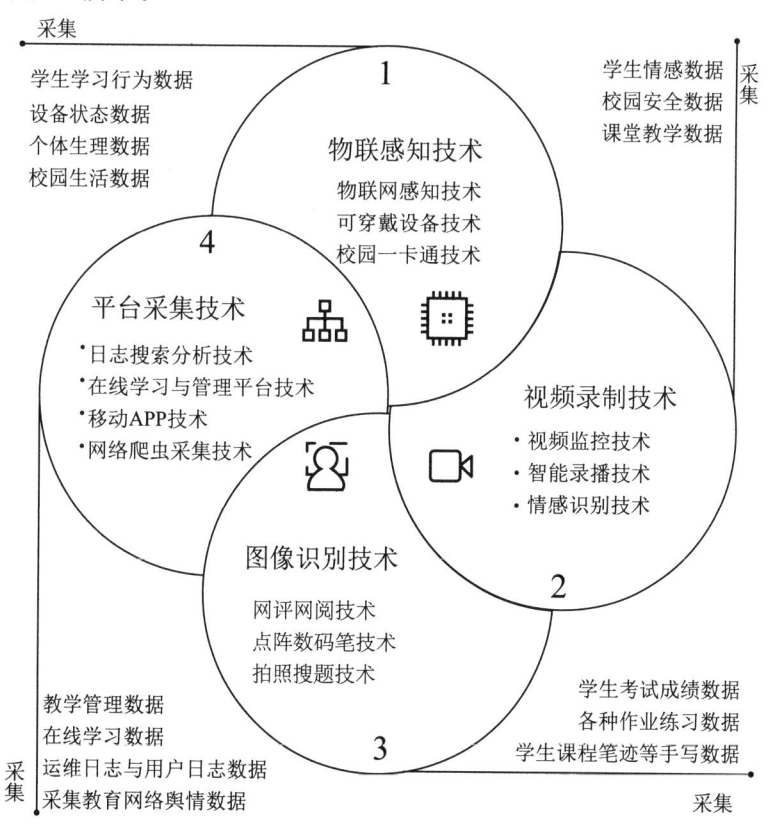

4.2.2 教育数据采集技术

教育数据采集技术是指从教育领域的各种对象和来源获取教育相关的数据,并将其存储、整理、传输或提供给其他系统或用户的过程中所使用的技术手段和辅助设备。教育数据采集的方法和工具需要根据不同的数据类型、形式、场景和目的进行选择和应用,以实现高效、准确、完整和安全的数据采集。

根据不同的技术特点和应用领域,教育数据采集技术有多种分类。目前较为普遍的技术类别有四大类,分别是物联感知技术、视频录制技术、图像识别技术、平台采集技术(杨现民,2022),如图 4-1 所示。

图 4-1 教育数据采集技术分类

1. 物联感知技术

物联感知技术是指利用各种信息传感设备，连接物与物、人与物，与互联网共同形成一个巨大的网络的技术，即万物互联，便于识别、管理和控制。在教育领域，物联感知类技术主要用于采集学生学习行为数据、设备状态数据、个体生理数据和校园生活数据等。物联感知类技术主要包括以下几种：

① 物联网感知技术。是通过各种信息传感设备，如温度传感器、湿度传感器、光照传感器、声音传感器、红外传感器等，来采集教室或实验室等环境中的温度、湿度、光照、声音等参数，并通过无线网络将数据上传至云端进行存储和分析。物联网感知技术可以实现对教学环境的实时监测和智能调节，提高教学质量和效率。

② 可穿戴设备技术。是指将多媒体、传感器和无线通信等技术嵌入人们的衣着中，如智能手环、智能手表、智能眼镜等，支持手势和眼动操作等多种交互方式，如图 4-2 所示。可穿戴设备技术可以实时记录学习者的运动状态、呼吸量、血压、运动量、睡眠质量等生理状态数据，以及学习者学习的时间、内容、地点、使用的设备等学习信息。可穿戴设备技术可以实现对学习者的个性化服务和健康管理。

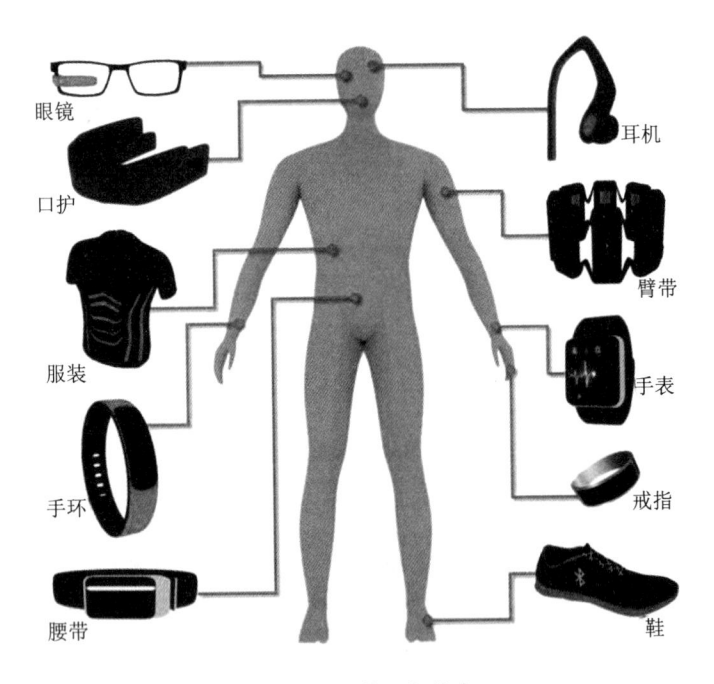

图 4-2 可穿戴设备技术

③ 校园一卡通技术。是以校园网为载体，以电子和信息技术为辅助手段，集身份识别、校务管理以及各项校园服务等应用项目为一体的完整系统。校园一卡通技术可以采集学生在校园内外的各种消费行为、考勤情况、图书借阅情况、选课情况等数据，并与城市交通、医疗等系统关联，实现对学生全方位的信息管理。

2. 视频录制技术

视频录制技术是指利用摄像机等设备对图像进行捕捉、处理、分析，以识别各种不同模式的目标和对象的技术。在教育领域，视频录制类技术主要用于采集学生情感数据、校园安全数据和课堂教学数据等。视频录制类技术主要包括以下几种：

① 视频监控技术。是指利用摄像机等设备对校园内外的各个区域进行实时监控，以捕捉和记录校园中的各种异常情况，如火灾、盗窃、打架、闯入等，并通过网络将视频数据传输至管理中心进行存储和分析。视频监控技术可以实现对校园安全的有效保障和预警。

② 智能录播技术。是指利用摄像机等设备对课堂教学过程进行自动录制，并同步实现在校园网或互联网上的视频直播和点播功能。智能录播技术可以实现对课堂教学的全面记录和分享，提高教学资源的利用率和教学效果的评估。

③ 情感识别技术。是指利用计算机对人的表情、行为和情感产生的前提环境来推断情感状态的技术。情感识别技术可以实现对学习者在学习过程中的情绪状态的实时监测和智能干预，提高学习者的学习兴趣和效果。

3. 图像识别技术

图像识别技术是指利用计算机对图像进行匹配、处理、分析，以识别各种不同模式的目标和对象的技术。在教育领域，图像识别类技术主要用于采集学生考试成绩数据、各种作业练习数据等。图像识别类技术主要包括以下几种：

① 网评网阅技术。指利用专业扫描阅读设备，对各类考试答卷和文档进行扫描和处理，实现客观题机器自动评卷以及主观题教师网络高效评卷的技术。网评网阅技术可以实现对学生考试成绩的快速、准确和公平的评定。

② 点阵数码笔技术。指在普通纸张上印刷一层不可见的点阵图案，利用数码笔前端的高速摄像头捕捉笔尖的运动轨迹，并通过无线网络将数据传输至云端进行存储和分析的技术。点阵数码笔技术可以实现对学生书写过程和结果的完整记录和反馈。

③ 拍照搜题技术。是指利用智能手机等终端设备获取相关题目的照片，继而由系统根据已有的题库进行自动匹配、处理与分析，最终筛选出与图片最为相似的题目、答案及其解答思路的技术。拍照搜题技术可以快速、方便和智能地解决学生作业练习的问题。

4. 平台采集技术

平台采集技术是指利用各种网络平台或软件系统对用户产生的数据进行收集、存储、分析的技术。在教育领域，平台采集类技术主要用于采集教学管理数据、在线学习数据等。平台采集类技术主要包括以下几种：

① 日志搜索分析技术：该技术可以对各类教育信息系统产生的日志数据进行搜索、提取和分析，从而获取师生的行为数据、使用情况等有价值的信息。通过对这些数据的挖掘和建模，可以更好地理解教学过程，优化教学管理和服务。

② 在线学习与管理平台技术：这种技术利用网络平台为师生提供在线教学、作业提交、成绩管理等功能。平台可以记录学生的登录情况、学习轨迹、互动信息等数据，并为教师提供数据分析工具，帮助改进教学方法和提升教学质量。

③ 移动 APP 技术：该技术为教育信息化发展提供了强大支撑。它可以为师生提供随时随地的教学服务和管理功能，并能采集学生的学习行为数据，为教师提供实时反馈以调整教学。此外，APP 还可结合学生位置信息，提供个性化的学习服务，帮助教师更好地了解和满足学生需求。总的来说，移动 APP 技术有助于优化教学过程，提高教学质量，为学生创造更灵活的学习环境。

④ 网络爬虫采集技术：该技术可以自动化地从互联网上抓取与教育相关的各类信息资源，包括教学资源、师生交流数据、行业新闻动态等。通过对这些数据的收集和分析，有助于建立完善的教育资源库，洞察教育领域的发展趋势，为教学改革和管理决策提供依据。这种技术为教育信息化建设提供了强大的数据支撑，有助于教育工作者更好地了解教育现状，提出针对性的优化措施。

4.2.3　教育数据采集的质量和标准

教育数据采集的质量和标准是指在教育数据采集过程中，保证数据的真实性、准确性、完整性、一致性、时效性等方面的要求和评估指标，以及遵循的相关规范和规则。教育数据采集的质量和标准是影响教育数据分析和应用效果的重要因素，也是保障教育数据安全和合规的基础。

1. 教育数据采集的质量要求

为了保证教育数据的质量和可用性，需要制定一系列的质量要求，对教育数据采集的目的、范围、方法、流程、格式、内容等进行明确和约束。根据《上海教育数据质量管理规范（试行）》，教育数据采集的质量要求主要包括以下几个方面：

① 合法性。是指教育数据采集应符合国家和地方的法律法规，不侵犯个人隐私权和知情同意权，不违反国家安全和社会公共利益。如教育数据采集应经过相关部门的批准，应征得被采集者的同意，应对涉密数据进行保密处理等。

② 规范性。是指教育数据采集应遵循国家和教育部颁布的相关标准，使用统一的分类与代码体系，保证数据的可读性和可比性。例如，教育数据采集应使用国家统一的学校（机构）代码、人员基础信息代码等，应使用教育部统一发布的教育统计指标定义与计算公式等。

③ 完整性。是指教育数据采集应涵盖各级各类教育单位在履行职责过程中产生、采集和使用的各类非涉密数据，包括法定统计数据和行政记录数据。如教育数据采集应包括学校（机构）概况、学生管理、教师管理、课程管理、考试管理、科研管理、财务管理等各个方面的数据。

④ 准确性。是指教育数据采集应保证数据来源的真实可靠，避免人为或技术错误导致

的数据失真或错误。例如,教育数据采集应使用有效的方法和工具,应对数据进行核查和校验,应及时纠正或删除错误或无效的数据等。

⑤ 及时性。是指教育数据采集应按照规定的时间节点或周期进行,及时更新维护数据,保证数据的时效性。例如,教育数据采集应根据年度、季度、月度等不同时间段进行定期或不定期的采集,应及时反馈或上报采集结果,应及时处理或响应采集中出现的问题等。

⑥ 一致性。是指教育数据是否与其他相关数据或标准保持一致,是否避免了冗余或矛盾。例如,教育数据是否与国家或教育部的统一标准或规范相符,是否与其他来源或时间点的数据相一致,是否有重复或相互排斥的数据等。

⑦ 有效性。数据集中的数据能够合理地对应于真实世界的构造,即数据集是有效的。

⑧ 唯一性。数据集中的数据没有重复或冗余的记录,即数据集是唯一的。

在学习分析的周期中,数据质量是一个关键的因素,因为它直接影响分析的可靠性和有效性,以及干预的适当性和及时性。如果数据质量不高,那么分析的结果可能是不准确、不一致或不完整的,从而导致错误的解释和不恰当的干预。因此,数据质量对于提高学习分析的价值和信任度,以及促进数据驱动的教育决策和改进,是至关重要的。教育工作者不会也不能相信基于损坏、重复、不一致、缺失、过时或不完整的数据而产生的见解。以下是一个简单的例子,说明数据质量的维度如何影响学习分析的过程和结果。

假设一个教育者想要了解学习者对一个在线活动的参与程度。为了测量参与度,教育者需要使用学习者的行为数据,例如登录频率、会话持续时间、论坛发帖数等。如果这些数据中缺少学习者的身份信息(违反完整性),那么教育者就无法区分不同学习者的参与情况。如果这些数据中的日期格式不一致(例如,有的是 YY/MM/DD,有的是 DD/MM/YY),那么教育者就无法准确地计算学习者的登录时间(违反一致性和准确性)。如果这些数据不能及时地获取和更新,那么教育者就无法及时地了解学习者的行为和需求(违反及时性),从而无法及时地提供反馈和支持。如果这些数据中有重复或冗余的记录(例如,每次学习者登录活动时,都要重新输入个人信息),那么教育者就无法准确地度量学习者的参与度(违反唯一性)。如果这些数据不能有效地反映学习者的真实参与情况(例如,登录频率不能代表学习者的学习投入),那么教育者就无法有效地评估学习者的学习效果(违反有效性)。

2. 教育数据采集的标准和规范

教育大数据是指从教育活动中产生、采集和使用的海量数据,它涉及教育的各个方面,如教学主体、教学评测、教学资源、教学管理和教学过程等。为了保证教育大数据的科学性和伦理性,需要制定一系列的标准和规范,对教育大数据的定义、分类、采集、存储、分析、应用等进行规范和约束。

目前,国内外已有一些研究机构或组织针对教育大数据的不同方面制定了一些基本标准与规范,如面向教学内容的学习目标元数据(learning object metadata,LOM)标准、全国信息技术标准化技术委员会教育技术分技术委员会构建的教学评价标准等。这些标准与规范主要是从教育大数据的不同主体、不同层次和不同教育过程出发，对教育大数据的内容、结构、格式、质量等进行描述和评价。

然而，相比于其他方面，针对教育大数据采集方面的标准与规范还比较缺乏。教育大数据采集是指从教育活动中获取、记录和存储各类数据的过程，是教育大数据的基础和前提。如果没有统一和规范的数据采集标准和规范，就可能导致数据的不完整、不准确、不及时、不一致、不唯一等问题，从而影响数据的质量和可用性。

因此，有必要制定一套完善的教育大数据采集标准与规范，对教育大数据采集的目的、范围、方法、流程、格式、内容等进行明确和约束。这样才能保证教育大数据采集的有效性和合理性，为后续的数据存储、分析和应用提供可靠的支撑。本研究根据《教育部机关及直属事业单位教育数据管理办法》《教育基础数据》《上海教育数据质量管理规范（试行）》等相关文件和标准，总结了以下几个方面的标准和规范：

① 教育数据采集的目的。教育数据采集应以服务教育改革发展、提高教育质量、满足社会需求为目的，遵循合法性、必要性、合理性、有效性等原则，避免无效或重复采集。

② 教育数据采集的范围。教育数据采集应涵盖各级各类教育单位在履行职责过程中产生、采集和使用的各类非涉密数据，包括教学主体类、教学评测类、教学资源类、教学管理类和教学过程类等五大类别。其中，教学主体类包括学生、家长、教师、教研员和教学管理者等；教学评测类包括教学目标、知识能力、信息素养、教学能力等；教学资源类包括课程、课件、试题、习题等；教学管理类包括学生教师数据、学校数据和基础设施数据等；教学过程类包括课堂互动、作业反馈、考试评分等（柴唤友等，2020）。

③ 教育数据采集的方法。教育数据采集应根据不同类型和特点的数据，选择合适的采集方法，如人工录入、自动抓取、接口调用、问卷调查等。同时，应使用统一的数据采集平台或工具，保证数据的规范性和一致性。

④ 教育数据采集的流程。教育数据采集应按照统一流程进行，包括需求分析、方案设计、任务分配、执行监督、质量检查、反馈整改等环节。各级各类教育单位应按时按量按质完成各自的数据采集任务，并及时上报上级部门。

⑤ 教育数据采集的格式。教育数据采集应遵循《教育基础数据》等相关标准，使用统一的分类与代码体系，保证数据的可读性和可比性。同时，应根据不同类型和用途的数据，选择合适的文件格式，如文本文件、表格文件、图像文件等。

⑥ 教育数据采集的内容。教育数据采集应根据不同主题和领域的业务需求，确定所需采集的具体内容和指标。同时，应遵守国家和地方有关法律法规，尊重个人隐私权和知情同意权，保证数据的合法性和安全性。

4.3 数据预处理

数据预处理是指将原始数据转换为适合数据挖掘的形式的过程,它是数据挖掘的重要前提和基础,也是影响数据挖掘效果和效率的关键因素。数据预处理的主要目的是提高数据的质量,消除数据中的噪声、冗余、不一致和缺失等问题,以及降低数据的维度和规模,使之更适合特定的挖掘任务和算法。数据预处理的主要内容包括数据清洗和筛选、数据集成、数据转换和数据归约四个方面。

4.3.1 数据清洗和筛选

1. 缺失数据处理

缺失数据处理是教育数据预处理的一个重要步骤,它指的是对数据中存在的缺失值或空值进行处理的过程。缺失数据的原因可能有很多,例如数据采集错误、数据传输错误、数据存储错误、数据输入错误等。缺失数据的存在会影响数据的完整性和准确性,从而影响数据分析和挖掘的效果。

缺失数据处理的方法主要有以下几种:

① 删除法。这一方法指直接剔除包含缺失值的记录或属性,以减少数据的不一致性和噪声。其优势在于操作简便,但缺点在于可能导致数据量减少和信息丧失。例如,可以从学生的成绩数据中排除包含缺失值的记录或属性,以进行更准确的成绩分析。

② 填补法。在这种处理方式下,我们使用特定值来替代缺失值,以提升数据的完整性和可用性。填补法的优势在于能够保持数据量和信息量,但劣势在于可能引入误差和偏差。例如,可以用平均值或中位数替代学生的成绩数据中的缺失值,以便进行全面的成绩分析。

③ 插值法。插值法利用已知数据和特定函数或模型估算缺失值,从而提高数据的准确性和有效性。其优势在于能够充分利用数据之间的关系和规律,但缺点在于可能需要更多的计算资源和时间。例如,可采用线性插值或多项式插值等方法,通过已知的学生成绩数据估计缺失值,以得到更精确的成绩分析结果。

④ 忽略法。是指在进行数据分析和挖掘时,直接忽略缺失值的存在,以避免对数据进行任何改变。忽略法的优点是能够保持数据的原始性和真实性,缺点是可能导致分析和挖掘结果的不完整或不准确。例如,在进行学生的成绩分析时,直接忽略缺失值,只对非缺失值进行统计或计算等。

2. 噪声数据处理

噪声数据是指偏离真实值或正常范围的错误或异常的数据。引起噪声数据的原因可能有多种,如测量误差、传输误差、人为误差等。噪声数据会影响数据分析的准确性和可靠性,因此需要采取合适的方法来处理噪声数据。通常的处理办法有:

① 平滑法。对数据进行分箱操作,等频或等宽分箱,然后用每个箱的平均数、中位数或者边界值(不同数据分布,处理方法不同)代替箱中所有的数,起到平滑数据的作用。

② 回归法。建立该变量和预测变量的回归模型，根据回归系数和预测变量，分解出自变量的近似值。

3. 离群点检测和处理

离群点是指与大部分数据显著不同或偏离正常分布的数据，如图 4-3 所示，点 A、B、C 即为离群点。离群点可能是由于噪声引起，也可能是由于特殊情况引起。离群点的检测和处理需要根据数据的特征和分析目的来决定，有时需要保留，有时需要删除或替换。离群点检测和处理的方法有：

① 简单统计分析法。简单统计分析法是指根据箱线图、各分位数、均值和标准差等统计量判断是否存在离群点，如超过均值 3 倍标准差的数据可以视为离群点。

② 基于距离或密度的方法。基于距离或密度的方法是指根据数据点之间的距离或密度判断是否存在离群点，如距离其他数据点过远或密度过低的数据可以视为离群点。

③ 基于聚类的方法。基于聚类的方法是指利用聚类算法将数据分成若干个簇，然后根据簇内的相似度或簇间的差异度判断是否存在离群点，如簇内相似度过低或簇间差异度过高的数据可以视为离群点。

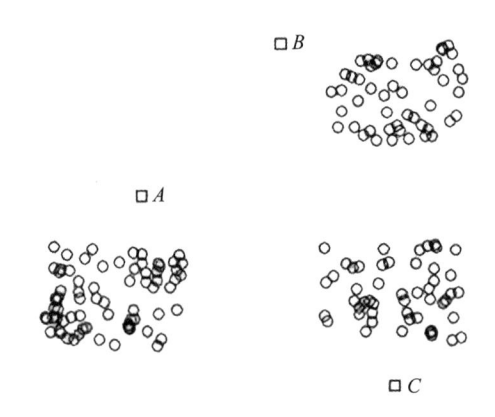

图 4-3 离群点检测结果

4. 数据一致性检测和处理

数据存在一致性问题主要是指数据在不同来源或时间点存在矛盾或冲突的情况。其原因可能有多种，如输入错误、更新错误、转换错误等。数据不一致会影响数据分析的正确性和有效性，因此需要采取合适的方法来处理数据一致性。数据一致性检测和处理的方法有：

① 人工检查法。人工检查法是指通过人工审查数据集中的每条记录，发现并修改不一致的地方。这种方法简单直接，但是效率低下，且容易出错。

② 规则检查法。规则检查法是指通过定义一些规则或约束条件来检查数据集中是否存在不一致，如主键约束、外键约束、函数依赖等。这种方法效率较高，但是需要事先知道规则或约束条件。

③ 数据挖掘法。数据挖掘法是指利用数据挖掘技术来发现潜在的规则或模式，并根据这些规则或模式来检测和修复不一致。这种方法不需要事先知道规则或约束条件，但是需要较高的计算能力和专业知识。

4.3.2 数据集成

1. 概述

数据集成是教育数据预处理的一个重要步骤,它指的是将来自不同数据源的数据合并为一个统一的数据集的过程。数据集成的功能是为了提高数据的完整性、一致性和可用性,从而为后续的数据分析和挖掘提供更高质量的数据。

教育数据集成的数据源是指提供教育数据的各种来源,例如教育管理系统、教学平台、考试系统、教研平台、教育评估系统等。不同的数据源可能有不同的格式、结构、编码、粒度和质量,因此需要进行数据集成以消除数据之间的差异和冲突。

根据数据源的来源和范围,可以将教育数据分为个体教育数据、课程教育数据、班级教育数据、学校教育数据、区域教育数据、国家教育数据等六种,它们从下向上、从小到大逐级汇聚。例如:

① 个体教育数据包括学生或教师的个人信息、成绩、考勤、行为、反馈、评价等。
② 课程教育数据包括课程的内容、结构、难度、评价等。
③ 班级教育数据包括班级的组成、特征、氛围、管理等。
④ 学校教育数据包括学校的基本情况、统计情况和督导情况等。
⑤ 区域教育数据包括区域内各类学校的分布、规模、质量等。
⑥ 国家教育数据包括国家的教育政策、规划、投入、产出等。

数据集成的方法主要有两类:基于模式的方法和基于实例的方法。基于模式的方法是指根据不同数据源的模式(即元数据或结构)来定义和执行数据集成的规则和操作,例如模式匹配、模式映射、模式转换等。基于实例的方法是指根据不同数据源中的实例(即具体的数据值)来进行数据集成,例如实例匹配、实例合并、实例清洗等。

为了实现对不同来源和范围的教育数据的集成,需要采用相应的技术和工具。例如,阿里云提供的教育数据中台解决方案为教育行业的客户提供一站式数据汇聚、治理加工、质量保证、数据可视化、数据应用等全方位的解决方案,如图4-4所示。该方案可以适配市面几乎全部数据源类型,可以选择增量或者全量无缝接入各种类型的数据,并提供丰富的数据集成接口,包括各应用系统数据接入、互联网数据采集、外部临时数据导入支持等。

另外,也可以使用一些专业的可视化分析平台。例如,观向报表可视化分析平台(http://www.zhihaitech.com)可以快速搭建教育信息大数据分析系统,通过融合各种数据,建立统一数据模型,应用层通过拖拽方式实现快速报表呈现以及相关数据分析。

2. 教育数据集成应注意的问题

在进行教育数据集成时,应注意以下几个问题:

① 首要考虑的是数据源的挑选和确认。必须根据研究目标和问题明确需要整合哪些数据源,同时要制定有效的方法来辨认和获取这些数据源。
② 对于各异的数据源,必须进行全面的质量评估,包括但不限于完整性、准确性、一致性和时效性等方面。在数据集成之前,需要对质量差异进行评估,以进行必要的数据清理和

修复。

③ 在确定数据集成策略和技术时,应根据各个数据源的独特特征和需求做出明智的选择。这可能涉及选择合适的数据集成策略,如全局模式或局部模式,以及灵活运用不同技术,如基于模式或基于实例的集成。同时,需要充分考虑数据集成过程中可能出现的问题,例如冗余、缺失和不一致,以便采取相应的解决方案,如去重、填充和协调。

④ 数据集成完成后,必须对获得的统一数据集进行综合评估。这一评估应包括对质量、可用性和有效性等方面的检查,以及对其与研究目标和问题契合度的全面考量。

图 4-4 阿里云教育数据中台解决方案

4.3.3 数据转换

数据转换是教育数据预处理的一个重要步骤,它指的是将原始数据转换为适合数据分析和挖掘的格式和结构的过程。数据转换的目的是提高数据的可读性、可比性和可用性,从而为后续的数据分析和挖掘提供更高质量的数据。

数据转换的方法有很多种,其中常用的有以下三种。

1. 标准化

标准化旨在将数据转化为共同的准则,以消除数据之间的差异和矛盾,提高数据的一致性和可比性,包括单位、编码、格式、命名等方面的转换。例如,将来自不同学校的成绩以相同的百分制或等级制进行标准转换,以方便进行跨校比较;将各种文本文件按照相同的编码格式转换,以便进行更有效的文本分析;将不同格式的日期和时间按照统一标准进行格式化,以便进行时间序列分析。

2. 离散化

离散化的目标是将连续或有序的数值属性转换为离散或无序的类别属性,以简化数据结构,提高数据的可解释性和可操作性。这种转换可以采用等宽划分、等频划分、聚类划分或基于熵的划分等方法。例如,对学生的年龄进行固定区间划分,以便进行年龄段分析;对学生成绩按照设定频率划分,以实现更清晰的成绩分布分析;通过聚类算法对学生兴趣爱好进行划分,以便进行兴趣群体分析。

3. 语义转换

语义转换旨在将数据重新塑造为更适合分析和挖掘的形式或结构,从而提高数据的可读性和有效性。这种转换涉及聚合、细化、概化、抽象、扩展等多种方法。例如,将学生每日上课的出勤情况聚合为周或月,以方便进行出勤率分析;将学生成绩按照科目或方向进行细化,以进行更深入的科目或方向成绩分析;把每次考试的成绩概化为平均值或中位数,以方便进行总体成绩分析;将学生每次考试的成绩抽象为优秀、良好、及格、不及格等类别,以进行分类成绩分析;将学生的考试成绩与其他相关因素(如性别、年龄、家庭背景等)关联起来,以进行影响因素分析等。

4.3.4 数据归约

数据归约是教育数据预处理的一个重要步骤,它指的是将数据的数量或维度减少,但保持数据的本质特征和分布的过程。数据归约的目的是降低数据的存储空间和计算时间,以提高数据分析和挖掘的效率和效果。

1. 数据归约的方法

数据归约的方法主要有以下几种。

(1) 数据抽样

数据抽样是从原始数据中按照一定规则或概率选择部分数据的过程,以反映总体特征和分布。抽样方法包括简单随机抽样、分层抽样、系统抽样和聚类抽样。例如,从全校学生中按照年级或班级进行分层抽样,以便进行学生情况分析;从全校教师中按照科目或职称进行系统抽样,以便进行教师情况分析等。

(2) 数据降维

数据降维是指通过去除不相关或冗余的属性或特征,降低数据的维度和复杂度。降维方法包括特征选择、特征提取和特征构造。例如,从学生的成绩数据中去除一些与目标变量无关或相关性低的属性,以便进行成绩预测分析;从学生的兴趣爱好数据中提取一些能够反映学生个性或偏好的特征,以便进行兴趣推荐分析等。

(3) 数据压缩

数据压缩是指将原始数据按照一定的算法或模型进行编码或转换,以减少数据的存储空间和传输时间。数据压缩的方法包括无损压缩、有损压缩、参数化压缩等。例如,将学校的图书馆数据按照无损压缩算法进行压缩,以便节省存储空间和提高检索速度;将学校的视频教学数据按照有损压缩算法进行压缩,以便降低传输带宽和提高播放效果等。

2. 数据归约的策略

数据归约的策略主要有以下几种。

(1) 贪心策略

每次选择最优或最具代表性的部分作为归约结果,直到满足预设条件或目标。这种策略尽管简单易行,但可能陷入局部最优。例如,使用贪心策略进行特征选择时,每次选择与目标变量相关性最高或信息增益(gain)最大的特征,直到达到预设的特征数量或分类精度等。

(2) 随机策略

随机策略是指每次从原始数据中随机地选择一部分作为归约结果,重复多次并比较不同结果之间的差异或评价指标。随机策略的优点是能够避免局部最优而寻找全局最优,缺点是需要较多的计算资源和时间。例如,使用随机策略进行特征选择时,每次随机地选择一定数量或比例的特征,并计算分类精度或其他评价指标,重复多次并选择最优的特征子集。

(3) 启发式策略

启发式策略是指根据一些经验或规则来指导从原始数据中选择部分作为归约结果。启发式策略的优点是能够在有限的计算资源和时间内找到较优的归约结果,缺点是可能依赖于特定的问题或数据。例如,使用启发式策略进行特征选择时,可以根据特征之间的相关性或冗余性来进行特征分组或特征剪枝,然后在每个特征组中使用贪心策略或随机策略来选择最优的特征。

5 教育数据分析方法

5.1 定量分析方法

5.1.1 描述性分析

描述性分析是一种使用统计方法对数据进行概括和呈现的分析方法,旨在揭示数据的基本特征和规律,而不涉及推断或预测。描述性分析可以帮助教育研究者了解数据的分布、集中趋势、离散程度、相关性等,为后续的深入分析提供基础(张文彤,2021)。

1. 描述性分析的主要指标

主要包括数据的集中趋势(如均值、中位数、众数、百分位数、四分位数)和离散程度(如全距、方差、标准差、变异系数)等指标的概念、计算公式和应用情况。

(1)常用的集中趋势指标

数据的集中趋势是指数据在一定范围内的聚集程度,反映了数据的平均水平或代表值。

① 均值:是一组数据的算术平均值,是最常用的集中趋势指标。均值的计算公式为 $\bar{x}=\sum x_i/n$,其中,x_i 表示第 i 个数据,n 表示数据的个数。均值可以反映数据的总体水平,但也容易受到极端值的影响,导致均值偏离数据的真实水平。

② 中位数:是将一组数据按照大小顺序排列后,位于中间位置的数值。如果数据的个数为奇数,则中位数就是中间那个数;如果数据的个数为偶数,则中位数就是中间两个数的平均值。中位数的优点是不受极端值的影响,能够反映数据的典型水平,但也缺乏对数据分布的全面描述。

③ 众数:是一组数据中出现次数最多的数值。众数可以反映数据的最常见水平,但也可能存在多个或没有众数的情况,而且众数对数据分布的敏感性较低。

④ 百分位数:是一种位置指标,用 P_x 表示。一个百分位数 P_x 将一组观察值分为两部分,理论上有 $x\%$ 的观察值比它小,有 $(100-x)\%$ 的观察值比它大。中位数实际上就是一个特定的百分位数,即 P_{50}。

⑤ 四分位数:是将一组数据按照大小顺序排列后,分成四等份,每一份包含四分之一的

数据,然后取每一份的中位数作为四分位数。四分位数包括下四分位数 P_{25}、中位数 P_{50} 和上四分位数 P_{75}。四分位数可以反映数据分布的不对称性和偏态,也可以用来识别异常值和绘制箱线图。

(2) 常用的离散程度指标

数据的离散程度是指数据在一定范围内的波动或变异程度,反映了数据的稳定性和可靠性。

① 全距:是一组数据中最大值和最小值之差,反映了数据的整体变化范围。全距的计算公式为 $R = \max(x) - \min(x)$,其中,$\max(x)$ 表示最大值,$\min(x)$ 表示最小值。全距是最简单的离散程度指标,但也只能反映数据的极端差异,而不能反映数据的内部差异。

② 方差:是一组数据与其均值之差的平方和的平均值,反映了数据与其平均水平之间的偏离程度。方差的计算公式为 $s^2 = \sum(x_i - \bar{x})^2 / n$,其中,$x_i$ 表示第 i 个数据,$\bar{x}$ 表示均值,n 表示数据的个数。方差越大,说明数据越分散;方差越小,说明数据越集中。

③ 标准差:是方差的算术平方根,反映了数据与其平均水平之间的偏离程度。标准差与方差相比,具有相同的量纲和含义,但更容易理解和比较。标准差的计算公式为 $s = \sqrt{s^2}$。

④ 变异系数:当需要比较两组数据的离散程度大小时,直接使用标准差来进行比较可能并不合适。这可以被分为两种情况:一是测量尺度相差太大,例如希望比较蚂蚁和大象的体重变异,直接比较其标准差显然不合理;二是数据量纲不同,例如希望比较身高和体重的变异,两者的量纲分别是米(m)和千克(kg),那么究竟是 1 m 大,还是 2 kg 大,根本就没法比较。在以上情形中,应当考虑消除测量尺度和量纲的影响,而变异系数就可以做到这一点,它是标准差与其平均数的比,即 $CV = s/X$。CV 显然没有量纲,同时又按照其均数大小进行了标准化,这样就可以进行客观比较。

2. 数据的图形显示

统计报表的优势在于可以对各种数据细节进行精确呈现,缺点是不够直观,读者很难立刻抓住主要的数据特征。统计图的特点则正好和报表相反,图形可以直观地反映数据的主要特征。

(1) 统计图的组成元素

一幅完整的统计图大致可以被分解为标题、图例、X 轴和 Y 轴、数据等多个组成元素,如图 5-1 所示。

① 标题:标题应简洁明了,真实反映统计图所展示的信息。

② 图例:图例是解释统计图中使用的符号、颜色或图案的关键。例如,在柱状图中,可能需要图例来区分各个不同的数据系列。

③ X 轴和 Y 轴:这是统计图的基础,代表数据的两个不同维度。通常,X 轴(横轴)表示类别或时间,而 Y 轴(纵轴)表示数量或百分比。

④ 刻度:刻度是标在 X 轴和 Y 轴上的,表示数据间隔的标记。刻度应该清晰,易于读者理解数据的分布。

⑤ 数据:这是统计图的核心。数据可以是折线、柱形、点或任何其他形式,用于表示一组或多组数字。

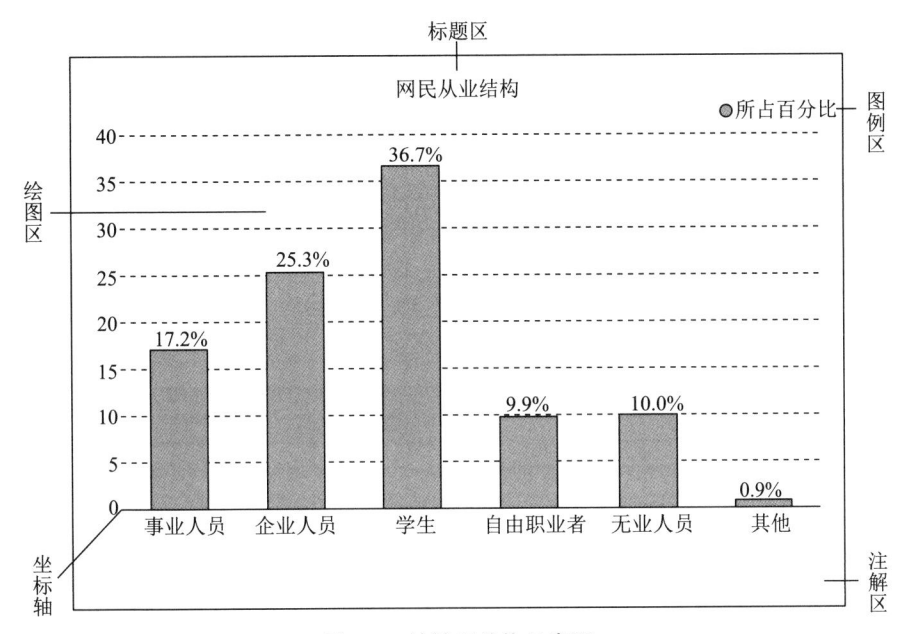

图 5-1 统计图结构示意图

⑥ 标签:标签提供了有关数据点或数据系列的具体信息。在柱状图或折线图中,通常在 X 轴和 Y 轴的刻度处添加标签。

⑦ 注释:注释可以用于解释数据图中的特殊点或趋势,或提供有关数据来源的信息。

(2) 统计图的种类

统计图的分类方法有许多种,但和统计学体系最为贴近的分类方法是首先按照其所呈现变量的数量将其大致分为单变量图、双变量图、多变量图等,随后再根据相应变量的测量尺度进行更细的区分。本节就按此进行讲述,毕竟大家是在学习一种统计软件而不是绘图软件。虽然这种分类方法会将许多图形分成更细的小类,但是更有利于正确使用。

① 单变量图——连续变量。连续变量是一种可以接受任何值的变量,包括任何数量的次要变化。连续变量的例子包括身高、时间、年龄和温度等。在统计图中,连续变量的单变量图有多种,如直方图(histogram)、箱形图(box plot)、散点图(scatter plot)等,如图 5-2 所示。下面是关于这些统计图的详细说明:

A. 直方图

特点与用途:直方图是一种展示数据分布情况的统计图,可以直观地看到数据的集中趋势、分散情况和形状等。在 X 轴上显示连续的数值范围,Y 轴上显示频率。

优点:直方图可以显示数据的整体分布,容易理解,有助于发现数据集的模式和异常值。

缺点:直方图对于分组的选择较为敏感,不同的分组方式可能导致图形有较大差异。

B. 箱形图

特点与用途:箱形图显示了数据的五数概括(最小值,第一、四分位数,中位数,第三、四分位数,最大值)。箱形图能够清晰地展示数据的中心、分散程度及偏度,同时能够辨识异常值。

优点:箱形图可以同时展示多个连续变量,便于比较。简洁明了,易于理解。

缺点:箱形图不展示数据的具体分布形状和数据的具体值。

C. 散点图

特点与用途:散点图是一种二维图像,用于直观地展示两个连续变量之间的关系。在散点图中,每个数据点都以一个点的形式表示,X 轴和 Y 轴分别代表两个变量的取值。

优点:散点图能够直观地显示出变量之间的相关关系,包括线性关系、非线性关系以及离群点等。它还可以用于探索数据中的模式和趋势。

缺点:当数据点过多时,散点图可能会变得过于拥挤,难以直观地分析。此外,散点图无法反映单个变量的分布情况。

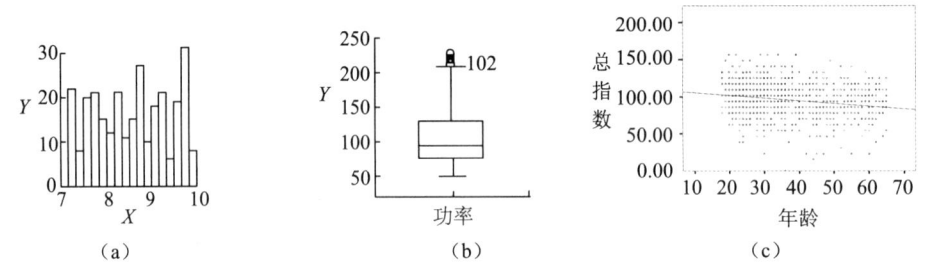

图 5-2 用于描述连续变量的几种常用单变量示意图

② 单变量图——分类变量。分类变量的单变量图的种类主要包括条形图(bar chart)、饼图(pie chart)以及堆积条形图(stacked bar chart),如图 5-3 所示。以下是它们各自的特点、用途、优点和缺点的详细说明:

A. 条形图

特点和用途:条形图是一种将类别数据与其频率(或者比例)相对应的图形,它可以清楚地比较各类别的差异或多样性。条形图对于表示类别数据特别有用,尤其是当类别名称很长或类别数量相当大时。

优点:条形图清晰明了,易于理解,可以很好地比较不同类别的值。

缺点:在类别过多时,条形图可能会显得过于拥挤,难以有效地区分每一个类别。另外,条形图无法展现类别之间的关系或连续性。

B. 饼图

特点和用途:饼图是一种表示数据比例的图形,每个饼图的切片代表某一类别的比例。饼图在描述相对频率或比例数据时特别有效,因为它们强调部分与整体的关系。

优点:饼图直观地展示了每个类别相对于整体的比例,使人容易理解类别的相对重要性。

缺点:饼图不适合比较多个类别的数据,特别是当类别数量很多或各类别的比例接近时,解读饼图可能会变得困难。另外,饼图不能有效地比较不同数据集之间的类别。

C. 堆积条形图

特点和用途:堆积条形图是一种变体的条形图,它可以显示各个类别的频率,同时还可以展示每个类别的组成。它们非常适合表示组成部分的数据。

优点:堆积条形图在显示整体和部分之间的关系方面比单一条形图更有优势,因为它们同时展示了总体的大小和组成部分的比例。

缺点:堆积条形图可能会让人对部分和整体的比例有误解,尤其是如果图中的类别顺序或颜色变化不清时。另外,对于更多的类别,这种图表也可能变得复杂和难以理解。

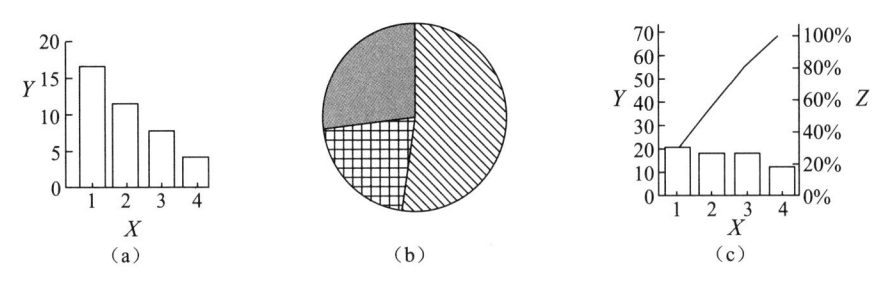

图 5-3　用于描述分类变量的几种常用单变量图示意图

③ 双变量图——连续因变量。当因变量为连续变量时,常用的双变量统计图包括散点图、折线图、箱线图和热力图等。下面逐步介绍每种类型的统计图的特点、用途、优点和缺点。

A. 散点图

特点:散点图展示了两个连续变量之间的关系,通过将每个数据点绘制为二维坐标中的一个点来表示。每个点的位置表示两个变量的值,而点的颜色、形状或大小可以用于表示第三个变量。

用途:散点图常用于观察两个变量之间的趋势、相关性和离群值等。它可以帮助确定变量之间的关系或模式,并探索数据中的异常值。

优点:能够直观地展示数据的分布和趋势,适用于小到中等规模的数据集。

缺点:在大规模数据集中,散点图可能会变得密集和难以解读。

B. 折线图

特点:折线图将两个连续变量的数据点通过线段连接起来,形成连续的曲线。通常,其中一个变量被视为自变量(通常为时间),而另一个变量是因变量。

用途:折线图常用于显示变量随时间的变化趋势,可以帮助观察和比较多个变量的演变情况,例如绘制股票价格随时间的走势图。

优点:能够显示趋势和变化的速率,有助于观察周期性或季节性模式。

缺点:不适用于展示大量的数据点,对于非连续的数据点可能不太适合。

C. 箱线图

特点:箱线图通过盒子和"须"展示了两个连续变量之间的分布。盒子代表数据的中间50%(第一、四分位数到第三、四分位数),中间的线表示中位数,"须"表示数据的范围,离群值可能用单独的点表示。

用途:箱线图主要用于比较不同组或类别的连续变量的分布情况,可以观察数据的中心位置、离散程度和异常值等。

优点:能够提供关于数据分布的多个统计量,包括中位数、四分位数和离群值等,适用于展示多组数据的比较。

缺点:无法展示变量的具体取值,对于大规模数据集可能不太适合。

D. 热力图

特点:热力图使用颜色编码来表示两个连续变量之间的关系,通常采用颜色渐变的方式,较高的颜色值表示较大的关联程度。

用途:热力图常用于显示大规模数据集中的相关性或密度分布,特别适合观察数据的聚集和趋势。

优点:能够处理大量的数据点,适用于显示密度和相关性等模式。

缺点:在数据点过于密集时,可能会导致颜色的混淆和信息的丢失。

请注意,以上仅是对不同类型统计图的概括,实际应用中选择合适的统计图要根据数据类型、研究目的和观察需求进行综合考虑。

④ 双变量图——分类因变量。当因变量为分类、自变量为连续时,目前尚没有很好的图形工具可利用,常见的处理方式是将自/因变量交换后使用条图来进行呈现。当自变量也是分类变量时,实际上所使用的图形工具是比较单一的,基本上以条图为主。但是,按照其具体的呈现方式,又可分为复式条图、分段条图和马赛克图 3 种,复式条图重点呈现两个分类变量各个类别组合情况下的频数情况,如图 5-4(a)所示。分段条图则主要突出一个分类变量各类别的频数,并在此基础上表现两个类别的组合频数情况[图 5-4(b)]。马赛克图也是以一个分类变量为主,它所呈现的是在该变量的不同类别下,另一个变量各类别的百分比变化情况[图 5-4(c)]。

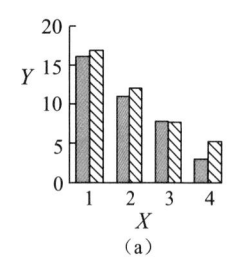

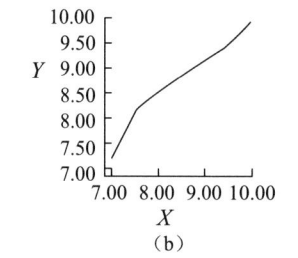

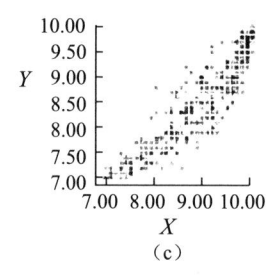

图 5-4 几种常见的双变量图示意图

以上所介绍的仅仅是最为常见的双变量统计图。实际上,在掌握了单变量图的特性后,完全可以将其加以充分利用,在自变量为分类变量时,分类别绘制相应的单变量图进行数值特征的呈现,以达到对数据更为充分和深入地展示。最常见的情况有分组箱图、复式饼图、直方图组等,对此感兴趣的读者可参见相应图形的详细介绍,这里不再详述。

⑤ 多变量图

当一幅图形中需要呈现出 3 个甚至 3 个以上变量的数量关联时,所构成的图形就被称为多变量图。一般而言,由于一个坐标轴只用于呈现一个变量的数值特征,因此最常见的二维平面统计图表示两个变量的特征比较合适。如果要表现 3 个变量的关联,最好的办法是采用三维坐标的立体统计图。但是,由于实际上还是在纸平面或者显示器平面上对三维图进行呈现,立体图在使用上并不方便。因此,当其中有变量为分类变量时,统计学家采用的办法往往是采用图例这一方式对二维图进行扩充,使二维图能够表现出更多的信息。例如,在散点图中用点的形状或者颜色区分不同的类别,这实际上是在一幅带图例的散点图中同时呈现了两个连续变量和一个分类变量的数量关联信息。类似的图形还有多线图等。当然，如果所有变量均为连续变量，则图例并不能解决问题，仍然需要使用高维的散点图才能对其关系加以呈现。

3. 描述性分析的常用方法和步骤

（1）描述性分析常用的方法

① 频数分析：统计数据中每个值或类别出现的次数，反映数据的频率分布。

② 百分比分析：将频数转换为百分比，反映数据的相对比例。

③ 平均数分析：计算数据的算术平均值，反映数据的中心位置。

④ 标准差分析：计算数据的标准差，反映数据的离散程度。

⑤ 范围分析：计算数据的最大值和最小值之差，反映数据的极差。

⑥ 四分位数分析：计算数据的第一、第二、第三、第四分位数，反映数据的位置和离散程度。

⑦ 偏度和峰度分析：计算数据的偏度和峰度，反映数据的偏态和尖峭程度。

⑧ 相关系数分析：计算两个或多个变量之间的相关系数，反映变量之间的线性相关程度。

（2）描述性分析的一般步骤

① 确定研究问题和变量：明确要研究的问题和涉及的变量，以及变量的类型和测量水平。

② 选择合适的描述性统计方法：根据变量的类型和特点，选择适合的描述性统计方法，如频数、百分比、平均数等。

③ 对数据进行清洗和整理：检查数据是否存在缺失、异常、错误等问题，并进行处理或排除，使数据符合分析要求。

④ 运用统计软件或工具进行计算和绘图：利用统计软件或工具，如 SPSS、Excel 等，对数据进行描述性统计计算，并根据需要绘制相应的图形，如柱状图、饼图、箱线图等。

⑤ 对结果进行解释和总结：根据计算和绘图结果，对数据的特征和规律进行解释和总结，并与研究问题进行联系。

4. 描述性分析的注意事项和局限性

（1）描述性分析的注意事项

① 根据数据的类型和特点选择合适的描述性统计方法。不同类型和测量水平的变量适合使用不同的描述性统计方法，如定类变量适合使用频数和百分比，定量变量适合使用平均数和标准差等。同时，要考虑数据是否符合某些假设条件，如正态分布等。

② 对数据进行合理地分类和分组，避免过多或过少地细分。对于定类变量，要根据实际意义将数据进行分类或编码，使类别具有清晰且互斥的特征。对于定量变量，要根据实际情况将数据进行分组或区间划分，使组数适中且组宽相等或接近。

③ 对结果进行恰当地呈现，如表格、图形、文本等，使之清晰易懂。根据不同类型的结果选择合适的呈现方式，如频数表、百分比表、平均数表等。同时，要注意表格或图形的格式、标题、注释等要规范且完整。另外，要用简洁明了的语言对结果进行文字说明，并突出重点。

④ 对结果进行客观和准确的解释,避免误导或偏见。要根据事实和证据对结果进行解释,并与研究问题进行联系。要避免对结果进行主观或片面的评价或推断,并注意区分相关性和因果性。

(2) 描述性分析的局限性

① 描述性分析只能反映数据的表面现象,不能揭示数据背后的因果关系或规律。描述性分析只能对数据进行概括和呈现,并不能对数据进行深入地探索或验证。如果想要了解数据背后的原因或影响因素,需要运用其他类型的分析方法,如推断性分析、预测性分析等。

② 描述性分析受到数据质量和数量的影响,如果数据存在缺失、异常或不足等问题,可能导致结果不可靠或无效。描述性分析依赖于原始数据的完整性和准确性,并且需要有足够多且具有代表性的样本。如果原始数据存在缺失、异常或错误等问题,并没有得到有效的处理或排除,则可能影响描述性统计结果的真实性和有效性。如果样本数量过少或不具有代表性,则可能影响描述性统计结果的泛化能力和推广价值。

③ 描述性分析不能代替其他类型的分析,如推断性分析、预测性分析等,需要结合其他方法进行综合判断和决策。描述性分析只能提供数据的基本信息和特征,不能对数据进行深入的解释或推理。如果想要从数据中获取更多的知识或洞察,需要运用其他类型的分析方法,如推断性分析、预测性分析等,来探究数据之间的关系、影响因素、未来趋势等。

5.1.2 相关性分析

1. 相关分析的指标体系

相关分析的指标体系可以根据变量的特性,针对有序变量、无序变量和名义变量来进行阐述。

(1) 有序变量

对于有序变量,我们通常使用斯皮尔曼等级相关系数(Spearman's rank correlation coefficient)和肯德尔等级相关系数(Kendall's rank correlation coefficient)。

斯皮尔曼等级相关系数是通过将原始数据转化为等级数据,再通过皮尔逊相关系数(Pearson correlation coefficient)的计算方法得到的。如果两个变量的等级完全一致,那么斯皮尔曼等级相关系数为1,表示完全正相关。如果两个变量的等级完全相反,那么斯皮尔曼等级相关系数为-1,表示完全负相关。计算公式如下:

$$\rho = 1 - \frac{6\sum d_i^2}{n(n^2-1)}$$

式中,d_i 为两个变量的等级差;n 为样本量。

肯德尔等级相关系数是基于一致性和不一致性对的比例。计算公式如下:

$$\tau = \frac{n_c - n_d}{n(n-1)/2}$$

式中,n_c 为一致对的数量;n_d 为不一致对的数量。

(2) 无序变量

对于无序变量,我们可以使用皮尔逊相关系数。皮尔逊相关系数是衡量两个变量之间线性关系强度和方向的一种方法。这个系数值在 -1 与 1 之间,1 表示完全的正相关,-1 表示完全的负相关,0 表示无相关。计算公式如下:

$$r = \frac{\mathrm{Cov}(X, Y)}{\sigma_X \sigma_Y}$$

式中,$\mathrm{Cov}(X, Y)$ 为 X 和 Y 的协方差;σ_X 和 σ_Y 为 X 和 Y 的标准差。

(3) 名义变量

名义变量通常使用卡方独立性检验(chi-square test for independence)来评估两个变量之间的关系。这是一个非参数检验,用于确定两个名义变量之间是否独立。计算公式如下:

$$x^2 = \sum \left[\frac{(O_i - E_i)^2}{E_i} \right]$$

式中,O_i 为观察频数;E_i 为期望频数。

2. 简单相关分析

(1) 基本概念

相关性分析用于研究两个或更多变量之间的统计关系。以下是一些基本的相关性类型:

① 直线相关。当两个变量之间的关系可以用直线图像表示时,我们称它们具有线性关系。例如,当一项投资的回报与所投资的金额成正比时,这就是直线相关。

② 曲线相关。与直线相关不同,曲线相关描述的两个变量之间的关系更为复杂,不能简单地用直线表示。例如,人的年龄与收入之间的关系可能就是曲线相关,因为随着年龄的增长,收入可能先增加,然后到达峰值,最后随着退休而减少。

③ 正相关和负相关。正相关指的是当一个变量增加时,另一个变量也增加;负相关则是当一个变量增加时,另一个变量减少。例如,学习时间和成绩就是正相关,而糖分摄入量和健康状况通常是负相关。

④ 完全相关。当两个变量之间的联系非常紧密,以至于可以完全通过数学公式来描述,这两个变量就是完全相关的。但是,这在现实生活中非常罕见。

(2) 相关系数的用途

相关系数在许多领域中都有广泛的应用,包括心理学、社会学、商业和教育等。相关系数的意义和作用包括以下几点:

① 度量变量间的关系。相关系数能反映出两个变量间的关系强度和方向,这在进行数据分析时非常重要。

② 预测。如果两个变量之间存在强烈的相关性,那么我们可以通过一个变量来预测另一个变量。这在回归分析、时间序列分析等场景中非常有用。

③ 变量选择。在建立预测模型时,相关系数可以帮助我们选择哪些变量应纳入模型,哪些变量应排除。

相关系数的大小能反映出两个变量之间的相关程度。如果 $r=1$,那么两个变量是完全正相关;如果 $r=-1$,那么两个变量是完全负相关;如果 $|r|$ 的值越接近于 1,说明相关性越强;如果 $|r|$ 的值越接近于 0,说明相关性越差;如果 $r=0$,那么两个变量之间无相关性。

3. 偏相关分析

当我们研究两个变量之间的关系时,我们通常使用相关分析。然而,有时候我们也需要考虑第三个变量的影响,这时候就可以使用偏相关分析。偏相关分析可以帮助我们在控制第三个变量的影响下,评估两个变量之间的关系。

(1) 用途

偏相关分析在许多研究领域和实际应用中都有广泛的用途,包括但不限于以下几个方面:

① 控制混杂变量的影响。当我们研究两个变量之间的关系时,可能存在其他因素同时影响这两个变量,这些因素称为混杂变量。通过进行偏相关分析,我们可以控制这些混杂变量的影响,更准确地评估两个变量之间的关系。

② 探索隐藏关系。在一些情况下,两个变量之间的关系可能被第三个变量所掩盖或误导。通过进行偏相关分析,我们可以消除第三个变量的影响,揭示出原本被隐藏的关系。

③ 建立预测模型。在建立预测模型时,我们可能需要确定哪些变量与目标变量具有直接相关性,而不受其他变量的影响。偏相关分析可以帮助我们识别出这些直接相关的变量,从而建立更准确的预测模型。

(2) 计算公式

偏相关分析通过计算两个变量之间的偏相关系数来评估它们的关系。偏相关系数表示在控制第三个变量的情况下,两个变量之间的线性关系强度。

偏相关系数的计算公式如下所示:

假设我们有三个变量 X_1、X_2、X_3,要计算 X_1 和 X_2 之间的偏相关系数 r_{12},即在控制 X_3 的影响下,X_1 和 X_2 的关系强度。

偏相关系数的计算公式如下:

$$r_{123} = \frac{r_{12} - r_{13}r_{23}}{\sqrt{(1-r_{13}^2)(1-r_{23}^2)}}$$

式中,r_{12} 为变量 X_1 和 X_2 之间的相关系数(未控制任何其他变量的情况下);r_{13} 为变量 X_1 和 X_3 之间的相关系数(未控制任何其他变量的情况下);r_{23} 为变量 X_2 和 X_3 之间的相关系数(未控制任何其他变量的情况下)。

通过上述计算公式,我们可以得到 X_1 和 X_2 之间的偏相关系数 r_{12}。

这就是偏相关分析的用途以及计算公式,它可以帮助我们评估两个变量之间的关系,在控制第三个变量的影响下进行更准确的分析和预测。

4. 典型分析

典型分析是一种多元统计方法,用于研究两组或多组变量之间的关系。典型分析的目的是找出两组变量中最能反映它们之间关系的线性组合,即典型变量。典型变量可以看作是原始变量的加权平均,其权重由典型相关系数决定。典型相关系数是两组变量之间的相关性的度量,其值介于 0 和 1 之间。典型相关系数越大,表示两组变量之间的关系越强。

(1) 典型分析的步骤

① 对两组变量进行标准化处理,使其均值为 0,方差为 1。这样做的目的是消除不同变量之间的量纲和尺度差异,使得它们可以进行比较和组合。

② 计算两组变量之间的协方差矩阵和各自的方差矩阵。协方差矩阵反映了两组变量之间的协同变化程度,方差矩阵反映了各自变量内部的离散程度。

③ 利用协方差矩阵和方差矩阵求解特征方程,得到特征值和特征向量。特征值表示了两组变量之间的最大相关性,特征向量表示了构成典型变量的原始变量的权重。

④ 根据特征值的大小,选择前几个最大的特征值对应的特征向量,作为两组变量的典型系数。一般来说,我们只选择那些特征值大于1或者大于平均特征值的特征向量,因为这些特征向量能够解释较多的数据方差。

⑤ 利用典型系数将原始变量转换为典型变量,并计算典型相关系数。典型变量是通过将原始变量乘以相应的典型系数得到的新变量,它们能够最大化地反映两组变量之间的关系。典型相关系数是通过将两组典型变量进行皮尔逊相关分析得到的相关系数,它们能够衡量两组典型变量之间的线性关联程度。

(2) 混合式教学环境下典型相关分析的应用场景

在混合式教学中,典型相关分析可以用来探究不同的教学模式、教学资源、教学策略等对学生的学习效果、学习态度、学习满意度等的影响。

① 比较线上线下混合式教学与传统课堂教学在不同学科领域的效果,以及不同类型的学生对两种教学模式的偏好和反馈。可以将教学模式作为自变量,将学生的成绩、兴趣、动机、自信等作为因变量,进行典型相关分析,找出两组变量之间的最大相关系数和对应的典型变量。

② 探究线上线下混合式教学中的线上资源和线下活动对学生的认知、情感、行为等方面的影响。可以将线上资源(如视频、音频、文本、图像等)和线下活动(如讨论、实验、游戏、项目等)作为自变量,将学生的知识掌握、情感体验、参与度等作为因变量,进行典型相关分析,找出两组变量之间的最大相关系数和对应的典型变量。

③ 分析线上线下混合式教学中不同的教师角色和教学策略对学生的自主学习能力和合作解决问题能力的影响。可以将教师角色(如设计者、引导者、评价者等)和教学策略(如翻转课堂、项目式学习、个性化推荐等)作为自变量,将学生的自主学习能力和合作解决问题能力作为因变量,进行典型相关分析,找出两组变量之间的最大相关系数和对应的典型变量。

5. 相关性分析应用案例

本案例选取学银在线平台上的一门慕课——现代教育技术应用(下文简称案例慕课)进行研究。课程学习时间为2019年3月26日—6月18日,累计选课人数为966名,退课人数为7名,最终选课人数为959名。课程数据选择了视频观看得分、平时作业得分、期末考试得分、课程得分4个类别。为保证课程的连续性,本研究收集了学习者在整个案例慕课学习过程中产生的学习数据。

在进行相关性分析之前,首先要对影响学习者群体学习行为特征的变量进行正态分布检验,以决定用哪一种方法计算不同变量之间的相关性系数。若服从正态分布,就通过计算皮尔逊相关系数来确定两个变量之间的相关性;若不服从正态分布,则通过斯皮尔曼相关系数来确定两个变量之间的相关性。由于案例慕课的数据均为正态分布,故本研究采用皮尔逊相关系数进行相关性分析,四个变量之间的相关性显著,其中平时作业得分与课程得分相关性最强(0.994),如表5-1所示。

表 5-1　相关性分析（$N=959$）

项目	z-score（视频观看得分）	z-score（平时作业得分）	z-score（期末考试得分）	z-score（课程得分）
z-score（视频观看得分）	1	0.605**	0.198**	0.605**
z-score（平时作业得分）	0.605**	1	0.340**	0.994**
z-score（期末考试得分）	0.198**	0.340**	1	0.344**
z-score（课程得分）	0.605**	0.994**	0.344**	1

注：** 表示在 0.01 水平（双侧）上显著相关；N 为最终选课人数。

5.1.3　回归分析

1. 概述

（1）基本概念

回归分析是统计学中一种常用的数据分析方法，用于研究变量之间的关系，并预测一个或多个自变量对因变量的影响程度。回归分析可以帮助我们了解和解释变量之间的关联性，并用于预测和控制因变量的数值。

回归分析在许多领域中都具有广泛的应用。它可以用于社会科学、经济学、金融学、市场营销、医学研究等领域，还可用于工程和自然科学中的数据建模和预测。通过回归分析，我们可以研究自变量对因变量的影响程度、趋势和相关性，探索变量之间的因果关系，并进行预测和决策支持。

（2）回归分析与相关分析的联系

回归分析和相关分析都用于研究变量之间的关系，但它们在方法和目标上有一些区别。相关分析主要用于衡量两个变量之间的相关性强弱，通过计算相关系数（如皮尔逊相关系数）来度量变量之间的线性相关性。而回归分析则更加强调对因变量的预测和解释，通过建立一个回归模型来描述自变量对因变量的影响程度和模式。

一般来说，利用回归方程模型来解释两变量之间的关系会比相关分析更加精确。例如，经过调查，我们知道消费者的年龄和信心指数呈正向关系，这用相关分析可以做到，但是消费者年龄每增加 1 岁时，其信心指数值平均会增加多少单位数量，这是相关分析无法做到的。除了描述两变量的关系以外，通过回归方程还可以进行预测和控制，预测就是在回归方程中控制了变量 x 的取值范围就可以相应地得到变量 y 的上下限，而控制则正好相反，通过限制结果变量 y 的取值范围来得到 x 的上下限。这两点在实际的应用中显得尤为重要。

（3）回归分析的步骤

① 收集数据。收集与研究问题相关的数据，包括自变量和因变量的观测值。

② 确定模型类型。根据数据和研究问题的特点，选择适合的回归模型类型，如线性回归、多项式回归、逻辑回归（logistic regression）等。

③ 拟合模型。通过拟合回归模型，估计自变量对因变量的影响程度和模式。这可以通过最小化残差平方和或最大似然估计等方法来完成。

④ 模型评估。评估回归模型的拟合程度和预测能力,可以使用各种统计指标和图形进行模型检验和诊断,如残差分析、拟合优度检验、参数显著性检验等。

⑤ 解释和预测。根据回归模型的结果,解释自变量对因变量的影响程度和方向,并用模型进行预测和推断。这可以帮助我们理解变量之间的关系,做出决策和预测未来的结果。

需要注意的是,回归分析是一种统计建模方法,结果的解释和推断只是基于对数据和模型的充分理解,需要结合背景知识和实际情境进行解释和判断。

2. 一元线性回归

(1) 基本结构

一元线性回归是回归分析中最简单的形式,用于研究一个自变量对一个因变量的线性关系。它的基本结构可以表示为

$$Y = \beta_0 + \beta_1 X + \varepsilon$$

式中,Y 为因变量;X 为自变量;β_0 和 β_1 为回归系数,分别表示截距和斜率;ε 为误差项,表示未被模型解释的随机误差。

回归系数的计算可以使用最小二乘法进行估计。最小二乘法的目标是最小化观测值与回归模型预测值之间的残差平方和。通过对数据进行求导和求解,可以得到回归系数的估计值。具体的计算方法包括估计截距项 β_0 和斜率项 β_1 的值,以及计算它们的标准误差和置信区间。

在进行回归分析时,需要对回归系数进行显著性检验,以确定自变量对因变量的影响是否显著。常用的方法是计算回归系数的 t 统计量,进而计算 p 值。若 p 值小于预先设定的显著性水平(通常为 0.05),则认为回归系数显著不为零,即自变量对因变量的影响是显著的。

(2) 回归模型的适用条件与注意事项

即使是进行简单回归分析,模型对数据也有一定的要求,基本的适用条件如下:

① 线性趋势。自变量与因变量的关系是线性的,如果不是,则不能采用线性回归来分析。这可以通过散点图来加以判断。

② 独立性。可表述为因变量 y 的取值相互独立,之间没有联系。反映到模型中,实际上就是要求残差间相互独立,不存在自相关,否则应当采用自回归模型来分析。

③ 正态性。自变量的任何一个线性组合,因变量 y 均服从正态分布。反映到模型中,实际上就是要求残差服从正态分布。

④ 方差齐性。自变量的任何一个线性组合,因变量 y 的方差均相同,实质就是要求残差的方差齐。

如果只是建立方程,探讨自变量与因变量间的关系,而无须根据自变量的取值预测因变量的容许区间、可信区间等,则后两个条件可以适当放宽。

此外在进行回归分析时,还需要特别注意不能将回归模型的分析结果随意延伸到因果关系上去,也就是说,自变量和因变量有回归关系并不一定代表两者一定会有因果关联。因果关系的推定需要统计以外的专业知识,仅靠数据和模型尚不能做到这一点。

3. 多元线性回归

(1) 模型简介

多元线性回归是回归分析的一种常见形式,用于研究多个自变量对因变量的影响。在多元线性回归模型中,我们可以同时考虑多个自变量与因变量之间的关系,并建立一个包含多个自变量的回归方程来描述它们之间的线性关系。

多元线性回归模型的基本结构如下所示:

$$Y = \beta_0 + \beta_1 X_1 + \beta_2 X_2 + \cdots + \beta_p X_p + \varepsilon$$

在这个模型中,Y 表示因变量(待预测的变量);$X_1, X_2, \cdots, X_p$ 表示自变量(解释变量);$\beta_0、\beta_1、\beta_2、\cdots、\beta_p$ 表示回归系数(参数);ε 表示误差项。

其中,参数 β_0 是截距,表示当所有自变量都为 0 时,因变量的预测值;$\beta_1, \beta_1, \cdots, \beta_p$ 是自变量的回归系数,表示自变量对因变量的影响程度,它们反映了自变量每单位变化对因变量的平均变化量,即斜率;ε 是误差项,表示模型无法解释的因素,可能是由于测量误差或其他未考虑的因素引起的。

(2) 多元线性回归模型的标准分析步骤

① 数据收集和准备。收集自变量和因变量的观测数据,并进行数据清洗和处理,确保数据的质量和适用性。

② 模型设定。选择适当的多元线性回归模型,确定因变量和自变量之间的关系形式,并假设线性关系。

③ 参数估计。利用最小二乘法或最大似然估计等方法,估计回归模型中的系数(参数),得到一个初始的回归方程。

④ 模型检验。对回归模型进行各种统计检验,包括拟合优度检验、参数显著性检验、残差分析等,以评估模型的拟合程度和可靠性。

⑤ 模型诊断和改进。对模型进行诊断,检查残差的正态性、异方差性和多重共线性等问题,并根据需要进行模型改进,如变量转换、剔除异常值等。

⑥ 解释和预测。解释回归方程中各个自变量的系数,了解它们对因变量的影响程度和方向。利用回归模型进行预测和推断,可以根据新的自变量值预测相应的因变量值。

(3) 回归方程中的自变量筛选方法

回归方程中的自变量筛选方法是为了确定对因变量有显著影响的自变量,并从中选择最重要的自变量来构建回归模型。以下是几种常见的自变量筛选方法的详细介绍。

① 向前选择法(forward selection):

步骤:A. 从一个空模型开始,没有自变量。

B. 逐步引入自变量,每次引入一个自变量,选择对因变量的解释最显著的自变量。

C. 根据一定的入模标准(如显著性水平)选择自变量,直到满足停止准则。

优点:简单易行,可以逐步构建模型,逐步考虑自变量的影响。

缺点:可能无法考虑到所有重要的自变量,不能回溯地纳入被排除的自变量。

② 向后消除法(backward elimination):

步骤:A. 从包含所有自变量的完整模型开始。

B. 逐步剔除对因变量影响不显著的自变量。

C. 根据一定的剔除标准(如显著性水平)选择自变量,直到剩下的自变量都具有显著性。

优点:可以纳入所有的自变量,逐步去除不显著的自变量。

缺点:可能会过度剔除自变量,忽略一些重要的解释变量。

③ 逐步回归法(stepwise regression):

步骤:A. 从一个空模型开始,没有自变量。

B. 根据一定的入模和剔除标准,逐步选择最佳的自变量来引入或剔除。

C. 根据停止准则(如显著性水平、AIC、BIC等)确定模型的最终形式。

优点:结合了向前选择法和向后消除法的优势,可以逐步引入和剔除自变量。

缺点:需要制定入模和剔除的标准,可能需要进行多次模型比较和估计。

另外,在选择自变量的过程中,需要注意以下问题:一是多重比较(least significant difference,LSD)问题。对于每次引入或剔除自变量的决策,需要进行显著性检验或使用适当的校正方法,以避免过多的假阳性。二是交互作用。在自变量筛选过程中,还需要考虑自变量之间的交互作用,以及其对模型解释和预测。

4. 应用案例

探讨在线学习中部分学生学习行为之间的关系。

表 5-2 是 10 位参与在线课程学习的学生留下的发帖数量、签到次数、看视频时长、作业分数和课程成绩等学习行为相关学习记录。通过这些学习数据,建立回归模型,并进行统计分析,得出课程成绩的预测模型。

表 5-2 部分学生的在线学习情况

ID	发帖数量/个	签到次数/次	看视频时长/min	作业分数	课程成绩
S1	23	14	269	80	78
S2	33	16	341	83	86
S3	21	9	195	78	64
S4	10	11	181	65	56
S5	5	6	98	51	38
S6	28	13	233	81	75
S7	21	13	220	76	73
S8	14	10	176	67	55
S9	18	10	188	75	66
S10	20	12	239	79	71

该问题由于涉及多个自变量,因此是属于典型的多元线性回归问题,但是否能够运用线性回归,则要看这些自变量与因变量(课程成绩)是否为线性关系。通过绘制散点图,如图 5-5 至图 5-8 所示,得知发帖数量、签到次数、看视频时长、作业分数与课程成绩都大致呈现线性关系。因此可以采用多元线性回归。运用后退消除法,剔除没有统计学意义的自变量,在模型 1 和模型 2 中将看视频时长和签到次数剔除后,得到模型 3 的发帖数量和作业分数变量,如表 5-3 所示。

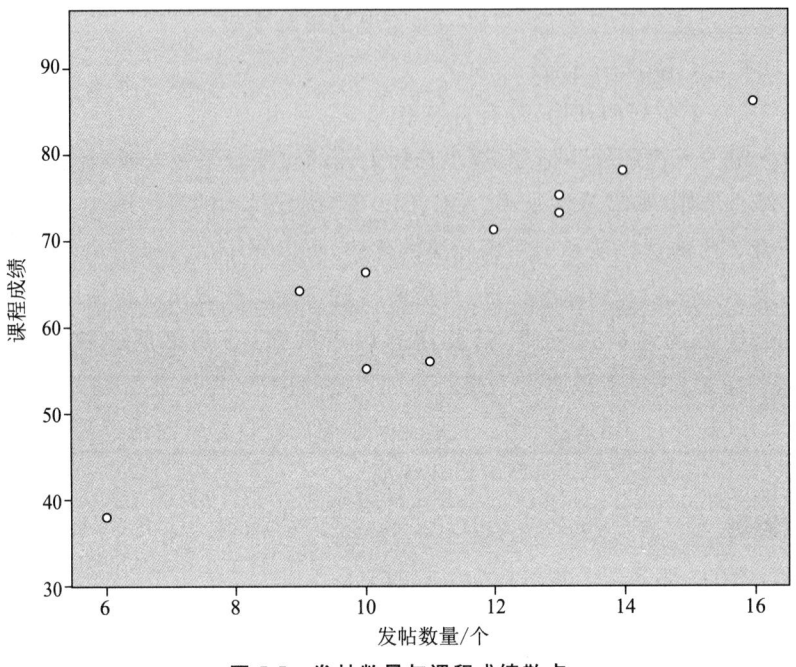

图 5-5　发帖数量与课程成绩散点

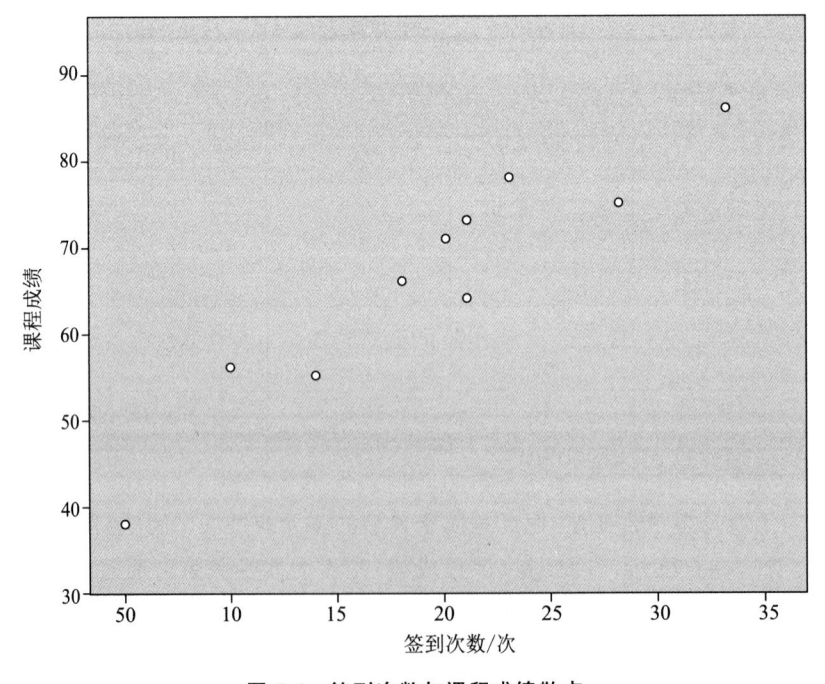

图 5-6　签到次数与课程成绩散点

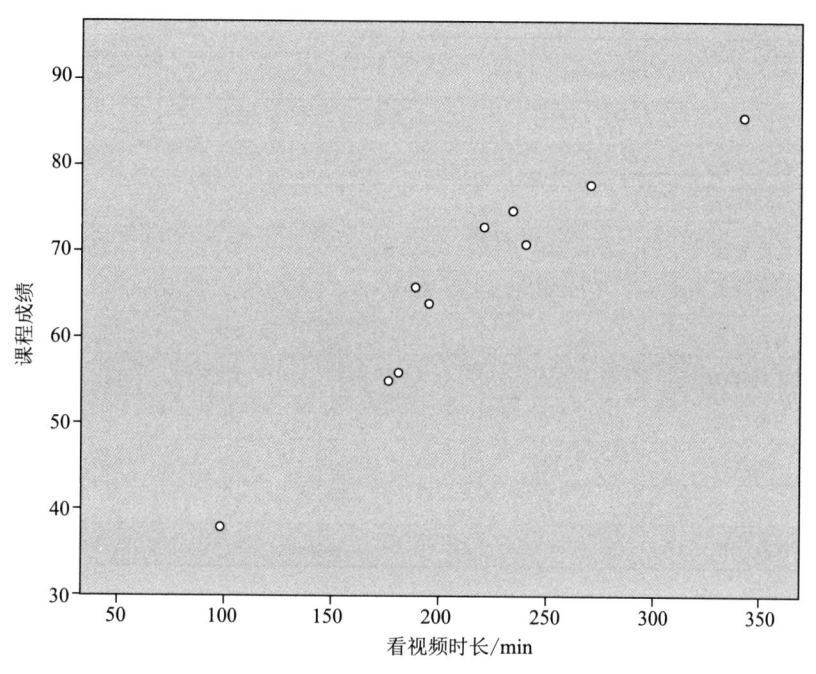

图 5-7　看视频时长与课程成绩散点

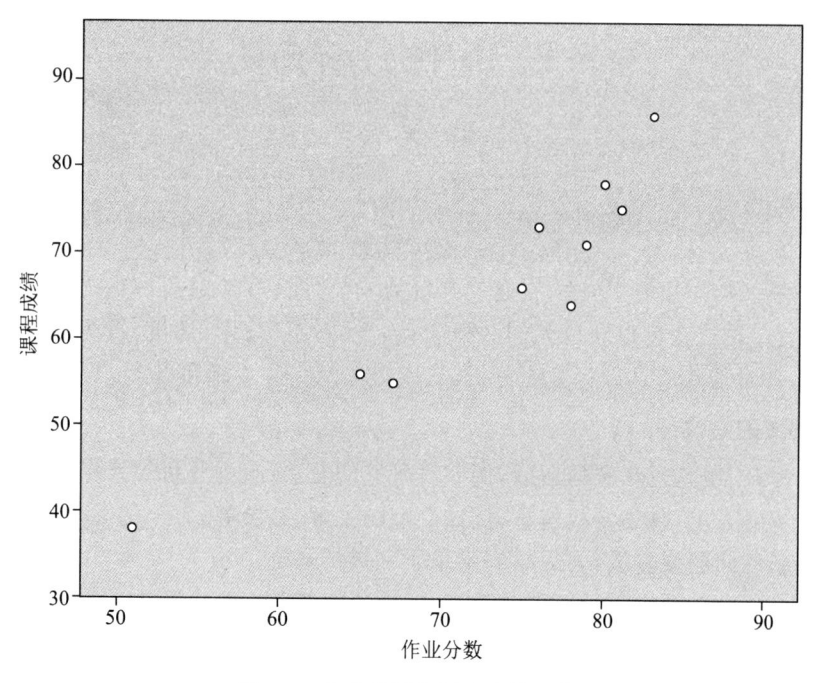

图 5-8　作业分数与课程成绩散点

表 5-3　多元线性回归系数

模型		非标准化系数		标准化系数	t	Sig.
		B	Std. Error	Beta		
1	（常数）	−9.350	9.843		−0.950	0.386
	发帖数量	1.824	0.784	0.376	2.326	0.068
	签到次数	0.243	0.275	0.144	0.881	0.419
	看视频时长	0.016	0.045	0.075	0.358	0.735
	作业分数	0.635	0.185	0.453	3.434	0.019
2	（常数）	−9.551	9.085		−1.051	0.334
	发帖数量	2.053	0.421	0.423	4.881	0.003
	签到次数	0.288	0.226	0.171	1.274	0.250
	作业分数	0.637	0.171	0.454	3.727	0.010
3	（常数）	−18.967	5.509		−3.443	0.011
	发帖数量	2.287	0.394	0.471	5.799	0.001
	作业分数	0.804	0.114	0.573	7.059	0.000

注：因变量为课程成绩。

从表 5-3 中可以列出课程成绩的回归方程为

$$课程成绩 = -18.967 + 2.287 \times 发帖数量 + 0.804 \times 作业分数$$

从回归方程可以看出，发帖数量的系数值较大，即它对课程成绩的影响更显著。

5.2　定性分析方法

5.2.1　访谈法

访谈法是一种定性研究方法，它通过有目的、有方向、有计划的口头交谈方式向被访者了解社会事实。访谈法可以获取人们的想法、感受、态度、信念、动机、行为等方面的较深层反映的信息，并对这些信息进行主题分析，从而提炼出一些主题和概念。

1. 访谈法的意义

① 探索复杂、敏感或私密的话题，例如对研究的看法、行为分析等。
② 面向专业人士，收集特权信息，例如专家的见解、经验等。
③ 发现新的问题或假设，为后续的定量研究提供基础。
④ 对定量研究的结果进行解释或补充，增加研究的深度和广度。

2. 访谈法的步骤

① 确定研究目的和问题。明确要了解什么、为什么要了解，以及如何了解。
② 选择访谈类型。根据研究目的和问题，选择合适的访谈形式，如非结构式访谈、半结

构式访谈或全结构式访谈；合适的访谈途径，如面对面深度访谈、电话访谈、网站访谈等。

③ 设计访谈提纲或问卷。根据访谈类型，设计合适的问题或话题，注意问题的开放性、中立性、清晰性和顺序性。

④ 选择和联系被访者。根据研究目标和范围，选择合适的被访者群体，并与他们取得联系，说明访谈目的、内容、时间等，并征得他们的同意。

⑤ 进行访谈。按照访谈提纲或问卷，与被访者进行口头交流，并记录或录音他们的回答。在访谈过程中，要注意保持良好的沟通技巧，如倾听、鼓励、反馈等，并适时调整问题或话题。

⑥ 整理和分析数据。将口头回答转化为文字，并进行主题分析。主题分析包括以下六个阶段：熟悉数据，初步编码，寻找主题，检查主题，定义和命名主题，撰写报告。

3. 访谈法的注意事项

① 要尊重被访者的意愿和隐私，遵守伦理原则，不强迫或诱导他们回答不愿意回答的问题。

② 要保持数据的真实性和完整性，不篡改或遗漏被访者的回答，不加入自己的主观判断或偏见。

③ 要注意数据的质量和有效性，避免采用引导性、暗示性或模糊不清的问题，避免出现访谈者或被访者的误解或偏差。

④ 要注意数据的分析和呈现，遵循主题分析的原则和步骤，不随意删减或合并数据，不过度解释或简化数据。

4. 访谈法的教育案例

一项研究探讨了学生对于在线学习的体验和感受，采用了全结构式访谈的方法，对 50 名参与在线课程的学生进行了电话访谈，每次访谈约 15 min，并记录。访谈内容包括学生对于在线课程的满意度、优缺点、困惑、建议等。通过主题分析，研究者发现了学生对于在线学习的五个主要主题：在线学习的便利性和灵活性，在线学习的互动性和沟通性，在线学习的自主性和自律性，在线学习的质量和效果，在线学习的改进和发展。

5.2.2 观察法

1. 概述

观察法是一种定性分析方法，它指的是研究者通过直接或间接地观察研究对象的行为、言语、情感、环境等，以获取第一手的数据和信息的过程。观察法可以分为参与观察和非参与观察，前者指的是研究者以一定的身份和角色参与到研究对象的活动中，后者指的是研究者保持一定的距离和中立性，不干预研究对象的活动。观察法可以是结构化的或非结构化的，前者指的是研究者事先制定好观察指标、记录方式、时间段等，后者指的是研究者根据实际情况灵活地进行观察。

观察法在教育领域中有着广泛的应用，它可以帮助教育研究者深入了解教学现象、教育问题、学习过程、教师行为、学生表现等，从而提出合理的解释、评价和建议。观察法也可以帮助教师提高自身的教学能力和水平，通过对自己或他人的教学进行观察和反思，发现优点和不足,改进教学方法和策略。观察法还可以帮助学生培养自主学习和批判思维的能力,通过对自己或他人的学习进行观察和分析,找出学习问题和障碍,制定学习目标和计划。

2. 实施步骤

观察法的实施步骤一般包括以下几个方面:

① 确定研究目的和问题。明确要通过观察法回答什么样的问题,以及为什么要使用观察法。

② 选择研究对象和场景。根据研究目的和问题,选择合适的研究对象(个人或群体)和场景(自然或人为),并获取必要的许可和同意。

③ 设计观察方案。根据研究目的和问题,确定观察类型(参与或非参与,结构化或非结构化),制定观察指标(行为、言语、情感等),选择观察工具(笔记本、录音机、摄像机等),安排观察时间(单次或多次,持续或间断)。

④ 进行数据收集。按照观察方案,在预定的时间段内对研究对象进行系统地、客观地、全面地观察,并及时记录下所见所闻所感。

⑤ 进行数据分析。对收集到的数据进行整理、归类、编码、解释等工作,运用适当的理论框架和分析方法,提取出有意义的信息和发现。

⑥ 撰写研究报告。根据数据分析的结果,撰写一份完整的研究报告,包括研究背景、目的、问题、方法、过程、结果、讨论、结论、建议等内容,并附上相关的数据材料和参考文献。

3. 注意事项

观察法虽然是一种简单易行的定性分析方法,但是在实施过程中也需要注意以下几个方面:

① 尊重研究对象的隐私和权利。在进行观察之前,应该征得研究对象的知情同意,或者至少不要侵犯他们的合法利益。在进行观察时,应该避免对研究对象造成不必要的干扰和影响。在进行数据分析和报告时,应该保护研究对象的身份和信息,不要泄露或歪曲他们的真实情况。

② 提高观察者的素质和能力。观察者应该具备一定的专业知识和技能,能够准确地识别和记录研究对象的行为、言语、情感等。观察者也应该具备一定的自我调节和反思能力,能够控制自己的情绪和偏见,保持对研究对象的同理心和尊重。

③ 确保数据的质量和有效性。为了提高数据的质量和有效性,可以采用以下一些措施:使用多种观察工具和方法,增加数据的多样性和丰富性;使用多位观察者或邀请其他专家进行数据的审查和验证,增加数据的可靠性和信度;使用适当的理论框架和分析方法,增加数据的合理性和说服力。

4. 教育应用案例

以下是一个使用观察法进行混合式教学研究的案例。

① 研究目的和问题:探究小学生在自然科学课程中的创造力表现及其影响因素。

② 研究对象和场景:选择一所城市小学的四年级学生作为研究对象,选择他们在自然科学课程中进行小组探究活动的场景。

③ 观察方案:采用参与观察和非结构化观察的方式,使用笔记本、录音机、摄像机、小组讨论平台等工具,分别对每个小组进行两次观察,每次持续 40 min。观察指标包括学生在

探究活动中所表现出的创造力特征(如好奇心、想象力、创新力、批判力等),以及可能影响创造力表现的因素(如教师指导、同伴互动、任务设计、资源利用等)。

④ 数据收集:按照观察方案,在预定的时间段内对每个小组进行系统地、客观地、全面地观察,并及时记录下所见所闻所感。同时,也收集小组讨论平台上的数据记录、学生完成的探究报告、教师提供的评价表等相关材料。

⑤ 数据分析:对收集到的数据进行整理、归类、编码、解释等工作,运用创造力理论和定性分析方法,提取出有意义的信息。发现了学生在探究活动中表现出不同程度和类型的创造力特征,以及影响创造力表现的各种因素,并对它们之间的关系进行了分析。

⑥ 研究报告:根据数据分析的结果,撰写一份完整的研究报告,包括研究背景、目的、问题、方法、过程、结果、讨论、结论、建议等内容,并附上相关的数据材料和参考文献,以增加研究报告的可信度和参考价值。

⑦ 总结和评价:指出使用观察法进行教育研究的优势和局限,以及本案例对其他教育研究者和实践者的启示和借鉴。

5.2.3 文本分析

1. 概述

(1) 概念

文本分析是对文本信息进行系统分类、编码和计数的过程。它涉及收集数据、制定编码方案、对数据进行编码和分析的一系列步骤。旨在通过对文本信息进行系统分析,来获取关于特定主题或领域的定性和定量信息。这种方法最早在20世纪初期的新闻和传播研究中得到广泛运用,后来逐渐扩展到社会科学的其他领域,包括教育研究。

(2) 应用方向

文本分析法在混合式学习中可以有多种应用,以下是其中几个常见的应用方向:

① 学习材料分析。文本分析可以用于评估混合式学习环境中使用的学习材料的质量和效果。研究者可以分析在线课程、教材、多媒体资源等内容,了解其组织结构、信息密度、交互性等特征,从而评估学习材料对学习者的支持程度。

② 讨论文本分析。混合式学习中的在线讨论是促进学生互动和知识构建的重要环节。文本分析可以用于分析在线讨论的内容,了解学生的观点、问题、回答等,从而评估学生的思维水平、合作能力和知识建构过程。

③ 学习成果评估。文本分析可以帮助评估学习者在混合式学习环境中的学习成果。研究者可以分析学习者提交的作业、论文、项目报告等文本,从中提取关键词、主题、语义等信息,评估学习者的知识掌握程度和学术表达能力。

④ 教师教学分析。文本分析也可以应用于评估教师在混合式学习中的教学效果。研究者可以分析教师在在线课程中的教学资料、课堂记录、学生反馈等内容,了解教师的教学策略、信息传递方式和学生互动程度,从而评估教师的教学质量和改进方向。

通过以上的应用,文本分析法可以为混合式学习的改进和优化提供有价值的数据支持和决策参考。通过文本分析法,研究者可以对大量文本进行系统的定量分析,从而获取有关教育领域的重要信息,并支持教育改革、政策制定和教学实践的决策过程。

(3) 文本分析的步骤

① 研究问题的明确定义。在进行文本分析之前,首先需要明确定义研究问题或目标。这可以包括确定要分析的特定主题、文本或媒体类型,以及研究的目的和假设。

② 样本选择和数据收集。确定分析的样本来源和数据收集方法。样本可以是特定时间段内的一组文本或媒体,也可以是特定来源或领域中的一组数据。数据收集方法可以是手动收集或使用自动化工具进行收集,具体取决于研究的规模和目的。

③ 开发编码方案。制定用于将数据转化为可量化信息的编码方案。编码方案应基于研究问题和目标,可以使用已有的编码方案,也可以根据需要进行定制。编码方案应具体明确各种变量和指标的定义和操作规则,以保证分析的一致性和可靠性。

④ 数据编码。将选定的样本数据按照编码方案进行编码。这可能涉及将文本分割成单元、标记变量、分类主题等操作。编码过程应该是系统和准确的,确保编码员之间的一致性。

⑤ 数据分析。对编码后的数据进行定量分析。这可以包括统计描述、频率分析、相关性分析、主题分析等。根据研究问题和目标,选择适当的分析方法和统计工具,并进行数据解释和结果解读。

⑥ 结果呈现和解释。可以通过撰写报告、论文或展示图表、图形等形式对分析结果进行呈现和解释,结果的呈现应清晰、准确,并与研究问题和目标相对应。

⑦ 结果验证和讨论。对分析结果进行验证和讨论,主要包括与其他研究结果的比较、与理论框架的对接、结果的解释和解读等。讨论应该深入探讨结果的含义、局限性、启示以及对后续研究的影响。

⑧ 结论和建议。根据研究结果,提出结论和建议。结论应概括研究的主要发现,回答研究问题或验证假设。建议可以包括改进方法、政策建议、进一步研究方向等。

2. 主要的文本分析框架

文本分析框架或编码标准是一种对文本数据进行分解、概念化、分类、关联和提炼的方法,以发现文本中的隐含或显性的信息和模式。文本分析框架或编码标准可用于不同的学科领域,如教育学、经济学、心理学、社会学等,以探索文本所反映的现象、偏好、信念、意图、个性等。

(1) 扎根理论的三阶段编码

常用的文本分析框架或编码标准是扎根理论的三阶段编码方法,它包括开放性编码、主轴性编码和选择性编码(科宾、斯特劳斯,2015),如图 5-9 所示。开放性编码是对原始文本进行概念化和分类的过程,主轴性编码是对概念类属之间的关系进行发现和建立的过程,选择性编码是从所有概念类属中提炼出一个核心类属并构建故事线的过程。这种方法可以用于生成新理论、新模型或新知识。

扎根理论的三阶段编码在在线教学中的一个典型应用是姚芳茜等人基于扎根理论,将 50 篇文本材料导入 NVivoll 软件进行编码分析,逐级归纳出高校思政课教师在线教学行为的层级体系。在编码顺序上,首先通过开放式编码形成三级节点;随后通过轴心编码对三级节点进行分类管理,形成二级节点;最后通过理论式编码进行归纳总结,形成一级节点。在经过开放式编码、轴心编码以及理论式编码 3 个阶段后,形成了包括 331 个参考点、18 个三级节点、7 个二级节点、3 个一级节点的高校思政课教师在线教学行为框架(姚芳茜、王金萍、万力勇,2022)。

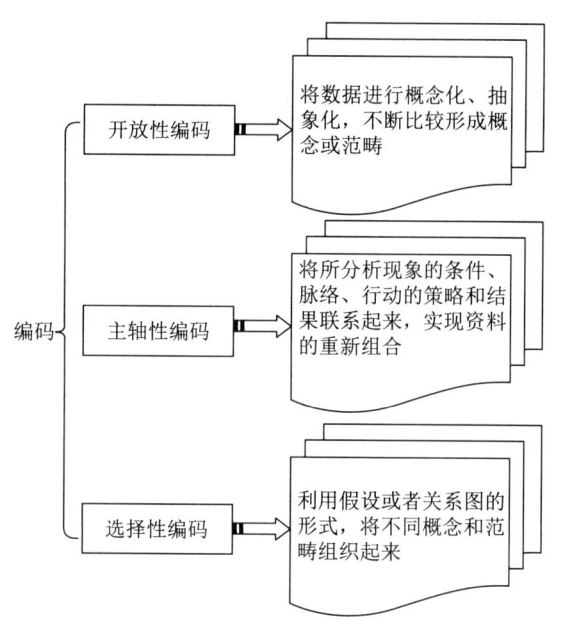

图 5-9 程序化扎根理论的三阶段编码

编码：
- 开放性编码 → 将数据进行概念化、抽象化,不断比较形成概念或范畴
- 主轴性编码 → 将所分析现象的条件、脉络、行动的策略和结果联系起来,实现资料的重新组合
- 选择性编码 → 利用假设或者关系图的形式,将不同概念和范畴组织起来

（2）结构化观察学习成果

结构化观察学习成果是一种用于评估学习过程和结果的复杂性的模型,它将学习成果分为五个层次,分别是前结构、单一结构、多重结构、关系结构和扩展抽象(Pegg,2018)。每个层次都有相应的符号表示。图 5-10 为 SOLO 分类法(SOLO taxonomy)。

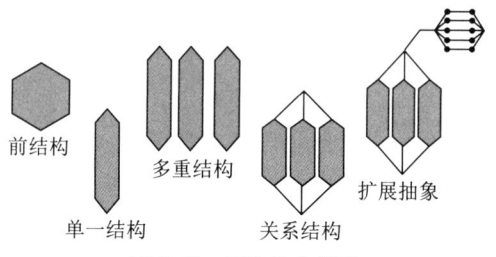

图 5-10 SOLO 分类法

（前结构、单一结构、多重结构、关系结构、扩展抽象）

SOLO 分类法可用来进行文本分析,即对文本的内容、结构、意义、价值等进行理解和评价。具体来说,可以参考以下步骤：

① 阅读文本,确定文本的主题、类型、目的、观点等基本信息。

② 根据 SOLO 分类法的五个层次,设计和回答与文本分析相关的问题,如：

A. 前结构：你对文本的主题有什么了解吗？

B. 单一结构：你能从文本中找出一些事实或信息吗？

C. 多重结构：你能从文本中找出不同的观点或论据吗？

D. 关系结构：你能分析文本的结构和逻辑吗？你能比较文本与其他文本或现实的异同吗？

E. 扩展抽象：你能从文本中提炼出一个主要的观点或主题吗？你能运用文本的知识或

思想来解决一个新的问题吗？

③ 根据回答的质量和深度，判断自己对文本的理解属于哪个层次，如：

A. 前结构：我对文本的主题一无所知，或者我对文本的主题有一些错误的理解。

B. 单一结构：我能从文本中找出一些事实或信息，但是我不太理解它们的意义或联系。

C. 多重结构：我能从文本中找出不同的观点或论据，但是我不太能分辨它们的优劣或关联。

D. 关系结构：我能分析文本的结构和逻辑，我能比较文本与其他文本或现实的异同，我能理解文本的意义和价值。

E. 扩展抽象：我能从文本中提炼出一个主要的观点或主题，我能运用文本的知识或思想来解决一个新的问题，我能创造出一个新的观点或主题。

④ 根据自己的理解层次，制定学习目标和策略，如：

A. 前结构：我的学习目标是了解文本的主题和背景，我的学习策略是查阅相关的资料和词汇，或者向他人请教。

B. 单一结构：我的学习目标是理解文本中的事实或信息，我的学习策略是重复阅读文本，或者用自己的话复述文本。

C. 多重结构：我的学习目标是分辨文本中的观点或论据，我的学习策略是标注文本中的关键词或句子，或者用表格或图表整理文本中的信息。

D. 关系结构：我的学习目标是分析文本的结构和逻辑，我的学习策略是用图示概括文本的主要内容，或者用类比或对比的方法理解文本。

E. 扩展抽象：我的学习目标是提炼或创造文本的观点或主题，我的学习策略是用批判性思维评价文本的优缺点，或者用创造性思维拓展文本的可能性。

（3）ICAP 框架

ICAP(interactive,constructive,active,passive)框架是一种用于描述和区分学习者在学习过程中的认知参与活动的模型(Chim and Wylie,2014)，如图 5-11 所示。它将认知参与活动根据学习者的外显行为分为四种模式，分别是交互、构建、主动和被动。ICAP 框架的基本假设是，学习者的认知参与活动越复杂，他们的学习效果也越好，即交互＞构建＞主动＞被动。

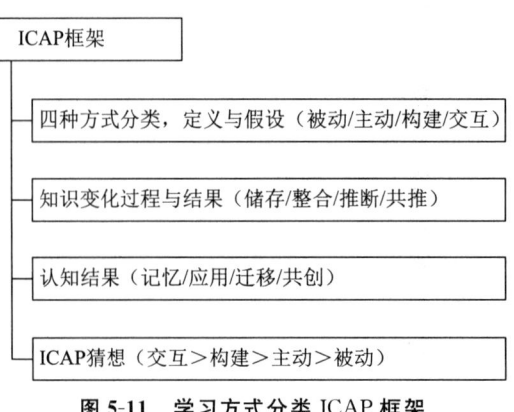

图 5-11　学习方式分类 ICAP 框架

ICAP框架可用来进行文本分析,即对文本的内容、结构、意义、价值等进行理解和评价。

① 交互:能够与他人有效地交流和协作,能够提出和解决问题,能够达成共识或一致性,能够深入理解多重层次和维度。

② 构建:能够提取和整合信息,能够创造出新的知识或产物,能够展示出批判性思维和创造性思维,能够应用文本的知识或思想到新的情境中。

③ 主动:能够进行有效的操作,能够发现关键点和逻辑关系,能够比较和评价。

④ 被动:能够接收或复述事实或信息,但不能深入理解或扩展,不能接收问题或矛盾,不能评价或应用知识或思想。

(4)探究社区框架

探究社区框架(community of inquiry framework)是一种用于描述和评估在线或混合学习环境中的教育体验的模型,它将教育体验分为三个相互依赖的要素,分别是社会存在、认知存在和教学存在。探究社区框架的基本理念是,通过建立一个支持批判性思维和协作学习的社区,促进学习者的深度和有意义的学习(Garrison,Anderson,and Archer,2001),如图5-12所示。

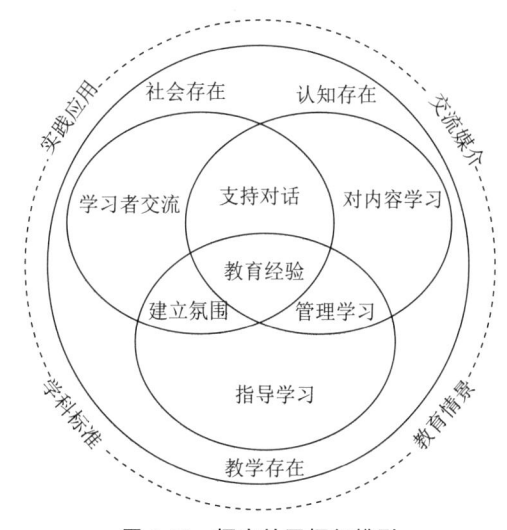

图5-12 探究社区框架模型

探究社区框架可以用来开展文本分析研究,即对在线或混合学习环境中的文本交流进行分析和评价。具体来说,可以参考以下步骤:

① 选择一个合适的文本分析研究主题和目的,如探究文本交流中的社会存在、认知存在和教学存在的表现和影响,或者比较不同类型或模式的文本交流对学习效果的作用等。

② 选择一个合适的文本分析研究对象和范围,如在线或混合学习环境中的讨论板、博客、微博、聊天室等,或者特定的课程、主题、活动等。

③ 选择一个合适的文本分析研究方法和工具,如内容分析、话语分析、情感分析、网络分析等,或者使用已有的或自行开发的文本分析软件或系统等。

④ 根据探究社区框架的三个要素,设计和实施文本分析研究,如:

A. 社会存在:分析文本交流中的学习者或教师如何展示自己的个性、情感和态度,如何与他人建立互动和信任,如何形成和维持一个有凝聚力和归属感的学习社区等。

B. 认知存在:分析文本交流中的学习者或教师如何进行批判性思维和反思,如何从接收信息到构建意义,如何从探索问题到解决问题,如何从理解概念到应用概念等。

C. 教学存在:分析文本交流中的学习者或教师如何设计、促进和指导认知和社会过程,如何实现个人和教育有价值的学习目标,如何平衡结构、指导和直接指示等。

⑤ 根据文本分析研究的结果,得出结论和建议,如评价文本交流中的社会存在、认知存在和教学存在的质量和效果,提出改进文本交流的方法和策略,提出未来研究的方向和问题等。

3. 文本分析在混合式学习中的应用

文本分析在混合式学习中有着广泛的应用。早期比较有代表性的是 Gunawardena 等提出的考察网络学习过程中的互动知识建构五层次分析模型,包括信息分享层、深化认识层、意义协商层、新观点的检验与修改层以及应用新知识层,如表 5-4 所示。后来随着网络的普及,网络学习逐渐得到广泛开展,在线互动文本的研究得到了国内外众多学者的关注。Campos 对许多采用内容分析法去分析在线互动文本的研究进行了总结和比较,归纳了这些研究中的研究目的、分析单元、分析模型,如表 5-5 所示。国内学者对在线互动文本的研究相对较晚,基本上都是以网络教学平台上的公告板、留言板、讨论区等文本数据作为数据来源,借用国外已有模型的改良版,来开展内容分析,如表 5-6 所示。

表 5-4 Gunawardena 交互知识建构层次模型

阶段	具体层次描述
第一阶段:信息分享,即相互分享各种信息、观点,针对讨论的主题进行描述	对某个观察结果或者某观点进行描述
	对其他参与者的观点表示认同的描述
	证实其他学习者所提供的例子
	相互询问、回答,以澄清描述的问题
	详细地说明、描述、确定一个问题
第二阶段:深化认识,即发现和分析在各种思想、概念或描述中不一致的地方,深化对问题的认识	确定并描述不一致的地方
	询问、回答问题以澄清不一致的地方与差异程度
	重申立场,并利用其经验、文献、收集到的数据或者相关的隐喻建议或类比来进一步阐述、支持其观点
	提出替代假设
第三阶段:意义协商,即通过意义协商,进行知识的群体建构	协商或澄清术语的意义
	协商各种观点并分辨其重要性
	鉴别相互冲突的概念间存在的共同之处
	提出并协商体现妥协、共同建构的新描述
	整合包含隐喻或者类比的建议

续表

阶段	具体层次描述
第四阶段：新观点的检验与修改，即对新建构的观点进行检验和修改	根据参与者分享的已知经验对新观点进行检验
	对参与者现有认知图式进行检验与修改
	根据个人经验进行检验与修改
	对收集到的正式数据进行检验与修改
	对文献中相互矛盾的证词进行检验与修改
第五阶段：应用新知识，即达成一致，应用新建构的知识	协议总结
	新知识的应用
	参与者的元认知陈述说明了他们的理解，即他们的知识或思维方式（认知图式）由于会议互动而发生了改变

资料来源：GUNAWARDENA C N, LOWE C A, ANDERSON T. Analysis of a global online debate and the development of an interaction analysis model for examining social construction of knowledge in computer conferencing[J]. Journal of Educational Computing Research, 1997, 17(4): 397-431.

表 5-5 国外在线互动文本内容分析模型

研究者	研究目的	分析单元	分析模型或编码标准
Henri and Rigault(1996)	用内容分析法去评估学习过程	意义	包括参与、社会、互动、认知和元认知的五种水平的分析模型
Gunawardena, Lowe, and Anderson(1997)	评估互动学习过程中的知识建构	消息	交互知识建构层次模型，包括信息分享层、深化认识层、意义协商层、新观点体验与修改层以及应用新知识层等五个层次
Kanuka and Anderson (1998)	理解和评估在线论坛中的学习过程	消息	同上
Hara, Bonk, and Angeli (2000)	考察网络环境对高阶认知和元认知的促进过程	段落或观点	运用改进的 Henri 模型
Fathy et al. (2000)	评估以计算机为媒介的互动模式	句子	开发了一种叫作 TAT 的文本分析工具
Garrism, Anderson, and Archer(2001)	评估关键课程的性质和质量	消息	采用探究模式，主要关注认知存在
Campos(2004)	研究在线互动中的观念变化、高阶学习和知识建构	句子	话语分析

资料来源：CAMPOS M. A constructive method for the analysis of networked cognitive communication and the assessment of collaborative learning and knowledge-building[J]. Journal of Asynchronous Learning Networks, 2004, 8(2): 1-30.

表 5-6 国内在线互动文本内容分析模型

研究者	研究目的	分析对象	分析模型或编码标准
王陆、杨慧、白继芳(2008)	考察合作学习小组知识建构过程	小组讨论区、留言板和公告板上面的帖子和消息	Gunawardena 的交互知识建构模型
吴兵、叶春明(2008)	探究学习管理系统中学习者网络交互行为	学习管理系统中的发帖和跟帖	Oliver 和 McLoughlin 的五维模型
王陆(2008)	考察虚拟学习社区中学习者知识建构情况	虚拟学习社区的帖子	知识建构模型，包括提问-响应、阐释-澄清、冲突-辩论/辩护、综合-共识、评估-反思和情感-人际交流等六个意义单元

续表

研究者	研究目的	分析对象	分析模型或编码标准
杨惠等(2009)	探讨教师教学组织行为对学习者高水平知识建构的影响	学习论坛上发布的帖子	Gunawardena 的交互知识建构模型
胡勇(2009)	探究教师在网络教学论坛中所扮演的角色	教学论坛中教师发布的帖子	借鉴 Berge 的教师角色模型
刘冰(2010)	探究学习者网络学业求助的行为特点	问答社区上的求助与回复帖子	加涅的学习结果分类理论,包括言语信息、智慧技能、认知策略、动作技能和态度等五种类型
姚芳茜、王金萍、万力勇(2022)	探究高校思政课教师在线教学行为框架	相关文献	扎根理论的三阶段编码

5.2.4 情感分析

情感分析是一种定性分析方法,它旨在识别和理解人们在文本、语音或图像中表达的情绪、态度和意见。情感分析可以帮助教育者和研究者了解学习者的情感状态、动机、需求和反馈,从而提高教学效果、促进学习者的参与度和满意度、预测学习者的行为和成绩等。

1. 情感分析的实施步骤

① 数据收集。根据研究目的和问题,选择合适的数据来源和类型,如问卷、访谈、观察、日志、社交媒体等,以及相应的数据格式,如文本、语音或图像等。

② 数据预处理。对收集到的数据进行清洗、标准化、分词、去噪等操作,以便后续进行分析。

③ 情感识别。利用自然语言处理、机器学习、深度学习等技术,对数据中的情感极性(正面、负面或中性)、情感强度(强烈、中等或弱)、情感类别(如喜悦、悲伤、愤怒等)等进行自动或半自动地识别和分类。

④ 情感理解。对识别出的情感进行进一步的解释和归因,分析情感产生的原因、背景、目标和影响,以及与其他变量(如个人特征、环境因素、学习过程和结果等)之间的关系和作用。

⑤ 情感应用。根据分析结果,提出相应的建议和策略,如调整教学内容、方法和评价,提供个性化的支持和反馈,设计情感敏感的学习环境和系统等,以促进学习者的情感发展和学习效果。

2. 情感分析在教育领域中的应用案例

① 通过对在线课程中学习者的评论、评价和反馈进行情感分析,可以了解学习者对课程内容、教师风格、互动方式等方面的满意度和偏好,从而改进课程设计和教学质量。

② 通过对学习者在社交媒体上发布的内容进行情感分析,可以监测学习者在不同阶段和场景下的情绪变化,及时发现潜在的心理问题或风险,提供适当的干预和辅导。

③ 通过对学习者在智能教育系统中产生的数据进行情感分析,可以实现情感适应性学习,根据学习者的情绪状态动态地调整难度、随机性、反馈等参数,增加学习者的兴趣和挑战性。

3. 注意事项

情感分析在教育领域中有着广泛的应用前景和价值,但是,在实施过程中也需要注意以下几点:

① 数据质量。数据收集应该遵循科学和伦理的原则,保证数据的真实性、有效性和代表性,避免数据的偏差、噪声和失真。

② 情感复杂性。情感是一种复杂的心理现象,受到多种因素的影响,可能存在模糊性、多样性和动态性,因此,情感分析的结果应该具有一定的容错性和灵活性,不能简单地将情感归为固定的类别或标签。

③ 情感敏感性。情感是一种私人的和敏感的信息,涉及个人的隐私和尊严,因此,情感分析应该尊重学习者的意愿和权利,保护学习者的数据安全和隐私,避免滥用或泄露情感数据。

6 教育数据挖掘

6.1 教育数据挖掘概述

6.1.1 定义

教育数据挖掘是一门跨学科的研究领域,它运用数据挖掘、机器学习、统计学、心理学、教育学等方法和技术,从教育环境产生的大量数据中发现有价值的模式和知识,以解决教育研究和实践中的重要问题。教育数据挖掘的目的是通过对学习者及其学习环境的数据进行分析和挖掘,来理解和优化学习过程和结果,提高教育质量和效率。

教育数据挖掘可以应用于不同类型和层次的教育环境,如在线学习系统、智能教育系统、大规模公开在线课程、移动计算、社交媒体等。教育数据挖掘可以处理多种形式和来源的数据,如文本、图像、音频、视频、传感器等。教育数据挖掘可以解决多种类型和层次的教育问题,如学习者建模、知识追踪、个性化推荐、群体分析、反馈生成、评估设计等。

教育数据挖掘可以被描述为三个主要领域的结合:计算机科学、教育学和统计学。这三个领域的交叉还形成了与教育数据挖掘密切相关的其他子领域,如学习分析、基于计算机的教育、数据挖掘和机器学习等,如图 6-1 所示。

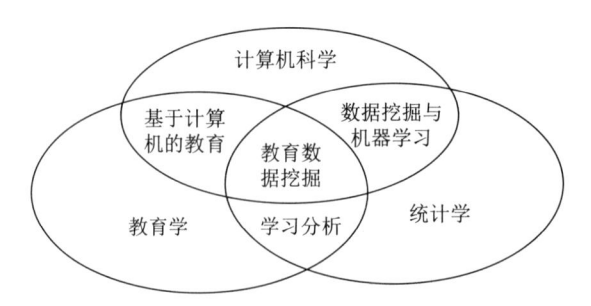

图 6-1 教育数据挖掘涉及的主要领域

教育数据挖掘的定义与学习分析的定义有相似之处,但也有区别。学习分析是指通过对学习者及其学习环境的数据进行测量、收集、分析和报告,以理解和优化学习及其发生的环境,侧重于理论驱动。教育数据挖掘侧重于数据驱动,特别是更强调从数据中发现新颖和深刻的知识,而不仅仅是描述和解释现有的数据。它更侧重于使用计算机科学和人工智能的方法和技术,而不是传统的统计方法。教育数据挖掘和学习分析并不是互斥的领域,而是相互补充和影响的领域。

6.1.2 数据挖掘的任务和功能

数据挖掘能发现以下几类最常见的知识,如表 6-1 所示。

表 6-1 数据挖掘发现知识类型

关联知识 (association)	表示的是一个事件和另一个事件或者其他事件之间相互依赖或关联的知识。如果其中两项或者多项属性之间存在相互依赖关系,那么其中一项的属性值就可以根据与其相关联的属性值来预测
广义知识 (generalization)	指属性特征的概括性描述知识。根据数据自身的属性表象发现与其类似的、带有普遍性的、较高层次知识,可以反映同类事物的共同属性特征,是对数据的提炼、概括和抽象的过程
预测型知识 (prediction)	以过去和当前的数据为依据,应用相关算法预测未来数据,是一种以时间为属性的关联知识。常用到的是时间序列预测方法,包括统计方法、神经网络和机器学习等
分类知识 (classification and clustering)	表示的是同类事物的共同属性特征知识和不同事物之间的差异性属性特征知识。经典的分类方法是决策树分类方法,是一种有指导的分类方法,从样本集中构建决策树
偏差型知识 (deviation)	是一种对差异和极端特例的描述型知识,反映事物偏离常规类或标准的不正常现象,例如标准类以外的特例描述,实际观测值和系统预测值之间的差异描述等

基于上述研究内容,数据挖掘主要分为以下五类功能,如图 6-2 所示。

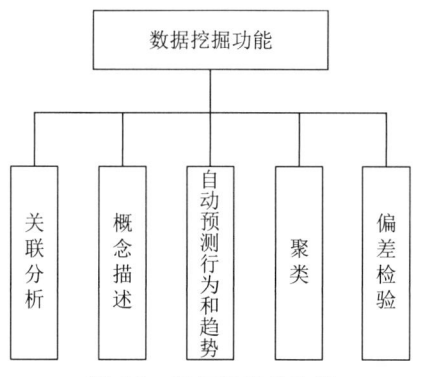

图 6-2 数据挖掘的功能

1. 关联分析

关联分析是指在两个事物或多个事物的属性之间存在相关关系的前提下,通过事物属性之间的相关关系预测其他事物属性特征的过程,目的是探索原始数据样本集中各样本之间的潜在的关系,是以置信度(confidence)和可信度作为衡量标准。经典的关联分析算法是 apriori 算法。

2. 概念描述

概念描述是指对含有大量数据的数据集合进行简明的、准确的、概述性的说明。

3. 自动预测行为和趋势

自动预测行为和趋势是指之前需要通过人工收集数据、处理数据,并对样本数据进行分析预测的问题,如今可以由数据挖掘的自动预测行为通过数据自身得出相关的预测型知识。

4. 聚类

聚类是指在数据库的数据样本集中根据物以类聚的思想对不相同的事物进行合理分类。聚类与分类是不相同的,主要区别在于聚类是在没有先验知识前提下分类的,不需要预定义,而分类是以分类样本构建的模型为基础,需要进行预定义。

5. 偏差检验

偏差检验是指对于存储海量数据的数据库,会常有一些非正常数据记录,对数据库中的这些非正常数据进行检验具有十分重要的意义。偏差检验的常用方法是查找实际结果与预定义参照值之间有意义的差别。

6.1.3 数据挖掘的过程

数据挖掘是一个完整的过程,是从数据库中挖掘有效的、未知的、可使用的信息,并使用这些信息为决策者提供一定依据,同时可以丰富知识。数据挖掘的基本过程如图 6-3 所示。

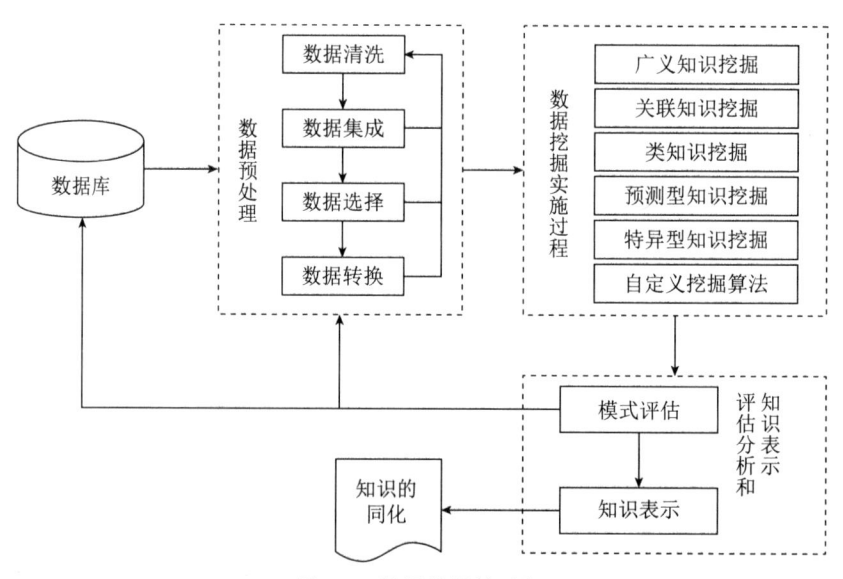

图 6-3 数据挖掘的过程

数据挖掘过程的具体描述如下:

第一步:确定数据挖掘的服务对象。

进行相关业务的需求分析,确定数据挖掘的业务服务对象以及数据挖掘的目的,数据挖掘过程的后续工作都是以需求为依据的。

第二步:数据预处理。

初步收集与数据挖掘任务有关的所有数据,并对收集到的原始数据进行各种熟悉数据的活动,其中包括数据描述、数据分析和数据质量检验等,使源数据满足业务需求的要求且符合数据挖掘平台的格式要求。

对数据质量进行研究,为之后的分析做好充分准备,基础数据开始只具有直接为企业实现业务功能的作用,并不一定满足数据挖掘的要求。因此在进行数据挖掘前,需要对数据进行数据清洗、数据集成、数据选择和数据转换操作,在实现了预处理之后可以确定数据挖掘的操作方式,然后将数据转换为满足业务要求的且符合数据挖掘算法平台的分析模型的格式要求。数据预处理的过程是重复进行的,目的是获得满足要求的数据集。因为数据量巨大,前期的准备工作时间较长,要实现这个过程,计算机性能能否满足要求也需要认真地考虑。

第三步:数据挖掘实施过程。

根据数据挖掘的目的,对得到的符合要求的数据集进行数据挖掘,只需要选择合适的挖掘算法,其余工作都可以自动地完成。经常用到的数据挖掘算法有广义知识挖掘、关联知识挖掘、类知识挖掘、预测型知识挖掘、特异性知识挖掘以及自定义挖掘算法。

第四步:评估分析和知识表示。

对数据挖掘得到的模型进行评估分析和知识表示,常用的分析方法有可视化技术。

第五步:知识的同化。

将得到的有价值的知识归纳到相关业务系统的组织结构中,供未来预测分析使用。这里的知识是教育数据挖掘的研究结果,根据用途的不同,教育数据挖掘的知识可分为以下三类(周庆、牟超、杨丹,2015):

① 原理类知识。其目的是验证或修正现有的教育理论,如发现新的学习规律。
② 实践类知识。其目的是帮助教师开展教学实践,如预测学生的期末成绩。
③ 优化类知识。其目的是改进学习系统的效果和性能,如提高系统的自适应能力。

6.1.4 应用领域

教育数据挖掘是在教育领域中应用数据挖掘技术的重要方法之一。在实践中,教育数据挖掘有许多应用领域,其中有四个领域受到了相当关注(Baker,2010)。

1. 改进学生模型

学生模型提供了关于学生特征和条件的详细信息,例如知识水平、动机、元认知和态度等。在教育中,对个体差异进行建模对于个性化教学至关重要。教育数据挖掘的方法使得学生模型的复杂性大幅增加。通过教育数据挖掘,研究人员可以获得更多关于学生行为的信息。这些更丰富的模型在两个方面发挥着重要作用。第一,它们提高了预测学生意识和未来成功的能力。通过学生模型,教师和教育系统可以更好地了解学生的学习需求,以提供个性化的教学支持。第二,这些模型帮助研究人员调查导致学生选择特定学习环境的因素,从而为教学设计和教育改革提供指导。

2. 发现或改进领域知识结构的模型

在教育数据挖掘中,已经建立了直接从数据中发现准确领域模型的方法。这些方法通常将心理测量建模框架与高级空间搜索算法相结合,并将它们呈现为预测问题,用于模型检测目的。例如,通过教育数据挖掘,研究人员可以发现学科领域的知识结构和关系,揭示概念之间的联系和难易程度,帮助教师更好地组织和传授知识,优化学习路径和教学资源的设计。

3. 学习工具的教学支持研究

现代教育软件提供了各种学习支持工具,例如自动化评估、即时反馈和个性化推荐系统等。发现有效的教学支持是教育数据挖掘的一个关键关注领域。通过教育数据挖掘,可以分析学生的学习行为和表现,了解教学支持对学习成果的影响。学习曲线分析是一种关系挖掘形式,它将学生的表现与他们接受的教学支持数量联系起来,通常以指数学习曲线的形式呈现。通过分析不同形式教学支持的重要性和效果,教师和教育决策者可以制定更有效的教学策略,提供有针对性的学习支持,帮助学生取得更好的学习成果。

4. 学习和学习者的科学发现

教育数据挖掘还可以用于进行科学研究和发现。通过分析教育数据,研究人员可以探索学习过程中的关键因素和模式,揭示学习者的认知和情感特征,发现影响学习成效的因素。教育数据挖掘方法为研究者提供了一种强大的工具,帮助他们发现新的教育理论、验证教育假设,并为教育实践提供科学依据。

可见,教育数据挖掘在教育领域中的应用十分广泛。这些应用领域的研究和实践为教育数据挖掘的进一步发展和应用提供了宝贵的经验和见解。

6.2 教育数据挖掘的主要方法

在教育数据挖掘领域,存在着多种方法和技术。这些方法可以分为以下几个类别。

6.2.1 预测

预测的目标是创建一个模型,能够从特定的数据特征组合(预测变量)中推断出数据的单个方面。预测需要为特定数据集中的输出变量提供标签,其中标签反映了关于输出变量值的准确的"真实信息"。然而,有时了解这些标签的临时性或不完整性也很重要。

预测在教育数据挖掘中有两个主要应用。第一,预测方法可以用于研究模型的哪些特征对于预测是重要的,并提供关于底层结构的信息。第二,在某些情况下,预测过程可以在无法直接获得该构造的标签的情况下进行结果值的预测。

分类是常见的预测类型之一。分类的预测变量是二元或多元分类变量。一些常见的分类方法包括决策树、逻辑回归和支持向量机。

1. 决策树

(1) 概述

决策树是一种预测模型,代表的是对象属性与对象值之间的一种映射关系。树中每个节点表示某个对象,每个分叉路径代表某个可能的属性值,而每个节点则对应从根节点到该节点所经历的路径所表示的对象的值。

决策树方法最早产生于上世纪60年代到70年代末。由J. Ross Quinlan提出了ID3算法,此算法的目的在于减少树的深度,但是忽略了叶子数目的研究。C4.5算法在ID3算法的基础上进行了改进,对于预测变量的缺值处理、剪枝技术、派生规则等方面做了较大改进,既适合于分类问题,又适合于回归问题。1984年,几位统计学家提出了CART分类算法。ID3和CART算法几乎同时被提出,都是采用类似的方法从训练样本中学习决策树。

决策树的学习本质是从训练数据集中归纳出一组分类规则。能对训练数据进行正确分类的决策树可能有多个,也可能没有。在选择决策树时,应选择一个与训练数据矛盾较小的决策树,同时具有很好的泛化能力;选择的条件概率模型应该不仅对训练数据有很好的拟合,而且对未知数据有很好的预测。

决策树学习的算法通常是一个递归地选择最优特征,并根据该特征对训练数据进行分割,使得对各个子数据集有一个最好的分类的过程。它包含特征选择、决策树的生成和决策树的剪枝过程。

决策树算法是数据挖掘领域的十大经典算法之一,在2006年12月被数据挖掘国际会议ICDM评选出来,并且C4.5算法排名第一。决策树算法具有分类精度高,生成的模式简单,对噪声数据有很好的健壮性等优点。

(2) 基本原理

决策树学习的目标是根据给定的训练数据集构建一个决策树模型,使它能够对实例进行正确地分类。决策树学习通常包含以下三个步骤:

① 特征选择。从所有可能的特征中选择一个最有分类能力的特征作为当前节点,并根据该特征对数据集进行划分。

② 决策树生成。对每个子数据集递归地重复特征选择和划分过程,直到满足停止条件(例如所有样本属于同一类别,或没有剩余特征)。

③ 决策树剪枝。对生成的决策树进行检验和修正,去掉过于细分或影响泛化能力的节点,使得决策树更简洁和准确。

(3) 决策树相关概念

特征选择是决策树学习的核心问题,它影响着决策树的结构和性能。特征选择通常基于某种指标来评估特征的分类能力,例如信息增益、信息增益比、基尼指数(Gini index)等。这些指标都是基于信息论或统计学中的概念来定义的,如信息熵(entropy)、信息增益、条件熵、基尼指数等。

① 信息熵。信息熵是一种度量样本集合不确定性的指标,它反映了样本集合中随机抽取一个样本的类别信息量的期望。信息熵越大,样本集合的不确定性越高;信息熵越小,样本集合的不确定性越低。信息熵的计算公式为

$$\mathrm{Ent}(D) = -\sum_{k=1}^{|Y|} p_k \log_2 p_k$$

式中，D 为样本集合；Y 为类别集合；p_k 为第 k 类样本在 D 中所占的比例。

② 信息增益。信息增益是一种度量使用某个属性划分样本集合后，不确定性减少程度的指标。它等于划分前后信息熵的差值。信息增益越大，说明使用该属性划分后，子集的纯度提升越大。信息增益的计算公式为

$$\mathrm{Gain}(D,a) = \mathrm{Ent}(D) - \sum_{v=1}^{V} \frac{|D^v|}{|D|} \mathrm{Ent}(D^v)$$

式中，a 为某个属性；V 为该属性的取值个数；D^v 为 D 中属性 a 取值为 v 的子集。

ID3 算法就是使用信息增益作为划分准则来构建决策树的。它每次选择信息增益最大的属性作为划分属性，并且只能处理离散型属性。

③ 信息增益率(gain ratio)。信息增益虽然可以度量划分效果，但是它存在一个问题：它对可取值数目较多的属性有所偏好。例如，如果一个属性是样本编号，则它可以将每个样本单独划分出来，此时信息增益很大，但是没有任何意义。

为了解决这个问题，C4.5 算法引入了信息增益率作为划分准则。它在信息增益的基础上除以一个惩罚因子——属性 a 的固有值(intrinsic value)，来减少对取值多的属性的偏好。固有值反映了属性 a 的取值多样性，取值越多则固有值越大。信息增益率和固有值的计算公式为

$$\mathrm{Gain\ ratio}(D,a) = \frac{\mathrm{Gain}(D,a)}{\mathrm{IV}(a)}$$

$$\mathrm{IV}(a) = -\sum_{v=1}^{V} \frac{|D^v|}{|D|} \log_2 \frac{|D^v|}{|D|}$$

C4.5 算法并不是直接选择信息增益率最大的属性作为划分属性，而是使用了一个启发式：先从候选划分属性中找出信息增益高于平均水平的属性，再从中选择信息增益率最高的。

④ 基尼指数。基尼指数是另一种度量样本集合不确定性的指标，它反映了从样本集合中随机抽取两个样本，其类别标记不一致的概率。基尼指数越大，样本集合的不确定性越高；基尼指数越小，样本集合的不确定性越低。基尼指数的计算公式为

$$\mathrm{Gini}(D) = \sum_{k=1}^{|Y|} \sum_{k' \neq k} p_k p_{k'} = 1 - \sum_{k=1}^{|Y|} p_k^2$$

式中，D 为样本集合；Y 为类别集合；p_k 为第 k 类样本在 D 中所占的比例。

CART 算法就是使用基尼指数作为划分准则来构建决策树的。它每次选择基尼指数最小的属性作为划分属性，并且可以处理连续型和离散型属性。

⑤ 决策树的生成。决策树的生成是从根节点开始，对训练数据集进行划分，生成子节点，然后对子节点再进行划分，直到满足停止条件。常见的停止条件有以下几种：

A. 所有样本属于同一类别，无需继续划分。

B. 所有属性已经用完，无法继续划分。

C. 当前节点包含的样本数量小于阈值，或者样本的分布很混乱，无法划分出明显的类别。

D. 当前节点的划分不能带来决策树泛化性能的提升,即信息增益或基尼指数小于阈值。

⑥ 决策树的剪枝:决策树的剪枝是对已生成的决策树进行简化,去掉一些过于细分或影响泛化能力的节点,使得决策树更简洁和准确。常见的剪枝策略有以下两种:

A. 预剪枝:在构造决策树的过程中,先对每个节点在划分前进行估计,如果当前节点的划分不能带来决策树模型泛化性能的提升,则不对当前节点进行划分并且将当前节点标记为叶节点。预剪枝可以减少计算时间,但可能会过度简化决策树,导致欠拟合。

B. 后剪枝:在构造完整的决策树之后,自底向上地对非叶节点进行考察,若将该节点对应的子树换为叶节点能够带来泛化性能的提升,则把该子树替换为叶节点。后剪枝可以保留更多的分支信息,一般比预剪枝具有更好的泛化能力,但需要更长的计算时间。

(4) 决策树的应用

① 应用场景:

A. 银行信用评估。通过客户提供的个人资料、收入、负债、信用记录等特征来预测客户是否具有良好信用。

B. 医疗诊断。通过患者提供的症状、体征、检查结果等特征来预测患者可能患有什么疾病。

C. 营销推荐。通过用户提供或收集到的年龄、性别、兴趣、购买历史等特征来预测用户可能感兴趣或购买什么产品。

D. 教育评估。通过学生提供或收集到的学习成绩、学习行为、学习风格等特征来预测学生是否需要辅导或干预。

② 应用案例:利用ID3算法判定学生的辍学风险。

在在线课程《现代教育技术应用》中,开展完成一轮MOOC学习后,选取了部分学生数据,并经过处理,得到5个学生的3种在线学习行为与辍学风险的情况,其中1代表有风险,0代表没有风险,如表6-2所示。

在5个样例中,3个有辍学风险,占比为$p_1=\frac{3}{5}$;2个无辍学风险,占比为$p_2=\frac{2}{5}$。

首先,计算根节点的信息熵:

$$\text{Ent}(D)=-\left(\frac{3}{5}\log_2\frac{3}{5}+\frac{2}{5}\log_2\frac{2}{5}\right)=0.971$$

表6-2 学生各学习属性值与辍学风险情况

编号	参与讨论(A)	在线测试(T)	提交作业(H)	辍学风险
1	1	1	1	1
2	0	0	1	1
3	0	0	0	0
4	0	1	0	0
5	1	0	0	0

其次,计算出{参与讨论,在线测试,提交作业}中每个属性的信息增益。以"在线测试"为例,它有两个取值:{0,1}。其可得到两个子集,分别记为$D^1(T=1)$,$D^2(T=0)$。子集D^1

包含的编号为{1,4}的两个样例,其中有风险样例占 $p_1=1$,无风险样例占 $p_2=0$;D^2 包含 {2,3,5}的 3 个样例,其中有风险样例占 $p_1=\frac{1}{3}$,无风险样例占 $p_2=\frac{2}{3}$,则根据信息熵公式可计算出用"在线测试"划分之后获得的两个分支节点的信息熵:

$$\text{Ent}(D^1)=0$$

$$\text{Ent}(D^2)=-\left(\frac{1}{3}\log_2\frac{1}{3}+\frac{2}{3}\log_2\frac{2}{3}\right)=0.918$$

则"在线测试"的信息增益为

$$\text{Gain}(D,T)=0.971-\left(\frac{3}{5}\times 0+\frac{2}{5}\times 0.918\right)=0.604$$

用同样方法,可以计算出其他属性的信息增益:

$$\text{Gain}(D,A)=0.004,\text{Gain}(D,H)=0.604$$

显然,"在线测试"与"提交作业"的信息增益最大,可以任选其一对根节点进行划分,"在线测试"的划分结果如图 6-4 所示,各分支节点所包含的样例子集显示在节点中。

最后,决策树学习算法将对每个分支节点进一步划分,以第一个分支节点($T=0$)为例,该节点包含的样例集合 D^2 中包含编号为{2,3,5}的三个样例,如图 6-4 所示,可用属性集合为{参与讨论,提交作业}。基于 D^2 计算出各属性的信息增益:

$$\text{Gain}(D^2,A)=0.251,\text{Gain}(D^2,H)=0.918$$

显然,"提交作业"的信息增益最大,可选其作为划分属性。类似,对每个分支节点进行上述操作,最终得到决策树,如图 6-5 所示。

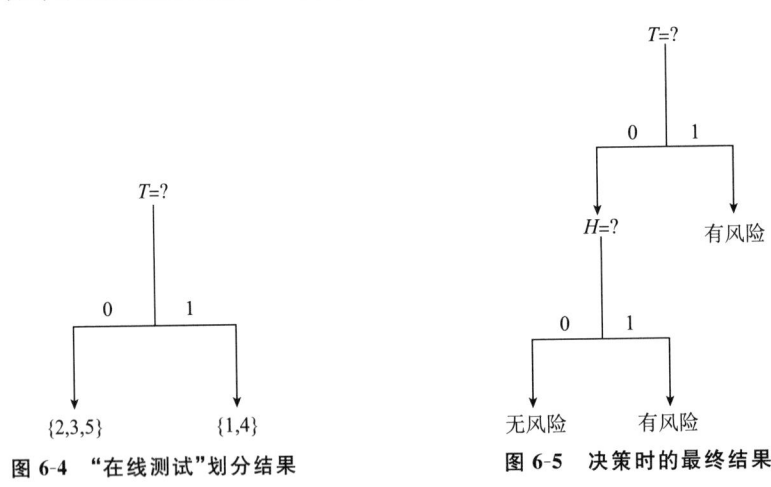

图 6-4 "在线测试"划分结果

图 6-5 决策时的最终结果

当需要判定未知的学生是否存在辍学风险时,可以按上述的决策树进行判断。

2. 逻辑回归

(1)概述

逻辑回归是一种经典的分类方法,用于建立一个线性模型来预测二元分类的概率。逻辑回归的核心思想是使用逻辑函数(如 sigmoid 函数)将线性模型的输出映射到[0,1]的概率范围内。

逻辑回归通过最大似然估计或梯度下降等优化算法来估计模型的参数。在训练阶段,通过最小化损失函数(如交叉熵损失函数)来拟合模型,使得预测的概率尽可能接近真实标签的概率。在预测阶段,将线性模型的输出通过逻辑函数转换为预测的概率,并根据设定的阈值进行分类。

逻辑回归具有较好的可解释性和计算效率,并且可以直接输出概率信息。然而,逻辑回归是一个线性模型,对于复杂的非线性关系建模能力有限。如果特征之间存在复杂的非线性关系,可以通过引入多项式项或使用核函数来扩展逻辑回归模型。

逻辑回归的发展历程可以追溯到19世纪,当时统计学家用它来研究人口增长率。20世纪中期,逻辑回归被引入到社会科学领域,用于分析分类变量。随着机器学习的兴起,逻辑回归成为了一个重要的分类算法,广泛应用于各种领域,如医疗、金融、广告等领域。

(2) 基本原理

逻辑回归的基本原理是使用对数几率函数(logit function)来建立输入变量和输出变量之间的关系。对数几率函数是指事件发生与不发生的概率比值的对数,即

$$\text{logit}(p) = \lg\left(\frac{p}{1-p}\right)$$

式中,p 表示事件发生的概率。对数几率函数是一个单调增加的函数,其值域为 $(-\infty, +\infty)$,可以用来拟合连续变量和离散变量之间的关系。

在二分类问题中,我们假设样本属于正类($y=1$)的概率为 p,则属于负类($y=0$)的概率为 $1-p$。我们可以用一个线性函数来表示对数几率:

$$\text{logit}(p) = \lg\left(\frac{p}{1-p}\right) = w_0 + w_1 x_1 + w_2 x_2 + \cdots + w_n x_n = w^T x$$

式中,w 为模型参数;x 为输入变量。我们可以将上式变形为

$$p = \frac{1}{1 + e^{-w^T x}}$$

这就是逻辑回归模型的表达式,它表示了输入变量和输出变量之间的条件概率关系。我们可以看到,当 $w^T x$ 的值越大时,p 的值越接近 1,反之越接近 0。因此,我们可以根据 p 的值来判断样本的类别。通常我们会设定一个阈值 t,当 $p > t$ 时,判定样本为正类;当 $p < t$ 时,判定样本为负类。一般情况下,t 取 0.5。

逻辑回归模型确定后,我们需要根据训练数据来估计模型参数 w。常用的方法是极大似然估计(maximum likelihood estimation),即找到一组参数使得训练数据出现的似然度最大。为了方便求解,我们通常对似然函数取对数,并取负号作为损失函数(loss function),即

$$J(w) = -\ln L(w) = -\sum_{i=1}^{N}\{y_i \lg p(x_i) + (1-y_i)\lg[1-p(x_i)]\}$$

损失函数反映了模型预测结果与真实结果之间的差异程度,损失函数越小说明模型越好。我们可以使用梯度下降法(gradient descent)或牛顿法(Newton's method)等优化算法来求解损失函数最小化问题。

(3) 主要应用

逻辑回归在教育领域中的主要应用有以下几个方面:

① 预测学生的学习成绩、考试通过率、毕业率、升学率等。例如,可以根据学生的个人特征、学习行为、家庭背景等因素,预测他们在某门课程或某次考试中的成绩或通过概率。

② 分析教育政策或教学方法对学生的影响。例如,可以根据不同的教育政策或教学方

法对学生进行分组,比较他们在学习成绩、满意度、自信度等方面的差异,评估教育政策或教学方法的有效性。

③ 识别影响学生学习的重要因素。例如,可以根据逻辑回归模型的系数大小,判断哪些因素对学生的学习成绩或考试通过率有显著的正向或负向影响,为教育干预提供依据。

3. 支持向量机

支持向量机的基本思想是在特征空间中寻找一个最优的超平面,使得不同类别的样本能够被最大化地分隔开来。

(1) 定义

支持向量机是一个二分类模型,是一种用于分类和回归的监督学习模型,它的基本模型是定义在特征空间上的间隔最大的线性分类器,间隔最大使它有别于感知机。支持向量机还包括核技巧,这使它成为实质上的非线性分类器。

(2) 发展历程

支持向量机的原始算法是由 Vladimir Wapnik 和 Alekseze Finness 于 1963 年发明的。1992 年,Bernhard E. Boser、Isabelle M. Guyon 和 Vladimir Wapnk 提出了一种通过将核技巧应用于最大间隔超平面来创建非线性分类器的方法。1993 年,Corinna Cortes 和 Vapnik 提出了软间隔支持向量机,用于处理数据中的噪声和异常点。

(3) 主要思想

支持向量机的主要思想是求解能够正确划分训练数据集并且几何间隔最大的分离超平面。几何间隔是指样本点到分离超平面的距离,最大化几何间隔意味着提高了分类器的泛化能力。支持向量机通过引入拉格朗日乘子和对偶问题,将原始的凸二次规划问题转化为等价的对偶问题,从而可以利用核函数将低维空间中线性不可分的数据映射到高维空间中线性可分,同时避免了维数灾难。

(4) 主要应用

支持向量机在文本和超文本分类、图像分类、手写字体识别、医学中的蛋白质分类等领域都有广泛的应用。支持向量机可以有效地处理高维数据、小样本数据、非线性数据等情况,具有较好的泛化性能和鲁棒性。

6.2.2 聚类

1. 概述

聚类是一种无监督学习的方法,它的目的是将数据集中的对象按照相似性分组,使得同一组内的对象尽可能相似,不同组内的对象尽可能不同。聚类的基本思想是根据数据对象之间的距离或相似度来划分簇,距离或相似度越小,表示对象越相似,越有可能属于同一簇。

聚类的目标是寻找自然聚类的数据点,将整个数据集划分为一组簇。当数据集中最常见的类别事先未被确定时,聚类尤其有用。如果在一个群组中存在一些优化的聚类,那么每个数据点通常比其他聚类中的数据点更相似。聚类可以以不同的粒度生成,例如学校的聚类(用于研究学校之间的相似性和差异)、学生的聚类(用于研究学生之间的相似性和差异)或学生活动的聚类(用于研究行为模式)。

聚类算法可以从没有关于数据聚类的先验假设开始（例如使用随机重新启动的 k-means 聚类算法），也可以从先前研究中使用不同数据集生成的特定假设开始（使用期望最大化算法将其转化为新数据集的聚类假设）。聚类算法可以支持每个数据点属于一个簇的假设（例如 k-means 聚类算法），也可以支持其他数据点属于一个或多个簇，或者不属于任何簇的假设（例如高斯混合模型）。

一组聚类的质量通常是基于集群集与数据的匹配程度以及仅使用统计方法可以预测的聚类数量的匹配程度来衡量的，例如贝叶斯信息准则。

总的来说，聚类算法可以从不同的角度进行分类，常见的分类方式有以下几种，如表 6-3 所示。

表 6-3　聚类算法的分类

分类方式	分类标准	分类算法
基于划分的聚类	将数据集划分为预先给定数量的簇，通过迭代优化某个目标函数来确定簇划分	k-means，k-medoids，k-prototypes
基于层次的聚类	将数据集组织成一个层次结构的树形图，可以自顶向下或自底向上进行簇划分	AGNES，BIRCH，CURE，CROCK
基于密度的聚类	根据数据空间中的密度分布来划分簇，能够发现任意形状的簇，并且对噪声和异常点有较强的鲁棒性	DBSCAN，OPTICS，DENCLUE
基于网格的聚类	将数据空间划分为有限数量的网格单元，对网格而不是数据对象进行聚类操作，具有较高的效率和可伸缩性	STING，CLIQUE，WaveCluter
基于模型的聚类	假设数据对象服从某种概率模型，根据模型拟合程度来划分簇，能够提供聚类结果的概率解释	GMM，SOM，EM

2. k-means 聚类算法

k-means 聚类也称为快速聚类，属于划分聚类方法，它得到的聚类结果中，每个样本点都唯一属于一个类，而且聚类变量为数值型。k-means 聚类涉及测度样本的差异度和进行聚类两个方面的问题。

（1）差异度的测量

差异度一般通过某种距离来计算，为有效测量数据之间的差异度，k-means 聚类算法将收集到的原始数据样本通过定义的某种距离来确定数据之间的差异度，当计算所得的两个数据样本点之间的距离越近时，表示它们越亲近，数据之间的差异度越小；当两个数据样本点之间的距离越大时，表示它们越疏远，数据之间的差异度越大。差异度越大表示数据聚成一类的可能性越大，反之，聚成一类的可能性越小。

在聚类算法中，有多种方法可以用来计算数据样本之间的距离，由于 k-means 聚类算法处理的对象都是数值型的，所以采用欧氏距离（Euclidean distance）进行数据样本之间差异度的测量，即数据点 x 与 y 之间的欧氏距离是两个点的 n 个变量值之差的平方和的平方根。

除此之外，常用的距离算法还包括平方欧氏（squared Euclidean）距离、切比雪夫（Chebychev）距离、block 距离、闵可夫斯基（Minkowski）距离等。

（2）k-means 聚类步骤

k-means 聚类采用"划分"的方式进行聚类，具体步骤如下：

第一步，依据聚类要求，用户先根据实际研究问题的具体情况，确定聚类的个数，聚类数目不能太大也不能太小，太大类没有得到很好的细分，太小不能很好得到类的基本特征，都会失去聚类的意义。

第二步，确定初始类中心。在第一步中指定了聚类数目，为了保证聚类的收敛速度，还要指定这些类的合理初始类中心点。常用的初始类中心点指定方法有：经验选择法，即根据以往经验应聚成几类以及如何聚类，只需要选择每个类中具有代表性的点为初始类中心即可；随机选择法，即随机指定若干样本点作为初始类中心；最小最大法，即先选择所有样本点中相距最远的两个点作为初始类中心，然后选择第三个样本点，它与已确定的类中心的距离是其余点中最大的，再按照同样的原则选择其他的类中心点。

第三步，聚类。分别计算出每个样本数据点到初始类中心点的欧式距离，根据离初始聚类中心的欧氏距离最近的原则，把所有样本数据分配到与其最近的类中，最终形成初始聚类。

第四步，重新计算类中心点。重新计算第三步得到的类中心点，保证聚类结果的准确性。中心点确定的原则是：分别求出每个类中所有数据变量的均值，将均值点作为新类的类中心点。

第五步，判断当前聚类是否符合聚类预先设定的迭代次数和类中心点偏移度两个终止条件，只要满足其中一个则停止聚类，如果不满足则反复进行上述操作，直到满足聚类终止的条件为止。

3. 两步聚类法

两步聚类法是一种基于密度的聚类方法，它可以处理大规模的数据集，并且可以自动确定聚类的个数。它是一种基于层次和密度相结合的聚类方法，首先对数据进行预处理，将高维数据映射到低维空间，并用一个聚类特征向量来表示一个子簇，聚类特征向量包含三个信息：子簇中样本个数 N、样本属性值之和和样本属性值平方和。然后利用层次方法的平衡迭代规约和聚类算法对子簇进行层次聚类，并用一个聚类特征树来存储层次结构。最后用其他方法（如 k-means 聚类算法）对聚类特征树中的叶节点进行重新聚类，得到最终结果。两步聚类法涉及数据压缩和聚类两个方面的问题。

（1）数据压缩

数据压缩的目的是减少数据集的规模，提高聚类的效率。数据压缩的方法是将原始数据集中的样本点用一些代表性的点来替代，这些代表性的点称为聚类特征。每个聚类特征包含以下三个信息：均值向量、标准差向量和权重。均值向量表示该聚类特征所代表的样本点的平均值，标准差向量表示该聚类特征所代表的样本点的离散程度，权重表示该聚类特征所代表的样本点的数量占总样本数的比例。数据压缩的过程如下：

首先，随机选择一个样本点作为第一个聚类特征。

其次，对于剩余的每个样本点，计算它与已有的聚类特征之间的距离，如果距离小于给定的阈值，则将该样本点归入最近的聚类特征，并更新该聚类特征的均值向量、标准差向量和权重；如果距离大于给定的阈值，则将该样本点作为一个新的聚类特征。

最后，重复上述步骤，直到所有的样本点都被归入某个聚类特征或者达到预设的最大聚类特征数目。

(2) 聚类

聚类的目的是根据数据压缩得到的聚类特征,对原始数据集进行划分。聚类的方法是采用层次凝聚算法(hierarchical agglomerative algorithm),即从下而上地将相似度高的聚类特征合并为一个更大的簇,直到满足停止条件。层次凝聚算法的步骤如下:

首先,将每个聚类特征作为一个单独的簇。

其次,计算每两个簇之间的相似度,相似度可以用不同的距离或者相似性度量来定义。

再次,选择相似度最高的两个簇进行合并,并更新合并后簇的均值向量、标准差向量和权重。

最后,重复上述步骤,直到达到预设的簇数目或者达到预设的相似度阈值。

4. 层次聚类算法

层次聚类算法是一种基于树形结构的聚类方法,它可以得到一个层次化的聚类结果,即从下到上或者从上到下逐层划分或合并数据集。层次聚类算法涉及相似度的计算和聚类的过程两个方面的问题。

(1) 相似度的计算

相似度是用来衡量两个数据点或者两个数据簇之间的相近程度的指标,不同的相似度计算方法会影响聚类的结果。常用的相似度计算方法有以下几种:

① 单链接法(single linkage):定义两个簇之间的相似度为它们各自包含的样本点之间最小的距离,即

$$d_{\min}(C_i, C_j) = \min_{x \in C_i, y \in C_j} d(x, y)$$

式中,$d(x,y)$ 表示样本点 x 和 y 之间的距离;C_i 和 C_j 表示簇。

② 完全链接法(complete linkage):定义两个簇之间的相似度为它们各自包含的样本点之间最大的距离,即

$$d_{\max}(C_i, C_j) = \max_{x \in C_i, y \in C_j} d(x, y)$$

③ 平均链接法(average linkage):定义两个簇之间的相似度为它们各自包含的样本点之间所有可能的距离的平均值,即

$$d_{\text{avg}}(C_i, C_j) = \frac{1}{|C_i||C_j|} \sum_{x \in C_i} \sum_{x \in C_j} d(x, y)$$

④ 中心链接法(centroid linkage):定义两个簇之间的相似度为它们各自的中心点之间的距离,即

$$d_{\text{cen}}(C_i, C_j) = d(\mu_i, \mu_j)$$

式中,μ_i 表示簇 C_i 的中心点。

⑤ 类平均法(group average):定义两个簇之间的相似度为它们各自所有样本点形成的新簇的中心点与原来两个簇的中心点之间距离的平均值,即

$$d_{\text{gav}}(C_i, C_j) = \frac{1}{2}[d(\mu_i, \mu_{ij}) + d(\mu_j, \mu_{ij})]$$

式中,μ_{ij} 表示由簇 C_i 和 C_j 合并后形成的新簇的中心点。

(2) 聚类的过程

聚类的过程是根据相似度计算得到的距离矩阵,对数据集进行逐层划分或合并。根据划分或合并的方向,层次聚类算法可以分为以下两种:

① 凝聚型层次聚类(agglomerative hierarchical clustering)：从下而上地将相似度高的数据点或簇合并为一个更大的簇，直到满足停止条件。凝聚型层次聚类算法的步骤如下：

首先，将每个数据点作为一个单独的簇；其次，计算每两个簇之间的相似度，根据所选用的相似度计算方法得到一个距离矩阵；再次，选择相似度最高（或者距离最小）的两个簇进行合并，并更新距离矩阵；最后，重复上述步骤，直到达到预设的簇数目或者达到预设的相似度阈值。

② 分裂型层次聚类(divisive hierarchical clustering)：从上而下地将数据集划分为更小的簇，直到满足停止条件。分裂型层次聚类算法的步骤如下：

首先，将整个数据集作为一个簇；其次，选择一个需要分裂的簇，并根据某种划分准则将其划分为两个子簇；再次，继续选择一个需要分裂的簇，并重复上述划分过程；最后，重复上述步骤，直到达到预设的簇数目或者达到预设的划分质量。

(3) 应用案例：混合式教学行为聚类

本案例将基于某平台上的混合式教学行为模式在"现代教育技术"课程的教学实践中进行了具体应用。课程结束后提取平台上开展课程教学后采集的教学行为数据进行数据分析与挖掘，以明确混合式教学行为各变量的特征及其关系。对非视频资源学习、视频资源学习、签到、头脑风暴、小组任务参与、小组互评进行了层次聚类，绘制出混合式教学行为变量的聚类树状图，如图 6-6 所示。混合式教学行为变量可分为两类：一类是非视频资源学习、视频资源学习、签到、头脑风暴等，这些是在教师的直接组织下开展的教学活动，学生被动接受并参与；另一类是小组任务参与和小组互评等，这些教学活动由学生主动参与，体现了"以学习者为中心"的教学理念（赵鬼、姚海莹，2019）。

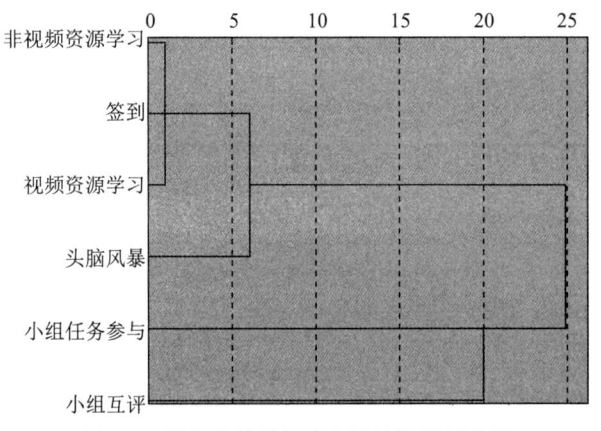

图 6-6 混合式教学行为变量的聚类树状图

6.2.3 关系挖掘

关系挖掘旨在发现数据集中变量之间的关系，可以通过试图确定哪些变量与特定关注变量最密切相关，或者试图确定任意两个变量之间的最强关系来实现。

一般存在以下五种关系挖掘形式：

① 关联规则挖掘。目标是确定形如"如果找到某个变量值，则通常存在另一个变量值"的 if-then 规则。

② 社交网络分析。社交网络分析是一种研究个体之间关系的方法。它通过构建和分析网络图，揭示个体之间的连接、关联和影响力等关系。在社交网络分析中，常用的指标包括节点度中心性、介数中心性、紧密中心性等，用于评估个体在网络中的重要性和影响力。

③ 相关性挖掘。目标是找到变量之间的线性（正向或负向）相关关系。

④ 顺序列模式挖掘。目标是发现事件之间的时间关联。

⑤ 因果关系挖掘。目标是评估一个事件（或观察到的构造）是否对另一个事件（或观察到的构造）负有责任，通过评估两个事件的协方差或使用关于一个事件如何启动的知识来实现。

关系挖掘发现的关系必须满足两个标准：统计显著性和有趣性。通常使用标准统计检验（例如 F 检验）确定统计显著性。由于进行了多次检验，验证关系是否是偶然发生的至关重要。一种方法是应用事后统计方法或修改执行的检验数量（例如 Bonferroni 校正）。这种方法可以增加对不存在任何个别关系的信心。另一种方法是使用蒙特卡洛技术确定整体成功的可能性，即测试整体结果模式因偶然原因发生的可能性。

为了减少传达给数据挖掘者的规则/相关关系/因果关系集合的数量，需要评估每个发现的有趣性。在大型数据集中可以找到成千上万个显著关系。有趣性度量旨在确定哪些结果最为独特且有足够支持的证据，其他度量则试图获得过多相似的结果。不同的度量标准包括支持度（support）、置信度、确信度、提升度、杠杆率、覆盖度、相关性和余弦相似度。

1. 关联规则挖掘

（1）概述

关联规则是一种描述数据中变量之间相关性的规则，它的一般形式是 $X \Rightarrow Y$，表示在一定条件下，如果 X 出现，则 Y 也会出现，其中 X 和 Y 是变量的集合，且 X 和 Y 互斥。关联规则的度量标准有支持度和置信度，分别表示规则的代表性和可信度。支持度是指规则中所有变量同时出现的概率，置信度是指在 X 出现的条件下，Y 出现的概率。

关联规则的发展过程可以分为三个阶段：

第一阶段是关联规则的提出和基本算法的设计。1993 年，Agrawal 等人在论文《大型数据库中项目集之间的关联规则挖掘》中首次提出了关联规则的概念，并给出了一个基于候选集生成和剪枝的算法，即 apriori 算法。该算法利用频繁项集的先验性质，即任何非频繁项集的超集也必定是非频繁项集，从而减少搜索空间和计算量。

第二阶段是关联规则的扩展和改进。随着关联规则在各个领域的应用，人们发现了一些问题和局限性，例如规则数量过多、规则质量不高、规则缺乏语义解释等。为了解决这些问题，人们提出了各种扩展和改进的方法，例如增加新的约束条件、引入新的度量标准、采用新的数据结构和算法等。例如，Han 等（2000）提出了 fp-growth 算法，该算法利用一棵称为频繁模式树（fp-tree）的数据结构来存储数据中出现频率较高的模式，并通过递归对 fp-tree 进行分解来挖掘频繁项集。该算法相比 apriori 算法具有更高的效率和更低的内存消耗。

第三阶段是关联规则的多样化和深入化。随着数据挖掘技术的发展和应用需求的增加，人们开始探索更多样化和深入化的关联规则，例如考虑时间、空间、层次、不确定性等因素的关联规则，以及从关联规则中挖掘知识、发现因果关系、构建预测模型等。

(2) 关联规则数据挖掘的相关概念

关联规则技术研究信息之间内含的、未知的却又实际存在的关联关系,其典型案例是购物篮分析。它通过研究交易数据库中不同商品(项)之间的联系,找出顾客购买行为模式。例如,购买某一商品对购买其他商品的影响。分析结果可应用于商品货架布局、存货安排以及根据购买模式对用户进行分类等。以下是关联规则中的一些基本概念。

① 项目:这是关联规则中不可分割的最小信息单位,应用到课程思政中的某个知识元素,例如加密算法;或某个思政教育元素载体,例如国密算法。这些都可以看成是一个项目。

② 事务:设 $I=\{i_1,i_2,\cdots,i_n\}$ 是由数据库中所有项目构成的集合,一次处理所含项目的集合用 t_i 表示,它是 I 的子集,称为一个事务,由一个或多个项目构成。

③ 支持度:支持度是事务集中同时包含事务 X 和 Y 的数量与所有事务数量之比,记为 $support(X \Rightarrow Y)$,即

$$support(X \Rightarrow Y) = support(X \cup Y) = p(XY)$$

式中,p 表示概率,支持度反映了 X 和 Y 中所含项在事务集同时出现的频率。

④ 置信度:置信度是事务集中包含 X 和 Y 的事务数与所有包含 X 的事务数之比,记为 $confidence(X \Rightarrow Y)$,即

$$confidence(X \Rightarrow Y) = support(X \cup Y) / support(X) = p(Y|X)$$

置信度反映了包含 X 的事务中,出现 Y 的条件概率。

⑤ 强关联规则:用户为达到一定的目的,需要指定规则必须满足支持度和置信度的阈值,当 support、confidence 分别大于等于各自的阈值时,认为是有价值的,这两个值分别被称为最小支持度阈值(minsupport)和最小置信度阈值(minconfidence)。关联规则称为强关联规则,必须 $support(X \Rightarrow Y) \geq minsupport$ 且 $confidence(X \Rightarrow Y) \geq minconfidence$ 同时成立。

(3) 应用

关联规则在教育领域中有着广泛的应用,例如分析学生学习行为、评估教学效果、优化教学资源、推荐学习内容等。以下是一些具体的应用示例:

Romero 等(2007)利用关联规则分析了一个在线编程课程中学生提交作业时产生的日志数据,发现了学生作业完成情况与作业难度、提交次数、错误类型等因素之间的关系,并给出了一些针对不同类型学生的教学建议。

Chen 等(2011)利用关联规则分析了一个在线英语学习平台中学生完成测试时产生的数据,发现了学生测试成绩与测试难度、测试时间、测试题型等因素之间的关系,并给出了一些针对不同水平学生的测试设计建议。

Liu 等(2015)利用关联规则分析了一个在线数学学习系统中学生解决问题时产生的数据,发现了学生解题能力与解题策略、解题步骤、解题时间等因素之间的关系,并给出了一些针对不同能力学生的问题推荐建议。

(4) 常用的关联规则挖掘算法

① apriori 算法。apriori 算法是一种基于候选集生成和剪枝的关联规则挖掘算法,它是由 Agrawal 等人在 1993 年提出的,用于从大量数据中发现变量之间的相关性。它的作用

是通过统计数据中各个变量出现的频率和组合,找出满足最小支持度和最小置信度的规则,即具有较高可信度和代表性的规则。

apriori算法的主要步骤如下:

A. 生成候选1-项集,并扫描数据集计算每个项集的支持度,剪枝去掉不满足最小支持度的项集,得到频繁1-项集。

B. 根据频繁1-项集生成候选2-项集,并扫描数据集计算每个项集的支持度,剪枝去掉不满足最小支持度的项集,得到频繁2-项集。

C. 重复上述步骤,直到没有更多候选项集或者候选项集为空,得到所有频繁项集。

D. 根据频繁项集生成关联规则,并计算每条规则的置信度,剪枝去掉不满足最小置信度的规则,得到所有强关联规则。

apriori算法的核心思想是利用频繁项集的先验性质,即任何非频繁项集的超集也必定是非频繁项集,从而减少搜索空间和计算量。例如,如果$\{A,B\}$是非频繁项集,则$\{A,B,C\}$也必定是非频繁项集,因此无需计算其支持度。

② fp-growth算法。fp-growth算法是一种基于压缩数据结构和分治策略的关联规则挖掘算法,它是由Han等人在2000年提出的,用于从大量数据中发现变量之间的相关性。它的作用是利用一棵称为频繁模式树的数据结构来存储数据中出现频率较高的模式,并通过递归地对fp-tree进行分解来挖掘频繁项集。

fp-growth算法的主要步骤如下:

A. 扫描数据集得到每个变量出现的频率,并按照降序排列得到一个变量列表。

B. 扫描数据集构建fp-tree,即将每条记录按照变量列表中的顺序重新排序,并将其作为一条路径插入到树中,共享相同前缀路径的记录可以合并在一起,并在相应节点上增加计数值。

C. 从fp-tree中挖掘频繁项集,即从变量列表中最后一个变量开始,逐个变量进行条件模式基(conditional pattern base)和条件fp-tree(conditional fp-tree)的构建,并从条件fp-tree中提取频繁项集。

fp-growth算法的核心思想是利用fp-tree来压缩数据集,避免产生候选项集,减少扫描次数。fp-tree是一种特殊的前缀树,它可以保留数据集中所有项集的信息,同时节省存储空间。例如,如果数据集中有多条记录都包含$\{A,B,C\}$这三个变量,则在fp-tree中只需要用一个节点表示$\{A,B,C\}$,并在该节点上记录出现次数。

(5) 应用案例:运用apriori算法进行关联规则的挖掘

在开展了两周的基于超星尔雅的"现代教育技术应用"课程在线学习之后,我们统计了部分学生的在线学习行为,本案例选择了4名学生的5种在线学习行为,分别为观看非视频资源、签到、观看微视频资源、讨论、做作业。为方便研究,将4名学生的ID号分别表示为S1、S2、S3、S4,5种学习行为分别用1、2、3、4、5来代替。表6-4和表6-5列出了这4名学生在这个时间段内的在线学习行为。

表6-4 在线学习行为编码

在线学习行为	观看非视频资源	签到	观看微视频资源	讨论	做作业
编码	GKF	QD	GK	TL	ZY

表 6-5 部分学生在线学习行为

ID	学习行为
S1	GKF GK TL
S2	QD GK ZY
S3	GKF QD GK
S4	QD ZY

表中共有 4 个事务。项集 $I=\{$GKF QD GK TL ZY$\}$。如考虑关联规则 QD→GK，即签到→观看微视频资源，事务 S2、S3、S4 都包含 QD，事务 S2、S3 同时包含 QD 和 GK，支持度 $\text{support}=\frac{2}{5}=0.4$，置信度 $\text{confidence}=\frac{2}{3}$，若给定的最小支持度 $\alpha=0.4$，最小置信度 $\beta=0.5$，关联规则 QD→GK 是有趣的，认为签到和观看微视频资源两种在线行为之间存在关联。

下面描述采用 apriori 算法寻找数据库 D 中频繁项集的过程。

设最小支持度计数为 2，即 minsupport=2，利用 apriori 算法产生候选项集及频繁项集的过程如表 6-6 所示。

① 第一次扫描。扫描数据库 D 获得每个候选项的计数，由于最小支持度计数为 2，一共删除了支持度计数为 1 的项目。可以确定频繁 1-项集的集合 L_1，如表 6-7 所示，它由具有最小支持度的候选 1-项集组成。

表 6-6 C_1

项集	支持度计数
{GKF}	2
{QD}	3
{GK}	3
{TL}	1
{ZY}	2

比较候选支持度计数与最小支持度计数 →

表 6-7 L_1

项集	支持度计数
{GKF}	2
{QD}	3
{GK}	3
{ZY}	2

② 第二次扫描。为发现频繁 2-项集的集合 L_2，使用 $L_1 \bowtie L_1$ 算法产生候选 2-项集的集合 C_2，然后根据支持度得到集合 L_2，如表 6-8 所示。

表 6-8 集合 C_2 和 L_2

C_2		C_2		L_2	
项集		项集	支持度	项集	支持度
{GKF QD}		{GKF QD}	1	{GKF GK}	2
{GKF GK}		{GKF GK}	2	{QD GK}	2
{GKF ZY}	→	{GKF ZY}	0	→ {QD ZY}	2
{QD GK}		{QD GK}	2		
{QD ZY}		{QD ZY}	2		
{GK ZY}		{GK ZY}	1		

③ 第三次扫描。使用 $L_2\infty L_2$ 算法产生候选 3-项集的集合 C_3，其产生的详细列表如下：连接 $C_3 = L_2 \infty L_2 = \{\{GKF\ GK\}, \{QD\ GK\}, \{QD\ ZY\}\} \infty \{\{GKF\ GK\}, \{QD\ GK\}, \{QD\ ZY\}\} = \{\{GKF\ GK\ QD\}, \{GKF\ GK, ZY\}, \{QD\ GK\ ZY\}\}$。

使用 apriori 性质剪枝，频繁项集的所有非空子集也必须是频繁的。例如，{GKF GK QD} 的 2-项子集是 {GKF GK}，{GKF QD}，{GK QD}。因为 {GKF QD} 和 {GK QD} 都不是 L_2 的元素，所以不是频繁的，可从 C_3 中删除 {GKF GK QD}。同理，删除子集 {QD GK ZY}。因此，剪枝 C_3 是空集，算法终止，找出了所有的频繁项集。

从表 6-8 的 L_2 可以看出：

规则 1：学习者观看非视频资源，同时也会观看微视频资源。这条规则的置信度和支持度都为 100%。

规则 2：学习者签到，则同时会观看微视频资源。这条规则置信度是 66.7%，支持度为 40%。

规则 3：学习者签到，则同时会做作业。这条规则的置信度和支持度都为 100%。

2. 社会网络分析

社会网络分析是一种研究社会结构和社会关系的方法。它的定义是：社会网络分析是一种以图论为基础，以网络为对象，以节点和边为基本元素，以结构、关系、过程和功能为主要内容，以描述、分析、解释和预测网络现象为目的的一种综合性的研究方法。

（1）社会网络分析的核心概念

① 网络（network）：由一组节点和节点之间的边组成的图形结构，表示社会实体和实体之间的关系。

② 节点（node）：也称为顶点或者演员，表示社会实体，如个人、组织、事件等。

③ 边（edge）：也称为连线或者关系，表示节点之间的联系，如友谊、合作、通信等。边可以是有向的或者无向的，表示关系的方向性；也可以是加权的或者非加权的，表示关系的强度。

④ 子网（subnetwork）：也称为子图或者分组，表示网络中的一部分节点和边，具有某种特征或者功能。

⑤ 中心性（centrality）：表示节点或者边在网络中的重要性或者影响力，有不同的度量指标，如度中心性、接近中心性、中介中心性等。

⑥ 社区（community）：也称为群体或者类别，表示网络中具有相似属性或者密切联系的一组节点，有不同的发现算法，如基于模块度优化、基于密度划分、基于标签传播等。

（2）社会网络分析的发展历程

① 第一阶段是社会网络分析的萌芽期，从 20 世纪 30 年代到 50 年代，主要涉及一些基本概念和方法的提出和应用，如 Moreno 提出了社会图和社会距离的概念，Bavelas 研究了不同网络结构对小组沟通和效率的影响，Milgram 进行了著名的"六度分隔"实验等。

② 第二阶段是社会网络分析的发展期，从 20 世纪 60 年代到 80 年代，主要涉及一些理论框架和模型的建立和完善，如 Granovetter 提出了弱联系理论，Freeman 发展了中心性指标和测量方法，Wasserman 和 Faust 编写了《社会网络分析》这本经典教材等。

③ 第三阶段是社会网络分析的扩展期，从 20 世纪 90 年代到 21 世纪初，主要涉及一些新领域和新问题的探索和解决，如 Barabási 发现了无标度网络的特征和机制，Watts 提出了

小世界网络模型和级联效应理论,Girvan 和 Newman 提出了基于模块度优化的社区发现算法等。

④ 第四阶段是社会网络分析的深入期,从 20 世纪中期至今,主要涉及一些新技术和新应用的引入和创新,如利用机器学习、自然语言处理等方法挖掘文本、语音、图像等多源异构数据中的社会网络信息,利用大数据、云计算等技术处理海量复杂动态网络数据,利用可视化、虚拟现实等技术展示和交互多维多层次网络数据,利用区块链、物联网等技术构建和管理新型智能社会网络系统等。

(3) 社会网络分析的研究内容及方法

社会网络分析的研究内容可以从宏观、中观和微观三个层次进行,分别对应整体网络结构分析、内部子结构分析和个体网络结构分析。社会网络分析的方法主要包括数据收集、数据处理、数据输入、数据分析和数据展示等步骤。

① 整体网络结构分析。整体网络结构分析是对网络的全局特征进行描述和度量,包括网络图形、网络规模、网络密度、网络直径、平均路径长度、平均度等指标。整体网络结构分析可以帮助我们了解网络的基本形态和复杂程度,以及网络中信息和资源的流动和扩散能力。

② 内部子结构分析。内部子结构分析是对网络中存在的紧密联系的小团体或者重要节点进行识别和划分,包括凝聚子群分析和核心-边缘结构分析等方法。内部子结构分析可以帮助我们发现网络中的群体特征和差异,以及不同群体或者节点之间的联系强度和作用方式。

③ 个体网络结构分析。个体网络结构分析是对网络中每个节点的位置和作用进行评估和比较,包括个体网络图形、社会网络中心度等指标。个体网络结构分析可以帮助我们识别网络中的关键节点或者意见领袖,以及他们在信息传播和资源控制方面的能力和影响力。

(4) 社会网络分析的软件工具介绍

社会网络分析是一种利用数学、图论等定量分析方法,研究社会结构的方法。为了进行社会网络分析,我们需要使用一些专门的软件工具,来收集、处理、输入、分析和展示网络数据。本部分将介绍几种常用的社会网络分析软件工具,并比较它们的特点和适用场景。

① UCINET。UCINET 是美国加州大学 Steve Borgatti 等人开发的一款功能强大的社会网络分析软件,它可以进行网络图绘制、网络基本属性和中心度计算、凝聚子群分析和核心－边缘结构分析等操作,还包括对网络假设进行检验的程序、多元统计分析工具以及数据管理和转换的工具。UCINET 可以读取文本文件或 KrackPlot、Pajek、Negopy、VNA 等格式的文件,也可以导出多种格式的文件。UCINET 适合于中小规模的网络分析,最多可以处理 32 767 个节点。

② Gephi。Gephi 是法国的 Mathieu Bastian 等人基于 Java 开发的一款开源免费的社会网络分析软件,它可以进行网络图绘制、网络基本属性和中心度计算、团体发现分析和动态数据分析等操作,特别擅长于对社会网络图的编辑、调整、渲染和动态分析,可视化效果非常出色。Gephi 可以读取 CSV、GEXF、GML、GraphML 等格式的文件,也可以导出多种格式的文件。Gephi 适合于大规模的网络分析,最多可以处理 100 万个节点。

③ Pajek。Pajek 是斯洛文尼亚卢布尔雅那大学的 Vladimir Batagelj 等人开发的一款免费但不开源的社会网络分析软件,它可以进行网络图绘制、网络基本属性和中心度计算、凝聚子群分析和核心-边缘结构分析等操作,还具有对网络演化进行模拟和动画展示的功能。Pajek 可以读取 Pajek NET、Pajek MAT、Pajek CLU 等格式的文件,也可以导出多种格式的文件。Pajek 适合于超大规模的网络分析,最多可以处理 1000 万个节点。

④ NetMiner。NetMiner 是韩国 Cyram 公司开发的一款商业化的社会网络分析软件,它可以进行网络图绘制、网络基本属性和中心度计算、凝聚子群分析和核心-边缘结构分析等操作,还包括对网络数据进行预测和分类的功能。NetMiner 可以读取 TXT、XLS、DBF 等格式的文件,也可以导出多种格式的文件。NetMiner 适合于中小规模的网络分析,最多可以处理 20000 个节点。

⑤ R igraph。R igraph 是一个 R 语言中用于进行社会网络分析的包,它提供了丰富的函数和算法来创建、修改、操作和可视化复杂网络。R igraph 可以读取多种格式的文件,也可以导出多种格式的文件。R igraph 适合于各种规模的网络分析,最多可以处理 1000 万个节点。

⑥ Python igraph。Python igraph 是一个 Python 语言中用于进行社会网络分析的包,它与 R igraph 有相同的核心库,提供了类似的函数和算法来创建、修改、操作和可视化复杂网络。Python igraph 可以读取多种格式的文件,也可以导出多种格式的文件。Python igraph 适合于各种规模的网络分析,最多可以处理 1000 万个节点。

(5)应用案例:运用社会网络分析对在线课程讨论区学习者进行互动分析

以某门在线课程在某学习阶段(1~8 周)中讨论区师生所发表的帖子作为数据源,用 Matlab 和 Microsft Excel 统计并构建 68×68、112×112 二值关系矩阵,导入 UCINET 中保存为♯♯h 文件,得到社群网络基本属性,如表 6-9 所示,并用 Netdraw 社会网络图绘制工具,生成网络社群图,如图 6-7 所示。

表 6-9 在线课程某学习阶段讨论区社会网络基本属性

阶段	节点数/个	连接数/个	密度	平均度	互惠性	连通性	网络直径	平均距离	聚类系数
整个阶段	112	263	0.0212	2.348	0.229	0.432	7	3.140	0.178

从表 6-9 可以看出,首先,讨论区社群网络密度比较小,为 0.021 2,是比较稀疏的网络。学习者身份背景的异质性,导致彼此交流的次数不多。其次,平均度是指每位学习者平均与他人发生交互的次数。互惠性是指学习者之间发生双向交互的比率。整个社群网的互惠性不高,仅有 22.9% 的学员发生了双向交互关系,说明整个讨论区大部分讨论还是以单向提问与解答为主,缺乏反复交流进而达到知识的深入理解。最后,平均距离是指两个学员之间要通过多少个其他学员产生联系,社群网络的平均距离为 3.140,网络直径是平均距离的 2 倍多,说明讨论区学习者之间交叉联系较少,两个学习者要通过多个其他学习者才能产生联系,学员发布的帖子只得到少数联系紧密的学员的回复,影响范围较小。

图 6-7 显示,社群网络中存在少数网络中心节点,如张永民、道聚、Acusp、Caronline、amy120728gmailcom 和慕课君的萌宠等,他们是讨论区中的核心人物,他们对社群网络的维

持与建构起到关键作用。另外,在讨论区整个阶段的社群图中,有2个孤立学习者,他们没有和任何人产生联系。

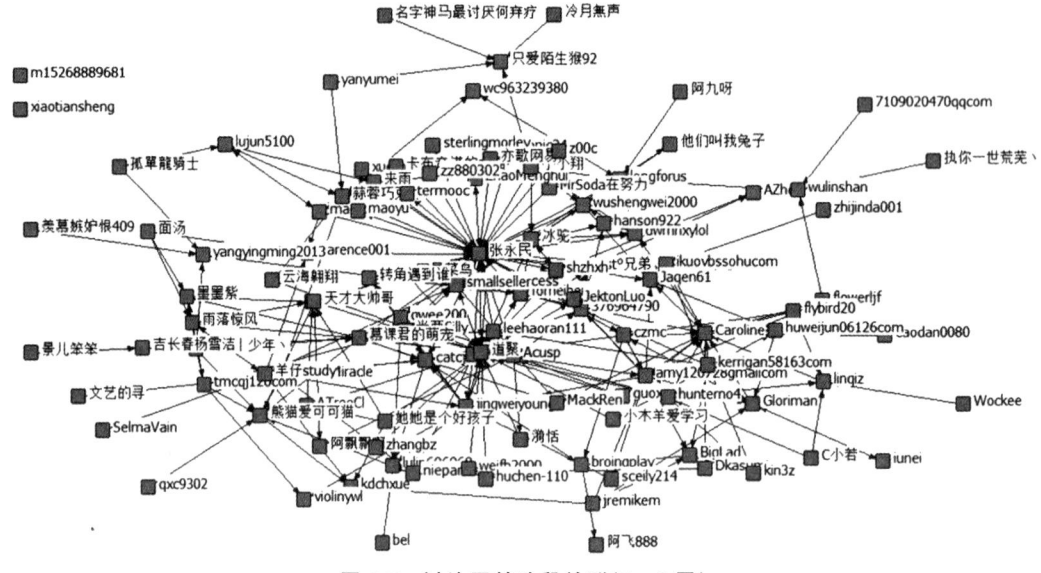

图 6-7 讨论区某阶段社群(1~8周)

通过 Ucinet 对讨论区进行学习团体分析,设定派系学习者数最小值为3,结果显示,讨论区共产生了54个派系,包括74个学习者,即有66.07%的学习者属于派系范畴,其中张永民老师出现在21个派系中,占派系总数的38.89%,表明在讨论区发展的过程中,有越来越多的学习者加入了学习小团体。整个社群网络的派系成员数基本上是3个或4个,没有大规模的子群出现,说明学习者之间的互动交流比较分散。

利用 Ucinet 软件对社群进行核心-边缘分析,得出核心学习者有 1st°兄弟、这辈子依靠、376964790、Acusp、amy120728gmailcom、Caroline、catcjx、czmc、dwmhxylol、Gloriman、hunterno4、jingweiyoung、qwee200、冰驼、道聚、慕课君的萌宠、张永民等17位,占成员总数的15.18%,边缘成员占84.82%。表明有80%以上学习者处于边缘位置,扮演着"网络隐客"的角色。

6.3 数据挖掘与可视化工具的应用

6.3.1 数据挖掘工具介绍与比较

1. SPSS 的应用

SPSS(statistical package for the social sciences)是一款功能强大且广泛使用的数据挖掘工具,如图 6-8 所示。它提供了全面的功能和工具,使得用户可以进行数据预处理、统计分析、数据挖掘建模和可视化展示。下面将详细介绍 SPSS 的应用。

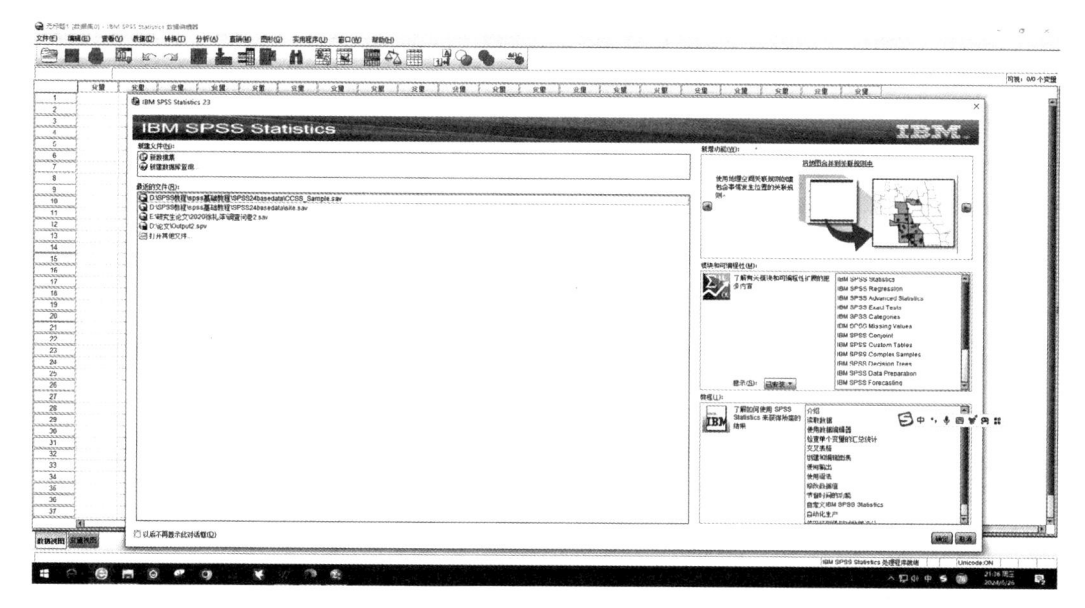

图 6-8　SPSS 软件启动界面

（1）数据预处理

① 数据清洗：

A. 重复值处理。SPSS 可以帮助用户检测和处理数据中的重复值。用户可以使用内置的功能来标识和删除重复的数据记录，确保数据集中的每个观测都是唯一的。

B. 缺失值处理。SPSS 提供了多种处理缺失值的方法，包括删除含有缺失值的观测、替换缺失值为平均值或中位数、使用插补方法等。用户可以根据数据的特点选择适当的缺失值处理方法，保证数据的完整性和准确性。

C. 异常值检测。SPSS 支持异常值的检测和处理。用户可以使用统计方法或图形化方法来识别数据中的异常值，并根据需要进行修正或删除，确保数据的可靠性和准确性。

② 数据转换：

A. 数据格式转换。SPSS 可以帮助用户将数据从一个格式转换为另一个格式。例如，将字符型数据转换为数值型数据，或将日期数据转换为特定的日期格式。这对于后续的数据分析和挖掘是非常重要的。

B. 变量重编码。SPSS 允许用户对分类变量进行重编码，将其转换为虚拟变量或数值编码，以便于进行统计分析和建模。

C. 离散化。在某些情况下，将连续变量离散化为离散类别，可以更好地揭示数据中的模式和关联。SPSS 提供了离散化的功能，用户可以根据数据的特点将连续变量划分为不同的区间或类别。

D. 标准化。SPSS 支持对数据进行标准化，使得不同变量具有相同的尺度。标准化可以消除不同变量之间的量纲差异，更好地进行数据分析和模型建立。

数据预处理在数据挖掘过程中起着至关重要的作用。它可以帮助清洗和修复数据集中的错误和问题，确保数据的质量和完整性。同时，数据预处理还可以将数据转换为适合于特定分析和挖掘方法的格式，减少数据分析的误差和偏差，提高模型的准确性和可靠性。

SPSS作为一种强大的数据分析工具，提供了丰富的功能和选项，支持用户进行灵活且高效的数据预处理操作。

（2）统计分析

在SPSS中，统计分析是数据挖掘和分析的重要组成部分。SPSS提供了丰富的统计分析方法和功能，可以帮助用户从数据中获取有关样本和总体特征的信息。下面将详细介绍SPSS中统计分析的主要内容。

① 描述统计：

A. 中心趋势测量。SPSS可以计算数据的均值、中位数和众数等中心趋势测量指标。这些指标可以帮助用户了解数据的集中程度和典型值。

B. 离散程度测量。SPSS可以计算数据的标准差、方差和四分位差等离散程度测量指标。这些指标可以揭示数据的变异程度和分散程度。

C. 频数统计。SPSS可以生成频数表和频数图，展示不同类别的频数和百分比。这有助于了解数据的分布情况和分类特征。

② 推断统计：

A. 假设检验。SPSS支持多种假设检验方法，例如 t 检验、方差分析、卡方检验和相关性检验等。用户可以根据不同的研究问题和数据类型选择合适的假设检验方法，评估样本数据是否与假设一致。

B. 置信区间估计。SPSS可以计算参数的置信区间，用于估计总体参数的范围。置信区间提供了对总体特征的区间估计，增强了对研究结果的信心。

C. 方差分析。SPSS支持单因素方差分析和多因素方差分析。用户可以通过方差分析方法比较多个组之间的差异，以及因素对观测值的影响程度。

③ 多元分析：

A. 主成分分析。SPSS可以进行主成分分析，通过降维将高维数据转换为低维数据，并提取主要成分。这有助于减少数据的复杂性，识别数据中的主要变量和结构。

B. 因子分析。SPSS支持因子分析，用于发现数据中的潜在因子和变量之间的关系。因子分析可以帮助用户理解数据的维度和结构。

C. 聚类分析。SPSS提供了聚类分析的功能，可以将相似的数据样本聚集成不同的簇。聚类分析可以帮助用户识别数据中的群组结构和分类特征。

统计分析在数据挖掘过程中扮演着重要的角色。它可以帮助用户了解数据的基本统计特征、评估样本数据的代表性、揭示变量之间的关联性和差异性。SPSS作为一款功能强大的统计分析工具，提供了多种统计方法和指标，可以根据用户的需求进行灵活和全面的数据分析。

（3）数据挖掘算法

在SPSS中，数据挖掘算法是进行模式识别、预测和分类的关键工具。SPSS提供了多种数据挖掘算法，可以帮助用户从数据中发现隐藏的模式和规律。下面将详细介绍SPSS中数据挖掘算法的主要内容。

① 关联规则挖掘：

A. 频繁项集挖掘。SPSS可以帮助用户识别数据集中的频繁项集，即经常同时出现的项的组合。这对于市场篮子分析、交叉销售和推荐系统等应用非常有用。

B. 关联规则发现。SPSS 支持根据频繁项集发现关联规则,即不同项之间的关联关系。用户可以根据支持度、置信度和提升度等指标来评估和筛选关联规则,以获取有意义的关联关系。

② 聚类分析:

A. k-means 聚类算法。SPSS 提供了 k-means 聚类算法,可以将样本数据划分为不同的簇。用户可以根据数据的特点选择适当的聚类数目,通过最小化样本间的距离来实现聚类。

B. 层次聚类。SPSS 支持层次聚类算法,可以通过计算样本间的相似性或距离来构建聚类树。用户可以根据树的结构和截断准则来确定最终的聚类结果。

③ 分类与预测:

SPSS 提供了决策树算法,可以根据数据的特征和目标变量构建决策树模型。决策树模型可以帮助用户理解数据的分类规则和影响因素,并用于预测新样本的分类。

A. 朴素贝叶斯。SPSS 支持朴素贝叶斯算法,通过基于贝叶斯定理的概率模型进行分类。朴素贝叶斯模型假设各个特征之间是独立的,可以处理大规模的特征和类别。

B. 逻辑回归。SPSS 可以进行逻辑回归分析,用于建立二元或多元的逻辑回归模型。逻辑回归模型可以用于预测二元或多元的分类结果,并分析各个变量对结果的影响。

C. 支持向量机。SPSS 支持向量机算法,可以进行二元或多元的支持向量机分类和回归分析。支持向量机模型通过找到最佳的超平面来实现数据的分类和预测。

④ 文本挖掘:

A. 文本分类。SPSS 可以进行文本分类分析,将文本数据分为不同的类别。用户可以通过提取文本特征和应用分类算法来实现文本分类任务,如情感分析、主题分类等。

B. 文本聚类。SPSS 支持文本聚类分析,将相似的文本数据聚集成不同的簇。文本聚类可以帮助用户理解文本数据的结构和关联。

数据挖掘算法在 SPSS 中提供了丰富的功能和选项,可以根据不同的数据类型和分析目的选择适当的算法。它们可以帮助用户发现数据中的潜在模式、建立预测模型和分类模型,并支持决策和战略制定。

(4) 模型建立与评估

在 SPSS 中,模型建立与评估是数据挖掘和分析的重要环节。SPSS 提供了丰富的模型建立和评估工具,可以帮助用户构建各种预测模型和分类模型,并评估模型的性能和准确度。下面将详细介绍 SPSS 中模型建立与评估的主要内容。

① 模型建立:

A. 线性回归模型。SPSS 支持线性回归模型的建立和参数估计。用户可以选择自变量和因变量,通过最小二乘法估计回归系数,并进行模型诊断和解释。

B. 逻辑回归模型。SPSS 可以帮助用户建立二元逻辑回归模型或多元逻辑回归模型。逻辑回归模型用于预测二元结果或多元分类结果,并提供变量的影响程度和统计显著性。

C. 决策树模型。SPSS 支持决策树模型的构建,通过选择最佳分裂变量和分裂点来生成树形结构。决策树模型可以帮助用户理解变量之间的关系,并进行分类和预测。

D. 预测模型。SPSS 提供了多种预测模型的建立方法,例如神经网络、支持向量机、贝叶斯网络等。这些模型可以用于预测连续值或离散值输出,并具有较强的泛化能力。

② 模型评估：

A. 模型性能指标。SPSS 可以计算各种模型性能指标，例如均方误差、准确率、召回率、F1 值等。这些指标可以评估模型的准确性、稳定性和可靠性。

B. 交叉验证。SPSS 支持交叉验证方法，用于评估模型在不同样本划分下的性能。通过将数据集分成训练集和测试集，并多次重复进行模型训练和测试，可以更准确地评估模型的泛化能力。

C. ROC 曲线和 AUC。SPSS 可以绘制 ROC 曲线，并计算曲线下面积（area under curve，AUC）。ROC 曲线用于评估二元分类模型的性能，AUC 越接近 1，模型性能越好。

D. 混淆矩阵。SPSS 可以生成分类模型的混淆矩阵，展示实际类别和预测类别之间的关系。混淆矩阵可以帮助用户了解模型的分类准确度和误差类型。

③ 模型优化与改进：

A. 变量选择。SPSS 提供了多种变量选择方法，例如逐步回归、岭回归和 Lasso 回归等。这些方法可以帮助用户选择对模型预测能力最强的变量，并简化模型结构。

B. 参数调整。SPSS 支持参数调整方法，例如网格搜索和交叉验证。用户可以通过调整模型参数，优化模型的性能和泛化能力。

C. 模型比较。SPSS 提供了不同模型之间的比较方法，例如赤池信息量准则（Akaike information criterion，AIC）和贝叶斯信息准则（Bayesian information criterion，BIC）。这些方法可以帮助用户选择最合适的模型，并进行模型选择和比较。

模型建立与评估是数据挖掘过程中的关键步骤。SPSS 作为一款功能强大的数据分析工具，提供了多种模型建立和评估的方法，支持用户根据数据的特点和研究目标选择合适的建模技术，并对模型进行全面的评估和优化。

（5）可视化展示

在 SPSS 中，可视化展示是数据挖掘和分析过程中重要的一环。通过可视化，用户可以以图表、图形和报告的形式呈现数据分析的结果，更直观地理解数据的特征和趋势。下面将详细介绍 SPSS 中可视化展示的主要内容。

① 图表和图形：

A. 柱状图。SPSS 可以生成柱状图，用于展示分类变量的频数或百分比。柱状图直观地比较不同类别之间的差异。

B. 折线图。SPSS 可以生成折线图，用于展示随时间或顺序变化的变量。折线图可以揭示变量的趋势和变化规律。

C. 散点图。SPSS 可以生成散点图，用于展示两个连续变量之间的关系。散点图可以显示变量之间的相关性和分布情况。

D. 箱线图。SPSS 可以生成箱线图，用于展示连续变量的分布和离群值。箱线图提供了数据的五数概括和异常值的信息。

② 报告和摘要：

A. 报告生成。SPSS 提供了生成详细报告的功能。用户可以根据需要选择合适的报告模板，并将分析结果以清晰、易懂的方式呈现。报告中可以包括图表、统计指标、结果解释和相关分析说明等内容。

B. 摘要统计表。SPSS 可以生成摘要统计表，包括描述统计、推断统计和多元分析的结果。摘要统计表提供了对数据的整体概括和重要指标的汇总。

③ 数据可视化操作：

A. 图形编辑。SPSS 允许用户对生成的图表和图形进行编辑和定制。用户可以调整图形的颜色、线型、标签和图例等属性，以满足个性化的展示需求。

B. 交互式可视化。SPSS 支持交互式可视化，用户可以通过简单的操作进行数据筛选、变量切换和图表切换，以动态地探索数据的不同视角。

（6）SPSS 相对于其他工具的优势

SPSS 在数据挖掘领域相对于其他数据挖掘工具具有以下优势：

① 广泛的功能和工具。SPSS 提供了丰富的功能和工具，涵盖了数据预处理、统计分析、数据挖掘建模和结果可视化等多个方面。用户可以在同一个平台上完成整个数据挖掘流程，无需切换不同的工具，提高了工作效率。

② 易于学习和使用。SPSS 具有友好的用户界面和直观的操作，使得用户可以快速上手并进行数据挖掘分析。它提供了图形化的界面，以及易于理解和使用的菜单、工具栏和对话框，无编程经验者也能进行高质量的数据挖掘工作。

③ 强大的数据处理能力。SPSS 提供了多种数据预处理的功能和选项，可以帮助用户清洗、转换和处理数据。它支持处理大规模数据集，并且能够处理各种数据类型，包括数值型、分类型和文本型数据等。此外，SPSS 还提供了处理缺失值、重复值和异常值的方法，确保数据的质量和完整性。

④ 多样化的统计分析方法。SPSS 拥有广泛的统计分析方法，包括描述统计、推断统计、多元分析和时间序列分析等。用户可以根据研究问题的不同选择合适的统计方法，并通过图表、报表和摘要等形式展示分析结果。这使得用户能够全面理解数据的特征和趋势，支持决策和预测。

⑤ 强大的建模和预测能力。SPSS 支持各种建模和预测方法，包括关联规则挖掘、聚类分析、分类与预测等。用户可以使用这些方法构建准确的预测模型，识别数据中的模式和关联，并进行预测和决策。SPSS 还提供了模型评估和优化的工具，帮助用户改进模型性能和精度。

⑥ 丰富的可视化展示功能。SPSS 具有丰富的图表和图形展示功能，用户可以轻松生成各种类型的图表，包括柱状图、折线图、散点图和箱线图等。此外，SPSS 还支持生成报告和摘要，以清晰、简洁的方式呈现分析结果，方便用户进行沟通和共享。

SPSS 相对于其他数据挖掘工具具有易学易用、全面的功能和工具、强大的数据处理能力、多样化的统计分析方法、强大的建模和预测能力以及丰富的可视化展示功能等优势。这使得 SPSS 成为数据挖掘和分析领域的一种首选工具，适用于各种应用场景和数据挖掘任务。

2. Python 的应用

Python 是一种强大的编程语言，广泛应用于数据挖掘和可视化领域。Python 具有丰富的数据处理和分析库，使其成为数据挖掘工具的首选之一。以下是 Python 在数据挖掘中常用的工具和库的介绍。

（1）NumPy

NumPy（Numerical Python）是 Python 中的一个核心库，提供了高性能的多维数组对象和对数组进行操作的丰富函数。以下是 NumPy 在数据挖掘中的应用介绍：

① 多维数组操作。NumPy 的核心功能是多维数组操作。NumPy 的数组对象（ndarray）是一个可以容纳相同类型数据的多维容器。这使得 NumPy 非常适合处理大规模的数值数据。通过 NumPy，可以轻松地创建、操作和计算多维数组，执行诸如索引、切片、重塑、排序和统计等操作。

② 数值计算和向量化操作。NumPy 提供了丰富的数值计算函数，如加法、减法、乘法、除法、指数、对数等。这些函数能够对整个数组进行元素级别的操作，无需显式地编写循环。这种向量化操作使得计算变得更加高效和简洁，特别适用于大规模的数据计算和数值模型的实现。

③ 数据存储和加载。NumPy 提供了用于数据存储和加载的函数。可以将 NumPy 数组保存为磁盘上的二进制文件或文本文件，方便后续的数据共享和使用。此外，NumPy 还支持从各种文件格式（如 CSV、Excel）中加载数据到数组中，以便进行数据挖掘任务的处理和分析。

④ 随机数生成。NumPy 具有强大的随机数生成功能，可以生成符合各种概率分布的随机数。这在模拟实验、数据采样和模型评估等任务中非常有用。NumPy 的随机数生成器提供了多种分布函数和随机数生成方法，如均匀分布、正态分布、泊松分布等。

⑤ 数学和统计分析。NumPy 提供了许多数学和统计函数，使得对数据进行统计分析和数学运算变得更加简单。可以使用 NumPy 计算均值、方差、标准差、最大值、最小值等统计指标。此外，NumPy 还提供了线性代数运算、傅里叶变换、排序和搜索等功能，为数据挖掘任务提供了广泛的数学和统计支持。

NumPy 在 Python 中是数据挖掘领域不可或缺的工具之一。它提供了高效的多维数组操作、数值计算和向量化操作的功能。同时，NumPy 还支持数据存储和加载、随机数生成以及丰富的数学和统计。

（2）Pandas

Pandas 是一个非常重要的库。它提供了高效的数据处理和分析功能，使得数据的清洗、转换和整合变得更加容易。以下是 Pandas 的主要特点和应用：

① 数据结构。Pandas 引入了两种主要的数据结构：Series 和 DataFrame。Series 是一维标记数组，类似于带有标签的 NumPy 数组。DataFrame 是二维标记数据结构，类似于表格或电子表格，其中的数据以列的形式组织。这些数据结构使得数据的处理和分析更加灵活和方便。

② 数据读取与写入。Pandas 支持各种常见数据格式的读取和写入，包括 CSV、Excel、SQL 数据库、JSON 等。通过简单的函数调用，可以轻松地从文件或数据库中加载数据，并将处理后的结果保存为不同的格式。这使得数据的获取和交互变得非常便捷。

③ 数据清洗和转换。Pandas 提供了丰富的函数和方法来进行数据清洗和转换。它可以处理缺失值、重复值、异常值等数据质量问题。此外，Pandas 还支持数据的筛选、排序、分组、合并等操作，使得数据的预处理和整合更加高效和方便。

④ 数据探索和分析。Pandas 具有强大的数据探索和分析功能。它可以执行各种统计计算，如均值、中位数、标准差等。Pandas 还支持数据的透视表、交叉表和分组聚合操作，以便进行更深入的数据分析和汇总。这些功能有助于了解数据的特征和分布。

⑤ 特征工程。在数据挖掘中，特征工程是一个重要的步骤。Pandas 提供了强大的特征

处理和工程化功能。它可以进行特征的提取、转换、选择和生成,以便为机器学习模型提供有意义的输入。这些功能使得特征工程变得更加高效和灵活。

Pandas 是 Python 中一个强大而灵活的数据处理和分析库,它在数据挖掘中扮演着重要的角色。通过 Pandas,我们可以轻松地加载、清洗、转换和分析数据,为后续的建模和可视化提供良好的数据基础。无论是初步数据处理还是深入的数据分析,Pandas 都提供了丰富的功能和方法,使得数据挖掘工作更加高效和便捷。

(3) Scikit-learn

Scikit-learn 是 Python 中广泛使用的机器学习库,它提供了一系列的机器学习算法和工具,使得数据挖掘任务变得更加简单和高效。下面将详细介绍 Scikit-learn 在数据挖掘中的应用:

① 数据预处理。Scikit-learn 提供了丰富的数据预处理功能,包括数据清洗、特征缩放、特征编码等。例如,通过使用"Imputer"类可以填补缺失值,使用"MinMaxScaler"和"StandardScaler"可以进行特征缩放,使用"LabelEncoder"和"OneHotEncoder"可以进行特征编码。这些预处理步骤可以使数据更适合机器学习算法的输入。

② 特征选择。在数据挖掘中,选择合适的特征对于建立高性能的模型至关重要。Scikit-learn提供了多种特征选择方法,包括基于统计的方法、基于模型的方法和基于迭代的方法。例如,"SelectKBest"使用统计方法选择前 k 个最佳特征,RFE(recursive feature elimination)使用递归特征消除选择重要特征。这些方法可以提高模型的准确性和泛化能力。

③ 模型训练和评估。Scikit-learn 支持各种监督学习和无监督学习算法,包括回归、分类、聚类等。可以使用 Scikit-learn 中的算法对象,如"LinearRegression""DecisionTreeClassifier""KMeans"等,进行模型的训练和预测。此外,Scikit-learn 提供了丰富的评估指标和交叉验证方法,帮助评估模型的性能和选择最佳的模型。

④ 模型调优。通过调整模型的超参数,可以进一步改善模型的性能。Scikit-learn 提供了多种调优方法,如网格搜索(GridSearchCV)和随机搜索(RandomizedSearchCV)。这些方法可以自动化地搜索最佳的超参数组合,以获得更好的模型性能。

⑤ 模型部署。Scikit-learn 的模型可以方便地进行保存和加载,以便在生产环境中部署和使用。可以使用"pickle"模块将模型保存为文件,并在需要时加载并进行预测。

Scikit-learn 是一个功能强大且易于使用的机器学习库,提供了广泛的功能和算法来支持数据挖掘任务。无论是数据预处理、特征选择、模型训练还是模型调优,Scikit-learn 都为用户提供了丰富的工具和方法。

它简洁的 API 和丰富的文档使得使用和学习变得更加容易,也使其成为了 Python 中数据挖掘领域的首选工具之一。

(4) Matplotlib

当谈到数据可视化时,Matplotlib 是 Python 中最常用的库之一。Matplotlib 提供了广泛的绘图功能,使用户能够创建各种类型的图表,从简单的折线图和散点图到复杂的可视化的 3D 图形和地图。以下是 Matplotlib 的一些重要特点和功能:

① 绘图样式和外观。Matplotlib 允许用户灵活地定制图表的样式和外观。用户可以设置线条颜色、点的大小、标签字体等,以创建符合需求的图表。此外,Matplotlib 还提供了多

种预设样式,如经典风格、科学风格等,方便用户快速应用适合的图表样式。

②多种图表类型。Matplotlib 支持绘制多种图表类型,包括线图、散点图、柱状图、饼图、箱线图、等高线图等。无论是数据的分布展示、趋势分析还是比较不同类别的数据,Matplotlib 都能满足需求。

③多子图和布局。Matplotlib 允许用户创建多个子图,并灵活地对它们进行布局。用户可以使用 subplot 函数将图表划分为多个均匀分布的子图,或者使用 GridSpec 对象实现更复杂的布局。这使得在一个图像中同时展示多个相关的图表成为可能。

④3D 可视化。除了基本的二维图表,Matplotlib 还支持创建三维图表和曲面图。用户可以使用 mplot3d 模块绘制三维散点图、曲线图和表面图,用于呈现具有三个或更多维度的数据。

⑤动画和交互性。Matplotlib 具有动画和交互性的功能,使得图表能够在可视化过程中进行动态更新或与用户进行交互。用户可以通过使用 FuncAnimation 类创建简单的动画,也可以使用鼠标事件和自定义回调函数实现与图表的交互。

Matplotlib 提供了广泛的绘图功能和灵活的图表定制选项,使用户能够根据自己的需求创建出具有专业外观和高度可读性的图表。无论是数据分析、报告生成还是学术研究,Matplotlib 都是 Python 中不可或缺的数据可视化工具之一。

(5) Seaborn

Python 中的 Seaborn 库是一个强大的工具,它建立在 Matplotlib 之上,并提供了更高级的数据可视化功能。下面是 Seaborn 库在数据挖掘中的一些常见应用和功能:

①统计可视化。Seaborn 专注于统计可视化,提供了许多简单而强大的统计图表的函数和方法。这些函数使得绘制常见的统计图表,如条形图、箱线图、热力图、小提琴图等变得简单和直观。

②分布可视化。Seaborn 提供了各种方法来分布可视化数据。例如,使用 Seaborn 的 distplot 函数可以绘制直方图和核密度估计图,帮助我们了解数据的分布情况。Seaborn 还提供了其他分布可视化的功能,如 rugplot 和 kdeplot。

③线性关系可视化。Seaborn 提供了绘制线性关系的图表的功能,帮助我们分析变量之间的关系。例如,Seaborn 的 regplot 函数可以绘制带有线性回归模型的散点图,并显示拟合的趋势线。此外,Seaborn 还提供了绘制两个变量之间关系的其他图表,如 lmplot 和 jointplot。

④分类数据可视化。Seaborn 提供了用于可视化分类数据的方法。例如,Seaborn 的 barplot 函数可以绘制条形图,显示不同类别的值之间的比较。此外,Seaborn 还提供了其他分类数据可视化的功能,如 countplot 和 pointplot。

⑤矩阵数据可视化。Seaborn 提供了可视化矩阵数据的功能。例如,Seaborn 的 heatmap 函数可以绘制热力图,用不同颜色表示矩阵中值的大小。Seaborn 还提供了用于可视化矩阵数据的其他图表,如 clustermap 和 pairplot。

⑥配色方案和样式。Seaborn 提供了各种内置的配色方案和样式,使得绘制的图表更加美观和专业。通过简单的设置,可以更改图表的颜色、字体、线条风格等,以满足特定的可视化需求。

Seaborn 是 Python 中一个强大的数据可视化库,提供了丰富的统计可视化功能。它简化了数据挖掘中的可视化任务,并通过其内置的配色方案和样式使得图表更具吸引力。使用 Seaborn,我们可以轻松地探索和呈现数据的各个方面,从而更好地理解数据的特征和关系。

3. R 语言的应用

(1) R 语言主要工具包简介

R 语言是一种广泛应用于数据挖掘和统计分析的编程语言。它提供了许多强大的数据挖掘和可视化工具,下面介绍 R 语言主要的工具包。

① Rattle。Rattle 是一个基于 R 语言的数据挖掘工具集,提供了一个图形化界面,使用户能够通过拖放方式进行数据预处理、特征选择、模型构建和评估等任务。Rattle 内置了多种算法,包括决策树、聚类、关联规则等,可以帮助用户快速进行数据挖掘分析。

② Caret。Caret 是一个用于分类和回归分析的 R 包,提供了一种统一的接口,可以方便地访问和使用各种机器学习算法,包括支持向量机、随机森林、神经网络等。Caret 还提供了模型评估和参数调优等功能,使用户能够更好地理解和改进他们的模型。

③ ggplot2。ggplot2 是 R 语言中用于数据可视化的一个重要的工具包。它基于图形语法,提供了一种灵活而强大的方式来创建各种统计图表,如散点图、折线图、柱状图等。ggplot2 的设计理念是通过构建图层(layer)的方式来表示数据和可视化元素的关系,使用户能够轻松地进行定制和扩展。

④ Shiny。Shiny 是 R 语言中用于构建交互式 Web 应用程序的工具包。它使用户能够通过简单的 R 代码创建具有响应式布局和交互性的数据可视化应用。Shiny 提供了丰富的 UI 组件和交互控件,如滑块、下拉菜单、复选框等,用户可以利用这些组件来构建交互式的数据挖掘工具和可视化应用。

⑤ Dplyr。Dplyr 是一个用于数据处理和操作的 R 包,它提供了一组简洁而高效的函数,用于数据的筛选、变换、汇总和重塑。Dplyr 的设计目标是提供一种直观且一致的语法,使用户能够以一种流畅的方式进行数据操作。它可以与其他 R 包(如 ggplot2 和 tidyr)无缝配合,实现数据的整理和可视化。

这些工具包为数据挖掘和可视化方面的应用提供了丰富的工具和功能,使用户能够高效地进行数据分析和探索,并生成具有解释性和可视化效果的结果。

(2) 主要应用

R 语言是一种功能强大的统计计算和数据分析工具,被广泛应用于数据挖掘和可视化领域。以下是 R 语言在数据挖掘中的主要应用:

① 数据处理和清洗。R 语言提供了丰富的数据处理和清洗函数,可以对数据进行预处理、清洗、重塑和合并等操作。它支持各种数据格式的读取和写入,包括 CSV、Excel、SQL 数据库等。R 语言也提供了强大的数据结构和向量化操作,使得数据处理变得高效且易于实现。

② 统计分析。R 语言内置了丰富的统计分析函数和包,可以进行各种统计分析任务,如描述性统计、假设检验、回归分析、时间序列分析等。这些功能使得 R 语言成为科学研究和数据分析的首选工具之一。

③ 机器学习。R 语言在机器学习领域有着广泛的应用。它提供了多个机器学习库和算法实现,如 caret、randomForest、glmnet 等,可以用于分类、回归、聚类、降维等任务。R 语

言还支持交叉验证、模型选择和调参等功能,方便用户进行机器学习模型的建立和评估。

④ 可视化。R 语言拥有丰富的数据可视化能力,可以创建各种类型的图表和可视化效果。ggplot2 是 R 语言中最受欢迎的可视化工具包之一,它提供了灵活而强大的图形语法,使得用户可以轻松地生成高质量的统计图表。R 语言还支持交互式可视化,通过包括 plotly 和 shiny 在内的工具,用户可以创建交互式图表和可视化应用程序。

⑤ 文本挖掘。R 语言在文本挖掘和自然语言处理方面也有一定的应用。它提供了处理文本数据的函数和包,可以进行文本预处理、文本分析、情感分析、主题建模等任务。tm 和 quanteda 是 R 语言中常用的文本挖掘包。

总的来说,R 语言在数据挖掘中的应用广泛且灵活,具有丰富的统计分析和机器学习功能,同时支持高质量的数据可视化和文本挖掘。这些特性使得 R 语言成为数据科学家和分析师们进行数据挖掘和可视化工作的首选工具之一。

4. SPSS、Python 和 R 语言三种工具在教育数据挖掘中的应用比较

SPSS、Python 和 R 语言是在教育数据挖掘中广泛应用的三种工具。它们各自具有一些特点和优势,以下是它们在教育数据挖掘中应用的比较:

① SPSS 适合初学者和非技术背景的用户,它提供了简单易用的界面和内置的统计分析功能,但对于复杂的数据处理和高级分析可能有一定限制。

② Python 是一种通用的编程语言,具有广泛的数据处理、分析和机器学习库,适用于各种教育数据挖掘任务。Python 易于学习和使用,并且具有活跃的社区支持。

③ R 语言具有丰富的统计分析和数据可视化功能,适合对数据进行深入分析和建模。然而,学习 R 语言可能需要一定的编程知识,并且需要花费时间来熟悉其语法和生态系统。

选择适合的工具取决于用户的需求、技术背景和个人偏好。如果用户是初学者或对编程不太熟悉,可以首先尝试使用 SPSS 进行基本的统计分析。如果需要更多的灵活性和扩展性,可以选择学习 R 语言或 Python,并根据具体的任务和需求选择相应的库和工具。

6.3.2 数据可视化工具与技术

1. 可视化图表的选择与设计原则

数据可视化是一种重要的工具,用于将大量的数据呈现为易于理解和解释的图表形式。在数据挖掘过程中,正确选择和设计可视化图表是确保有效传达数据信息的关键。本节将介绍可视化图表的选择与设计原则,以帮助数据挖掘与可视化工具的应用者在展示数据方面做出明智的决策(马世权,2020;知达数据,2020)。

(1) 数据类型和目标分析

在选择可视化图表时,需要考虑所处理数据的类型和所要实现的目标分析。常见的数据类型包括数值型、分类型和时间序列型数据。对于数值型数据,直方图、折线图和散点图等图表可以用于展示数据的分布、趋势和相关性。分类型数据则适合使用条形图、饼图和热力图等图表来表示类别间的比较和关系。而时间序列型数据通常使用线图、面积图和箱线图等图表来揭示数据随时间的变化关系。

（2）数据的维度和关系

图表的选择应考虑数据的维度和关系。如果数据包含多个维度，例如多个变量或属性，那么散点图、平行坐标图和雷达图等多维图表可以帮助揭示各个维度之间的关系和趋势。此外，网络图和关系图等图表可以有效地展示数据中的关联和网络结构。

（3）简洁性与清晰度

在图表设计过程中，简洁性和清晰度是至关重要的原则。图表应尽可能简洁，避免冗余信息和视觉干扰，以确保观察者能够迅速理解数据的核心内容。关键信息应突出显示，例如通过使用颜色、标签和线条粗细等来强调重要数据点或趋势。此外，图表的坐标轴标签、图例和标题等元素应清晰明了，以便读者准确理解图表的含义。

（4）可比性和可解释性

图表的选择和设计应鼓励数据的比较和解释。相关数据应在同一图表中进行比较，以便观察者能够准确分析数据之间的关系和差异。此外，图表应提供足够的上下文信息，使观察者能够理解数据的含义和背景。图表的标题和注释应明确说明数据来源、单位和任何特定的分析方法，以确保图表的解释性和可信度。

（5）视觉效果与交互性

视觉效果和交互性可以增强可视化图表的吸引力和功能性。使用适当的颜色、字体和图形元素可以提升图表的美观度，并吸引观察者的注意力。此外，交互功能（如缩放、筛选和动态效果等）可以使观察者更深入地探索数据，发现更多隐藏的模式和见解。

2. Tableau 的应用

Tableau 是一款功能强大的交互式数据可视化工具，它能够帮助用户以直观的方式理解和分析复杂的数据集。Tableau 提供了丰富的可视化选项，包括图表、图形和地图等，使用户能够通过简单的拖放操作创建交互式的数据可视化。友好的界面和强大的功能使得 Tableau 成为学术界和工业界广泛采用的数据可视化工具之一。

（1）Tableau 的特点与优势

Tableau 的成功在于其独特的特点和卓越的性能，下面将重点介绍其在数据挖掘与可视化工具中的优势。

① 强大的数据连接能力。Tableau 支持多种数据源的连接，包括关系型数据库、多维数据库、云端数据和 Excel 等。通过简单的拖放操作，用户可以轻松地将数据源导入到 Tableau 的工作区中，并进行数据的整合和清洗。这种灵活的数据连接能力使得用户能够更好地探索和分析不同来源的数据，为决策提供有力支持。

② 交互式和实时的可视化分析。Tableau 提供了丰富的可视化选项，包括条形图、散点图、地图、仪表盘等，使用户能够根据数据的特点选择合适的可视化方式。此外，Tableau 的交互式特性使得用户可以自由地探索数据，并根据需求对数据进行过滤、排序和切片等操作，从而发现数据背后的模式和趋势。同时，Tableau 还支持实时数据的可视化，使用户能够及时了解数据的变化。

③ 敏捷的分析和决策支持。Tableau 的强大计算和分析功能使得用户能够在快速变化的环境中迅速获取数据的洞察力。通过 Tableau 的可视化工具，用户可以对数据进行实时分析和挖掘，并快速生成直观的可视化报告。这种敏捷的分析能力使得决策者能够及时做出决策，并根据数据的反馈进行调整。

（2）Tableau在教育领域中的应用案例

Tableau在教育领域可以起到很多作用，例如：帮助教师和学生通过可视化和交互式的方式探索和理解数据，提高数据分析和沟通的能力；帮助教育管理者和决策者通过仪表盘和报告来监测和评估教育质量、学生表现、资源分配等方面的情况，提高教育效率和效果；帮助教育研究者和学者分析和挖掘大量的教育数据，发现新的知识和见解，推动教育创新和改革等。

休斯顿凯蒂独立学区（Katy Independent School District）是美国得克萨斯州最大的学区之一，拥有超过8万名学生和10万名员工。该学区使用Tableau来整合多个系统中的数据，加速制作出强大的仪表板来解答关键问题。例如：

① 该学区使用Tableau来分析每个校区、每所学校、每个年级、每个班级，甚至每个学生的考试成绩，每名教师都可以按班级和学生对考试成绩进行长期跟踪。左侧表格标出最近一次考试中的异常值，使教师知道哪些学生需要额外帮助。每次向数据库加载新考试结果后，该视图会自动更新，如图6-9所示。

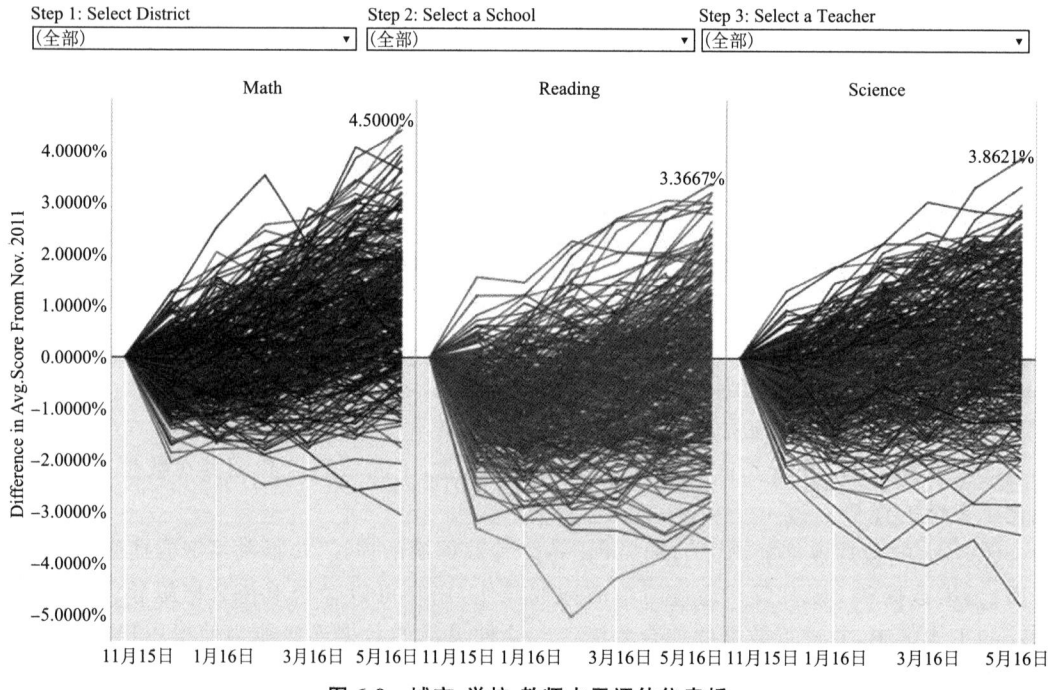

图6-9　城市-学校-教师水平评估仪表板

② 该学区使用Tableau来分析每个校区、每所学校、每个部门的预算和开支，找出哪些地方可以节省成本或提高效益，哪些地方需要增加投入或优化分配。

③ 该学区使用Tableau来分析每个校区、每所学校、每个部门的人力资源数据，找出哪些岗位有缺口或流失率高，哪些岗位有优秀人才或潜力人才。

通过使用Tableau，该学区不仅提高了数据分析的速度和质量，还提高了数据的透明度和可信度，促进了各层级之间的沟通和协作，从而为提升教育质量和满足学生需求做出了有力的支持。

3. D3.js 的应用

D3.js 是一款基于 JavaScript 的开源库,专注于数据驱动的文档操作。它利用 Web 标准(HTML、CSS 和 SVG)提供了丰富的数据可视化工具和技术,使用户能够创建高度定制化、交互式的数据可视化。D3.js 的核心理念是将数据与文档元素绑定,通过操作文档的属性和样式,实现数据的可视化呈现(吕之华,2017)。

(1) D3.js 的特点与优势

D3.js 具有许多特点和优势,使其成为学术研究中广泛应用的数据可视化工具。

① 强大的数据驱动能力。D3.js 以数据为中心,将数据与文档元素进行绑定,并根据数据的变化自动更新可视化效果。这种数据驱动的能力使用户能够根据数据的特征和需求来动态生成图形、图表和动画等元素,实现高度灵活和个性化的可视化呈现。

② 丰富的可视化选项。D3.js 提供了丰富多样的可视化选项,包括基本的图表(如条形图、散点图、饼图等)和复杂的图形(如力导向图、热力图、树状图等)。用户可以根据需求选择合适的可视化方式,并通过 D3.js 提供的 API 对其进行定制和扩展,以满足特定的研究目的。

③ 强大的交互性和动态性。D3.js 支持交互式和动态的数据可视化。用户可以通过添加事件监听器和交互操作来实现与可视化元素的互动,例如鼠标悬停、点击和拖动等。此外,D3.js 还支持动画效果的添加,使得可视化呈现更具吸引力和生动性,从而提升用户对数据的理解和沟通。

(2) D3.js 应用功能

① 科学可视化。D3.js 可以帮助科学家将复杂的科学数据转化为可视化形式,以便更好地理解和传达研究结果。例如,在天文学中,D3.js 可用于创建交互式星图和行星轨道的可视化,使科学家能够探索宇宙中的各种现象和模式。

② 社交网络分析。在社交网络分析中,D3.js 可用于创建网络图和节点连接图,帮助研究人员可视化和分析社交网络的结构和关系。通过 D3.js 的力导向图布局算法,研究人员可以展示节点之间的连接、社群结构和信息传播路径,深入研究社交网络的特征和动态。

③ 地理空间分析。D3.js 提供了丰富的地图可视化功能,支持地理数据的呈现和分析。研究人员可以利用 D3.js 创建交互式地图、热力图和流向图,用于探索地理空间数据的分布、趋势和关联。这种地理空间分析有助于理解城市规划、环境变化和人口流动等问题。

D3.js 作为一款流行的 JavaScript 库,为学术研究提供了强大而灵活的数据可视化工具。其数据驱动的特点、丰富的可视化选项以及交互性和动态性的优势,使 D3.js 成为学术界研究人员进行定制化、个性化数据可视化的理想选择。在科学可视化、社交网络分析和地理空间分析等领域,D3.js 已经得到了广泛的应用,为研究人员提供了强有力的工具来探索和解释复杂的数据集。随着技术的不断发展,D3.js 将继续在学术研究中发挥重要的作用,并推动数据可视化的进一步创新与应用。

7 混合式教学环境下大学生学习态度的调查研究

7.1 研究背景

近年来,大规模在线开放课程对传统高等教育的课程设计与实施产生了重大影响,引发了教育流程的重新建构。为了有效利用 MOOC 的优质教学资源,高等院校开始探索将 MOOC 与传统课堂教学相结合的混合式学习模式。其中,Fox(2013)提出的一种小规模的私有在线开放课程(small private online course,SPOC),适用于大学常规课程教学,已经在多个学科课程的混合式教学改革中得到应用和验证(费少梅、王进、陆国栋,2015;周丹、陈丽婷,2016)。然而,目前基于 SPOC 的混合式学习的研究主要关注学习的认知层面,而忽视了学习者的情感态度。事实上,学习者的学习态度不仅影响他们的学习意愿和自主性,也影响他们对混合式学习环境的适应性和满意度。因此,本章基于态度的三维模型(认知、情感、行为),构建了混合式学习环境下大学生学习态度评测量表,并对不同人口特征的大学生群体进行了实证分析,旨在为高等院校基于 SPOC 的混合式课程教学设计提供参考依据,提高混合式教学质量和效果。

7.1.1 学习态度的相关理论

学习态度是心理学的一个重要概念,它涉及个体对学习活动中的各种对象的评价、情感和行为倾向。不同的学者对学习态度的定义和结构有不同的看法。

首先,学习态度的定义。最早的态度定义是由斯宾塞(1862)提出的,他们认为态度是一种先入为主的观念和倾向,是一种心理准备,可以影响个体的判断和思考。后来,克瑞奇和克拉奇菲尔德(1958)将态度定义为个体对自己的生活世界中某些现象的动机过程、情感过程、知觉过程的持久组织,这个定义强调了个体的主动性和认知成分。迈尔斯(2016)则将态度定义为对某物或者某人的一种喜欢或者不喜欢的评价性反应,这个定义突出了个体的情感、意向和信念。在学习领域中,陶德清(2000)借鉴了上述定义,将学习态度定义为学习者对学校学习活动中所涉及的各种对象的一种心理倾向。

其次,学习态度的结构。罗森伯格和霍夫兰德(1960)提出了态度的三维结构模型,即态度由认知、情感和行为三个成分构成。认知成分指个体对态度对象的观点、信念或想法,包括个体对各种对象的领会、理解、信仰、怀疑、同意或拒绝等。情感成分指个体对态度对象的感受和情感体验,包括个体对各种对象的尊敬、蔑视、同情、冷漠、喜欢、厌恶等。行为成分指个体对态度对象的行为意图,即个体准备对态度对象做出何种反应。在学习领域中,这三个成分也适用,例如,学习者对某一学科的认知、情感和行为倾向就构成了他们对该学科的学习态度。

最后,学习态度的作用。学习态度是影响学习效果的重要因素之一,它通过影响学习者的动机、兴趣、自信、自我效能等心理特征,从而影响学习者的学习策略、学习方法和学习成绩。因此,培养积极的学习态度是提高学习质量和效率的重要途径之一。

7.1.2 学习态度量表的编制

学习态度是指学习者对学习活动中的各种对象的评价、情感和行为倾向,它是心理学的一个重要概念,也是影响学习效果的重要因素之一。为了测量和评估学习者的学习态度,许多学者设计和编制了不同的学习态度量表,本文将对一些典型的量表进行简要的介绍和分析。

首先,我们来看一些国外的学习态度量表。在科学领域,有一个被广泛使用的量表是"科罗拉多州科学(物理)学习态度调查量表"(Colorado learning attitudes about science survey,CLASS)。这个量表是由美国科罗拉多州立大学的 Adams 等(2006)研制的,它包括个人兴趣、与现实生活的联系、一般问题的解决、解决问题的自信心、复杂问题的解决、意义理解、概念理解、概念应用等 8 个维度和 42 个题目,具有较高的信度和效度,可以反映学习者对科学(物理)学习的认知、情感和行为倾向。

其次,我们来看一些国内的学习态度量表。在国内,许多学者参考了罗森伯格和霍夫兰德提出的态度三维结构模型,来编制不同领域的学习态度问卷。例如,陶德清(2001)利用里克特量表法编制了《中小学生学习态度自陈量表》,这个量表经过了严格的信度和效度检验,得到了国内的广泛认可。程幼强和张岚(2011)从认知、情感和行为意向三方面编制了《大学生英语学习态度问卷》,这个问卷包含 9 个大学生英语学习态度公共因子和 39 个项目,可以用作大学生英语学习态度调查的参考工具。

最后,我们来看一些对比分析。从上述几个例子可以看出,不同领域和不同对象的学习态度量表有一些共同点和差异点。共同点是都采用了问卷调查法和访谈法来收集数据,都基于了态度三维结构模型来设计问题,都通过了信度和效度检验来保证测量质量。差异点是不同领域和不同对象的学习态度量表涉及的维度和题目有所不同,这是因为不同领域和不同对象的学习内容、目标、方法、环境等都有所区别,因此需要根据具体情况来选择或设计合适的量表。

7.1.3 研究现状

混合式学习环境下学生的学习态度是影响学习效果的重要因素之一,国外学者对此进行了较多的实证研究,主要从不同的角度探讨了学生对混合式学习的总体态度以及对混合式学习中各个要素(如技术、学习灵活性、在线学习等)的态度。例如,Robertson(2008)将维基技术和面对面交流结合起来,为澳大利亚皇家墨尔本理工大学的学前教师提供了基于问题和小组学习的混合式教学,结果发现大多数学生对维基技术持有积极的态度,并认为维基技术在他们未来的教与学中具有潜力。此外,他还发现受访者的自我评估技术水平越高,越有可能在未来教学中使用维基技术。Tang 和 Chaw(2013)以 201 名全日制大学生为研究对象,分别对混合式学习环境下的六个因素,即学习灵活性、在线学习、学习管理、技术、在线交互和课堂学习进行了问卷调查和访谈,结果显示学生对在线学习因素的态度最为积极,而对学习管理因素的信心相对较低。他还指出技术不再是阻碍学生开展混合式学习的主要因素。

国内方面,目前对混合式学习环境下学生学习态度的研究还比较缺乏,相关文献较少。通过在中国期刊全文数据库中检索"混合式学习""混合式教学""学习态度"或"态度"等关键词,仅找到 5 篇期刊论文,3 篇硕博论文。从这些文献中可以看出,混合式学习环境能够激发学生的学习兴趣和自信心,促进他们的学习态度向积极方向转变。例如,纪兰芬(2016)发现大学生在互联网+的大学英语教学模式下,虽然遇到了一些困难,但是他们仍然表现出积极参与混合式教学活动的态度。张睿等(2017)通过科罗拉多州物理学习态度问卷的调查,发现采用混合型教学模式不仅能够加强学生对物理知识的掌握,还能通过课堂交互,提高他们的解题能力,增加他们的学习兴趣,从而改善他们的物理学习态度。

在国内有限的相关研究文献中,从媒介技术看,多数混合式学习环境下学习态度的研究还是以传统的网络课程、LMS 等平台为主。从影响因素看,缺少较系统地考察人口统计因素对不同人群在混合式学习环境下学习态度的影响的研究。然而,随着 MOOC 在高校应用的不断深入,利用 MOOC 平台优质资源与常规教学相结合的混合式学习模式已经越来越受到高校教师的青睐。面对高等院校招生规模的不断扩大、教育质量却饱受质疑的现实状况,探索基于 SPOC 的混合式学习环境下不同学生群体的学习态度更加具有现实意义。

综上所述,本研究主要探讨以下几个问题:

① 如何利用已有文献构建适合于混合式学习环境下大学生学习态度的评测量表?

② 在性别、学科、生源、是否班干部等人口统计学因素的影响下,大学生的学习态度是否存在差异?

7.2　研究设计

7.2.1　问卷设计

本研究旨在探讨混合式学习环境下不同人口统计学因素的大学生学习态度的差异,因此,问卷设计主要包括两个部分:一是受访者的人口统计学因素,包括性别、学科、生源所在地、成绩、是否为班干部等条目。二是混合式学习环境下大学生学习态度评测量表,该量表是基于国内外混合式学习和学习态度三维结构模型相关理论与实证研究,围绕混合式学习的五个关键因素,即学习灵活性、在线互动、在线学习管理、技术和课堂教学等(刘冰、罗小兵,2018)编制而成的。具体编制过程如下:

① 通过文献检索,收集与混合式学习相关因素的学习态度语句,经过加工整理,得到 46 条评测项目。

② 选取 30 名大学生进行试测,完成后通过师生访谈收集反馈信息,根据受试者反馈的问题(如评测项目是否重复、顺序是否合理、表达语句是否有语病或有歧义等)对评测项目进行修改和完善。

③ 聘请 4 名相关领域专家(包括 2 名心理学专家和 2 名教育技术专家)和 8 名一线教师对所有评测项目进行两轮论证和修改,最终形成了包括 29 条评测项目的混合式学习环境下大学生学习态度评测量表初稿。

④ 采用里克特五点计分法,即从"非常不赞同"到"非常赞同"5 个等级分别记 1~5 分来设计问卷。

7.2.2　研究对象

本研究选取某省属师范大学 2015 级全日制学生作为调查对象,按照文科、理科和艺术学科类别,选择英语教育、中文教育、数学教育、物理教育、美术教育和音乐教育等 6 个专业,随机抽取 322 名学生。这些学生已经在二年级参加过基于 SPOC 的混合式学习环境下《现代教育技术应用》公共课程的学习。

7.2.3　数据收集与处理

2017 年 9 月,共发放问卷 322 份,回收问卷 298 份,回收率为 92.55%,其中有效问卷 266 份,有效率达 89.26%。应用 SPSS 20.0 和 AMOS 20.0 软件对数据进行统计分析。首先对混合式学习环境下大学生学习态度评测量表初稿进行项目分析、探索性因子分析、验证性因子分析以及信度效度的检验,确定学习态度因子和对应评测子项目。其次,以学习态度各个因子作为因变量,通过 t 检验和单因素方差分析,探讨性别、学科、成绩、生源地等不同人群之间的学习态度差异。

在收集、处理和应用教育数据的每一个环节中,应注意到数据的安全性和合法性,以保护数据主体和数据客体的权利和利益,防止数据的滥用和误用,避免数据的泄露和损害。同时,也要遵循教育数据的最小化和透明化原则,尊重数据主体和数据客体的自主和知情,保证数据的真实和有效,提高数据的可解释性和可追溯性。

7.3　结果分析

7.3.1　项目分析与探索性因子分析

首先运用相关系数法对混合式学习环境下大学生学习态度评测量表初稿中的 29 个评测项进行项目分析,以考察该量表的区分度和鉴别力。结果表明,有 3 个评测项与所属项目的相关性低于 0.300（$p>0.05$），应从原量表中删除。其余所有评测项目得分与所属项目总分的相关系数均在 0.356~0.749 之间，且 p 值均小于 0.05，表明删除后的大学生学习态度量表具有较好的项目区分度。

进一步对剩余的 26 个评测项进行探索性因子分析，结果显示 KMO 的值为 0.816，经卡方检验得到的巴特利特球形检验卡方统计值为 13630.377（$p=0.000$），达到统计学意义，可以做因子分析。采用主成分分析法抽取公因子，经方差最大正交旋转后得到各评测项因子负荷值，删除掉在所有因子载荷值小于 0.500 或辨识度不高的 6 个评测项目。取特征值大于或等于 1 作为截取公因子的标准，简化正交旋转后的每个项目因子负载矩阵，最后抽取得到 4 个公因子，累计方差贡献率为 68.045%，表明该量表基本能够反映出混合式学习环境下大学生的学习态度。参照学习态度三维模型以及各因子项目的隐含意义，将抽取出的 4 个公因子分别命名为线上行为倾向、线下行为倾向、认知水平和情感体验，如表 7-1 所示。

表 7-1　混合式学习环境下大学生学习态度的因子分析

评测项目	共同因子			
	线上行为倾向	线下行为倾向	认知水平	情感体验
1. 我会积极与学伴在线交流知识	0.664			
2. 我会积极在线向教师寻求帮助	0.602			
3. 我会按时完成网上作业	0.549			
4. 我会积极参加在线学习活动	0.531			
5. 我能够耐心地坚持在线学习	0.514			
6. 我会积极参加课堂活动并积极发言		0.749		
7. 我从不逃课或迟到早退		0.677		
8. 我会主动向老师提问并希望能得到快速反馈		0.609		
9. 我能认真完成老师布置的课堂任务		0.543		
10. 我认为在线学习能促使我对学习更有责任心			0.724	
11. 我认为在线互动能促进深度学习			0.669	
12. 我认为科学安排好在线学习时间很重要			0.618	
13. 我认为应该利用 iPad、智能手机等设备开展学习活动			0.541	
14. 我认为应该把 MOOC 平台作为学习的一种选择方案			0.522	
15. 我认为面对面地交流，能学得更好			0.509	
16. 我对在网上能随时随地访问教学视频感到很满意				0.702
17. 我喜欢按自己的节奏来学习				0.616
18. 我觉得网络学习平台对学习很有用				0.557
19. 我很喜欢和他人在线讨论学习问题				0.536
20. 我喜欢参与课堂学习活动				0.515

续表

评测项目	共同因子			
	线上行为倾向	线下行为倾向	认知水平	情感体验
特征值	12.298	9.242	3.903	1.645
方差贡献率	30.893	23.216	9.804	4.132
累计方差贡献率	30.893	54.109	63.913	68.045

注：载荷因子负荷值小于 0.500 的未显示。

7.3.2 验证性因子分析

为了进一步验证混合式学习环境下大学生学习态度量表的结构效度，本研究运用 AMOS 软件对学习态度量表中的 4 个因子维度进行验证性因子分析，如表 7-2 所示。结果显示：卡方自由度（x^2/df）的值为 2.896，小于 3，表明模型拟合良好；拟合优度指数（goodness-of-fit index，GFI）、调整拟合优度指数（adjusted goodness-of-fit index，AGFI）、比较拟合指数（comparative fit index，CFI）和规范拟合指数（normed fit index，NFI）均大于 0.900，且近似误差均方根（root-mean-square error of approximation，RMSEA）小于 0.05，均方根残差（root mean square residual，RMR）小于 0.1，说明该学习态度量表模型拟合较好，可以作为调查大学生学习态度的正式问卷。

表 7-2 验证性因子分析中常用拟合指数

拟合指数	x^2/df	GFI	AGFI	CFI	NFI	RMSEA	RMR
结果	2.896	0.952	0.944	0.961	0.947	0.048	0.076

7.3.3 信度和效度检验

本研究对修订后的混合式学习环境下大学生学习态度量表进行了信度和效度检验。结果显示，量表的总体 Cronbach's α 系数为 0.88，重测信度为 0.84，说明量表具有较好的内部一致性和稳定性。量表的 4 个维度——线上行为倾向、线下行为倾向、认知水平、情感体验的 Cronbach's α 系数分别为 0.89、0.86、0.82、0.81，重测信度分别为 0.85、0.81、0.80、0.78，也达到了信度的要求。此外，量表是在初始量表的基础上，经过定性访谈和定量分析修订而成的，因此，量表具有较高的内容效度。

7.3.4 影响大学生学习态度的人口统计学因素分析

本研究采用 t 检验和单因素方差分析，探讨了不同人口统计学因素对混合式学习环境下大学生学习态度的影响。以量表的 4 个维度为因变量，以性别、学科、生源地、成绩等级和班干部身份为自变量，计算了各因素在各维度上的得分均值（M），并比较了不同人口特征的大学生群体之间学习态度是否存在显著差异，如表 7-3 所示。从总体上看，大学生在线上行为倾向、线下行为倾向、认知水平、情感体验4个维度上的得分均值分别为4.08、3.89、4.32、3.58,均远高于里克特五级计分的中值3,说明大学生整体上对混合式学习环境持有积极的学习态度,其中认知水平得分最高,情感体验得分最低,说明大学生在混合式学习过程中更加关注认知因素,而忽视情感因素。同时,在不同人口统计学因素下,大学生的学习态度也存在不同程度的差异。

第一,性别因素对大学生在线学习态度的影响。结果显示,在线上行为倾向和线下行为倾向两个维度上,男生和女生之间存在显著差异。在线上行为倾向维度上,男生($M=4.19$)比女生($M=3.96$)更加积极主动;而在线下行为倾向维度上,女生($M=3.99$)比男生($M=3.80$)更加偏好与他人交流互动。这可能与男女生的性格特点有关。一般来说,女生更加依赖他人,情感更加丰富细腻,遇到困难时更愿意寻求他人帮助;而男生相对更加独立自主,情绪更加稳定平和,遇到问题时更愿意自己解决或在线上求助。在其他两个维度上,男女生之间没有显著差异。

第二,学科因素对大学生在线学习态度的影响。结果显示,在4个维度上,文科、理科和艺术科之间均存在显著差异。进一步的两两比较发现,在4个维度上,文科和理科之间没有显著差异,但艺术科与文科和理科之间均存在显著差异,且艺术科的得分均低于文科和理科,说明艺术科学生对混合式学习环境的学习态度更加消极。这可能与艺术科学生的专业特点和学习背景有关。艺术科学生虽然形象思维能力较强,对色彩、线条、旋律等有较好的感知力,但他们的高考文化课分数比文科理科学生低,逻辑思维能力、记忆力等相对较差。一些高等院校在培养艺术类专业学生时,往往只重视专业技能的培养,而忽视文化教育,导致许多艺术类学生非常重视专业技能的学习,但对文化课的学习积极性较差,自信心不足(陈立志,2011)。对于混合式学习这种新型学习方式,他们可能会觉得更加力不从心,甚至产生厌恶心理。因此,教师应该在加强思想教育引导,为学生提供情感上的支持和鼓励的同时,在课程安排上也应采取一些有针对性的教学策略,做到因材施教。如在学习内容上适当降低难度,提供在线学习指南,进行有针对性地面对面辅导等,以提高学习者对文化课的学习自信心,逐步培养他们积极向上的学习态度。

第三,生源地因素对大学生学习态度的影响。结果显示,在线上行为倾向和认知水平两个维度上,城镇和农村之间存在显著差异,且城镇($M=4.18$、4.48)比农村($M=4.02$、4.22)更加积极主动和认同混合式学习环境。而在线下行为倾向和情感体验两个维度上,城镇和农村之间没有显著差异。这可能与城镇生源的大学生所处的物质文化环境、家庭教育背景和自主学习能力等方面有关。一些研究也表明,城市与农村学生的学习条件与支持存在较大差异,城市学生自主学习能力明显高于农村学生(朱宁宁,2013)。因此,要缩小城乡教育差距,需要政府和社会的共同努力,为农村生源的大学生提供更多的在线学习资源和支持。

第四,学习成绩因素对大学生学习态度的影响。成绩优秀的大学生在线上和线下的学习行为倾向、认知水平和情感体验方面都明显高于成绩一般或较差的大学生,呈现出层级差异。这说明学习态度对大学生学习成绩有重要影响,积极主动的学习态度能够促进学习成绩的提高。许多研究也证实了这一点,如张志红和耿兰芳(2009)发现,大学生对待课堂交流或讨论的学习方式的态度和学习成绩呈现正相关;殷雷(2008)发现,由平时考勤记录与课堂提问成绩组成的平时成绩与总成绩呈现极其显著的正相关。因此,高校应该根据学习态度形成的规律,采取多种措施培养大学生科学合理的在线学习态度。

表 7-3 不同人口统计学特征的大学生学习态度描述性统计分析（均值）

人口统计因素		线上行为倾向			线下行为倾向			认知水平			情感体验		
		均值	p 值	LSD（多重比较）	均值	p 值	LSD（多重比较）	均值	p 值	LSD（多重比较）	均值	p 值	LSD（多重比较）
性别	男（$n=137$）	4.19	0.000**		3.80	0.006*		4.29	0.143		3.61	0.157	
	女（$n=129$）	3.96			3.99			4.35			3.55		
学科	文科（$n=98$）③	4.14	0.006**	③>① ②>①	3.96	0.000**	③>① ②>①	4.33	0.039*		3.65	0.000**	③>① ②>①
	理科（$n=114$）②	4.10			3.92			4.36			3.61		
	艺术（$n=54$）①	3.93			3.70			4.22			3.39		
生源所在地	城镇（$n=102$）	4.18	0.008**		3.92	0.191		4.48	0.000**		3.61	0.072	
	农村（$n=164$）	4.02			3.87			4.22			3.56		
学习成绩	好（$n=79$）③	4.19	0.012*	③<② ②>① ③>①	4.03	0.003**	③<② ②>① ③>①	4.41	0.009**	③<② ②>① ③>①	3.76	0.000**	③<② ②>① ③>①
	中（$n=118$）②	4.08			3.89			4.31			3.60		
	差（$n=69$）①	3.95			3.73			4.23			3.34		
是否为班干部	是（$n=46$）	4.22	0.001**		3.92	0.379		4.35	0.226		3.76	0.000**	
	否（$n=220$）	4.05			3.88			4.31			3.54		
合计	266	4.08			3.89			4.32			3.58		

注：** 表示在 0.01 水平（双侧）上显著相关，* 表示在 0.05 水平（双侧）上显著相关。

第五，班干部因素对大学生学习态度的影响。干部群体在线上学习行为倾向和情感体验方面明显高于非班干部群体，而在其他两个方面没有显著差异。班干部群体虽然占比较低，但是他们在德智体等各方面都有优异表现，是老师和同学们信赖和尊敬的对象。他们在课堂上起着领导、组织和示范作用，在课外也是老师联系广大同学的桥梁和纽带（陈观彩，2017）。因此，应该充分发挥班干部的模范带头作用，让他们在在线学习中承担更多的责任和任务，如管理论坛、答疑解惑、组织小组讨论等，从而带动更多的同学形成积极的在线学习态度。

7.4 结论与建议

7.4.1 结论

本研究基于学习态度的三维结构模型，编制了适用于混合式学习环境下的大学生学习态度量表，并对其进行了信度和效度的检验。结果表明，该量表具有较高的信度和效度，可以作为评价混合式学习环境下大学生学习态度的有效工具。本研究还对混合式学习环境下大学生的学习态度进行了调查分析，发现大学生总体上对混合式学习环境持有积极的态度，尤其是在认知水平方面表现出较高的认同感，但在情感体验方面则相对不足。此外，本研究还发现性别、学科、生源地、成绩等级和班干部身份等人口统计学因素对大学生的学习态度有不同程度的影响，不同特征的大学生在线上行为倾向、线下行为倾向、认知水平和情感体验等方面存在显著差异。

7.4.1 建议

根据本研究的结论，针对混合式学习环境下大学生的学习态度问题，本研究提出以下几点建议：

① 创建良好的情感学习氛围。由于混合式学习环境下在线学习与远程互动增加了师生和同伴之间的距离感，可能会影响大学生的情感体验和学习动机。因此，教师应该努力营造一个温馨和谐的情感氛围，为大学生提供情感上的支持和鼓励。例如，教师可以积极参与线上线下的师生互动，用同情心、幽默感等个人情感因素去激发和引导大学生完成相关学习任务。

② 加强协作与交互。协作与交互是提高社会存在感和积极学习态度的重要途径。社会存在感是指在线学习者感受到自己和他人在虚拟环境中存在并相互影响的程度。研究表明，深度参与合作学习的在线学习者会感受到更高的社会存在感，并且更容易形成积极的学习态度。因此，教师应该提供交互性强的协作学习平台（如论坛、知识共享平台等），并设计多种协作与交互方式（如合作学习、小组探究式学习等），并采用多种评价方式（如过程性评价与结果性评价等），鼓励大学生积极参与协作与交互（So and Brush，2008）。

③ 优化课程教学设计。由于不同性别、不同学科、不同生源地、不同成绩等级和是否为班干部等人口统计因素对大学生的学习态度有不同程度的影响，教师应该尊重个体差异，在实施混合式教学时针对不同特征的大学生，通过优化课程教学设计，采用多种教学策略指导大学生有效开展混合式学习活动，激发他们的学习兴趣和自信心。例如，教师可以在在线学习平台上提供不同层次的课程学习指南，建立答疑数据库；开发优质的MOOC视频及相关教学文档资源，设置在线测验和在线游戏等模块，提高大学生的学习兴趣；构建多种线上线下交流渠道，通过定期的面对面交流和在线互动促进课堂教学与在线学习的有效融合。

8 混合式教学环境下互动行为研究

8.1 研究背景

8.1.1 在线互动和课堂互动

1. 在线互动的分类

根据不同的划分角度,在线互动有多种分类方式,如表8-1所示。辛娜敏等(2003)对远程教学中的互动分类进行了概括,她认为,在这些互动种类中,学习者与教师之间的互动是远程教育中人文因素的重要组成部分。其主要功能是帮助远程学习者更好地学习以及如何与学习内容进行互动。它不仅促进学习者习得知识,还能更好地检查学生的学习情况,提供学习支持。

表8-1 在线互动的典型分类

代表人物	在线互动的种类与形式	分类依据
Moore(1989)	学习者与学习者之间的交互、学习者与教师之间的交互、学习者与学习资源之间的交互	交互的对象
Hillman,Willis,and Gmawardena(1994)	学习者与学习界面的交互	学习者运用媒体的技巧
Cookson and Chang(1995)	教学交互、社会交互	互动的性质
Kearsely(1995)	书面交互、音频交互、视频交互	传播媒体或系统
Berge(1995)	同步交互、异步交互	反馈所需要的时间
Saunders et al.(1998)	课题内交互、课堂外交互	互动的物理地点和时间

在以上分类中,最有代表性的是Moore(1989)的分类方法,有学者在此基础上又添加了学习者与学习环境之间的交互(郭峰,2010),每种互动类型的互动对象、方式与目的如表8-2所示。

表 8-2 在线互动分类

互动类型	互动对象	互动方式	互动目的
教师与学生的互动	教师与单个学生或学生群体	同步或异步的文字、语音、视频等通信方式	传授知识、解答疑问、提供反馈、激发兴趣、培养能力等
学生与学生的互动	学生与单个同伴或同伴群体	同步或异步的文字、语音、视频等通信方式	交流信息、分享经验、协作学习、解决问题、建立友谊等
学生与内容的互动	学生与教材、案例、实验等学习资源	同步或异步的浏览、阅读、操作、分析等学习活动	获取知识、理解概念、掌握方法、应用技能、创造新知等
学生与环境的互动	学生与远程教学平台、网络设备等技术环境	同步或异步的登录、注册、下载、上传等技术操作	接入网络、使用平台、管理数据、优化环境等

2. 在线互动和课堂互动的比较

在线互动是指在网络环境中，教师和学生通过各种信息技术和平台进行的教学交流和沟通，包括视频直播、聊天互动、投票、奖励机制、红包打赏、作业、测评、问卷等方式。在线互动的特点是突破了时间和空间的限制，可以实现同步或异步的教学模式，可以提高教学效率和质量，也可以增强学生的学习积极性和主动性。

课堂互动是指在实体课堂上，教师和学生通过语言、表情、肢体等方式进行的教学交流和沟通，包括提问、回答、讨论、展示、演示、游戏等方式。课堂互动的特点是面对面的直接交流，可以实现即时的反馈和调整，可以增强教师和学生之间的情感联系和信任感，也可以培养学生的批判性思维和创造性能力。

两者有以下几个方面的不同（吴艳安、熊才平、黄勃，2011）：

① 互动方式。在线互动的方式更加多样化，可以利用视频、音频、文字、图片等多种媒介进行同步或异步的互动，如视频直播、聊天互动、投票、红包打赏等。课堂师生互动的方式相对单一，主要依靠语言、肢体、表情等进行同步的互动，如提问、回答、展示、讨论等。

② 互动内容。在线互动的内容主要包括知识、情感、网络资源和言语信息等，而课堂互动主要以知识为主，同时包括言语信息、肢体语言等。

③ 互动效果。在线互动的效果受到网络技术、教学设计、学生参与等多方面的影响，有时可能出现延迟、卡顿、失真等问题，影响信息的传递和接收。但在线互动也有其优势，可以突破时间和空间的限制，扩大教学资源和对象的范围，提高教学效率和质量。课堂互动的效果受到教室环境、教学方法、学生特点等多方面的影响，有时可能出现冷场、无趣、无效等问题，影响教学目标的实现。但课堂互动也有其优势，可以增强师生之间的情感交流和信任感，激发学生的兴趣和主动性，促进学生的思维和创造力。

④ 互动评价。在线互动的评价更加客观和量化，可以利用网络平台提供的数据分析工具，如签到、作业、测验、问卷等，及时收集和反馈学生的学习情况。课堂互动的评价更加主观和定性，需要教师根据自己的经验和观察，如表现、态度、质量等，综合评价学生的学习效果。

综上所述，在线互动与课堂互动各有优缺点，不能简单地比较孰优孰劣。教师应该根据不同的教学目标和内容，选择合适的互动方式和方法，充分发挥其优势，弥补其不足，提高教学质量和效果。

8.1.2 师生互动行为

1. 师生互动行为的概念及其特征

师生互动是指教师与学生在教学过程中进行的各种交流、沟通、协作和影响的活动，是教学活动的重要组成部分，也是教学效果的重要影响因素。师生互动不仅涉及知识的传授和学习，还涉及情感、态度、价值观等方面的交流和影响，对于促进学生的认知发展、情感发展、社会发展和个性发展都有重要作用。

混合式教学中的师生互动具有以下特征：

① 多样性。混合式教学中的师生互动不仅包括线下课堂上的面对面互动，还包括线上平台上的异步或同步互动，涉及多种媒介、形式和内容，可以满足不同类型和层次的教学目标和需求。

② 灵活性。混合式教学中的师生互动可以根据不同的课程内容、目标、环境和对象进行灵活调整和设计，可以根据不同的时间、空间和资源进行灵活安排和组织，可以根据不同的反馈、评价和效果进行灵活改进和优化。

③ 个性化。混合式教学中的师生互动可以充分考虑和尊重每个学生的个性差异和个性需求，可以通过线上平台提供个性化的学习资源、路径和支持，可以通过线下课堂提供个性化的指导、辅导和反馈，可以实现对每个学生的个性化关注和培养。

④ 协作性。混合式教学中的师生互动可以促进教师与学生之间、学生与学生之间以及其他参与者之间的协作关系和协作能力，可以通过线上平台实现跨时空、跨地域、跨文化的协作交流，可以通过线下课堂实现真实情境、真实问题、真实任务的协作解决。

2. 混合式教学环境下师生互动的研究现状

混合式教学环境中，师生互动是影响教与学效果的重要因素，也是混合式教学研究的重点之一。近年来，国内外研究者从不同角度和维度对混合式教学环境下师生互动进行了探讨和分析，主要集中在以下几个方面：

① 师生互动的概念与类型。不同的研究者对师生互动有不同的定义和理解，但一般认为师生互动是指教师和学生之间在教学过程中进行的各种形式和层次的交流、沟通、协作和反馈。师生互动的类型可以根据交流方式、交流内容、交流目标等维度进行划分，如同步异步互动、认知情感互动、指导评价互动等（叶子、庞丽娟，2001）。

② 师生互动的作用与影响因素。混合式教学环境下师生互动的作用表现在促进知识建构和能力发展、增强师生情感交流和反馈机制、优化课堂结构和组织、提高教学质量和满意度等方面（张艳红，2009）。混合式教学环境下师生互动的影响因素包括教师角色和策略、学生特征和态度、课程设计和内容、技术平台和工具、组织管理和支持等方面。

③ 师生互动的评价与优化。混合式教学环境下师生互动的评价是检验其有效性和优势的重要手段,也是促进其改进和发展的重要依据。国内外研究者从不同角度和维度对混合式教学环境下师生互动进行了评价研究,如从数量质量、过程结果、满意度成就等方面比较混合式教学与传统教学或纯在线教学的差异与优势;从认知情感、行为表现、技术使用等方面探讨混合式教学环境下师生互动的特点与规律;从输入输出、过程产品、效率效果等方面构建混合式教学环境下师生互动的评价体系和指标(张艳红,2009)。此外,混合式教学环境下师生互动的优化是提升其质量和效果的关键途径,也是推进其创新和发展的重要途径。学者们还对混合式教学环境下师生互动进行了优化研究,如从教师角色和策略、学生特征和态度、课程设计和内容、技术平台和工具、组织管理和支持等方面提出了混合式教学环境下师生互动的优化建议和实施方案(蔡静、田友谊,2016)。

总之,混合式教学环境下师生互动是一种符合时代发展和教育变革的教学方式,它有利于提升教学质量和效果,培养学生的核心素养。国内外混合式教学环境下师生互动研究已取得了一定的成果,但仍存在一些不足和挑战,如混合式教学环境下师生互动的理论基础、实践案例、评价方法等方面还需要进一步探索和完善。

3. 混合式教学环境下师生互动行为的测量

在混合式教学环境下,师生互动行为的测量是一个复杂而重要的问题。概括起来,主要有以下几种常用的测量方法。

(1) 基于行为数据的测量

这种方法利用网络平台记录和分析师生在线上教学活动中产生的行为数据,如张楠(2021)以改进后的弗兰德斯(Flanders)师生互动分析系统为工具,并通过教师访谈、学生问卷调查以及线上教学课例分析,收集教师线上教学行为数据,并对山西省大同市某初中的线上教学师生互动行为进行研究,从线上教学层面、教师层面、学生层面提出线上师生互动行为的改进策略,最后在此策略的基础上进行线上教学实践,并进行数据的前后对比,发现线上师生互动行为有明显提升,课堂氛围也得到改善,学生主动性更强。

(2) 基于内容数据的测量

这种方法利用文本分析或语音识别等技术,提取和分析在线上或线下互动教学活动中产生的内容数据,如发言内容、作业内容、反馈内容等,反映学习互动的质量和深度。李文贤(2020)收集了"国家教育资源公共服务平台"中的 8 节课堂视频实录资料,运用 NVIVO 软件建构课堂师生言语互动编码系统,并对案例进行数据与文本分析,从客观教学环境、阅读文本内容、教师专业素养、学生自主意识等方面深入探讨影响课堂师生言语互动行为的变量因素,最后为优化初中语文课堂师生言语互动提出若干建议。

(3) 基于心理数据的测量

这种方法利用问卷调查或情绪识别等技术,收集和分析师生在线上线下教学活动中产生的心理数据,如满意度、参与度、自信度等,反映师生互动的效果和感受。杜浩哲(2020)围绕翻转课堂满意度展开调查分析。在梳理相关文献的基础上,立足当前网络设备发展情况,设计了翻转课堂满意度调查问卷。基于问卷数据,分析学生对翻转课堂的态度,并采用对应分析和列联表检验等方法讨论了不同特征的学生之间满意度的差异,发现职业规划对翻转课堂满意度具有调节效应。更进一步地,根据并运用结构方程模型建立了翻转课堂满意度模型,系统地解释了满意度与影响因素之间的效应。最后从学生自身感受出发,基于 R 语言对问卷收集的体验感受和意见建议进行文本分析,建立了隐含狄利克雷分布(latent dirichlet allocation,LDA)主题模型,并结合两个模型给出了改进翻转课堂的可行性建议。

本章主要探讨以下问题:

① 在混合式教学环境下,如何利用改进型弗兰德斯互动分析系统(improvement Flanders interaction analysis system,iFIAS)和滞后序列分析(lag sequential analysis,LSA)对课堂师生互动行为进行有效的观察、记录和分析?

② 在混合式教学环境下,如何利用社会网络分析、内容分析和相关分析等研究方法,对学习者在线交互(包括人机交互和人际交互)进行有效测量和分析?

③ 在混合式教学环境下,如何实现在线学习互动行为和课堂学习互动行为的有效融合,提高教学效果和教学质量?

8.2 研究设计与实施

8.2.1 研究工具

1. 改进型弗兰德斯互动分析系统

教学过程的分析方法可以帮助我们有效地记录、研究和评价教学过程,以及完善其中的各个环节。通过分析结果,我们可以有针对性地提出改进建议。目前国内外有几种相对较有影响力的教学课堂分析法,包括弗兰德斯互动分析系统(Flanders interaction analysis system,FIAS)、S(student)-T(teacher)分析法和信息技术的课堂互动分析系统(information technology-based interaction analysis system,ITIAS)分析法等。在本次研究中,我们主要采用改进型弗兰德斯互动分析系统对信息技术学科课程实录进行研究和分析。

弗兰德斯互动分析系统是美国学者弗兰德斯提出的一种成熟的课堂语言行为分析工具。它采用定量的研究方法来记录和分析课堂中师生语言行为的互动。相对来说,这个系统的研究结果具有一定的客观性和科学性。在此基础上,国内外的许多专家针对教学过程中师生语言互动的特点对该系统进行了改进。

本次研究所采用的改进型弗兰德斯互动分析系统是在华东师范大学的顾小清教授结合自身实践研究的基础上,对 FIAS 进行的改进。在分析系统中,增加了更能反映学生行为以及师生互动和技术的内容。改进后的弗兰德斯互动分析系统是基于信息技术学科特点的互动分析系统,包括教师语言、学生语言、沉默和技术等 4 大类共 14 种编码(顾小清,王炜,2004)。互动系统主要包括描述课堂互动行为的编码系统、用于观察和记录编码的规定标准,以及用于显示数据、进行分析和实现研究目标的矩阵表格。在对课堂实录进行观察的过程中,我们使用了首都师范大学设计开发的 iFIAS 编码助手进行编码。观察记录按照每 3 秒采样一次的频率进行,并按照编码系统规定的意义赋予编码号进行观察记录,生成一份编码记录表。然后,将这份编码记录表导入 iFIAS 分析程序中,并按照研究需要进行设置分析。iFIAS 互动分析系统编码如表 8-3 所示。

表 8-3 iFIAS 互动分析系统编码

分类		编码	表述
教师语言	间接影响	T1	教师接受情感:教师以亲和的方式接纳学生的态度和情感
		T2	教师表扬或鼓励:教师赞扬或鼓励学生的动作或行为
		T3	教师采纳学生观点:教师澄清、重视或发展学生的观点,不是情感
		T4	教师提问:提出开放性问题,自问自答不算
		T5	教师提问:提出封闭性问题,自问自答不算
	直接影响	T6	教师讲授:教师提供事实与简介,表达自己的观点或引述权威
		T7	教师指令:以语言直接指使学生做出某些行为
		T8	教师批评或维护教师权威:维护课堂纪律或说明为何采取这种行为
学生语言		S1	学生被动应答:学生对教师的言语行为做出回应
		S2	学生主动应答
		S3	学生主动提问
		S4	学生与同伴讨论
沉寂		CH1	无助于教学的混乱
		CH2	有益于教学的沉寂:包括学生思考问题、做练习题等
技术		TT	教师操作技术
		ST	学生操作技术

2. 滞后序列分析

滞后序列分析是一种根据统计理论研究行为之间的顺序关系的方法。它通过计算事件之间的调整后残差值(z-score)来判断事件之间是否存在显著的关联。如果 z-score 的绝对值大于 1.96,就认为两个事件之间有显著的关联($p<0.05$)。

滞后序列分析在课堂教学中可以用来分析师生之间的教学行为,如教师的讲授、提问、反馈、指导等,以及学生的应答、提问、讨论、使用技术等。通过滞后序列分析,可以发现课堂中存在的显著的行为序列,即两个行为之间有显著的关联,从而揭示课堂互动的规律和特点,评价教学效果,指导教学改进。

滞后序列分析一般包括以下几个步骤:

① 确定研究目的和问题,选择合适的课堂视频作为研究对象。

② 设计编码系统,将课堂行为分为不同的类别和代码,根据研究目的和问题选择合适的采样方法和时间间隔。

③ 使用专业的软件工具,如 GSEQ,对课堂视频进行编码和统计,生成行为转换频率表和调整后残差表。

④ 根据调整后的残差表筛选出具有显著意义的行为序列,并绘制行为转换图,以直观

地展示课堂行为的顺序关系。

⑤对行为转换图进行分析和解释,探讨课堂行为的意义和影响,提出研究结论和建议。

滞后序列分析的优点是能够揭示课堂行为的动态变化和相互影响,提供丰富的定性和定量的数据,适用于多种类型和层次的课堂互动。其局限性是需要大量的视频数据和编码工作,对编码系统的设计和软件工具的使用有较高的要求,对行为转换图的分析和解释需要一定的专业知识和经验。

3. 社会网络分析

社会网络分析是一种以社会行动者及其相互关系为研究对象的方法,用于描述和测量行动者之间的关系结构或通过这些关系传递的各种有形或无形的资源,如信息等(Wasserman and Faust,1994)。社会网络分析可以从量化的视角分析慕课讨论区学习者之间的交互水平和参与程度。本节以课程讨论区中的106名学习者作为社会网络的节点,根据学习者发布的主题帖、回复帖和评论帖确定交互关系,利用 Matlab 和 Excel 软件分别构建了106×106 的二值邻接矩阵。邻接矩阵中的行代表关系的源节点,列表示关系的目标节点,矩阵中的元素表示两个节点之间是否存在关系,其中1表示源节点回复或评论了目标节点发布的信息,0表示没有回复或评论。本节利用社会网络分析软件 Ucinet 和 NetDraw 对两个邻接矩阵进行了网络指标计算和网络图绘制,如表 8-4 所示。

表 8-4 学习者互动关系二值邻接矩阵

	1101	1102	1103	1104	…	2151	2152
1101	0	0	0	0	…	1	0
1102	0	0	0	0	…	0	0
1103	0	0	0	0	…	0	0
1104	0	0	0	0	…	1	0
…	…	…	…	…	…	…	…
2151	1	0	0	1	…	0	0
2152	0	0	0	0	…	0	0

4. 内容分析

内容分析是一种将书面信息的内容进行定性的量化分析的方法,旨在对信息的内容进行描述和解释。慕课讨论区的言论属于自然话语,需要先确定编码规则进行预处理。本文在对讨论区中的言论进行内容分析时,参考了朱伶俐、刘黄玲子和黄荣怀(2007)提出的网络学习社区交互文本编码体系,该编码体系借鉴了 Anderson 的观点,将网络学习社区中的交互言论分为认知存在、社会存在和教学存在三大类,共12个小类。本节根据学习者在讨论区中发布的主题帖、回复帖和评论帖确定交互关系,利用 Matlab 和 Excel 软件构建了二值邻接矩阵,如表 8-4 所示。邻接矩阵中的行代表关系的源节点,列表示关系的目标节点,矩阵中的元素表示两个节点之间是否存在关系,其中1表示源节点回复或评论了目标节点发布的信息,0表示没有回复或评论。在对讨论区中的言论按其所属的意义单元进行分类并在 excel 中进行数据编码统计时,发现原编码体系存在一些问题:有些交互意图的划分不明确,导致一些言论难以归类;有些交互意图的解释比较模糊,导致两个编码者理解有偏差,影响了编码的信度。为了提高编码的准确性和可操作性,本节参考了陈鹏和李艳燕(2011)对编码体系的修订意见,对原编码体系进行了适当修改,确定了本研究的编码体系,如表 8-5 所示。

表 8-5 讨论区交互文本编码体系

分析类目	交互意图	具体解释
认知存在	共享(S)	资源共享或引入与主题/任务相关的问题、观点、方案、事实,以供进一步讨论交流
	论证(D)	证明中从论据到论题的推演,将事实和观点联系起来进行判断、推理、解释和总结,提供与任务相关的解决方法
	协商(N)	驳斥或质疑观点、方案、事实等;修改、补充观点、方案、事实等;赞同或反对观点、方案、事实等
	创作(P)	综合各观点或论述,做出提炼和概括,形成新观点或新作品
	反思(R)	思考、评估、总结交互中的言行、问题、经验及收获等
社会存在	积极情感(PE)	问候或表达愉快、乐观、自信、赞扬、感谢、鼓励等积极情感
	消极情感(NE)	表达忧虑、焦急、不满、责备等消极情感
	求助或提供帮助(HE)	向他人寻求帮助或提出要求;回答他人的求助,与学业任务无关
教学存在	组织教学(O)	设计课程的学习方法、确定讨论时间地点、有效地使用媒体、建立礼节约束等
	促进讨论(F)	引入问题,组织、引导参与讨论发言;启发、引导、鼓励讨论发言
	评价(E)	评价他人的观点或成果
其他		无法划分到以上类别的言论

8.2.2 课程简介

"现代教育技术应用"是一门面向师范教育专业的公共必修课程,主要培养职前教师的现代信息技术应用能力和信息素养,为基础教育信息化改革提供引领和支持。为了适应高等教育与信息技术的深度融合,推进教育内容、教学手段与方法的现代化,促进教学质量的全面提升,课程教学团队于 2016 年 8 月—12 月利用超星尔雅 MOOC 平台开发了在线开放课程"现代教育技术应用",包括自主学习资源区和讨论区两个部分。自主学习资源区包括 59 个视频、7 次章节测验(共计 123 道客观题)和 8 次作业。每道客观题由系统自动评判得分。该课程于 2016 年 12 月上线后受到了广大学习者的欢迎和好评,被评为福建省第一批省级精品在线开放课程。

该课程的评价体系中,将在线学习评价分为总结性评价和形成性评价两种,既关注学生的最终成绩,也关注学生的在线学习过程。各模块评价的权重设置如表 8-6 所示。

表 8-6　在线开放课程"现代教育技术应用"各模块评分权重

学习模块	权重/%	评分依据
视频	15	课程视频全部看完得满分,单个视频分值平均分配
作业	30	所有作业得分的平均分,未做作业按零分计算
章节测验	30	所有测验得分的平均分,未做测验按零分计算
访问数	10	访问数达200次为满分,最多不超过上限分数
讨论	15	发表或回复1个讨论得3分,获得1个赞得1分,最多不超过上限分数

8.2.3　实施过程

在明确了研究问题后,从2017年9月开始,笔者利用该在线开放课程,以某省属师范大学二年级数学教育专业2个班106人为教学实验对象,采用在线学习互动与线下面对面教学互动相结合的教学方式,开展了为期一个学期的混合式教学活动。活动伊始,建立了该课程的混合式教学环境下学习交互行为框架,如图8-1所示。其中在线学习互动主要是学习者利用在线学习平台进行人机互动与人际互动的过程,包括学习者利用在线学习平台资源进行独立学习和在讨论区中开展讨论交流活动等;面对面互动是指在物化的教室中开展教与学活动的全过程,提供了师生间真正有意义的互动感,是在线学习互动的延伸与补充。

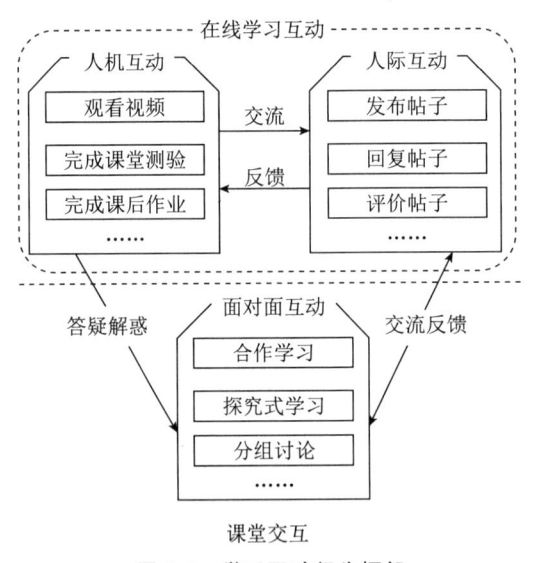

图 8-1　学习互动行为框架

课程教学结束后,我们根据从线上和线下两个方面对师生互动行为进行数据采集和分析。一方面,我们基于改进型的FIAS工具和滞后序列分析工具,运用观察法对教师线下教学的课堂实录中师生互动情况进行数据采集,并进行定量和定性分析,力图得出课堂教学的特征。另一方面,以学习者在学习平台上访问、提交、发帖等学习行为所留下的信息作为数据来源,并选择性地采集数据,利用SPSS、Excel、Ucinet等软件对数据进行收集汇总,并从人机互动和人际互动两个方面对数据进行分析,以期归纳出学习者在线学习行为特征。最后,根据数据分析得出的结论,提出了相关的建议和启示。

在整个实施过程中,在收集、处理和应用教育数据的每一个环节中,应注意到数据的安全性和合法性,以保护数据主体和数据客体的权利和利益,防止数据的滥用和误用,避免数据的泄露和损害,承担相应的法律责任。同时,也要遵循教育数据的最小化和透明化原则,尊重数据主体和数据客体的自主和知情,保证数据的真实和有效,提高数据的可解释性和可追溯性。

8.3 课堂教学行为分析

在混合式教学环境下选用录制的线下教学课堂实录作为样本,针对课堂实录视频进行观察与分析,对课堂上的教学情况和教师的教学行为进行评价与分析,并为课堂的评价和教学质量的提高提供参考。此次研究主要以混合式教学环境下"现代教育技术应用"课程"第四章多媒体素材采集与处理"中"图像的编辑与获取——思维导图"这堂课为例,采用改进型的 FIAS 和滞后序列分析工具对线下课堂实录视频进行编码分析,对课堂教学中师生互动行为进行研究。

8.3.1 编码规则与编码步骤

1. 编码规则

改进型弗兰德斯互动分析系统通过时间采样的方法进行,每隔 3 秒采样一次,并按照规定的编码号记录。在进行课堂观察时,一节课通常为 40~50 min,因此会生成 800~1000 个代码。随后,将编码前后的代码连接起来,形成一组组序列对,其中前一个序列对的尾代码是当前序列对的头代码。因此,如果我们在课堂记录中观察到的代码结果为 x,最终会形成 $x-1$ 组序列对。然后,对相同序列对的数量进行统计记录。具体实施方式如下:如果序列对(2,3)总共出现 12 次,就在第二行和第三列的单元格中填写 12。最终将形成一个 14×14 的交互分析矩阵。

2. 编码步骤

本次研究采用 iFIAS 的编码方法进行。结合课堂实录视频,运用首都师范大学数字化学习实验室开发的 iFIAS 编码分析助手进行编码和分析,如图 8-2 所示。主要步骤分为以下三步:

① 选择课堂教学实录视频。根据研究的计划,选择并打开"图像的编辑——思维导图"课堂实录。

② 观察视频中的师生互动行为并进行编码。打开课堂实录视频,同时打开 iFIAS 编码助手软件。根据编码规则,每隔 3 秒对教学视频进行编码。在课程结束后停止编码,并导出课堂的原始编码表。重复此步骤,直至对本节课进行完整编码。

③ 根据编码形成分析矩阵。根据每节课的原始编码表，按照 iFIAS 的编码规则计算每个序列对出现的次数，从而形成该节课的互动分析矩阵。借助 iFIAS 的分析程序，将原始编码表导入该程序，并设置需要进行统计的项目类别，然后导出师生互动图谱。重复此步骤，将本节课的编码表转化为互动分析矩阵和师生互动图谱。

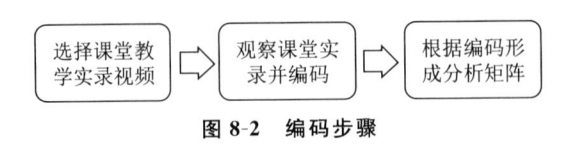

图 8-2 编码步骤

3. 矩阵呈现

利用 iFIAS 分析系统对课堂实录分析完后，就会得到原始编码列表，如表 8-7 所示。把列表中的一个编码与其后一个编码组成序列对，比如在原始编码记录表中的第 3 秒到第 15 秒的编码是"T1，T1，T6，T7，T6"，那么组成的序列对就为(T1，T1)、(T1，T6)、(T6，T7)、(T7，T6)，即除了第一个和最后一个编码之外，剩余编码都与前和后的编码结合，并且一共会结合两次，再对每一组序列对的出现次数进行统计，每一组序列对的第一个数表示行，第二个数表示列，将每个序列对所出现的次数填入到编码稳态格矩阵中，并且统计不同编码出现的次数以及计算出在这节课中出现次数的比例，得到对应的编码矩阵，如表 8-8 所示。

8.3.2 课堂师生互动行为分析

1. 编码记录

所选的"图像编辑与获取——思维导图"课堂实录时长约为 40 min，对课堂实录中师生互动行为进行分析，依据编码系统规定的意义每 3 s 采样一次，每节课大概会观察记录 800 个编码，其中行表示的是时间，列表示的是该时间内师生互动行为所代表的代码，用它们呈现教学活动中按时间顺序所发生的一系列事件，从而表现出课堂教学的结构、教师的行为模式和教学风格。

本节课的课堂实录观察记录的原始编码表如表 8-7 所示。

2. 课堂分析

(1) 课堂实录视频编码矩阵分析

由表 8-8 可以看出，教师讲授(T6)的稳态格(T6，T6)(出现次数为 191)所占的比例最高，达到 23.67%，其次是学生主动应答(S2)(出现次数为 183)、被动应答(S1)(出现次数为 126)以及讨论(S4)(出现次数为 113)的比例，分别占 22.68%、15.61% 和 14.00%。从视频中可以知道，在这一节课中教师将学生分成几个小组，分别讨论本组思维导图的构建思路与意义等，教师讲授比例高于学生语言比例，说明在这一节课中还是以教师讲授为主，不过也与学生进行了比较充分的互动，但学生被动回答问题的比例也比较高，可以看出在这节课中学生对于教师所提的问题积极性不够。

表 8-7 "图像编辑与获取——思维导图"原始编码记录表内容

	3秒	6秒	9秒	12秒	15秒	18秒	21秒	24秒	27秒	30秒	33秒	36秒	39秒	42秒	45秒	48秒	51秒	54秒	57秒	60秒
1分	T1	T1	T6	T7	T6	T6	T6	T6	T6	T4	S2	S2	T6	T4	S2	S2	T6	T6	T6	TT
2分	TT	T6	T6	T6	T6	CH2	CH2	CH2	CH2	CH2	CH2	CH2	CH2	T6	T6	T6	T6	T6	T6	T6
…	…	…	…	…	…	…	…	…	…	…	…	…	…	…	…	…	…	…	…	…
39分	T6	T6	T6	T6	T6	T6	T3	S2	T3	S2	T6	T6	T6	T6	T6	T6	T6	T6	T6	T6
40分	T6	T6	T4	S2	S2	S2	S2	T6	T6	T6	T6	T6	T3	S2	T6	T6	T7	T7	S2	S2
41分	S2	T6	T6	T6	S2	S2	T6	T6												

表 8-8 "图像编辑与获取——思维导图"编码矩阵

	T1	T2	T3	T4	T5	T6	T7	T8	S1	S2	S3	S4	CH1	CH2	TT	ST	Totals
T1	1	0	0	0	0	1	0	0	0	0	0	0	0	0	0	0	2
T2	0	35	2	0	0	4	1	0	0	0	0	1	0	0	0	0	43
T3	0	1	13	0	0	2	1	0	0	9	0	2	0	1	0	0	29
T4	0	0	0	2	1	0	0	0	3	0	0	0	0	0	0	0	6
T5	0	0	0	0	0	2	0	0	0	0	0	0	0	0	0	0	2
T6	0	2	6	4	1	191	6	0	0	1	0	2	1	5	1	0	220
T7	0	0	1	0	0	2	30	0	1	5	0	3	0	0	1	0	43
T8	0	0	0	0	0	0	0	0	0	0	0	0	0	0	0	0	0
S1	0	2	1	0	0	1	1	0	118	0	0	0	0	3	0	0	126
S2	0	3	3	0	0	11	0	0	0	165	0	0	0	1	0	0	183
S3	0	0	0	0	0	0	0	0	0	0	0	0	0	1	0	0	1
S4	0	0	2	0	0	3	4	0	0	0	1	100	0	0	0	3	113
CH1	0	0	0	0	0	1	0	0	0	0	0	0	0	0	0	0	1
CH2	0	0	1	0	0	4	0	0	1	3	0	0	0	18	0	0	27
TT	0	0	0	0	0	0	0	0	0	0	0	0	0	0	2	0	4
ST	0	0	0	0	0	0	0	0	0	0	0	3	0	0	0	4	7
Totals	1	43	29	6	2	221	43	0	126	183	1	113	1	27	4	7	807

(2) 课堂实录视频师生互动图谱分析

从图 8-3 可以看出,前面 5 min,教师语言比例较高,其间存在一部分沉寂,这一阶段教师在对本节课的教学内容进行导入。在 5 min 以后,学生语言比例持续上升,直到 8 min 上升至最高点,从视频中可以知道,这一阶段教师将学生分小组分配任务进行讨论交流。从 15 min 到 25 min,教师语言与学生语言反复交叉,可以看出在这一阶段教师与学生互动非常频繁,学生在对小组讨论结果进行展示与说明。25 min 到 40 min,可以看到图中代表教师语言和学生语言的折线呈现交替状态,根据视频知道在这一阶段分别是学生继续进行了小组讨论,然后教师进行讲授,学生分享讨论结果,教师总结课堂内容。

扫码可得图 8-3 彩图:

3. 分析与总结

教学结构、教学方式和教学策略、教学组织形式等要素都是教师在对每节课进行教学设计时应该考虑的。所以,为了能够比较全面地对这门课中的师生互动行为进行分析,本次研究将从课堂结构、教师课堂提问类型、学生应答行为、教学风格以及情感互动等方面展开分析。

(1) 课堂结构分析

课堂结构分析主要是针对改进型 FIAS 互动分析系统的四大模块进行分析,分别是教

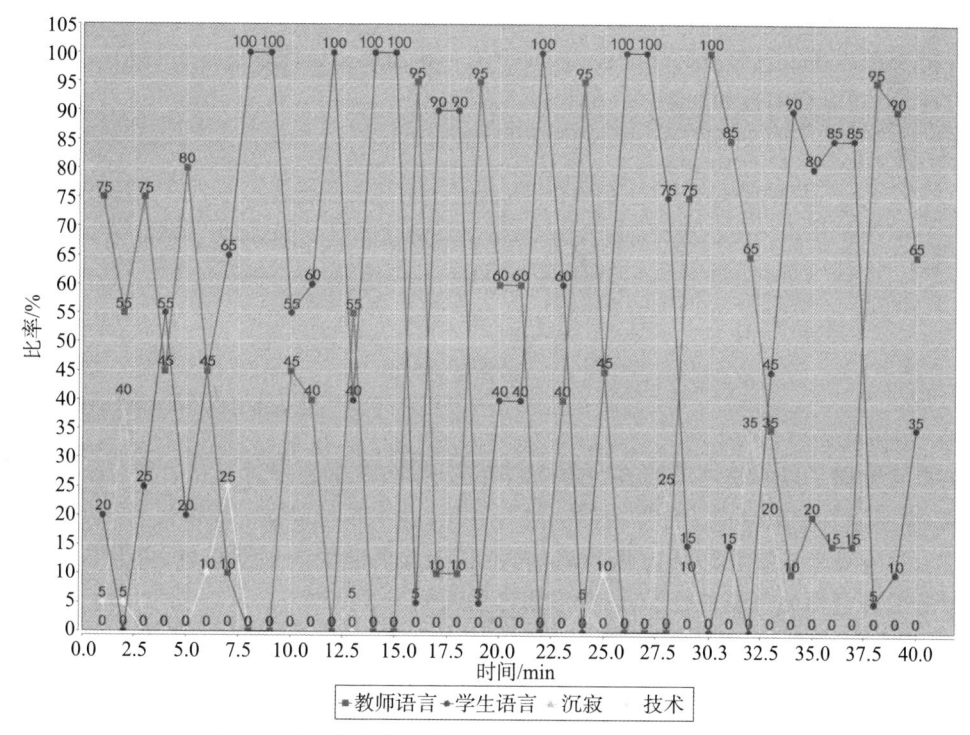

图 8-3 "图像编辑与获取——思维导图"师生互动图谱

师语言、学生语言、沉寂以及技术。

从图 8-4 的数据分析得出：

① 师生语言方面，教师语言占比较高，占比 42.57%，说明基本上没有摆脱教师讲授占主要部分，学生被动接受知识的局面。

② 沉寂方面，所观察的有益于教学的沉寂比例不高，说明教师留给学生独立思考的时间并不多，教师更偏向于将时间安排在直接讲授或者提问学生这种更能表现教学效果的环节上。

③ 技术方面，技术的使用比例最低，说明教师课堂中安排给学生进行技术操练的时间总体较少，没有充分地锻炼学生的上机操作能力。

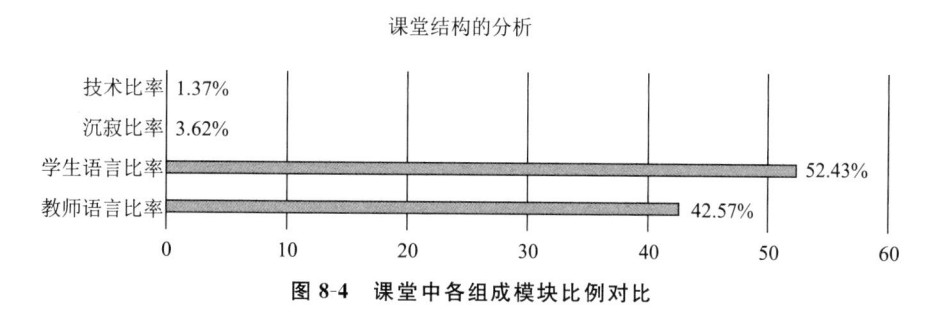

图 8-4 课堂中各组成模块比例对比

（2）教师课堂提问类型分析

从图 8-5 的数据可以看出，教师更偏向于提开放性问题供学生进行小组讨论。总体上教师提问开放性问题比例在 75%，所提的封闭性问题比例在 25%，说明教师在课堂上所提的问题中开放性问题占比较高,在提问方面比较注重提出开放性的问题让学生进行思考,锻炼学生的发散思维以及解决问题的能力,而不是一味地提出让课堂变得更加枯燥乏味的"是不是""有没有"等封闭性的问题。

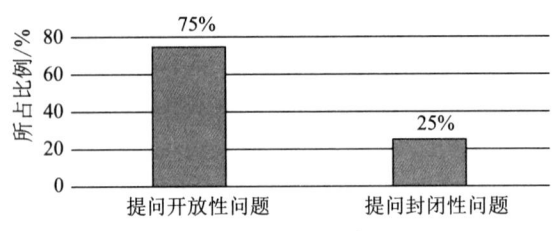

图 8-5　教师提问类型

(3) 学生应答行为分析

如果一堂课是以学生主动回答问题(S2)为主,那么学生进行讨论和思考(S4)的比例也会更高,说明课堂上更倾向于给学生时间进行讨论,学生参与课堂的积极性也会更高。如果在课堂上学生被动应答(S1)的比例较高,则不利于发展学生的创新思维,并且说明学生在课上只是跟着老师的节奏进行学习,独立思考的时间较少。

从图 8-6 可以看出,学生主动回答问题(S2)的比例与被动应答(S1)的比例相差不是很大,结合课堂实录视频可以知道,学生在进行讨论以后,主动分享讨论结果的情况较多,也有一部分是教师点名进行回答的。从总体上来看,学生主动应答的比例还是比被动应答的比例高的,可以看出教师在教学过程中更倾向于以引导学生主动回答问题为主,点名回答问题的形式作为辅助。

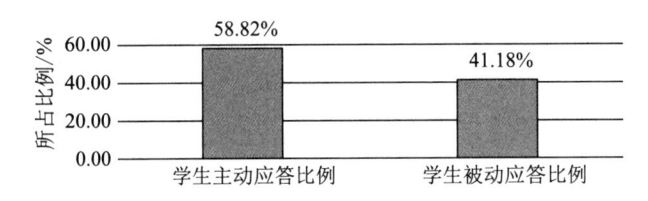

图 8-6　学生应答行为

(4) 教师教学风格分析

教师的教学风格是通过分析教师对学生产生的间接影响与直接影响的比值以及积极影响与消极影响的比值,来呈现教师课堂教学风格的倾向。

其中,编码 T1~T5 反映了情感交流、表扬、肯定和提问对学生态度和情感的间接影响,编码 T6~T8 反映了教师通过教学、指导和批评对学生的直接影响;间接影响与直接影响的比值大于 1,则表示教师在教学过程中更偏向于表达肯定、提问问题或者情感支持,间接促进学生主动学习;如果比值小于 1,则表示教师在课堂中更占据主导地位。

从另一方面来看,编码 T1~T3 反映了教师对学生施加的积极影响,编码 T7~T8 反映的是教师对学生施加的消极影响;如果积极影响与消极影响的比值大于 1,则说明在课堂中教师更注重采用鼓励或表扬等积极的方式促进学生的学习;反之,则反映出教师在课堂上更多地对学生发布指令,强制要求学生参与课堂等消极影响。

在本节课中,教师对学生施加的间接影响与直接影响的比值为 0.317,比值小于 1,说明学生受到教师的直接影响大于间接影响,教师占课堂主导地位居多,在课堂中更多地通过讲授、指导或者批评等方式对学生施加直接影响,在整节课中学生处于被动学习状态的情况比较多。

另外,教师对学生施加的积极影响与消极影响的比值为 1.721,比值大于 1,说明教师更注重在课堂上对学生表达鼓励与肯定等积极影响。

总的来看,在本节教学课堂上,教师更愿意采用对学生施加直接影响的方式来促进学生的学习,同时对学生施加积极影响以激起学生学习的主动性,让学生更多地参与到课堂中来,即以教师讲授为主导,鼓励学生主动参与学习。

(5) 师生情感互动分析

教学中的积极强化行为是指教师对学生进行表扬、观点肯定、鼓励等方式,互动分析编码矩阵中 1~3 行与 1~3 列形成的正方形为积极整合格,所以其对应的是编码 T1~T3,教学中的消极强化是指教师通过发布一些指令或者批评的方式强制要求学生进行学习,互动分析矩阵中的 7~8 行与 7~8 列形成的正方形为缺陷格,其对应的编码为 T7~T8。

积极整合格所代表的鼓励与表扬或者观点肯定等行为可以更好地激发学生的学习兴趣,使课堂互动氛围更加活跃,有助于营造良好的师生关系;而缺陷格所代表的批评或者指令等行为,在一定程度上能够促进教学,但使用过多则会打击学生学习的热情,不利于师生关系更好地发展。

本节课中积极整合格(出现次数为编码矩阵中 1~3 行之和)所占的比例为 9.17%,小于 10%。说明教师在学生回答完问题后会对学生进行一个积极的反馈。但这种积极反馈比较少,很多教师都忽视了积极反馈的作用,不利于激发学生思考问题的积极性,从而降低了学生的课堂参与度。

8.3.3 课堂师生互动行为序列分析

采用 GSEQ 5.0 软件生成课堂实录的残差值表,如表 8-9 所示。根据滞后序列分析法,如果残差表中的 $z\text{-score}>1.96$,则认为该行为序列具有显著意义($p<0.05$)。由残差值表数据可以绘制课堂行为转换图,如图 8-7 所示,图中节点代表课堂行为,节点之间的连线表示行为之间存在显著关系,连线上的数据则是调整后的残差值。结果显示,对角线(左上到右下)上的各个单元格称为稳态格,若其残差值大于 1.96,则表明某种行为持续发生,即同一行为类别持续发生超过 3 秒。教师接受情感(T1)、教师的鼓励表扬(T2)、教师采纳意见(T3)、提问开放性问题(T4)、教师讲授(T6)、教师指令(T7)、学生主动应答(S2)、学生被动应答(S1)、学生与同伴讨论(S4)、有益于教学的沉寂(CH2)、教师操作技术(TT)和学生使用技术(ST)等都存在持续发生的现象。这些现象反映了课堂中教师和学生的主动性和积极性,以及教师和学生之间的情感交流和认知交流。

除了稳态格,课堂行为转换图还显示了本课堂具有 7 组显著的行为序列,即两个行为之间存在显著的关联。这些行为序列分别是:

表 8-9 课例"图像编辑与获取——思维导图"残差值(z-score)

z	T1	T2	T3	T4	T5	T6	T7	T8	S1	S2	S3	S4	CH1	CH2	TT	ST
T1	**20.07**	0.34	-0.27	-0.12	-0.07	0.72	-0.34	0	-0.61	-0.77	-0.05	-0.57	-0.05	-0.26	-0.1	-0.13
T2	-0.24	**22.83**	0.38	-0.58	-0.34	-2.73	-0.9	0	-2.9	-3.65	-0.24	-2.27	-0.24	-1.25	-0.48	-0.63
T3	-0.19	-0.46	**12.15**	-0.47	-0.27	-2.52	-0.46	0	-2.36	1.09	-0.19	-1.12	-0.19	0.03	-0.39	-0.51
T4	-0.09	-0.58	-0.47	**9.33**	1.6	-1.51	-0.58	0	**8.12**	-1.06	-0.09	-0.99	-0.09	-0.46	-0.17	-0.23
T5	-0.05	-0.34	-0.27	-0.12	-0.07	-0.87	-0.34	0	**2.61**	-0.61	-0.05	-0.57	-0.05	-0.26	-0.1	-0.13
T6	-0.61	-3.42	-0.81	**2.18**	0.72	**23.1**	-2.01	0	-7.48	-9.23	-0.61	-6.56	1.63	**2.04**	-0.1	-1.63
T7	-0.24	-1.6	-0.46	-0.58	-0.34	-3.44	**19.34**	0	-2.04	-2.15	-0.24	-1.36	-0.24	-1.25	1.76	-0.63
T8	0	0	0	0	0	0	0	0	0	0	0	0	0	0	0	0
S1	-0.43	-2.04	-1.84	-1.06	-0.61	-7.29	-2.47	0	**26.27**	-6.62	-0.43	-4.93	-0.43	-0.66	-0.86	-1.14
S2	-0.54	-2.53	-1.62	-1.33	-0.77	-7.37	-3.65	0	-6.15	**24.39**	-0.54	-5.97	-0.54	-2.86	-1.09	-1.44
S3	-0.04	-0.24	-0.19	-0.09	-0.05	-0.61	-0.24	0	-0.43	-0.54	-0.04	**2.48**	-0.04	-0.19	-0.07	-0.09
S4	-0.4	-2.72	-1.12	-0.99	-0.57	-6.36	-0.91	0	-4.93	-6.21	**2.48**	**24.61**	-0.4	-2.13	-0.81	**2.21**
CH1	-0.04	-0.24	-0.19	-0.09	-0.05	1.63	-0.24	0	-0.43	-0.54	-0.04	-0.4	-0.04	-0.19	-0.07	-0.09
CH2	-0.19	-1.25	0.03	-0.46	-0.26	-1.49	-1.25	0	-0.66	-2.39	-0.19	-2.13	-0.19	**18.61**	-0.37	-0.49
TT	-0.07	-0.48	-0.39	-0.17	-0.1	-0.11	-0.48	0	0.52	-1.09	-0.07	-0.81	-0.07	-0.37	**14.13**	-0.19
ST	-0.09	-0.63	-0.51	-0.23	-0.13	-1.63	-0.63	0	-1.14	-1.44	-0.09	**2.21**	-0.09	-0.49	-0.19	**16.13**

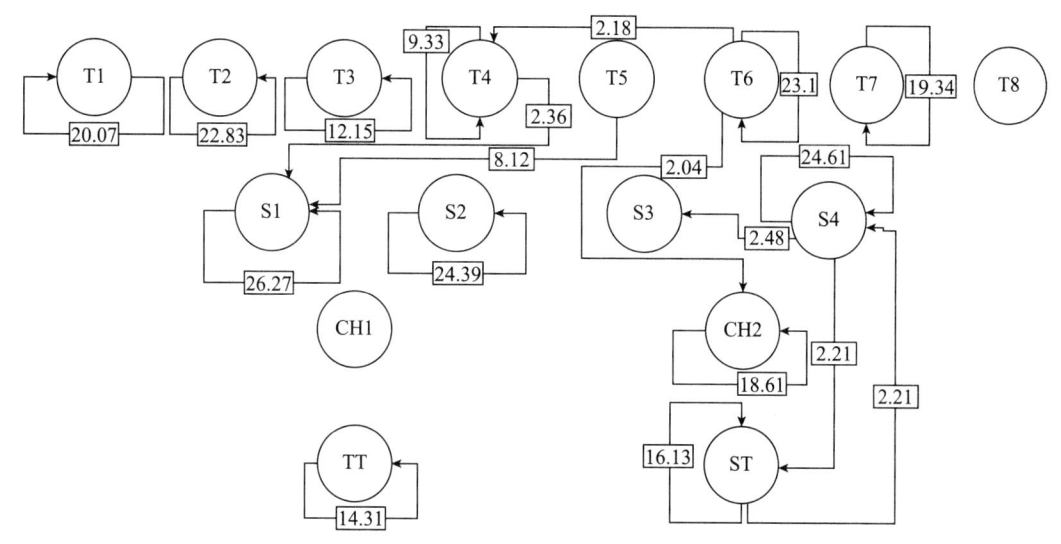

图 8-7　课例"图像编辑与获取——思维导图"行为转换图

① T6→T4。教师讲授后提问开放性问题，z-score 为 2.18，表明教师讲授后提问开放性问题的概率显著高于平均水平，教师讲授会促进教师提问开放性问题的发生。这一行为序列说明教师在讲授知识的同时，也注意引导学生思考和探究，激发学生的学习兴趣和动机。

② T6→CH2。教师讲授后产生有益于教学的沉寂，z-score 为 2.04，表明教师讲授后产生有益于教学的沉寂的概率显著高于平均水平，教师讲授会促进有益于教学的沉寂的发生。这一行为序列说明教师在讲授知识后，会给予学生适当的思考时间，让学生消化和吸收所学知识，也为后续的互动交流创造了条件。

③ T4→S1。教师提问开放性问题后学生被动应答，z-score 为 2.36，表明教师提问开放性问题后学生被动应答的概率显著高于平均水平，教师提问开放性问题会促进学生被动应答的发生。这一行为序列说明教师的开放性问题能够引起学生的回应，但学生的回应并不是主动的，而是被动的，可能是因为学生对问题的理解和回答不够自信，或者教师的提问方式和语气不够鼓励和支持。

④ T5→S1。教师提问封闭性问题后学生被动应答，z-score 为 8.12，表明教师提问封闭性问题后学生被动应答的概率显著高于平均水平，教师提问封闭性问题会促进学生被动应答的发生。这一行为序列说明教师的封闭性问题也能够引起学生的回应，但学生的回应仍然是被动的，可能是因为教师的封闭性问题过于简单或者刻板，没有激发学生的思维和创造力，或者教师的提问方式和语气过于严厉和命令，让学生感到压力和恐惧。

⑤ S4→S3。学生与同伴讨论后学生主动提问，z-score 为 2.48，表明学生与同伴讨论后学生主动提问的概率显著高于平均水平，学生与同伴讨论会促进学生主动提问的发生。这一行为序列说明学生与同伴讨论能够激发学生的好奇心和求知欲，让学生在讨论中发现问题和疑惑，从而主动向教师或者其他同学提出问题，增加了课堂的互动性和活跃度。

⑥ S4→ST。学生与同伴讨论后学生使用技术，z-score 为 2.21，表明学生与同伴讨论后学生使用技术的概率显著高于平均水平，学生与同伴讨论会促进学生使用技术的发生。这一行为序列说明学生与同伴讨论能够促进学生运用信息技术进行学习，利用技术工具查找

资料、制作作品、展示成果等,提高了学生的技术能力和学习效率。

⑦ ST→S4。与⑥中的行为序相反的是,学生使用技术后也会引发学生与同伴之间的讨论,z-score 为 2.21,表明学生使用技术后学生与同伴讨论的概率显著高于平均水平,学生使用技术会促进学生与同伴讨论的发生。这一行为序列说明学生使用信息技术能够激发学生的探究和合作精神,让学生在使用技术的过程中遇到问题和困难时,能够及时与同伴交流和求助,增强了学生的解决问题能力和社交能力。

8.3.4 研究结论与建议

1. 结论

通过对课堂实录的观看与记录,结合数据分析结果,本次研究的结论有如下几点:

① 本课堂的师生互动行为序列分析表明,教师在课堂上运用了多种教学策略,如讲授、提问、鼓励、采纳等,以引导和支持学生的学习。

② 教师与学生互动比较频繁,但主要还是以教师讲授为主。从前面对课堂分析的师生互动图谱可以看出,师生互动比较频繁,但教师语言仍然占有大部分比例,即课堂的开展还是以教师讲授为主导,缺少让学生主动学习并思考问题的机会。

③ 学生回答问题的积极性一般,虽然课堂中教师引导学生主动回答问题占多数,但同时教师点名,学生被动回答问题所占比例也较高(41.18%)。通过师生互动行为序列分析发现,教师提出问题(包括开放性问题和封闭性问题)后与学生被动回答的行为有显著关联,也证实了这一结果。

④ 教师忽视了对学生讨论过程中的纪律管理,学生在讨论时课堂秩序容易混乱。在讨论课上让学生积极参与讨论是比较好,但对于课堂纪律的管理也不能松懈,通过视频可以看到,有部分学生会趁着讨论时间与其他同学嬉笑玩闹,做与讨论任务无关的事情,这不仅影响课堂秩序,也浪费了宝贵的课堂时间,不利于达到设计讨论环节应该带来的教学效果。

⑤ 教师在教学过程中缺乏对学生的学习进行间接引导,大多数时候都是采用直接讲授的方式进行教学。通过对学生施加间接影响来促进其学习是一个很好的方式,可以更好地带动学生主动学习与思考问题,提高学生的课堂参与度。但根据前面的数据分析得出,课堂上教师很少利用间接影响来促进学生的学习,更多的是直接讲授或者直接发布讨论的指令,让学生处于被动学习的状态。

2. 建议

教学过程应采用以学生为主体,教师为主导的教学模式。课堂中更应该让学生主动去参与课堂并思考问题,强化学生的主体地位。教师可以先引导学生对涉及新知识的问题进行探讨,并且选择与学生所能接触到的事物相关的例子辅助教学,让学生之间进行充分地互动,这样有助于提升学生参与讨论的积极性。

① 在互动环节教师应多注意提问方式,并对学生进行间接性的引导。教师一般都是通过提问的方式与学生进行互动,在提问的过程中,提开放性的问题更有利于促进学生主动思

考和激发学生的发散思维,学生回答问题的范围越广,师生互动的效果就越好,质量也就会更高。除此之外,教师也需要对学生的回答有一个积极的反馈,细致地分析学生的答案,耐心地引导学生解决问题等,积极的反馈有利于提高学生回答问题的积极性。

② 学生讨论期间多观察学生的动态,对课堂秩序进行较好地掌控。教师在学生进行讨论时,可以多在教室中进行走动,观察学生讨论的情况,这样可以降低学生利用讨论时间做与课堂无关的事情,同时提高了小组讨论的效率。如果教师对个别学生放任不管,可能会导致更多的学生不积极参与讨论的情况出现。因此,教师应该重视对学生讨论期间的课堂秩序的管理,维护良好的课堂学习氛围。

8.4 在线互动行为分析

8.4.1 人机互动

1. 学习者与访问页面互动行为特征

课程从 2017 年 9 月 6 日开通在线学习,到 2018 年 1 月 18 日学习结束,学习时间共计 135 天,这个期间学习者访问页面学习的基本情况如表 8-10 所示。

表 8-10 访问页面基本情况

数据样本	学生总数/人	平均访问次数/次	最大访问次数/次	平均访问天数/天	最大访问天数/天
闽南师范大学某学院二年级5、6合班	106	142	212	32	46

(1) 访问页面基本情况

① 学生的平均访问天数占课程在线学习时间的 22.54%,最大访问天数占课程在线学习时间的 32.39%。这说明学生的在线学习参与度还有提升的空间,可以通过增加课程互动、激励机制、反馈评价等方式来提高学生的在线学习积极性和效果。

② 学生的平均访问次数为 142 次,最大访问次数为 212 次。这说明学生的在线学习行为有一定的差异性,可能与学生的个性、兴趣、目标、能力等因素有关。教师可以根据学生的不同特点和需求,提供个性化的指导和支持,以促进学生的在线学习发展。

(2) 学习者访问页面时间段分布特征

从图 8-8 和图 8-9 可以看出:

① 学生在整个学期中的学习页面访问次数呈现出波动的趋势,有高峰和低谷,其中最高的访问次数达到了 300 次以上,最低的只有 1 次。这说明学生的在线学习行为受到了课程进度、考试安排、作业提交等因素的影响,也反映了学生的在线学习习惯和态度。

② 学生在不同时间段的学习页面访问次数有明显的差异,其中最多的是时段(20—24),占总访问次数的 31.76%,其次是时段(12—16),占总访问次数的 26.40%,最少的是时段(04—08),只占总访问次数的 1.37%。这说明学生的在线学习时间主要集中在晚上和下午,而

早上和凌晨则很少有人学习。这可能与学生的作息规律、时间管理、注意力分配等因素有关。

③ 学生在不同日期的学习页面访问次数有一定的规律,可以发现每周的周末(周六和周日)的访问次数通常低于周中(周一至周五)的访问次数。在 2017 年 12 月 16 日至 2018 年 1 月 11 日期间,学生访问次数突然显著升高,平均每天为 163.5 次,远高于其他时段的平均每天为 43.8 次。这可能与期末考试的临近有关,学生为了应对考试而加紧复习。这也表明学生在在线学习中存在一定程度的拖延和应试倾向。

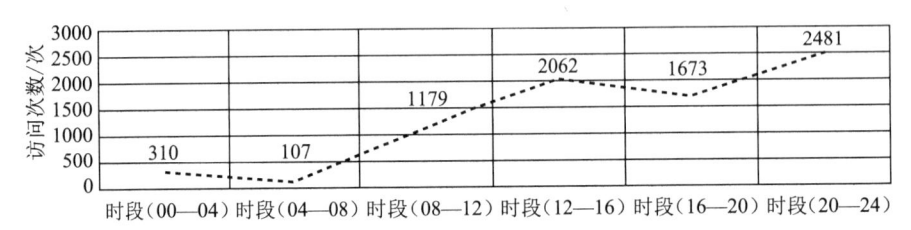

图 8-8 学习者页面访问时间分布特征(时间段:小时)

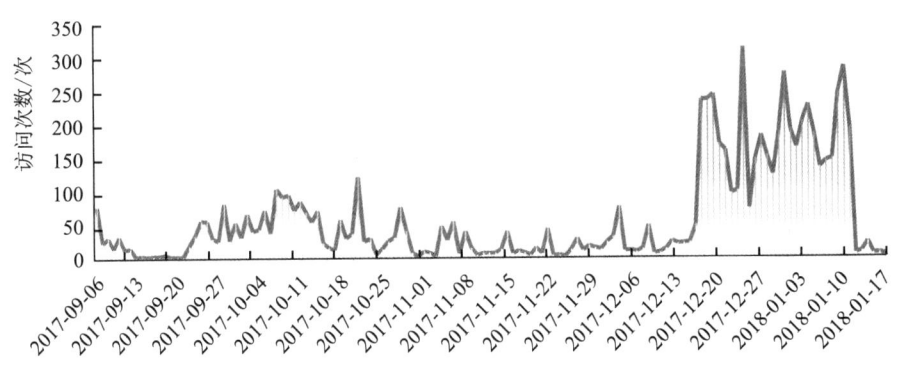

图 8-9 学习者页面访问时间分布特征(时间段:天)

2. 学习者与学习资源互动行为特征

① 本课程的学习者参与度在不同模块之间存在差异,其中章节测试与课后作业模块的参与度最高,视频模块的参与度呈现出随着时间推移而逐渐降低的趋势。课程开始时,观看视频的人数达到了 104 人,占总人数的 98.1%,但随后逐渐减少,直到第八周时只有 16 人完成了所有视频观看任务,占总人数的 15.1%,人均完成观看视频数量为 28 个。视频观看人次统计分布如图 8-10 所示。这表明学习者对视频模块的兴趣和持续性不足,可能受到了多方面因素的影响。课后作业和章节测试的参与人数则相对稳定,均在 95 人以上,占总人数的 89.6% 以上,且平均分在 66~88 分之间,反映出学习者对这两个模块的重视程度较高,如图 8-11 所示。通过访谈部分学生,我们发现导致这种现象的原因主要有以下 3 个方面:一是学习评价导向的影响。本课程成绩的权重中,视频任务占 15%,而作业与测试任务分别占 30%,不同权重导致了学习者对不同模块的选择性偏好。二是学习时间有限的制约。视频模块的学习需要花费较多时间,而大二学生学业压力较大,部分学生还要参与社团活动,因此很难抽出足够的时间来观看视频。三是视频本身质量有待提高。部分学生反映

一些教学视频内容枯燥无味,难以吸引和保持注意力。因此,为了提高成绩和节省时间,学习者往往倾向于选择权重较高且耗时较少的作业和测试模块。甚至有一些学生存在刷视频的现象,即打开视频但不认真观看,而是做其他事情。

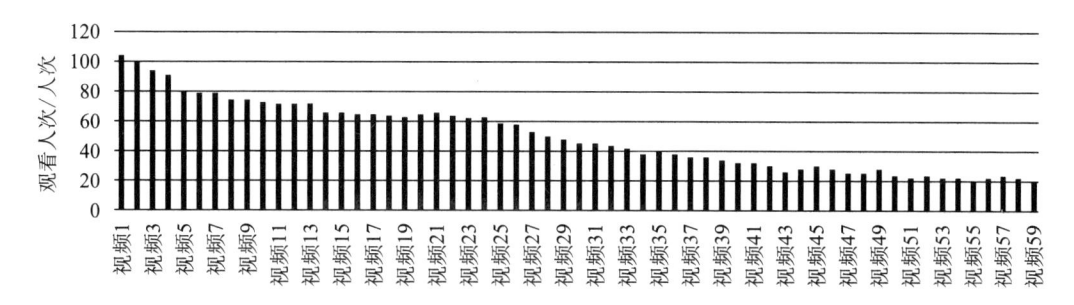

图 8-10　视频观看人次统计分布

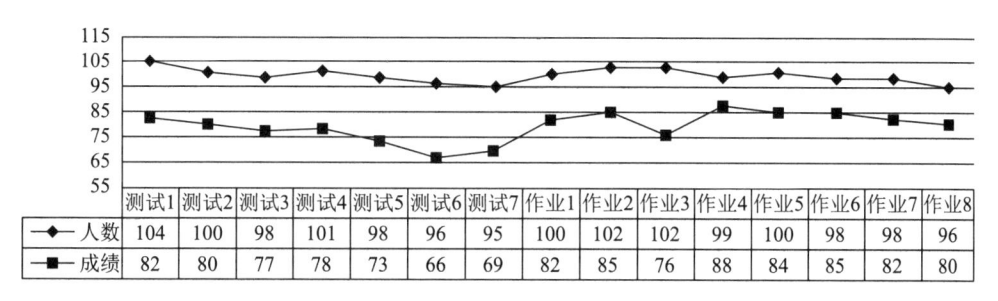

	测试1	测试2	测试3	测试4	测试5	测试6	测试7	作业1	作业2	作业3	作业4	作业5	作业6	作业7	作业8
◆人数	104	100	98	101	98	96	95	100	102	102	99	100	98	98	96
■成绩	82	80	77	78	73	66	69	82	85	76	88	84	85	82	80

图 8-11　完成测试、作业人数和成绩统计分布

② 从整体上看,学习者观看视频数量与测试成绩之间呈现出正相关关系。为了进一步探究这两个变量之间的关系,我们以观看视频数量为自变量 X,测试成绩为因变量 Y,绘制了所有学生观看视频数量与测试成绩关系的散点图,如图 8-12 所示。每一个点代表一个特定学生观看视频数量与测试成绩的组合。我们以七次测试成绩平均分(75 分)为水平轴划分线,人均观看视频数量(28 个)为垂直轴划分线,将所有学生划分为 4 个群组:Ⅰ 群为观看视频数量较多且测试得分较高的学生;Ⅱ 群为观看视频数量较少但测试得分较高的学生;Ⅲ 群为观看视频数量较少且测试得分较低的学生;Ⅳ 群为观看视频数量较多但测试得分较低的学生。从图 8-12 中可以看出,Ⅰ 群和 Ⅲ 群所占比例最大,分别为 48.09% 和 28.52%,共计 76.61%,说明大部分学生观看视频数量与测试成绩呈正相关关系。另外,还有 4.71% 的少数学生属于 Ⅱ 群,他们虽然观看视频数量不多,但测试得分较高,可能是因为他们在学习本课程之前已经具备了相关知识,或者通过其他学习方式,如阅读 PPT、DOC 等教程来掌握课程内容。而 18.68% 的学生属于 Ⅳ 群,他们观看视频数量较多,但测试得分较低,可能是因为部分视频质量不佳,或者他们在观看视频时没有集中注意力,而是分心做其他事情。散点图可以帮助教师从整体上了解学习者使用教育资源的情况,从而对教学设计和教学评价进行调整和改进。

3. 学习者与资源互动学习行为特征相关性分析

(1) 学习行为特征与学业成绩的相关性分析

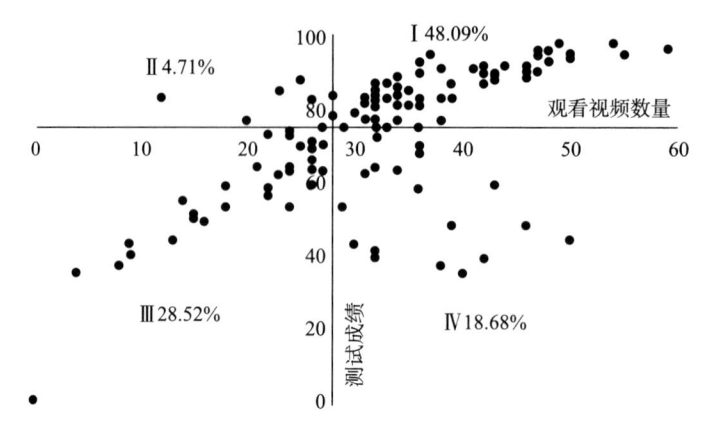

图 8-12　学习者观看视频数量与测试成绩散点

为挖掘出与学业成绩显著相关的行为特征,本部分使用皮尔逊相关系数衡量行为特征与学习效果的相关性,得出 19 个学习行为特征与学习效果之间的相关系数,如表 8-11 所示。

表 8-11　行为特征与学业成绩的相关系数

行为特征	相关系数	行为特征	相关系数
签到次数	**0.343****	问卷参与次数	0.171
任务点完成数	**0.502****	选人被选中次数	0.195
章节测验完成次数	−0.099	参与讨论	**0.353****
章节测验成绩	**0.653****	发表讨论	0.115
作业完成次数	0.087	评价讨论	0.073
作业成绩	**0.432****	访问页面天数	**0.311****
考试完成次数	−0.064	投票参与次数	0.023
访问页面次数	**0.356****	抢答参与次数	**0.522****
视频观看时长	**−0.393****	评分参与次数	0.062
随堂练习参与次数	0.017		

注:** 表示在 0.01 水平(双侧)上显著相关。

从表 8-11 中,我们可以得出以下结论:

① 签到次数、任务点完成数、章节测验成绩、作业成绩、访问页面次数、访问页面天数、参与讨论和抢答参与次数与学业成绩呈现出显著的正相关关系,即这些行为特征越高,学业成绩越好。这说明这些行为特征反映了学生的在线学习积极性、主动性、深度和效果,是影响学习效果的重要因素。

② 评价讨论、作业完成次数、考试完成次数、随堂练习参与次数、投票参与次数和评分参与次数与学业成绩呈现出不显著的相关关系,即这些行为特征对学业成绩的影响不明显。这说明这些行为特征虽然体现了学生的在线学习参与度,但并不一定代表了学生的学习质量和水平。

③ 问卷参与次数、选人被选中次数、发表讨论与学业成绩呈现出一般的正相关关系,即这些行为特征对学业成绩有一定的正向影响。这说明这些行为特征反映了学生的在线学习

兴趣、互动、注意力和持续性,是促进学习效果的有益因素。

(2) 学习行为特征之间的相关性分析

抽取上面经过相关分析与学业成绩有显著关系的行为特征,对这些特征之间进行相关分析,以探讨学习者各学习行为的相互作用。相关分析后得到的结果如表 8-12 所示。

表 8-12　各学习行为特征之间的相关性分析

行为特征	任务点完成数	章节测验成绩	访问页面天数	作业成绩	访问页面次数	视频观看时长	签到次数	参与讨论	抢答参与次数
任务点完成数	1	0.355**	0.108	0.212*	0.829**	0.635**	0.933**	0.0811	0.328**
章节测验成绩	0.355**	1	0.909**	0.843**	0.245*	−0.419**	0.635**	0.559**	0.433**
访问页面天数	0.108	0.909**	1	0.086	−.374**	−0.612**	0.353**	0.143	0.892**
作业成绩	0.212*	0.843**	0.086	1	0.591**	−0.334**	0.904**	0.815**	0.737**
访问页面次数	0.829**	0.245*	−.374**	0.591**	1	−0.616**	0.987**	0.094	0.123
视频观看时长	0.635**	−0.419**	−0.612**	−0.334**	−0.616**	1	−0.518**	−0.434**	0.057
签到次数	0.933**	0.635**	0.353**	0.904**	0.987**	−0.518**	1	−0.231*	0.776
参与讨论	0.0811	0.559**	0.143	0.815**	0.094	−0.434**	−0.231*	1	−0.234*
抢答参与次数	0.328**	0.433**	0.892**	0.737**	0.123	0.057	0.776	−0.234*	1

注:** 表示在 0.01 水平(双侧)上显著相关,* 表示在 0.05 水平(双侧)上显著相关。

从表 8-12 可以得出以下几个结论:

① 任务点完成数、签到次数、作业成绩、访问页面次数、访问页面天数和抢答参与次数之间呈现出较强的正相关关系,即这些行为特征之间相互促进,越高的任务点完成数会带来越高的章节测验成绩、作业成绩等,反之亦然。这说明这些行为特征是在线学习的核心要素,体现了学生的学习能力和效果。

② 视频观看时长与其他行为特征之间呈现出较强的负相关关系,即视频观看时长越长,其他行为特征越低,反之亦然。这说明视频观看时长并不代表学习质量和水平,而可能反映了学生的注意力分散、效率低下等问题。

③ 参与讨论与其他行为特征之间呈现出不一致的相关关系,即参与讨论与章节测验成绩、作业成绩等呈现出较强的正相关关系,但与访问页面次数、访问页面天数等呈现出较弱的负相关关系。这说明参与讨论对于提高学生的理解和应用能力有一定的作用,但也可能占用了学生的学习时间和精力,影响了学生的其他学习行为。

8.4.2　人际互动

1. 内容分析结果

本节对 2017 年 9 月 6 日至 2018 年 1 月 26 日期间,参与混合式教学课程的 106 名学习者在讨论区中的发言内容进行了分类统计分析,以探究其认知存在、社会存在和教学存在 3 个维度的表现情况。根据统计结果,截至课程结束,讨论区中共有主题帖 56 条,回帖 634 条和评论 36 条。

按照前述社区交互文本编码规则,在对讨论区中的所有帖子内容分别进行分类统计后,共产生了 1526 个意义单元,它们在认知存在、社会存在和教学存在 3 个发言特征方面的分布情况如图 8-13 和图 8-14 所示。

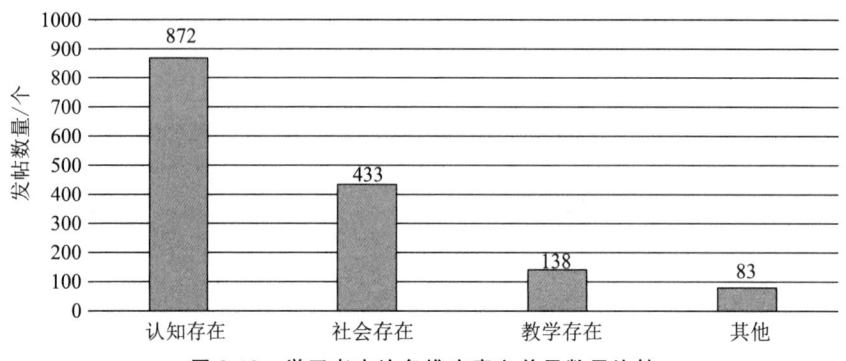

图 8-13　学习者言论各维度意义单元数目比较

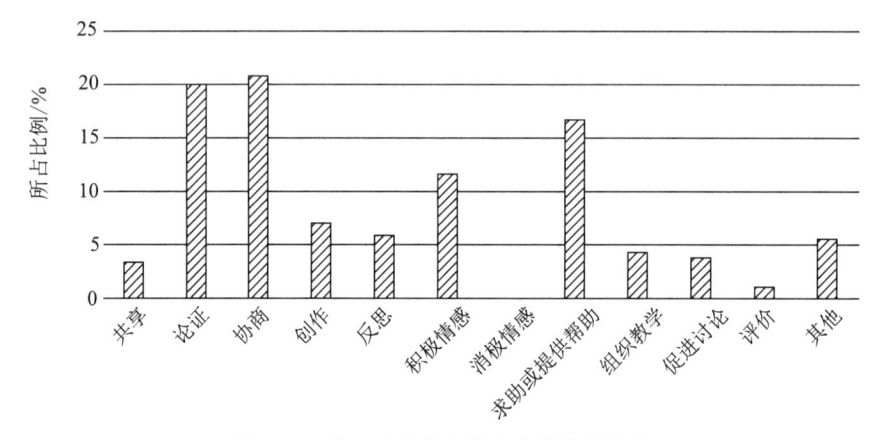

图 8-14　学习者言论各维度分类统计比较

由图 8-13 和图 8-14,我们可以得出以下结论:

① 讨论区中,认知存在类的发言占比最高,其次是社会存在类的发言,教学存在类的发言占比较低。这说明线上交流主要以知识分享、论证、协商和反思为主要形式,而情感交流也较为活跃。这可能与混合式教学模式的特点有关,即讨论区中的学习者来自两个班级,已经有过面对面的互动,彼此之间较为熟悉,因此更愿意通过鼓励、赞扬或寻求帮助等方式来增进同伴之间的支持。

② 在认知存在类的发言中,"论证"和"协商"占比最高,分别为 20.0% 和 20.8%,而"创作"和"反思"占比较低,仅为 7.1% 和 6.0%。这表明大部分发言都是基于事实或经验的推理或批判,而对不同观点或知识的总结和反思较少。这样的交流方式虽然有利于学习者将自己的知识经验进行概括和传播,但不利于形成发散性的集体智慧。另外,"共享"占比最低,仅为 3.3%,说明讨论区中出现的问题多为无标准答案、可以多角度思考和理解的问题,即问题本身具有一定的质量。

③ 在社会存在类的发言中,与学业无关的求助或提供帮助类发言占比最高,其次是积极情感类发言。这一方面反映了学习者之间积极给予或寻求支持与鼓励,渴望情感交流;另一方面也暗示了一部分学习者对混合式学习这种新型网络学习方式不太适应。值得注意的

是,在整个课程讨论区中没有消极情感类的发言,这可能与混合式学习过程中有老师的引导和鼓励有关,也可能与学习者本身具有较强的学习动机有关,他们更愿意在社群网络中贡献自己的知识。

④ 教学存在类的发言都较少,主要集中在组织教学和促进讨论两类发言中,评价类发言偏少。这说明当前的讨论区还只是一个自主求助与答疑的平台,并没有充分发挥引导与促进学习者参与问题讨论交流、鼓励与引导学习者对他人观点或成果进行评价等功能。因此,在未来的混合式教学实践中,应该加强对讨论区的设计和管理,提高其教学存在的水平。

2. 社会网络分析结果

社会网络分析是指通过对社会行动者之间的相互关系的研究,描述和测量各行动者之间的相互关系或通过这些关系流动的各种有形或无形的东西(刘军,2004)。它对社会行动者之间关系的量化研究非常适合于对讨论区中学习者之间的人际互动进行深入分析。

① 学习者在线学习过程中,人机互动远多于人际互动。学习者互动的参与程度与学习评价导向有关。在人际互动中,学习者更多的是被动地回答问题,而不是主动地发起话题,交流方式以单向提问或解答为主,缺乏深层次沟通。在课程学习结束后,首先对讨论区发帖情况进行统计,共发布帖子 690 个,平均每人仅发帖 6.51 个。其中发布主题帖 56 个,人均 0.53 个;回复主题帖 634 个,人均 5.98 个。由此可见,学习者在讨论区中的发言数量较少,参与度不高,相比于人机互动,人际互动明显不足。其次利用 UCINET 软件对讨论区中的社会网络进行分析,得到整个社群网络的基本属性值,如表 8-13 所示:整个社群网络节点数(即学习者人数)为 106 个,密度为 0.0480,社群密度比较小,是一个比较稀疏的网络,说明网络成员交流次数不多;社群连接数为 311 个,每个社区成员平均和 2.93 人有过交流;社区的互惠性为 21.4%,即仅有 21.4% 的学习者进行了双向信息交流,说明绝大部分的讨论交流都是以单向提问或解答为主,缺乏深层次沟通。

表 8-13 讨论区社会网络基本属性

节点数/个	连接数/个	密度	互惠性/%	平均度/人	平均距离	聚类系数
106	311	0.0480	0.214	2.93	5	0.273

② 学习者倾向于和教师交流而不是同伴。利用 UCINET 和 Netdraw 工具绘制得到社群网络图(为保护隐私,每位学习成员姓名用学号后四位数字替代),如图 8-15 所示。在 MOOC 讨论区社群图中,存在少数中心节点,如 teacher、2120 等,他们是讨论区中的核心人物。有 2 个孤立学习者,他们没有和他人进行交流,其余 104 人均参与了社区讨论,占总人数的 98.1%,参与率比较高。在此基础上抽掉 teacher 成员后,如图 8-16 所示,新出现了 23 个孤立学习者,占总成员的 21.7%,表明这些成员除了和教师有交流之外,没有和任何学习同伴有过沟通。进一步分析发现,和教师建立联系的学习者有 73 人,占总数的 68.9%,这些成员彼此之间的交流却并不多,说明大部分学习者仅仅只倾向于同教师(成员 teacher)进行交流而不是同伴,并且他们只是被动地参与到由教师发起的主题讨论中,很少主动地参与学习同伴之间的讨论交流活动,分析其原因,可能就在于学习者更信赖的是具有较高权威和声望的教师,只愿意向教师寻求问题解决方法,而不是与学习同伴一起共享学习经验与知识建构。

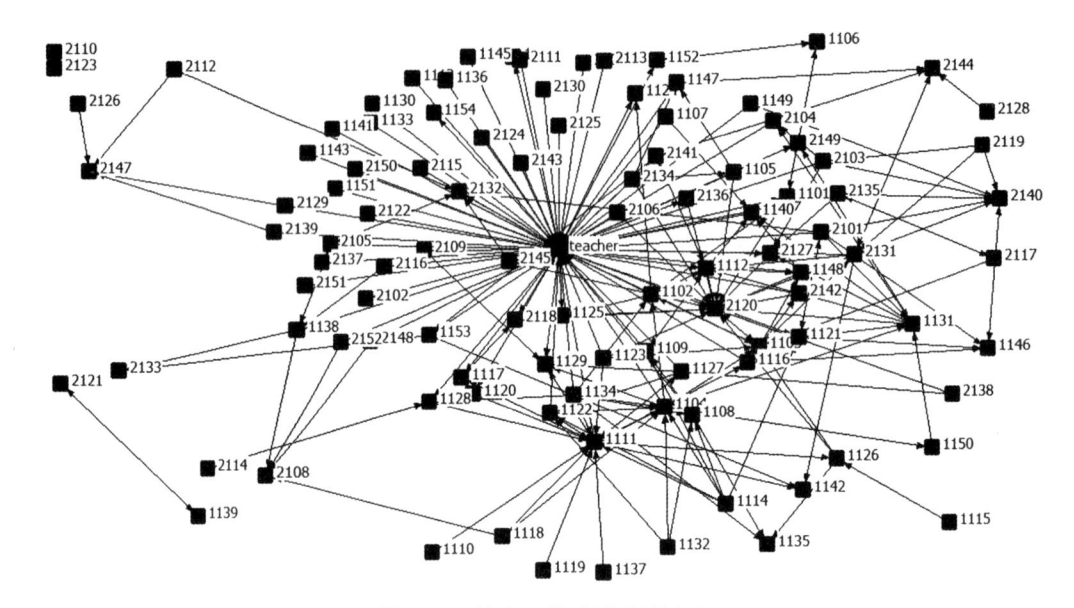

图 8-15 讨论区社群(包括教师)

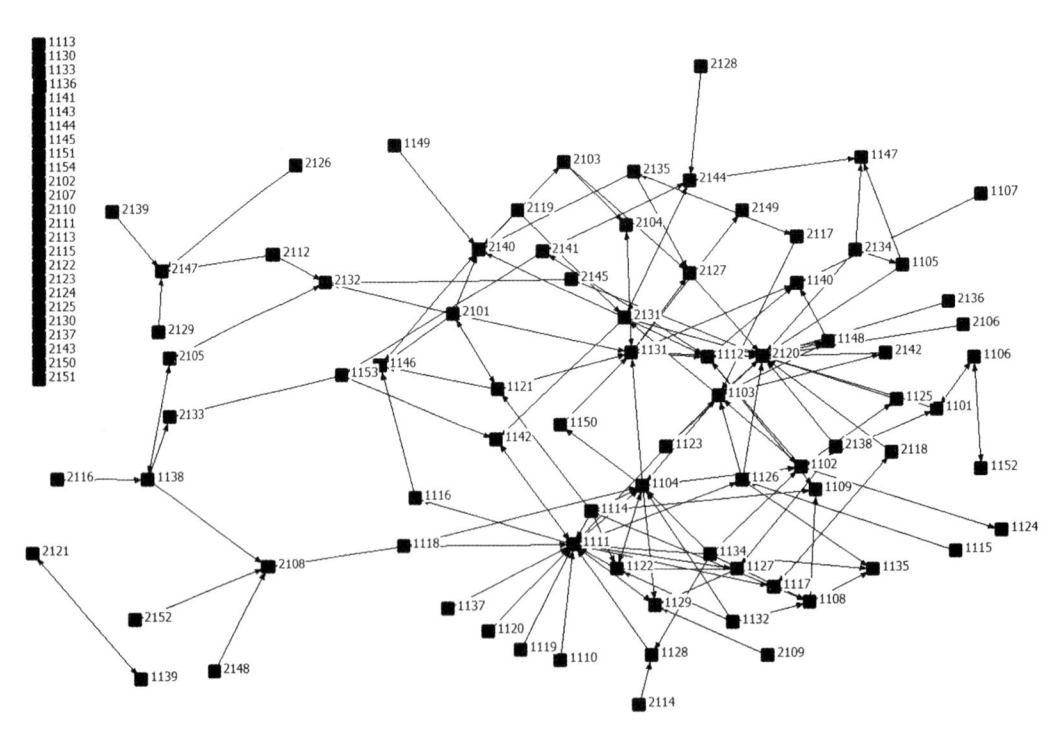

图 8-16 讨论区社群(不包括教师)

8.4.3 结论与建议

1. 结论

通过对学习者在线学习行为特征的分析,可以得出以下结论:第一,总体来看,学习者在学习过程中以参与人机互动为主,人际互动参与度不足。第二,在人机互动中,学习者学习时更加注重结果而非过程,主要表现在一些对课程成绩直接影响较小或者没有直接影响的模块,如视频与讨论等,学生参与度较低。而对课程成绩影响较大的章节测验和作业等模块,学习者参与度较高。第三,在人际互动方面,学习者主动参与讨论交流的积极性不足,学习者更倾向于回答教师提出的问题,很少主动发布主题帖与学习同伴交流沟通,讨论交流以单向提问或解答为主,缺乏深层次沟通。交流内容以认知存在主题讨论为主,社会情感类话题次之,教学存在言论最少。

2. 建议

① 进一步完善人机互动。人机互动是学习者在线学习资源相互作用过程,因而完善人机互动需要进一步加强在线学习资源的建设:首先,应改进教学视频质量。视频是MOOC的重要构成部分和主要的学习资源,视频的质量对整个MOOC质量有着决定性的影响,视频能否激发学习者的兴趣、吸引学习者的注意力,是学习者进行持续学习、完成MOOC的关键要素。在视频设计过程中,需要重点关注视频内容、视频时间的长短、泛在化的学习需求等多个方面,才能制作出符合学科特点且美观高效的教学视频(李青,刘娜,2016)。其次,多元方式呈现学习资源,提高学习者人机互动的主动性。从听觉到视觉、从静态到动态、从文字到图像,通过多样化的媒体呈现方式,增强人机互动效果。

② 进一步增强人际互动。一是要充分发挥教师的引导作用,促进线上学习交流与互动。教师可以充分利用管理者身份,通过分析学习者的视频浏览、在线作业成绩情况等,及时发布难度适中的主题帖,吸引学生积极参与讨论与交流。通过分析学习者的交流对话、评论及点赞等信息,营造线上学习的良好氛围,引导学生创建多个学习群组及研讨主题,鼓励互相协作交流,完成各自的研讨任务。二是要重视线下互动,为促进深度的人际互动扫清障碍。线下互动是线上学习的有效延续与补充,课堂交流如面对面的情感交流、合作学习及分组讨论等可以拉近学生彼此间的心理距离,弥补线上互动的不足,为线上人际互动酝酿更好的在线学习伙伴关系。

③ 建立奖励机制,激发学习者在线互动的外在动机。学生的学习积极性对于提高教学质量和学生学习效率至关重要,给予学习者适当奖励,是对学生学习的一种认可,可以让学习者获得成功体验,激发他们积极参与人机互动和人际互动的愿望。可以借鉴一些论坛或在线学习系统的奖励机制,利用积分、奖章、打卡等方式来激励学生观看视频、做练习以及讨论交流。如美国的萨尔曼·可汗在可汗学院教学网站中增加了游戏元素,以激发用户再次返回该网站继续学习。用户在每看完一个视频教学后,都需要做几个练习题来测试自己是否真正掌握了课程内容。做的练习题越多,得分就越高。学员的得分最后可以换取徽章,徽章会在学员的账户中公开展示,以证明学员的知识水平。

④ 引入合理的多样化在线评价机制,激发学习者在线互动的内在动机。在线学习中引

入多样化的评价机制,将在线评价落实到在线学习活动的各个环节,既重视学习结果,又注重学习过程,让学习者在经常性的评价活动中受到激励,激发他们的内在动机。为此,在线学习不仅要将一些结果性指标如在线测试、在线作业等纳入课程成绩评价体系中,也要将学习者观看视频时间、登录平台次数、发帖次数、学习反馈与反思等过程性指标纳入到评价体系之中,并处理好多样化评价体系中各评价指标的比例,做到结果性评价和过程性评价、知识性评价和技能性评价的有机结合,形成合理有效的多样化在线评价体系。

8.5 在线学习互动行为与课堂学习互动行为的有效融合

混合式教学环境下,教师可以通过以下四个方面来实现在线学习互动行为与课堂学习互动行为的有效融合:

第一,明确教学目标和评价标准。这是混合式教学的基础,也是保证教学质量的关键。教师需要根据课程的性质和目标,制定合理的教学计划,确定在线和面对面的教学时间和内容的分配,以及相应的评价方式和标准。教师还需要向学生清晰地传达这些信息,让学生了解在线和面对面的教学活动的目的、要求和效果,形成一致的期待和认知。这样可以帮助学生明确自己的学习目标和责任,提高学习效率和效果。

第二,平衡在线和面对面的教学时间和内容。这是混合式教学的核心,也是实现教学创新的途径。教师需要根据不同的教学内容和目标,选择合适的教学方式,使在线和面对面的教学相辅相成,相互促进。例如,对于一些基础性、知识性、规范性较强的内容,可以采用在线视频、练习等方式进行预习或复习;对于一些应用性、探究性、创新性较强的内容,可以采用面对面讨论、案例分析等方式进行深化或拓展。一个典型的例子是翻转课堂模式,它将传统课堂中的知识传授部分移到线上进行,将课堂时间用于进行更多的交流和互动。

第三,提供多元化的在线学习资源和交流工具。这是混合式教学的特色,也是满足多样化学习需求的手段。教师需要根据不同类型和水平的学生的个性化和差异化的学习需求,提供多样化的在线学习资源和交流工具,激发学生的主动性和参与度。例如,可以利用多媒体、图像、音频等方式呈现在线学习资源,增强人机互动效果;可以利用社交媒体、视频会议等方式建立在线交流渠道,促进人际互动质量。这样可以让学生根据自己的兴趣、节奏、风格等选择合适的在线学习资源和交流工具,增加学习的灵活性和自主性。

第四,建立有效的反馈机制。这是混合式教学的保障,也是激发学生学习动机的策略。教师需要及时了解和调整在线和面对面的教学效果,给予学生适当的反馈和奖励,激发学生的内在和外在学习动机。例如,可以利用数字化评估工具,给予学生即时的反馈和建议;可以利用积分、奖章、打卡等方式,给予学生适当的奖励和认可;可以利用数据分析工具,根据学生的在线学习表现和反馈情况,调整课堂上的教学内容和方法。这样可以让学生及时了解自己的学习进度和效果,增强学习的自信和满足感。

9 混合式教学环境下基于学习者画像的个性化教学策略研究

9.1 研究背景

随着信息技术的发展和普及,教育领域也发生了深刻的变革,传统的教学方式已经不能满足当代学习者的多样化和个性化的需求。为了适应教育信息化的趋势,提高教学质量和效率,混合式教学应运而生,成为一种新型的教育模式。混合式教学是指将线上和线下的教学方式相结合,以优化教与学过程,提高教与学效果。混合式教学已成为当下教育领域的发展趋势,尤其是前几年在新冠疫情的影响下,混合式教学更显出其优势和必要性。

然而,混合式教学也面临着一些挑战和困难,包括如何有效地识别和满足不同学习者的需求、偏好、特征和水平,如何提供个性化和适应性的教学内容和路径,如何评估和促进学习者的深层学习和思维能力等。为了解决这些问题,本研究引入了"学习者画像",利用数据分析和挖掘技术,收集、整理、重组学习者在混合式教学环境中产生的碎片数据,并标上具有高度精炼性的标识,用以揭示学习者某些特征(如动机、需求、偏好、认知风格等),为高质量的教与学提供数据支撑和服务。通过构建和应用学习者画像,可以实现对不同学习者的精准识别、个性化推荐、适应性干预和有效评估,从而促进学习者的主动深层学习和思维能力发展。

本研究旨在利用数据分析和挖掘技术,对混合式教学环境中产生的各种数据进行收集、处理、分析和挖掘,探索混合式教学环境下如何构建和应用学习者画像,以实现对不同学习者的个性化教学服务。

个性化教学是一种根据学习者的个性特征、学习需求和学习目标,提供适合其个性的教学内容、方法和环境的教学模式(唐雯谦等,2021)。个性化教学强调尊重和发展每个学习者的个性,激发其主动参与和自主探究的学习动力,促进其终身学习的能力。

9.1.1 学习者画像

学习者画像是指基于某种个性化教学目的,将学习者标签化,对学习者提供总结性描述,促进教学利益相关者精准地为不同学习群体提供教学支持服务。学习者画像能够精准识别不同的学习者群体,并且提供有效的教学评价和教学干预,在呈现学习者的关键信息、促进学习者和教师积极反思方面具有较大的优势。

学习者画像的研究起源于用户画像在教育领域的应用,近年来受到了国内外研究者的广泛关注。相关研究主要集中在以下几个方面:一是学习者画像的理论框架和指标体系,如基于核心素养或能力思维等目标确定评价内容和指标,以及结合不同教育场景设计表现性任务或观测指标(余用华、张治、祝智庭,2021)。二是学习者画像的构建技术和工具开发,如基于大数据分析、人工智能等技术对在线行为数据或问卷数据进行处理和建模,以及开发支持数据采集、分析、呈现等功能的平台或系统(Thomas and Strekalova-Hughes,2023)。三是学习者画像的实践应用与案例分析,如基于项目式学习、翻转课堂等开放式教育模式下构建能力思维导向的学生画像,并结合具体案例探讨其在指导教师教育教学改革或提供精准个性化服务方面的作用(Rogiers,Merchie,and Keer,2020)。四是学习者画像的伦理和隐私问题,比如,如何保护学生数据的安全性和隐私性,如何避免数据偏见和歧视,如何平衡个性化与标准化之间的关系等(Ifenthaler and Tracey,2016)。

9.1.2 个性化学习

在中国,个性化教学的思想起源可以追溯到古代教育家孔子"因材施教"的教育理念,近代人本主义理论中有关个性化教学的思想内核已被当代教育实践充分借鉴吸收。20世纪以来,随着心理学、教育学、信息技术等相关学科的发展,个性化教学的概念和内涵也不断演变和丰富。一般来说,可以将个性化教学的发展历程分为三个阶段。

第一阶段是20世纪上半叶,以心理测量为基础的个别化教学。这一阶段的代表人物有美国心理学家赫尔曼·埃宾豪斯(Herman Ebbinghaus)和爱德华·桑代克(Edward Thorndike),他们通过心理测量工具对学生的智力、兴趣、能力等进行评估,然后根据评估结果为每个学生制定不同的教学计划和目标,实现因材施教(Ebbinghaus,2013;Thorndike,1920)。这一阶段的特点是强调对每个学生进行精确的分类和定位,但忽视了学生之间的交流和合作,以及教师在教学过程中的引导作用。

第二阶段是20世纪下半叶,以认知心理学为基础的差异化教学。这一阶段的代表人物有美国心理学家罗伯特·加涅(Robert Gagne)和大卫·奥斯贝尔(David Ausubel),他们从认知心理学的角度分析了不同类型的学习者在信息处理、记忆、思维等方面的差异,然后根据差异为他们设计不同的教学策略和方法,实现因材施教(Gagne,1985;Ausubel,1968)。这一阶段的特点是强调对不同类型的学习者进行适应性的教学,但忽视了每个学生在不同情境下可能表现出不同的特征,以及每个学生对自己的教育目标和过程有一定的选择权。

第三阶段是21世纪初至今,以信息技术为基础的智能化教学。这一阶段的代表人物有美国计算机科学家帕特里克·苏佩拉(Patrick Suppes)和约翰·安德森(John Anderson),他们利用信息技术如计算机、网络、人工智能等,构建智能化的教学系统和环境,通过收集和分析大量的数据,实时地监测和反馈每个学生的学习状态、进度、效果等,然后根据数据为每个学生提供最适合其个性的教学内容、路径、资源等,实现因材施教(Suppes,1966;Anderson,1993)。这一阶段的特点是强调对每个学生进行动态和全面的关注,但也面临着如何保护数据隐私、如何平衡技术与人文、如何培养学生的创新能力等挑战。

由个性化教学的发展历程可见,个性化教学就是在利用技术充分了解每个学生的特征及学习需求的基础上实施有针对性教学的一种教学范式。个性化教学的实施离不开数据分析技术对每个教学环节的支持,尤其是对学生特征的描摹,"个性化"只有通过数据才能实现。

然而,在混合式教学环境下,由于学习者的数量、类型、水平等差异较大,以及线上和线下教学方式的差异较大,实现个性化教学并不容易。如何在混合式教学环境下,为不同的学习者提供最适合其个性的教学策略,是一个亟待解决的问题。为了解决这个问题,本研究提出了基于学习者画像的个性化教学策略研究。探讨如何设计和实施个性化教学策略,以满足学习者的个性化需求,提高混合式教学的成效。

本章将回答以下几个主要问题:
① 如何构建混合式教学环境下的学习者画像模型?
② 混合式教学环境下如何为不同类型的学习者画像设计个性化教学策略?
③ 如何评估基于学习者画像的个性化教学策略在混合式教学中的有效性?

9.2 研究设计

9.2.1 基于学习者画像的个性化教学设计框架

个性化教学中的"个性化"指的是学习者的个性特征和学习需求。本研究以教学理论为基础,参照教学设计一般过程,设计了基于混合式教学环境下基于学习者画像的个性化教学设计框架,如图 9-1 所示。

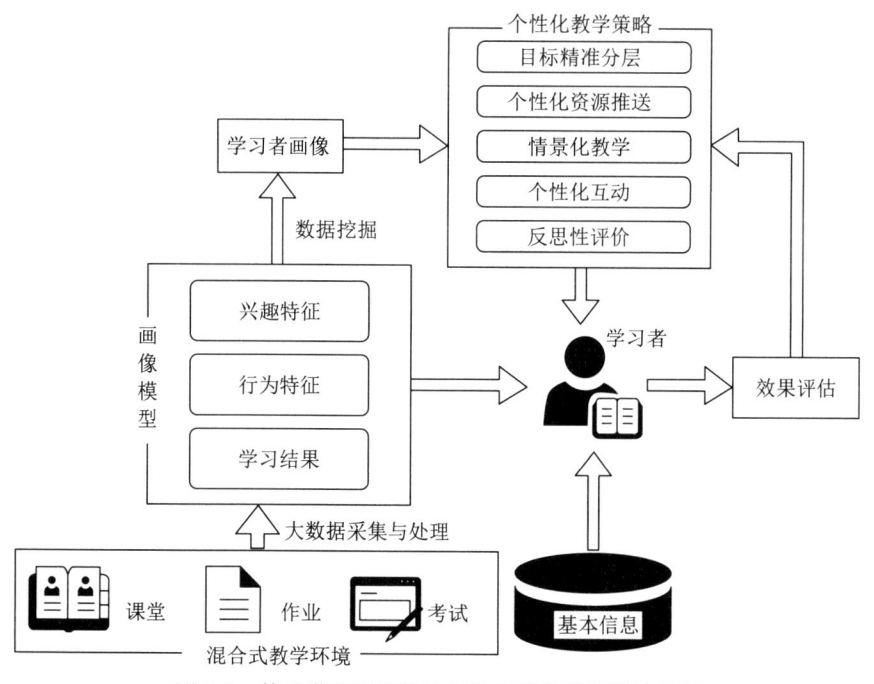

图 9-1 基于学习者画像的个性化教学策略设计框架

设计框架以学习者为中心,主要包括三大内容:第一,在混合式教学环境下,采集全方位数据,分析学习活动的过程和结果,构建学习者画像模型,并输出学习者画像;第二,基于学习者画像反馈的学习者个性特征和相关教学理论,根据教学设计过程中的目标、过程和结果等要素来设计个性化教学策略;第三,在实际教学环境下实施基于学习者画像的个性化策略,并评估效果,根据是否达到预定目标决定下一步行动。

9.2.2 学习者画像模型的构建

画像的构建主要基于虚构、角色、目标导向和参与等四个视角,体现了从个体到群体、表面到具象、宽泛到聚焦的动态过程。本研究结合混合式学习环境,重点关注学习者的学习行为。以学习者为中心,通过画像识别学习者个体和群体特征,帮助教师实施个性化教学。关于画像维度的划分,陈海建等(2017)提出了开放式教学环境下的学习者画像框架,包括基本信息、知识点兴趣、学习者类型、学习偏好等维度。肖君等(2019)基于 XAPI 活动流提出了在线学习者画像模型,其维度包括知识水平、行为特征、态度特征。本研究在混合式教学环境下,力图融合"平台+资源+交互"的互动课堂,实现线上线下资源交互、师生互动、知识测验、学业考试等功能。因此在参考前人画像模型维度的基础上,构建了包括兴趣特征、行为特征、学习结果三大维度的基于目标导向的学习者画像模型。

模型包括一维指标层和二维指标层。一维指标层包括兴趣特征、行为特征和学习结果三个维度指标。二维指标层中,兴趣特征包括媒体偏好和知识点兴趣两个子维度;行为特征分为参与度、自主学习、课堂教学三个子维度;学习结果则主要指知识点掌握状况,包括学业成绩一个子维度。

1. 基本信息

学习者的基本信息即人口学信息。为避免侵犯学习者隐私,本研究没有使用姓名字段,只选择了学号、性别和专业等字段数据,作为学习者身份的识别标签。

2. 兴趣特征

兴趣特征主要包括媒体偏好和知识点兴趣。其中媒体偏好由学习者在学习平台上自主投票得到。学习者的知识点兴趣可以运用关联规则分析进行数据挖掘来获取,先分析资源观看的时间和次数,再使用 SPSS Modelor 软件,利用 Aprior 算法实现关联规则分析,进而挖掘学生的学习兴趣。

3. 行为特征

行为特征包括学习者参与度以及在自主学习、课堂教学的行为表现。参与度代表学习者积极参与线上和线下学习活动的程度,主要通过学习的签到率、任务点完成率和学习平台访问次数等三个指标来衡量。因为它们对参与度的贡献相等,所有三个指标的权重均为 33.3%。

自主学习代表学习者在在线自主学习环境中表现出来的能力和态度,主要通过观看音视频时长、作业成绩、章节测试成绩和讨论得分等四个数据指标来衡量。这四个指标对自主学习维度的贡献值相等,所以确定它们的权重相同,都为 25%。课堂教学代表学习者在线下面对面课堂教学环境中表现出来的能力和态度,主要通过课堂教学活动得分来衡量。该指标反映了学生在课堂上的主动性、互动性和合作性,以及对老师的教学内容和方法的认同和满意度。

4. 学习结果

学习结果指学生知识掌握水平,即学业成绩。它代表学习者在课程考试中的表现,不仅是学生对自己的一个反馈,也是教师判断该学生是否合格的标准。它由在线考试成绩和线下考试成绩两个数据指标来衡量,其中在线考试成绩权重占 40%,线下考试成绩权重占 60%。

学习者画像的划分维度、数据指标和评分规则如表 9-1 所示。

表 9-1 学习者画像指标维度、数据指标及评分规则

一维指标	二维指标	数据指标(权重)	评分规则
基本信息	人口统计学信息	学号、性别、专业等	静态属性指标,没有评分规则
兴趣特征	媒体偏好	文本、声音、图像、动画、视频	静态属性指标,没有评分规则
	知识点兴趣	微视频观看的时间和次数	
行为特征	参与度(100%)	签到率(33.3%)	按学生出勤率计分,出勤率等于(出勤次数/签到总数),出勤率低于 0%,签到权重成绩计为 0 分
		任务点完成率(33.3%)	所有任务点全部完成得满分,单个任务点分值平均分配,满分 100 分
		平台访问(33.3%)	访问数达 200 次为满分,缺 1 次扣 0.5 分,最多不超过上限分数。
	自主学习(100%)	课程音视频(25%)	课程视频/音频全部完成得满分,单个视频/音频分值平均分配,满分 100 分
		作业(25%)	按在线作业的平均分计分
		章节测验(25%)	取学生章节测验平均分,未做测验按"0"分计算
		讨论(25%)	发表一个话题计 5 分,回复一个话题计 5 分(同一话题下多次回复不重复得分),获得一个赞计 1 分,最高 100 分
	课堂教学(100%)	投票、问卷、抢答、选人、讨论、随堂练习	参与投票、问卷、抢答、选人、讨论、随堂练习等课程活动可以获得相应分数,积分达 300 分为满分
学习结果	学业成绩(100%)	在线考试(40%)	按在线考试或线下考试的平均分计分
		线下考试(60%)	

9.2.3 样本选择和数据收集

1. 样本选择

本研究选择了某省属师范大学二年级师范教育专业的全体学生作为研究对象。

2. 数据收集

数据主要来源于"现代教育技术应用"课程中学习者通过在线学习平台自主学习的数据

记录,以及课堂教学中手机移动端学习平台记录的师生交互数据。该课程由超星尔雅MOOC平台制作,分自主学习资源区和课堂互动区两个部分,其中自主学习资源区主要包括了59个视频、7次章节测验(共计123道测试练习题)和8次作业。每道测试题均为客观题(选择题、填空题或判断题),由系统自动评判得分。课堂互动区包括签到、提问、投票、课堂练习、讨论等内容。

为了更准确地呈现不同学习者群体特征,本研究将基本信息和兴趣特征等静态指标作为辅助性参考,选择行为特征和学习结果等动态数据指标进行聚类分析。我们选择性收集了10种学生行为数据。数据字段主要包括签到率、任务点完成率、平台访问次数、观看音视频、作业成绩、章节测试成绩、讨论、课堂教学活动(包括投票、问卷、抢答、选人、讨论、随堂练习等)、在线考试成绩、线下考试成绩等。这些数据是从在线学习平台的后台导出,导出为Excel格式,包括1965条原始数据。在数据清理过程中,经过删除无关数据、重复数据、错误数据以及缺失数据,最终得到1827条学生记录数据。这些数据按照评分规则经过计算汇总,最终得到二维指标的相关得分数据,如表9-2所示。

表9-2 学习者画像数据采集部分示例

学生编号(UID)	参与度得分	自主学习得分	课堂教学得分	学业成绩得分
215907325	82	54	76	70
215907541	22	56	51	53
215908032	65	70	42	76
215908672	58	38	82	91
215907293	81	24	81	49
215908219	83	80	46	94
215907670	45	71	52	61
215907253	91	21	61	40
215907565	47	67	35	36
215908637	26	16	78	85
215907089	84	51	79	73
215907388	75	58	39	65
215907484	77	64	45	71
215908174	67	77	40	84

在收集、处理和应用教育数据的每一个环节中,应注意到数据的安全性和合法性,以保护数据主体和数据客体的权利和利益,防止数据的滥用和误用,避免数据的泄露和损害。同时,也要遵循教育数据的最小化和透明化原则,尊重数据主体和数据客体的自主和知情,保证数据的真实和有效,提高数据的可解释性和可追溯性。

9.2.4 基于学习者画像的个性化教学策略

基于学习者画像的分析,可以更有针对性地设计个性化教学策略。本研究基于教学理论和教学设计过程中目标、行为、结果三个教学要素,根据类群画像结果组建学习共同体,设计出系列化的个性化教学策略:目标要素采用基于目标导向理论的目标精准分层策略,以体现个性化教学需求;行为要素采用基于认知负荷理论的个性化资源推送策略、基于情景认知理论的情景化教学策略和基于社会建构理论的个性化互动策略,以促进学习者行为参与;结果要素则采用基于元认知理论的反思性评价策略,强化学生对知识的理解与掌握,提高知识建构的质量。

1. 目标精准分层策略

目标精准分层策略是一种根据学习者的不同特征和需求,制定有差异化的教学目标的策略。它可以激发学习者的兴趣、动机和能力,提高他们的学习效率和质量。这种策略的理论基础是目标导向理论,它认为教学目标是影响学习者行为和结果的重要因素,不同类型的教学目标会导致不同类型的学习过程和效果(Ames,1992)。因此,教师应该根据学习者的个性化特征,为他们制定适合的教学目标,包括知识、技能、态度和价值等方面,以促进他们的深层学习和自主学习(Pintrich and Schunk,2002)。

2. 个性化资源推送策略

认知负荷理论认为教学资源对于学习者的认知过程和效果有重要影响,不同类型和层次的教学资源会导致不同程度的认知负荷(Sweller,Merrienboer,and Paas,1998)。个性化资源推送是一种根据学习者的不同特点和水平,提供不同类型和层次的教学资源的策略。它可以引导学习者采用更有效的深层学习策略,提高他们的学习兴趣和满意度。因此,教师应该根据学习者的个性化特征,包括媒体偏好与知识点兴趣,为他们推送适合的教学资源,包括文本、图片、视频、音频、游戏等形式,以降低他们的无关认知负荷(Mayer and Moreno,2003)。

3. 情境化教学策略

情境化教学策略是一种根据学习者的不同背景和目标,提供不同类型和层次的教学情境的策略。它可以增强学习者的学习体验和效果,提高他们的学习意义和价值。这种策略的理论基础是情境认知理论,它认为教学情境对于学习者的认知过程和效果有重要影响,不同类型和层次的教学情境会导致不同程度的情境感知和情境转移(Brown,Collins,and Duguid,1989)。因此,教师应该根据学习者的情境化特征,为他们设计和提供适合他们的教学情境,包括真实情境、模拟情境、虚拟情境等形式,以增加他们对知识和技能在实际环境中应用和迁移的能力。

4. 个性化互动策略

社会建构主义理论认为教学互动对于学习者的认知过程和效果有重要影响,不同类型和层次的教学互动会导致不同程度的社会交流和合作(Vygotsky,1978)。个性化互动是一种根据学习者不同的媒体偏好、知识兴趣、参与度和自主性,提供不同类型和层次的教学互动的策略。它可以增强学习者的学习参与和效果,提高他们的社会交流和合作能力。因此,教师应该根据学习者的互动化特征,为他们设计和提供适合的教学互动,包括师生互动、生生互动、学生与资源互动等形式,以促进他们的知识共建和问题解决。

5. 反思性评价策略

元认知理论认为教学评价对于学习者的认知过程和效果有重要影响,不同类型和层次的教学评价会导致不同程度的元认知活动(Flavell,1979)。基于这种理论,反思性评价策略可以根据学习者的不同表现和成果,评估不同类型和层次的学习成果,并让学习者反思自己的学习过程和效果。它可以提高学习者的学习自我监控和自我调节能力,提高他们的学习质量和效果。因此,教师应该根据学习者的个性化特征,为他们提供详细和全面的评分标准和解析,并让学习者自我评价和反馈,以增强他们对自己的学习过程和效果的认识和改进。

9.2.5 研究实施过程

1. 课程教学

课程教学从 2022 年 9 月开始,面向某省属师范大学二年级师范教育专业全体学生。采用在线自主学习与线下面对面课堂教学相结合的混合式教学方式,开展为期 18 周的混合式教学活动。其中,在线自主学习包括使用在线学习资源和在讨论区中交流讨论。面对面课堂教学提供了师生间真正有意义的互动感。教师在课堂教学中利用手机端学习平台进行签到、提问、回答问题、抢答、投票、课堂练习和讨论等相关教学活动。

2. 输出学习者画像

在课程教学第 9 周周末,研究团队开始收集学习平台上学习者学习数据。根据学习者画像模型中的数据指标,运用关联规则、聚类分析等大数据技术对学习数据进行分析,输出学习者画像。

3. 设计与应用个性化教学策略

基于输出的学习者画像,研究团队设计一系列个性化教学策略,以满足不同类型的学习者特征和需求。从第 10 周开始,课程团队互相分享部分教学案例,并将这些教学策略应用到课程教学中。

4. 检验教学效果

在第 18 周课程教学结束后,研究团队采用定量和定性的方法检验教学效果。一方面,对实施个性化教学前后学习者的表现做对比分析。另一方面,实施学习者满意度问卷调查和教师访谈,以检验实验教学的效果。

9.3 结果

9.3.1 学习者画像的输出

我们将采集的学习者画像相关数据文件导入 SPSS 软件中,以参与度、自主学习、课堂教学和学业成绩为变量,进行 k-means 聚类分析,经多次尝试,设置聚类中心的数量为 4 个。最终迭代 10 次完成了聚类分析,迭代数据如表 9-3 所示。

表 9-3 迭代数据

迭代次数	聚类中心的变化			
	1	2	3	4
1	22.542	23.291	29.218	26.712
2	1.338	2.289	6.393	2.874
3	1.068	0.690	3.333	1.618
4	0.912	0.282	0.667	0.820
5	0.496	0.000	0.000	0.357
6	0.382	0.000	0.000	0.274
7	0.152	0.000	0.000	0.108
8	0.157	0.000	0.000	0.111
9	0.060	0.000	0.000	0.043
10	0.000	0.000	0.000	0.000

注:因集群中心没有或有很小的变化而实现收敛;任意中心的最大绝对坐标变化为 0.000;当前的迭代次数是 10;初始中心之间的最小距离为 74.236。

对学习者画像 4 个维度表现的数据进行聚类分析后产生了 4 个聚类中心,且 k-means 聚类的方差分析结果显示,这 4 个群体之间差异显著($p=0.000$)。因此,学习者群体可以划分为 4 个不同学习行为特征的学习者聚类,如表 9-4 和表 9-5 所示。

表 9-4 k-means 聚类方差分析结果

项目	聚类		错误		F	显著性
	均方	自由度	均方	自由度		
参与度	209998.945	3	161.180	1823	1302.884	0.000
自主学习	197288.339	3	87.975	1823	2242.542	0.000
课堂教学	133385.084	3	56.204	1823	2373.225	0.000
学业成绩	127287.216	3	189.783	1823	670.698	0.000

注:F 检验应仅用于描述性目的,因为选择集群是为了最大限度地提高不同集群中案例之间的差异。观察到的显著性水平没有对此进行修正,因此不能解释为对聚类均值相等的假设的检验。

表 9-5 最终的聚类中心和每个聚类的案例数量

聚类	参与度	自主学习	课堂教学	学业成绩	案例数量/个
1	46	67	46	56	679
2	83	81	46	84	482
3	85	38	71	53	430
4	48	36	84	86	236

9.3.2 不同群体学习者特征

基于学习者画像的标签维度,我们通过 k-means 聚类分析生成了 4 组不同特征的学习者群体,如表 9-5 所示。为了使得群体特征更直观可视化,在表 9-5 中,我们将学习者平均表现得分(聚类中心)定性描述,若得分小于 60 分,则标注为低;60~79 分,标注为中;80~100 分,标注为高。并根据学习特点,将每个聚类分别命名为学习困难型、优秀自主型、活跃依赖型和出色自足型,由此生成了各组学习者画像,如表 9-6 所示。

表 9-6 学习者画像的各群体特征

聚类	名字	参与度	自主学习	课堂教学	学业成绩	所占比例/%
1	学习困难型	低	中	低	低	37.16
2	优秀自主型	高	高	低	高	26.38
3	活跃依赖型	高	低	中	低	23.54
4	出色自足型	低	低	高	高	12.92

1. 学习困难型

这类学生的学业成绩和课堂教学得分都比较低,说明他们在学习上遇到了困难,可能缺乏兴趣或者基础知识。他们的参与度也不高,表明他们参与混合式教学环境中的各种活动,比如签到、完成任务点、访问平台等不太积极。他们的自主学习得分相对较高,说明他们有一定的自学能力和动力,但可能需要更多的指导和帮助。他们在学习平台上使用了一些资源和在线作业、在线章节测试等来提高自己的水平,但可能没有达到预期的效果。其输出的学习者画像如图 9-2 所示。

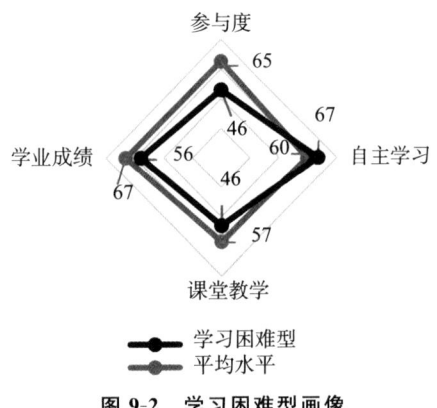

图 9-2 学习困难型画像

2. 优秀自主型

这类学生的学业成绩、参与度和自主学习得分都很高,说明他们是优秀的学生,有着良好的学习习惯和能力。他们在混合式教学环境中表现出了高度的热情和积极性,比如签到、完成任务点、访问平台等。他们在课堂上积极发言,课下也主动复习和拓展知识。他们在学习平台上充分利用了资源和在线作业、在线章节测试等来巩固和提升自己的水平,也取得了很好的成绩。他们的课堂教学得分比较低,可能是因为他们对老师的教学方法或者内容不太满意,或者觉得课堂上没有太多挑战。其输出的学习者画像如图 9-3 所示。

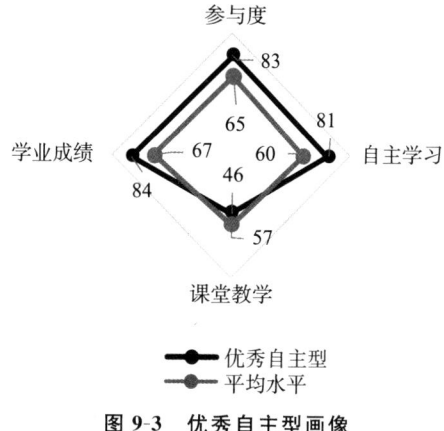

图 9-3　优秀自主型画像

3. 活跃依赖型

这类学生的参与度和课堂教学得分都很高,说明他们是活跃的学生,喜欢参与混合式教学环境中的各种活动,比如签到、完成任务点、访问平台等。他们对老师的教学风格或者内容比较认可,也愿意听取老师的建议和反馈。他们在课堂上主动发言或者提问,也参与了投票、问卷、抢答、选人、讨论、随堂练习等课堂活动,并且得到了较高的评分。他们的学业成绩和自主学习得分都比较低,可能是因为他们缺乏自我管理和规划的能力,或者在课外没有足够的时间和资源来复习和巩固知识。他们在学习平台上使用了一些资源和在线作业、在线章节测试等来补充自己的不足,但可能效果不太理想。其输出的学习者画像如图 9-4 所示。

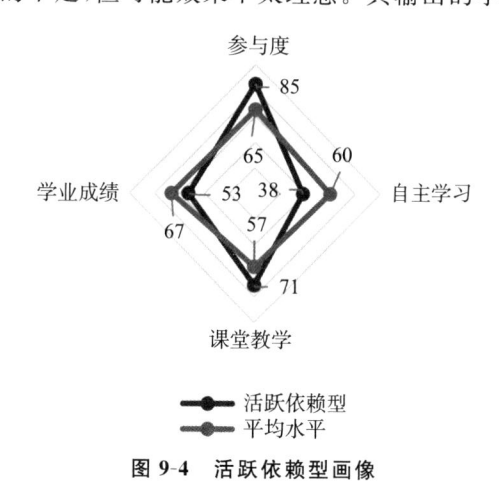

图 9-4　活跃依赖型画像

4. 出色自足型

这类学生的学业成绩和课堂教学得分都很高,说明他们是出色的学生,有着扎实的知识基础和理解能力。他们在混合式教学环境中表现出了一定的热情和积极性,比如签到、完成任务点、访问平台等。他们在课堂上能够跟上老师的教学进度和要求,也能够理解和掌握老师讲授的内容。他们在课堂上主动发言或者提问,也参与了投票、问卷、抢答、选人、讨论、随堂练习等课堂活动,并且得到了很高的评分。他们的参与度和自主学习得分都比较低,可能是因为他们已经对自己有着充分的信心和满意度,或者觉得课堂教学中的活动对他们来说没有太多新意或者挑战。他们可能更喜欢静静地听课，而不是与他人交流或者竞争。他们也可能不太需要在课下做额外的工作，因为他们已经掌握了所需的知识和技能。其输出的学习者画像如图9-5所示。

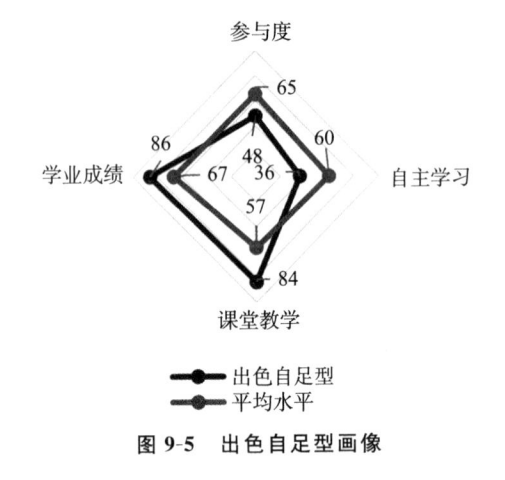

图 9-5　出色自足型画像

9.3.3　基于学习者画像的个性化教学策略的应用

1. 实施过程

在混合式教学环境中，"现代教育技术应用"课程的教学效果提升，依赖于教师对不同学习者画像的个性化教学策略。本研究团队根据课程内容和输出的学习者画像，设计了一系列策略，以适应各类学习者的需求，如表9-7所示。教师在应用这些策略开展教学过程中，需要注意以下几点：

表 9-7　基于学习者画像的系列个性化教学策略

策略名称	学习困难型	优秀自主型	活跃依赖型	出色自足型
目标精准分层策略	制定基础和简单的目标，激发兴趣和动机。例如：掌握课程的核心知识点和基本技能，如什么是教育技术、教育技术的发展历程等	制定高级和挑战性的目标，提供挑战和创新。例如：拓展和深化课程的相关知识点和高级技能，如多媒体课件的评价方法和标准等	制定结构化和引导性的目标，提供指导和帮助。例如：理解和应用课程的重要知识点和基本技能	制定开放和创新性的目标，提供自由和空间。例如：分析和评价课程的关键知识点和高级技能，如教学设计创新案例和实践等
个性化资源推送策略	提供简单和基础的资源，引导深层学习。例如：提供视频、音频、图片等形式来呈现知识，并提供明确的步骤、提示、反馈等来引导他们进行练习	提供高级和拓展的资源，引导高层次的深层学习。例如：提供文献、数据、问题等形式来拓展知识，并提供多元和丰富的视角、观点、评价等来引导他们进行讨论	提供结构化和引导性的资源，引导有效的深层学习。例如：提供图表、动画、案例等形式来呈现知识，并提供重复性和强化性的练习、测试、复习等来引导他们进行巩固	提供开放和探究性的资源，引导高层次的深层学习。例如：提供项目、实验、模拟等形式来呈现知识，并提供应用性和创新性的任务、挑战、竞赛等来引导他们进行探究

续表

策略名称	学习困难型	优秀自主型	活跃依赖型	出色自足型
情境化教学策略	提供贴近生活和实用的教学情境,增强学习体验和效果。例如:使用日常生活中遇到的问题作为教学情境,如如何使用手机或电脑进行在线学习、如何使用微信或QQ进行在线交流等	提供挑战性和创新性的教学情境,增强学习体验和效果。例如:使用前沿的科技发展作为教学情境,如如何使用人工智能或虚拟现实进行教育创新、如何使用区块链或大数据进行教育改革等	提供互动性和合作性的教学情境,增强学习体验和效果。例如:使用小组讨论或角色扮演作为教学情境,如如何设计和实施一个教育技术项目、如何评价和改进一个教育技术产品等	提供开放性和探究性的教学情境,增强学习体验和效果。例如:使用实际问题或模拟环境作为教学情境,如如何解决教育中存在的问题、如何利用教育技术促进社会发展等
个性化互动策略	提供低风险和高支持的教学互动,增强学习参与和效果。例如:使用问答、投票、抽奖等形式来激发他们的参与,并给予他们及时和充分的反馈和帮助	提供高挑战和高自主的教学互动,增强学习参与和效果。例如:使用讨论、辩论、演示等形式来激发他们的参与,并给予他们多元和丰富的视角和评价	提供中等风险和中等支持的教学互动,增强学习参与和效果。例如:使用小组合作、案例分析、角色扮演等形式来激发他们的参与,并给予他们适当的指导和帮助	提供低限制和高创新的教学互动,增强学习参与和效果。例如:使用项目、实验、模拟等形式来激发他们的参与,并给予他们自由和空间来展示和探究
反思性评价策略	评估认知方面的基础知识和技能,情感方面的兴趣和动机,并让他们反思自己的优势和不足,以及如何改进和提高。例如:使用选择题、填空题、判断题等形式来评估他们的基础知识和技能,并让他们自我评价和反馈,以及给予他们一些简单和明确的建议和指导	评估认知方面的高级知识和技能,情感方面的满意度和自信,并让他们反思自己的潜力和挑战,以及如何拓展和深化。例如:使用问答题、论述题、分析题等形式来评估他们的高级知识和技能,并让他们自我评价和反馈,以及给予他们一些高级和拓展性的建议和指导	评估认知方面的重要知识和技能,情感方面的参与度和依赖,并让他们反思自己的进步和风险,以及如何独立和合作。例如:使用应用题、案例题、解决问题等形式来评估他们的重要知识和技能,并让他们自我评价和反馈,以及给予他们一些有效和实用的建议和指导	评估认知方面的关键知识和技能,情感方面的创新度和自主,并让他们反思自己的贡献和影响,以及如何分析和评价。例如:使用项目报告、实验报告、模拟报告等形式来评估他们的关键知识和技能,并让他们自我评价和反馈,以及给予他们一些应用和创新性的建议和指导

① 教师应根据学生的学习类型,制定清晰且具有挑战性的学习目标。例如,对于学习困难型学生,可以设定掌握基础知识点的目标;而对于优秀自主型学生,则可以设定更高层次的批判性思维和问题解决能力的目标。这样的分层目标有助于满足不同学生的个性化需求。

② 教师需要根据学生的学习水平和兴趣,提供相应层次的学习资源。对于基础层次的学生,可以提供视频教程和图解;对于高级层次的学生,则可以提供研究论文和案例分析。这种资源的个性化推送,能够促进学生的深入学习。

③ 通过创造与学生生活经验相关的教学情境,可以提高学生的学习兴趣和参与度。例如,可以将日常生活中的实际问题融入课程内容,使学习更加贴近实际,增强学习的实用性和有效性。

④ 教师应设计各种互动活动,以适应不同学生的互动偏好和学习风格。例如,对于需

要更多指导的学生,可以安排小组讨论和合作学习;对于更加自主的学生,则可以鼓励他们参与项目研究和实践活动。

⑤ 教师应鼓励学生进行自我评价和反思,以提高他们的自我监控和自我调整能力。通过定期的自我检查和教师的反馈,学生可以更好地把握自己的学习进度和学习难点,从而更有效地提升学习成果。

2. 效果分析

为了评估基于学习者画像的个性化教学策略在混合式教学中的有效性,本研究在个性化教学策略实施结束后,从参与度、自主学习、课堂教学和学业成绩等四个维度对学习者进行了量化评估,并结合教师访谈进行了定性分析。

(1) 教学策略实施前后对比分析

本研究收集了学习者在教学策略实施前后的学习表现数据,运用配对 t 检验进行了统计分析。结果显示,在实施教学策略后,学生在参与度、自主学习和学业成绩等三个维度上的成绩均值显著提高($p<0.001$),分别提高了 2.813、1.100 和 2.049 分,如表 9-8 所示。这表明,实施个性化教学策略能够有效地提高学生的学习效果,促进他们的深层学习和知识掌握。而在课堂教学维度上,学生在教学策略实施前后的成绩均值没有显著差异($p=0.988$),但也有所提高(0.866 分)。这可能说明,课堂教学策略干预的效果不够明显,或者受到其他因素的影响,需要进一步完善和改进。

表 9-8 个性化教学策略实施前后学习者成绩对比

项目		配对差异				t	自由度	显著性(双尾)
		成绩均值	标准误差平均值	差值 95% 置信区间				
				下限	上限			
配对 1	参与度(前)—参与度(后)	−2.813	3.261	−2.962	−2.663	−36.872	1826	0.000
配对 2	自主学习(前)—自主学习(后)	−1.100	2.595	−1.219	−0.981	−18.123	1826	0.000
配对 3	课堂教学(前)—课堂教学(后)	−0.866	3.175	−0.147	0.145	−0.015	1826	0.988
配对 4	学业成绩(前)—学业成绩(后)	−2.049	3.172	−2.194	−1.903	−27.611	1826	0.000

(2) 学生满意度调查分析

实验结束后对学生进行了满意度调查。学生调查结果显示,在画像输出及可视化维度上,88.67% 的学生认为画像能够清晰地呈现学习数据;在画像应用效果维度上,94.83% 的学生肯定了画像的应用并表示画像能够促使其更加高效地学习,其中 81.44% 的学生能够意识到自身的学习问题并反思学习行为;在个性化教学策略实施效果评估中,多数学生认可并接受个性化教学干预的实施,76.87% 的学生认为个性化教学干预做到了精准化和针对性,并肯定了干预对于提升学习成绩(70.56%)和行为习惯(73.35%)的效果。但是,学生对于认知能力的提升效果不太敏感(51.52%),还需要长期的实践。

(3) 教师访谈

为了检验基于学习者画像的个性化教学策略的应用效果,在本课程教学结束后,研究团队随机选择了3位任课教师进行了访谈,以了解他们对这些策略的使用情况和反馈意见。本次访谈的核心观点已经转录整理,具体访谈内容如下:

① 访谈问题1:通过学习者画像能够帮助您了解学生吗?它和您对学生学习表现的主观判断是否存在一致性?

老师A:我觉得学习者画像是一个很有用的工具,它可以让我更清楚地了解我的学生的类型、特点、需求和目标,从而更好地制定和调整我的教学计划和方法。我发现通过学习者画像,可将我的学生分为四种不同的类型。这些类型和我对学生的主观判断基本一致,也符合他们在课堂上的表现和成绩。我认为这样的分类可以帮助我更有针对性地对待不同类型的学生,给予他们不同的关注和支持。

老师B:我认为学习者画像是一个很有趣的工具,它可以让我更多元地了解我的学生的兴趣、风格、态度和能力,从而更灵活地设计和实施我的教学活动和资源。通过学习者画像,我可以为我的学生提供不同类型和层次的教学情境、资源、互动和反馈,以适应他们不同的学习需求和目标。这些策略和我对课程教学的理念相契合,也符合他们在课堂上的参与和效果。

老师C:我认为学习者画像是一个很有挑战的工具,它可以让我更深入地了解我的学生的潜力、问题、挑战和影响,从而更高层次地评估和改进我的教学质量和效果。我发现通过学习者画像,我可以为我的学生提供不同类型和层次的教学目标、评价、反思和改进,以激发他们不同的学习动机和能力。

② 访谈问题2:你是否有将研究团队提供的个性化教学策略应用到教学实践中?如果有,则教学效果如何?

老师A:我应用了部分个性化教学策略。我觉得它们对于提高我的教学效果有很大的帮助。我根据不同类型的学生,为他们提供了不同类型和层次的教学目标、资源、情境和互动,以满足他们的学习需求和目标。我发现这些策略可以让我的教学更加情境化和互动化,从而增强了学生的学习体验和效果,也更加激发了每个学生的潜力和能力。如对于出色自足型的学生群体,我提供了一些开放和探究性的教学资源和教学情境,开展了一些高创新的教学互动,学生的成绩得到了一定的提高。但是这些策略也有一些难点和挑战。比如,有时候我会觉得这些策略过于要求学生具备高水平的自主学习能力和创新思维能力,可能会对一些学生造成压力或困惑。有时候我也会担心这些策略过于依赖于外部资源和环境的支持,可能会遇到一些技术或实施上的问题或风险。因此,在使用这些策略时,我也会根据具体情况进行适当地监督和预警。

老师B:我在教学中应用了团队提供的部分教学策略。我觉得它们对于丰富我的教学活动和资源有很大的帮助。我发现这些策略可以让我的教学更加多元化、灵活化、有趣化和有效化,从而增强了学生的学习参与和效果。这些策略使得我的教学更加符合每个学生的特点和需求,学生的成绩也有了一定的提升。当然,这些策略也有一些困难和问题。比如,我觉得有些策略过于复杂和难以控制,可能会导致一些混乱和冲突。有时候我会担心这些策略过于超前和理想化,可能会与实际情况不符或者不可行。因此,在使用这些策略时,我也会根据具体情况进行适当地调节和平衡。

老师C：我在教学中尝试运用了部分教学策略。我觉得它们对于提升我的教学质量和效果有很大的帮助。我根据不同类型的学生，为他们提供了不同类型和层次的教学目标、评价和反思，以激发他们的学习动机和能力。这些策略可以让我更加积极地来评估和反思我的教学，并进行改进，从而促进了学生的学习进步。

通过教师访谈，我们得出学习者画像和个性化教学策略是一种有价值的教学创新，它们可以帮助教师在混合式教学环境下更好地了解和满足不同类型的学生的学习需求和目标，从而提高教学质量和效果。但是，也有部分教师反映，某些策略在实际操作中过于复杂，难以实施，有时与现实教学情境不相符。这表明，在设计个性化教学策略时，我们不但需要充分考虑策略的可操作性和实用性，而且需要不断地完善和改进，以适应不同的教学内容、情境、条件和目的等。

9.4 结论与启示

9.4.1 结论

本研究旨在探索混合式教学环境下如何构建和应用学习者画像，以实现对不同学习者的个性化教学服务。本研究的主要结论如下：

① 采用数据分析和挖掘技术，对混合式教学环境中产生的各种数据进行收集、处理、分析和挖掘，构建了混合式教学环境下的学习者画像模型，并输出了四组不同行为特征的学习者画像，分别为学习困难型、优秀自主型、活跃依赖型和出色自足型。这些画像可以帮助教师更全面、更客观、更细致地了解学习者的个性特征、学习需求和学习目标，为个性化教学提供依据。

② 基于教学理论和教学设计一般过程，确定了目标、行为、结果等三个个性化教学干预层次，并针对不同类型的学习者画像设计了系列化的个性化教学策略，包括目标精准分层策略、个性化资源推送策略、情境化教学策略、个性化互动策略、个性化反馈策略和反思性评价策略。这些策略可以帮助教师在混合式教学环境下更有针对性地制定教学目标，设计教学内容、方法和环境，实施教学活动和评价教学效果，以满足不同类型的学习者的个性化需求，提高混合式教学的成效。

③ 通过在某省属师范大学二年级师范教育专业全体学生中开展了"现代教育技术应用"课程的混合式教学实验，采集数据，绘制画像，实施个性化教学干预，并通过配对 t 检验和满意度分析，评估了基于学习者画像的个性化教学策略在混合式教学中的有效性。结果表明，实施个性化教学策略能够全面提高学生的参与度、自主学习和学业成绩等方面的表现，但是课堂教学策略干预的提升效果并不显著。同时，教师也反馈了基于学习者画像的个性化教学策略能够更好地了解和满足不同类型的学生的学习需求和目标，提高教学质量和效果。

9.4.2 启示

本研究的意义和贡献主要有以下几个方面。首先,从理论上,本研究提出了一个完整和系统的基于学习者画像的个性化教学策略设计框架。这一框架有助于丰富和发展个性化教学的相关理论,也为混合式教学环境下的教学设计提供了一个参考模型。其次,从实践上,本研究展示了运用数据分析和挖掘技术构建学习者画像的可行性和有效性。我们从混合式教学环境中收集和分析了多种数据,构建了四种不同特征的学习者画像,并输出了可视化的结果。这些学习者画像可以为教师和学习者提供丰富和及时的反馈,有助于了解和满足不同学习特点的学习者。最后,从创新上,本研究展示了利用在线和移动平台支持基于学习者画像的个性化教学策略的潜力。我们设计并应用了一系列针对不同类型学习者画像的个性化教学策略,利用线上和线下学习模式的优势,如灵活性、互动性、协作性、反馈性等,旨在满足不同学习者的个性化需求和目标。

9.4.3 局限性与未来研究

本研究也存在一些局限性。首先,本研究中学习者画像主要是经过学习者动态学习数据聚类分析所得到的,而学习者的兴趣特征等静态指标仅作为一种辅助性指标,对个性化策略的制订和实施发挥的作用有限。未来的研究可以探索更全面的学习者画像构建方法,将动态和静态指标相结合,以更准确地反映学习者的需求和特点。其次,我们的样本规模相对较小,仅限于一门课程在一个大学中的实施。因此,我们的研究结果可能受到特定的情境和人群的限制,难以推广到其他课程、机构、学科和学习者中。未来可以扩大研究的范围和规模,涉及更多的课程、机构、学科和学习者。再次,我们的数据收集和分析方法主要是定量和描述性的。因此,我们可能无法获得关于学习者在混合式教学环境中的体验、感知、动机、情感和挑战等方面的深入理解或重要发现。未来的研究可以采用更多定性和解释性的方法,如访谈、观察、日记或案例研究等,来补充我们的定量方法。最后,本研究只从量化数据和教师访谈两方面进行了效果评估,并没有收集和分析学生的反馈和感受。未来可以通过问卷调查、访谈、观察等多种方式,收集和分析学生对于学习者画像和个性化教学策略的反馈和感受,以更好地了解学生的学习体验和满意度。

10 混合式教学环境下教育数据分析的未来发展趋势

新技术的发展使得教育数据的采集、分析和应用更加方便、快捷和智能,可以实时洞察学习者的学习状态、进度和效果,为教育教学评价和个性化学习服务提供数据支撑。同时也促进了教育理念、教育资源、教育形态、教师研训、教育评价和教育治理等方面的变革和创新,推动了教育高质量发展和数字化转型(黄荣怀、王运武、焦艳丽,2021)。

具体来说,未来教育数据分析的发展趋势可能有以下几个方面:

① 教育数据分析将更加多元化和综合化,涉及不同的数据来源、数据类型、数据维度和数据方法,以实现对教育现象和问题的全面洞察和解决。

② 教育数据分析将更加智能化和自动化,利用人工智能、机器学习、深度学习等技术,提高教育数据的处理、分析和应用的效率和质量。

③ 教育数据分析将更加个性化和精准化,根据不同的学习者、教师、管理者等利益相关者的需求和特点,提供定制化的教育数据服务和解决方案。

④ 教育数据分析将更加开放化和协作化,建立教育数据共享、交流、协作的平台和机制,促进教育数据的价值最大化和社会效益最优化。

⑤ 教育数据分析的应用将更加重视伦理价值观和法律框架相结合。在推动教育数据分析的发展过程中,保护学生和教育从业者的隐私权是至关重要的。同时,伦理审查机制也需要确保数据使用的公正性、公平性和无偏差性,避免对学生和教育决策产生负面影响。

10.1 新技术的发展对教育数据分析的影响

10.1.1 混合现实技术

1. 概述

混合现实(mixed reality,MR)是一种将现实世界和虚拟世界相结合的技术,它可以在现实环境中呈现虚拟场景信息,也可以在虚拟环境中保留现实场景信息,从而实现虚实融合和交互(微言创新,2020)。

混合现实技术可以分为两种类型,一种是基于光学透视的混合现实,它通过在人的眼前叠加虚拟图像,让用户看到现实和虚拟的混合画面,如微软的 HoloLens;另一种是基于视频透视的混合现实,它通过摄像头采集现实场景并数字化,然后通过计算机渲染,让用户看到经过修改或替换的现实画面,如 Magic Leap(微言创新,2020)。

混合现实技术具有以下几个主要功能:

① 空间感知。混合现实技术可以通过传感器和算法,感知和理解周围的空间环境,如地形、物体、光照等,从而在合适的位置和角度显示虚拟内容,实现虚实一致和稳定(黄红涛等,2018)。

② 虚实融合。混合现实技术可以通过图像处理和渲染,实现虚拟内容和现实内容的无缝融合,如遮挡、阴影、反射等,从而增强用户的真实感和沉浸感。

③ 交互反馈。混合现实技术可以通过多种方式,实现用户和虚拟内容的交互和反馈,如手势、语音、眼动、触觉等,从而提高用户的参与度和控制度(赵瑞斌等,2020)。

混合现实技术可应用于多个领域和场景,如教育、医疗、娱乐、工业、军事等,为用户提供更丰富、更高效、更有趣的体验。例如,混合现实技术可以让学生在虚拟的历史场景中学习,让医生在虚拟的解剖模型上操作,让游戏玩家在真实的环境中战斗,让工程师在虚拟的设计图上修改,让士兵在虚拟的战场上训练等(孙颂,2020)。

2. 虚拟现实、增强现实及混合现实三者的关系及区别

虚拟现实技术是一种利用计算机技术和多媒体技术,通过 VR 设备创造出一个与真实世界相似的三维虚拟环境,使用户能够在其中进行视觉、听觉、触觉等多种感官的交互体验。虚拟现实技术被认为是未来的通用技术平台和互联网入口,具有巨大的经济价值和社会意义,已经在工业、军事、医疗、航天、教育、娱乐等领域广泛应用。根据工信部的数据,2021 年我国虚拟现实市场规模预计将达到 544.5 亿元。虚拟现实技术包含了虚拟现实(VR)、增强现实(augmented reality,AR)、混合现实(MR)等不同的形式和应用场景,它们之间既有联系又有区别,如图 10-1 所示。

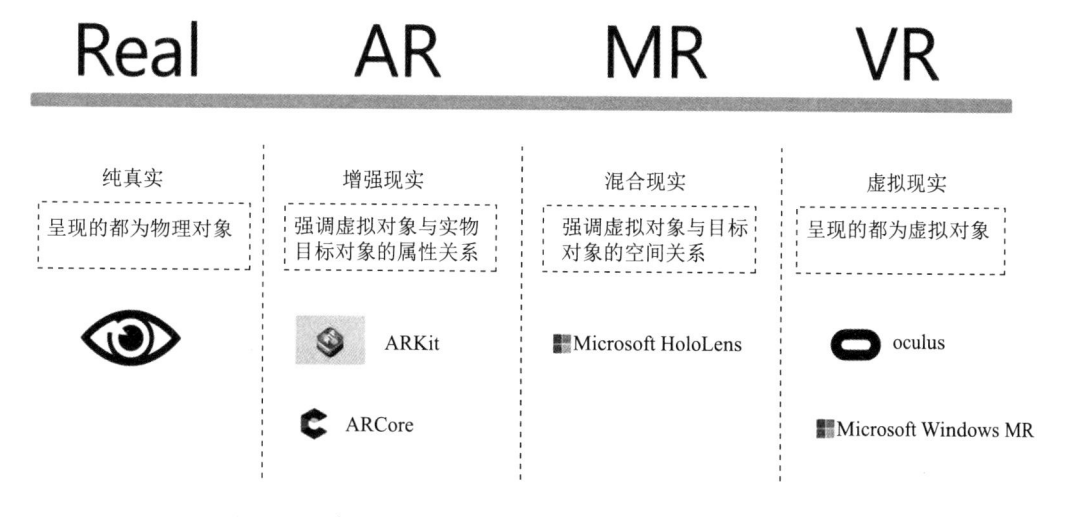

图 10-1 虚拟现实、增强现实及混合现实三者的关系及区别

① 虚拟现实。VR 是一种完全由计算机生成的三维虚拟空间,用户通过佩戴头显等设备,可以完全沉浸在虚拟空间中,感受到与真实世界相似的视觉、听觉、触觉等感官刺激。VR 的特点是"无中生有",即用户无法看到真实世界,只能看到虚拟世界。

② 增强现实。AR 是一种在真实世界的基础上,通过计算机技术将虚拟信息(如物体、图片、视频、声音等)叠加到用户的视野中,并与之进行交互。AR 的特点是"锦上添花",即用户既能看到真实世界,又能看到虚拟信息。

③ 混合现实。MR 是一种将真实世界和虚拟世界融合在一起的新型交互模式,它不仅能够将虚拟信息叠加到真实场景中,还能够让虚拟物体与真实物体产生物理上的相互作用。MR 的特点是"实幻交织",即用户难以区分真实世界和虚拟世界的界限。

3. 混合现实技术对混合式教学环境下教育数据分析的影响

混合现实技术可以提供丰富的教育数据来源,包括学习者的行为、情感、认知、生理等多维数据,以及学习环境的物理、社会、文化等多层数据,为教育数据分析提供更多的数据类型和维度。例如,通过虚拟现实技术,可以模拟不同的学习场景,如历史事件、自然现象、科学实验等,让学习者亲身体验和参与,从而收集学习者的眼动、脑电、心率等生理数据,以及学习者的动作、表情、语音等行为数据,用于分析学习者的注意力、兴趣、情绪、认知水平等。通过增强现实技术,可以在真实的学习环境中添加虚拟的信息和元素,如标签、图标、动画等,让学习者与之交互,从而收集学习者的位置、方向、手势、触摸等行为数据,以及学习环境的温度、湿度、光照、噪声等物理数据,用于分析学习者的导航、探索、协作、适应等。这些数据可以帮助教育者和学习者更全面、真实、动态地了解学习过程和结果,为教育数据分析提供更多的数据来源和维度。

混合现实技术可以增强教育数据分析的实时性和反馈性,通过实时采集和分析学习者在混合现实环境中的数据,为学习者提供及时的指导和支持,实现教育数据分析的闭环。例如,通过虚拟现实技术,可以根据学习者的生理和行为数据,实时调整虚拟场景的难度、内容、速度等,以适应学习者的个性化需求和能力,提高学习的效果和满意度。通过增强现实技术,可以根据学习者的行为和环境数据,实时提供虚拟的提示、反馈、奖励等,以激发学习者的动机和参与度,增强学习的趣味性和吸引力。这些数据可以帮助教育者和学习者及时了解学习的进展和效果,为教育数据分析提供更多的实时反馈和应用。

混合现实技术可以促进教育数据分析的跨界和融合,通过将教育数据与其他领域的数据进行关联和整合,为教育数据分析提供更多的数据来源和应用场景,实现教育数据分析的开放和创新。例如,通过虚拟现实技术,可以将教育数据与文化、艺术、娱乐等领域的数据进行融合,创造新型的学习体验,如虚拟博物馆、虚拟音乐会、虚拟游戏等,让学习者在欣赏、娱乐的同时,也能学习到相关的知识和技能。通过增强现实技术,可以将教育数据与医疗、工程、商业等领域的数据进行关联,拓展新型的学习应用,如虚拟解剖、虚拟建模、虚拟购物等,让学习者在实践、应用的同时,也能提高自己的专业素养和能力。这些数据可以帮助教育者和学习者拓宽视野和思维,为教育数据分析提供更多的跨界融合和创新。

10.1.2 人工智能技术

1. 概述

人工智能是一门研究、开发用于模拟、延伸和扩展人类智能的理论、方法、技术及应用系统的新的技术科学。人工智能利用计算机和机器模仿人类思维的问题解决和决策制定能力。人工智能这一概念最早可以追溯到古希腊时期,但真正作为一门科学,是在1956年的达特茅斯会议上,由约翰·麦卡锡等人提出并命名的。从那时起,人工智能经历了几次兴衰和变革,逐渐成为一个独立的学科,并与计算机科学、心理学、哲学、语言学等多个领域交叉和融合。

人工智能具有以下几个主要特点:

① 模拟人类智能。人工智能试图了解智能的实质,并生产出一种新的能以人类智能相似的方式做出反应的智能机器。人工智能可以对人的意识、思维、推理、学习、规划等信息过程进行模拟。

② 延伸人类智能。人工智能不仅可以模拟人类的智能,还可以超越人类的智能,实现一些人类难以完成或无法完成的任务。人工智能可以利用计算机的高速运算、大容量存储、强大数据处理等优势,提高智能的效率和质量。

③ 扩展人类智能。人工智能可以与人类的智能相结合,形成一种协同智能,实现人机共生和协作。人工智能可以辅助人类的智能,提供更多的信息、知识和服务,增强人类的智能能力和水平(韩雨、韩丛英,2022)。

人工智能可应用于多个领域和场景,如教育、医疗、娱乐、工业、军事等,为人类提供更丰富、更高效、更有趣的体验。例如,人工智能可以让学生在虚拟的历史场景中学习,让医生在虚拟的解剖模型上操作,让游戏玩家在虚拟的环境中战斗,让工程师在虚拟的设计图上修改,让士兵在虚拟的战场上训练等(谭铁牛,2019)。

2. 人工智能对混合式教学环境下教育数据分析的影响

(1) 提高教育数据分析的深度和广度

通过机器学习、知识图谱、自然语言处理等方法,对教育数据进行分类、聚类、关联、推理等操作,从而发现教育数据中的隐藏规律、知识和价值。例如,通过机器学习技术,可以根据学习者的学习数据,如成绩、反馈、行为等,构建学习者的画像,如能力、兴趣、风格等,从而为学习者提供个性化的学习路径和资源推荐。通过知识图谱技术,可以根据教育领域的知识数据,如课程、教材、考题等,构建知识的结构,如概念、关系、属性等,从而为教育者和学习者提供可视化的知识导航和查询服务。通过自然语言处理技术,可以根据教育领域的文本数据,如论文、报告、评论等,进行语义分析、情感分析、摘要生成等操作,从而为教育者和学习者提供高质量的文本理解和生成服务。

(2) 提高教育数据分析的智能和自动化

通过机器人与智能控制、智能辅助系统、智能评估系统等应用,对教育数据进行智能处理和应用,从而提高教育质量和效率,实现教育服务的智能化和自动化。例如,通过机器人与智能控制技术,可以实现教育场景中的智能设备和环境,如智能黑板、智能桌椅、智能灯光等,从而为教育者和学习者提供更舒适、更便捷、更安全的教育环境。通过智能辅助系统技术,可以实现教育场景中的智能教师和助教,如智能讲解、智能问答、智能辅导等,从而为教育者和学习者提供更专业、更友好、更及时的教育指导和支持。通过智能评估系统技术,可以实现教育场景中的智能测试和评价,如智能出题、智能批改、智能反馈等,从而为教育者和学习者提供更公平、更准确、更有用的教育评估和改进。

10.1.3 GPT大模型技术

1. 概述

随着ChatGPT 4.0的发布,GPT大模型技术展现了其在对话系统领域的领先地位,其卓越的对话交互和分析能力,为世界各行各业带来了巨大的变革和机遇。作为人工智能领域中的一种重要的技术,GPT大模型是一种基于深度学习的自然语言生成(natural language generation,NLG)系统,它可以根据给定的文本或语音输入,生成连贯、流畅、有意义的文本或语音输出。GPT大模型的概念来源于神经网络语言模型(neural network language model,NNLM),它利用大量的文本数据来学习语言的统计规律和语义知识,从而能够预测下一个词或句子的概率分布。GPT大模型的应用领域非常广泛,包括文本摘要、机器翻译、对话系统、问答系统、文本分类、情感分析、文本生成等。

到目前为止,GPT大模型有如下一些典型的应用案例:

① 在搜索引擎方面,国外微软的Bing结合了GPT-4的技术,将搜索、创造、聊天结为一体,多方位地满足用户个性化的需求。国内百度的文心一言也利用了GPT-4的技术,为用户提供文学创作、商业文案创作、数理推算、中文理解、多模态生成等五个使用场景中的综合需求。

② 在企业服务方面,微软的Dynamic 365 Copilot利用GPT-4的技术为销售、服务、营销到供应链等跨业务的人员提供帮助。阿里巴巴的通义千问也基于GPT-4的技术,为企业提供了文本生成和理解服务,可以用于对话系统、文案创作、逻辑推理、多模态理解、多语言支持等场景。

③ 在开发者工具方面,Github的Copilot基于OpenAI的Codex模型,具备代码的生成、补全、建议等功能。京东的言犀也是一款千亿级别中文NLP预训练模型,可以用于代码生成、代码注释、代码错误检测等场景。

④ 在金融领域,Bloomberg推出了基于GPT-4的金融大模型,可以进行新闻的情绪倾向性分析和内容创造,以及财务类知识问答和股票代码配对。同花顺也利用了GPT-4的技术,为用户提供了智能投顾、智能选股、智能分析等服务。

⑤ 在汽车领域,奔驰、理想等车企整合了GPT-4的技术,打造AI虚拟助手和智能驾驶。腾讯的混元助手也是一款基于GPT-4的大语言模型,可以用于汽车领域的语音交互、导航推荐、车辆控制等场景。

⑥ 在教育领域,国内外出现了许多教育大模型,如图10-2所示。其中,可汗学院利用GPT-4的技术为学生提供个性化的学习内容和反馈,例如根据学生的学习进度和能力,生成适合的练习题目、评价反馈、学习建议等。华东师大的EduChat也是一款基于GPT-4的教育大模型,可以用于教育领域的作业批改、开放式问答、启发式教学等场景,例如根据学生

的作业内容,生成有针对性的批改意见、知识点解析、拓展问题等。这些教育大模型都体现了 GPT 大模型技术在教育领域的巨大潜力和价值。

图 10-2　国内外教育大模型

2. GPT 大模型对混合式教学环境下数据分析的作用

① 数据获取。GPT 大模型可以从多种渠道和平台获取数据,包括线上的课程平台、社交媒体、搜索引擎等,以及线下的实验室、图书馆、调查问卷等。GPT 大模型技术可以根据用户的需求和目标,自动生成合适的数据获取方式和策略,例如根据用户输入的主题或问题,生成相关的数据源、关键词、查询语句或爬虫程序等。

② 数据处理。GPT 大模型可以对获取到的数据进行清洗、转换、整合等操作,以提高数据的质量和可用性。GPT 大模型技术可以根据用户的指示或反馈,自动执行相应的数据处理步骤和方法,例如根据用户提供的样本或规则,自动识别和修正数据中的错误、缺失、重复等问题。

③ 数据挖掘。GPT 大模型能对处理后的数据进行分析、建模、预测等操作,以发现数据中的规律、知识。根据用户的目标或假设,自动选择和应用合适的数据挖掘技术和算法,例如根据用户给定的奖励函数或评价指标,自动优化和调整数据挖掘过程。

④ 数据展示。GPT 大模型可以帮助教师和学生对挖掘出的数据结果进行可视化、报告、演示等操作,以传达数据的价值和意义。它能根据用户的需求或场景,自动生成合适的数据展示形式和内容,例如根据用户输入的主题或问题,生成相关的图表、文本、语音等。

10.1.4　移动学习技术

1. 概述

移动学习是一种利用移动设备和无线网络进行的数字化学习,它打破了时间和空间的限制,让学习者可以随时随地进行学习,实现个性化、情境化、协作化和泛在化的学习需求。移动学习的定义有多种,不同的学者从不同的角度对其进行了解释,如从学习者的移动性、学习内容的移动性、学习环境的移动性等(董志友、黄晶伟,2020)。

移动学习的诞生是由信息技术和教育理念的发展所驱动的。信息技术的发展使得移动设备的性能不断提高,无线网络的覆盖不断扩大,移动互联网的应用不断丰富,为移动学习提供了技术基础和条件。教育理念的发展使得学习者的需求不断多元化,学习的目标不断提升,学习的方式不断创新,为移动学习提供了理论指导和动力(朱晓雯,2022)。

移动学习具有以下几个主要特点:

① 灵活性。移动学习可以根据学习者的需求、兴趣和节奏选择合适的学习内容、方式和时间,不受固定的教室和课程安排的约束。

② 互动性。移动学习可以利用移动设备的多媒体功能和通信功能,实现学习者与教师、同伴、专家、资源的实时或异步的交流和协作,分享知识和经验,构建学习社区和学习网络。

③ 情境性。移动学习可以结合学习者所处的真实环境和背景,提供与之相关的学习内容和活动,让学习者在具体的情境中感知、探索、应用和创造知识,增强学习的实践性和有效性。

④ 智能性。移动学习可以利用移动设备的感知功能和人工智能技术,收集和分析学习者的行为、心理、生理等数据,实现对学习者的个性化推荐、反馈、评价和辅导,提升学习的质量和效果。

移动学习的应用场景非常广泛,涵盖了从幼儿园到高等教育,从职业教育到终身教育,从正式教育到非正式教育的各个领域和层次。移动学习可以为学习者提供多样化的学习资源和服务,如在线课程、数字图书馆、虚拟实验室、游戏化学习、增强现实学习等(翟俊卿、陈蕴琦、王西敏,2021)。移动学习也可以为教育者提供有效的教学支持和管理,如学习资源发布、学习活动设计、学习过程监控、学习效果评价等。移动学习还可以为教育管理者提供有力的教育决策和改革方案,如学习数据分析、学习质量保障、学习政策制定等。

2. 移动学习技术对混合式教学环境下数据分析的意义

(1)提高教育数据分析的灵活性和多样性

通过移动设备和网络,打破时间和空间的限制,让学习者随时随地进行学习,从而收集更多的教育数据,如位置、时间、频率、时长等,用于分析学习者的学习习惯、偏好、需求等。例如,通过移动学习技术,可以让学习者在不同的场合和情境中进行学习,如家庭、公园、图书馆等,从而收集学习者的环境数据,如噪声、光照、温度等,用于分析学习者的学习适应性和舒适度。通过移动学习技术,可以让学习者在不同的时间和节奏中进行学习,如早晨、午间、晚上等,从而收集学习者的时间数据,如频率、时长、间隔等,用于分析学习者的学习效率和效果(张振虹、杨庆英、韩智,2013)。

(2)提高教育数据分析的连接性和网络性

通过移动设备和网络,实现教育数据的共享和交流,让学习者与其他学习者、教育者、资源等进行连接和协作,从而收集更多的教育数据,如交流、协作、评价等,用于分析学习者的学习社交、协作、评价等。例如,通过移动学习技术,可以让学习者与其他学习者进行交流和协作,如讨论、分享、互助等,从而收集学习者的交流数据,如内容、方式、频次等,用于分析学习者的学习交流能力和水平。通过移动学习技术,可以让学习者与教育者进行连接和反馈,如咨询、指导、评价等,从而收集学习者的反馈数据,如问题、建议、评分等,用于分析学习者的学习反馈意愿和态度。

10.1.5 区块链技术

1. 概述

区块链技术是一种利用块链式数据结构来验证与存储数据,利用分布式节点共识算法来生成和更新数据,利用密码学的技术保证数据传输和访问控制的安全,利用由自动化脚本代码组成的智能合约来编程和操作数据的一种全新的分布式基础架构与计算范式(傅丽玉等,2022)。

区块链技术起源于2008年,一个化名为中本聪的神秘人物发表了一篇名为《比特币:一种点对点的电子现金系统》的论文,提出了一种基于密码学原理而非信用的电子支付系统,实现了去中心化的数字货币比特币。比特币是区块链技术的第一个应用,也是目前最广泛和最成功的应用。后来,人们把支持比特币运行的底层技术抽象出来,称之为区块链技术,并开始探索其在其他领域的应用可能性(代闯闯等,2021)。

区块链技术具有以下几个主要特点:

① 去中心化。区块链技术不需要依赖任何中心化的机构或个人来维护和管理数据,而是通过网络上的多个节点共同参与和负责数据的生成、验证和更新,实现点对点的交易、协调和协作。

② 不可篡改性。区块链技术利用加密技术和分布式共识机制来保证数据的完整性、一致性和不可逆性,使得任何已经写入区块链的数据都无法被修改或删除,除非获得网络上大多数节点的同意。

③ 公开透明与可溯源性。区块链技术将所有的数据记录在一个公开的账本上,任何人都可以通过公开的接口查询和验证区块链上的数据,同时,区块链技术通过时间戳和哈希函数,可以记录数据的生成、变更和传播的全过程,形成数据的完整的历史链,使得数据的来源和变化都能够被追踪和验证。

④ 集体维护性。区块链技术通过去中心化的方式,实现了数据的集体维护和管理,各个节点都有权利和义务参与数据的处理和监督,各方权责明确,无需向第三方机构让渡权利,实现共同协作和利益。

区块链技术可应用于多个领域和场景,如金融服务、物联网、慈善公益、医疗健康、文化娱乐等,为用户提供更安全、更透明、更高效的服务和价值,如图10-3所示。例如,区块链技术可以实现去中心化的数字货币,让用户可以实现点对点的快速、安全和低成本的转账和支付;区块链技术可以实现自动执行的智能合约,让用户可以实现各种金融、法律、保险等领域的合约,无需人工干预或第三方介入;区块链技术可以实现去中心化的身份认证,让用户可以自主控制自己的身份信息,通过数字签名和加密技术来保证身份信息的安全和隐私;区块链技术可以实现去中心化的资产登记,让用户可以将各种有形或无形的资产登记在区块链上,形成一个公开、透明、不可篡改的资产账本。

2. 区块链技术对混合式教学环境下数据分析的作用

区块链技术可以提高教育数据的安全性和可信度,防止数据被篡改、泄露或滥用。区块链技术利用分布式账本、加密算法和共识机制,保证教育数据的完整性、一致性和不可逆性,

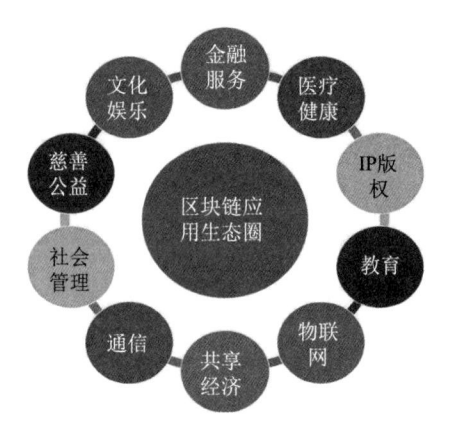

图 10-3　区块链技术应用场景

实现教育数据的去中心化和透明化,使教育数据的所有者和使用者都能够验证数据的真实性和有效性。这样,教育数据分析的结果就更具有权威性和公信力,能够为教育决策和改革提供可靠的依据。

区块链技术可以促进教育数据的流通和共享,拓展数据的价值和应用。区块链技术通过智能合约,可以实现教育数据的自动化、标准化和规范化的交易和传输,降低数据的交易成本和风险,提高数据的利用效率和价值。通过区块链技术,教育数据可以跨越地域、机构和领域的壁垒,实现多方的数据协作和互利,为教育创新和发展提供更多的可能性和机会(杨现民等,2017)。

区块链技术可以支持教育数据的追踪和溯源,增强数据的可解释性和可审计性。区块链技术通过时间戳和哈希函数,可以记录教育数据的生成、变更和传播的全过程,形成数据的完整的历史链,使教育数据的来源和变化都能够被追踪和验证,从而提高数据的可解释性和可审计性。这样,教育数据分析的过程和方法就更加透明和可靠,能够为教育评估和监督提供有效的手段和依据(李燕峰、刘亚男,2021)。

10.2　教育数据伦理与法律规范

10.2.1　教育数据分析的伦理问题

教育数据伦理问题不仅涉及教育数据的收集、存储、分析、应用等各个环节,也关乎教育数据的所有者、使用者、受益者等各个主体。如何在保障教育数据安全和隐私的同时,充分发挥教育数据的价值和效益,是教育数据伦理面临的核心问题(赵伟,2022)。

1. 数据隐私权的保护

数据隐私权是指数据主体对自己的个人信息或敏感数据有权进行控制、管理和保护的权利。在混合式教学环境下,教育数据涉及个人、学校、课程、资源等诸多方面,涉及规模庞大的受教育者与教育者群体,一旦发生数据泄露、窃取、盗用等事件,就可能会侵犯个人隐私权,造成经济损失或社会影响。因此,保护数据隐私权是教育数据分析的重要伦理原则和法律责任。

为了保护数据隐私权,需要从以下几个方面采取措施:

① 明确数据采集的范围、目的和方式。在混合式教学环境下,教育数据的采集应遵循最小化原则,即只采集与教学目标和活动相关的必要数据,避免过度收集或无关收集个人信息或敏感数据。同时,应明确告知数据主体采集数据的目的和方式,征得其知情同意和选择权利,尊重其拒绝或撤回同意的权利。

② 加强数据的加密、传输、存储等安全措施。在混合式教学环境下,教育数据可能通过多种渠道和平台进行传输、共享和使用,存在被非法获取或滥用的风险。因此,应采用有效的技术手段,对数据进行加密、脱敏、匿名化等处理,防止数据在传输、存储过程中被篡改、窃取或泄露。同时,应建立严格的权限管理制度,规范数据的访问、使用和删除等操作,防止数据被未经授权或超出授权范围的主体使用(赵磊磊、张黎、王靖,2022)。

③ 建立有效的监督、问责和救济机制。在混合式教学环境下,教育数据的安全保护涉及多方主体,如政府部门、学校机构、教师个人、学生个人、第三方平台等,可能存在责任不明确或推诿扯皮等问题。因此,应建立有效的监督、问责和救济机制,明确各方主体在教育数据安全保护中的责任和义务,对违法违规行为实施惩戒和处罚。同时,应建立有效的投诉举报渠道和快速响应机制,保障数据主体在发生数据侵权事件时能够及时获得通知、赔偿和恢复等救济措施。

2. 数据资产权的界定

数据资产权是指数据的所有者或合法使用者对数据的占有、使用、处分和收益的权利。在混合式教学环境下,教育数据涉及个人、学校、课程、资源等诸多方面,涉及规模庞大的受教育者与教育者群体,以及第三方平台等多方主体,数据资产权的界定和保护面临着复杂的法律和伦理问题。因此,界定和保护数据资产权是教育数据分析的重要伦理原则和法律责任。

为了界定和保护数据资产权,需要从以下几个方面采取措施:

① 明确数据的归属、分类和标准。在混合式教学环境下,教育数据的归属应遵循数据主体原则,即数据的所有者或合法使用者应是数据的主体或其授权代理人。同时,应根据数据的来源、性质、用途等因素,对数据进行分类和标准化,如将数据分为公开数据、内部数据、个人信息数据、敏感数据等不同等级,并制定相应的安全等级标准。

② 明确数据的使用、共享和转让规则。在混合式教学环境下,教育数据的使用、共享和转让应遵循目的一致性原则,即只能用于与采集目的一致或相关的合法目的,并尊重数据主体的知情同意和选择权利。同时,应建立有效的协议机制,规范数据的使用、共享和转让行为,明确各方主体在数据交易中的权利和义务,防止数据被滥用或侵权。

③ 明确数据的保护、监督和追责机制。在混合式教学环境下,教育数据的保护、监督和追责应遵循风险防范原则,即应采取必要的技术和管理措施,防止数据在使用、共享和转让过程中发生泄露、损毁或丢失等风险,并及时报告和处理发生的安全事件。因此,应建立有效的监督、问责和救济机制,加强对数据活动的监管和审查,对违法违规行为实施惩戒和处罚。同时,应建立有效的投诉举报渠道和快速响应机制,保障数据主体在发生数据侵权事件时能够及时获得通知、赔偿和恢复等救济措施。

3. 数据效用的评估

数据效用的评估是指对数据的质量、价值和影响进行分析和评价,以判断数据是否能够有效地支持教育数据分析的目标和任务。在混合式教学环境下,数据效用的评估涉及以下几个方面:

① 数据的准确性。数据的准确性是指数据是否能够真实、完整、一致地反映教育现象和问题,是数据效用的基础。为了保证数据的准确性,需要对数据进行校验、清洗、转换等预处理操作,消除数据中的错误、缺失、重复、冗余等问题,并保持数据与源头的一致性。

② 数据的相关性。数据的相关性是指数据是否与教育数据分析的目标和任务有密切的联系,是数据效用的关键。为了保证数据的相关性,需要对数据进行分类、筛选、聚合等处理操作,提取出与分析主题相关的核心数据,并排除无关或干扰的噪声数据。

③ 数据的充分性。数据的充分性是指数据是否能够覆盖教育现象和问题的各个方面和层次,是数据效用的保障。为了保证数据的充分性,需要对数据进行扩充、补充、融合等增强操作,增加数据的数量、质量和多样性,并利用多源、多维、多形式的数据进行交叉验证和互补。

④ 数据的可解释性。数据的可解释性是指数据是否能够清晰、简洁、直观地表达教育现象和问题的内涵和规律,是数据效用的目标。为了保证数据的可解释性,需要对数据进行可视化、呈现、解读等操作,将复杂、抽象、隐晦的数据转化为易于理解、感知、记忆的信息,并提供合理、有效、有说服力的解释。

4. 数据伦理的规范

数据伦理的规范是指在混合式教学环境下,对数据的收集、存储、分析、使用和共享等过程中,遵循的一系列道德原则和行为准则,以保护数据的安全性、隐私性和合法性,以及数据主体的权益和尊严。在混合式教学环境下,数据伦理的规范涉及以下几个方面(赵磊磊、张黎、王靖,2022)。

(1)数据的收集

数据的收集是指从不同的数据源获取教育相关的数据,是数据分析的基础。在数据的收集过程中,需要遵循以下原则:

① 目的性原则。数据的收集应该有明确的目的和合理的范围,不能无限制地收集所有可能相关的数据,而要根据教育数据分析的目标和任务进行筛选和优化。

② 知情同意原则。数据的收集应该征得数据主体(如学生、教师、家长等)的知情同意,即在收集前向数据主体说明数据的来源、类型、用途、风险和保护措施等信息,并尊重其选择参与或退出。

③ 最小化原则。数据的收集应该尽量减少对数据主体的干扰和影响,避免对其造成不必要的负担或危害,如过度监测、过度测试、过度评价等。

(2)数据的存储

数据的存储是指将收集到的教育相关的数据保存在特定的设备或平台上,是数据分析的保障。在数据的存储过程中,需要遵循以下原则:

① 安全性原则。数据的存储应该采取有效的技术手段和管理措施,如加密、备份、防火墙等,防止数据被非法访问、篡改、泄露或损毁。

② 隐私性原则。数据的存储应该尊重并保护数据主体的隐私权利,不向第三方透露或公开其个人身份或敏感信息,如姓名、住址、成绩、行为等。

③ 合法性原则。数据的存储应该符合国家和地区相关法律法规和政策规定,不违反公序良俗或社会道德,不侵犯他人合法权益。

(3) 数据的分析

数据的分析是指对存储在特定设备或平台上的教育相关的数据进行处理和挖掘,是数据分析的核心。在数据的分析过程中,需要遵循以下原则:

① 有效性原则。数据的分析应该采用科学合理且适用于教育领域的方法和工具,如统计分析、机器学习、可视化等,以提高分析结果的可信度和可靠度。

② 公正性原则。数据的分析应该避免或消除因为人为因素或技术缺陷导致的偏差或误差,如选择偏见、确认偏见、算法歧视等,以保证分析结果的客观性和公正性。

③ 透明性原则。数据的分析应该公开并解释分析过程中所采用的数据来源、方法、工具、标准和指标等信息,以增加分析结果的可理解性和可解释性。

(4) 数据的使用

数据的使用是指根据分析结果对教育现象和问题进行解释和评价,是数据分析的目标。在数据的使用过程中,需要遵循以下原则:

① 合理性原则。数据的使用应该基于事实和证据,不断检验和修正分析结果,不断优化和改进教育实践,如教学设计、教学评价、教学改进等。

② 责任性原则。数据的使用应该明确并承担相应的责任和义务,不滥用或误用数据,不对数据进行歪曲或误导,不以数据为借口推卸责任或转嫁压力。

③ 尊重性原则。数据的使用应该尊重并关注数据主体的感受和需求,不对其进行贴标签或定性,不对其进行歧视或排斥,不对其造成伤害或压迫。

(5) 数据的共享

数据的共享是指将教育相关的数据在特定的范围内进行交流和传播,是数据分析的延伸。在数据的共享过程中,需要遵循以下原则:

① 授权性原则。数据的共享应该征得数据主体或相关方的授权或许可,明确共享的目的、范围、对象和方式,并保留撤销或更改共享权限的权利。

② 保护性原则。数据的共享应该采取必要的措施保护共享数据的安全性和隐私性,如去标识化、脱敏化、聚合化等,并及时删除或销毁不再需要的共享数据。

③ 互惠性原则。数据的共享应该遵循互利互惠的原则,促进教育相关方之间的合作与协作,提升教育质量与效率,并尊重并保护共享数据的知识产权。

10.2.2 教育数据法律制度与规范

教育数据法律制度与规范是指在教育数据的收集、存储、分析、应用等过程中,应遵守的法律规则和行政规范,以保障教育数据的合法性、合规性、合理性等要求。教育数据法律制度与规范既要符合国家的法律体系和法治原则,也要适应教育数据的发展趋势和实际需求。目前,国内外已经出现了一些关于教育数据法律制度与规范的法律文本和行政文件,如我国的《网络安全法》《个人信息保护法》《教育部机关及直属事业单位教育数据管理办法》等,以及欧盟的《通用数据保护条例》、美国的《学生隐私权法案》等。这些法律文本和行政文件从不同的层面和角度,制定了一些具体或细化的教育数据法律制度与规范,如教育数据的定义、分类、来源、限制、权限、责任、处罚等。这些法律制度与规范为教育数据的合法使用提供了依据和保障,也为教育数据的伦理实践和监督提供了支持和指导。

混合式教学环境下,学习者不仅要在传统的教室内接受教育服务,也要在网络的平台上进行教育活动。因此,学习者应当掌握或需要遵守的教育数据法律制度与规范,不仅涉及教育数据的本身,也涉及网络数据的相关内容。

① 教育数据的定义和分类。学习者应当了解什么是教育数据,以及教育数据有哪些类型和特征。例如,《教育部机关及直属事业单位教育数据管理办法》第3条规定,"本办法所称教育数据,是指在教育活动中产生或者获取并以电子或者其他方式记录的能够单独或者与其他信息结合反映特定自然人或者组织活动情况或者描述特定自然人或者组织属性特征的各种信息",并将教育数据分为公开性教育数据和非公开性教育数据两类。学习者应当区分自己在混合式教学环境下产生或提供的哪些信息属于教育数据,以及这些教育数据是否涉及个人隐私或其他敏感内容。

② 教育数据的收集和使用。学习者应当了解谁有权收集和使用自己的教育数据,以及收集和使用的目的、方式和范围是什么。例如,《个人信息保护法》第26条规定,"个人信息处理者应当按照法律法规规定或者与个人信息主体约定的目的、方式和范围处理个人信息;超出法律法规规定或者与个人信息主体约定的目的、方式和范围时,应当重新征得个人信息主体同意",并明确"个人信息处理者不得违反法律法规规定或者与个人信息主体约定,将其收集的个人信息提供给他人"等。学习者应当在同意提供自己的教育数据之前,了解收集和使用方是谁,以及收集和使用方是否公开了收集和使用规则,并明示了收集和使用信息的目的、方式和范围。

③ 教育数据的保护和安全。学习者应当了解自己的教育数据如何被妥善地存储、传输、处理和删除,以及如何防止自己的教育数据被泄露、篡改、毁损或滥用。例如,《网络安全法》第22条规定,"网络运营者收集、使用个人信息,应当遵循合法、正当、必要的原则,公开收集、使用规则,明示收集、使用信息的目的、方式和范围,并经被收集者同意",并明确"网络运营者不得泄露、篡改、毁损所收集的个人信息,不得向他人提供个人信息"等。学习者应当在提供自己的教育数据之前,了解收集和使用方是否采取了有效的技术措施和其他必要措施保障网络安全,以及收集和使用方是否有在必要期限内删除或销毁自己的教育数据的义务。

④ 教育数据的权利和义务。学习者应当了解自己对自己的教育数据有哪些权利和义务,以及如何行使这些权利和履行这些义务。例如,《学生隐私权法案》第2条规定,"本法所称学生隐私权,是指学生在接受各级各类学校及其附属机构提供的各种形式的教育服务过程中,对其个人信息的知情权、选择权、控制权、保护权等",并明确"本法适用于各级各类学校及其附属机构收集、存储、分析、使用学生个人信息的活动"等。学习者应当在提供自己的教育数据之前,了解自己是否有知情、选择、控制和保护自己的教育数据的权利,以及如何通过查询、更正、删除、撤回同意等方式行使这些权利。同时,学习者也应当履行自己的义务,如遵守有关法律法规和行业标准,不泄露或滥用他人的教育数据等。

⑤ 教育数据的违法和处罚。学习者应当了解如果自己或他人对教育数据进行违法或

不当的处理,会造成什么后果,以及会受到什么处罚。例如,《个人信息保护法》第 58 条规定,"个人信息处理者违反本法规定,造成个人信息主体损害的,应当承担民事责任",并明确"个人信息处理者违反本法规定,构成违反治安管理行为或者犯罪的,依法给予治安管理处罚或者追究刑事责任"等。学习者应当在提供自己的教育数据之前,了解如果收集和使用方对自己的教育数据造成泄露、篡改、毁损或滥用等行为,自己是否有权从收集和使用方处获得赔偿,以及收集和使用方是否会受到相应的法律制裁。同时,学习者也应当注意自己不要对他人的教育数据进行违法或不当的处理,以免承担相应的法律责任。

10.2.3 教育数据伦理的挑战

国内外现行的法律法规在一定程度上保护了教育数据的安全和隐私,但数据安全风险仍然存在。关于教育数据伦理,还普遍面临以下几个方面的挑战(刘三女牙、杨宗凯、李卿,2017):

① 价值构建与认同。教育数据关系学习者个体的发展和社会公众的共同福祉,其生产、采集、拥有与使用的每个环节均需我们深入思考,进行必要的道德拷问和法理梳理,引导社会大众走向价值趋同,消解教育数据生命循环中可能出现的利益冲突和价值分歧。如何在尊重个人隐私、保护数据安全、促进教育公平、提高教育质量等多重价值目标之间寻求平衡,是教育数据伦理面临的根本挑战。

② 数据安全与隐私。教育数据包含了学习者的个人身份信息、学习行为轨迹、学习成果评价等,如果这些数据被泄露或者被非法使用,将会侵犯学习者的隐私权利,造成信息安全问题。如何防止教育数据被恶意窃取、篡改、销毁或滥用,如何保证教育数据的完整性、可靠性和有效性,如何规范教育数据的收集、存储、传输和处理过程,如何保障学习者对自己数据的知情权、选择权和控制权,是教育数据伦理与法律规范需要解决的重要问题。

③ 数据公平与正义。教育数据的开发和应用可能存在不同的利益相关者,如政府、学校、企业、教师、学生等,他们的目标可能不一致或者相互冲突,如何协调他们的利益诉求,实现教育公共利益的最大化,是一个需要解决的问题。此外,教育数据也可能存在偏差和歧视,如算法设计中的主观偏见、数据采样中的代表性缺失、数据分析中的因果混淆等。这些问题可能导致教育资源分配不均、教育机会不平等、教育评价不公正等后果。如何避免或减少这些问题,保证教育数据的公平性和正义性,是教育数据伦理与法制规范需要关注的重点。

④ 数据责任与问责。教育数据涉及多方主体,在其开发和应用过程中可能出现错误或失误,甚至造成损害或危害。这就需要明确各方在教育数据生态中的责任和义务,并建立有效的问责机制,对违反伦理或法律规范的行为进行监督和制裁。如何界定各方在教育数据生态中的角色定位和权利边界,如何确定各方对教育数据的责任划分和承担方式,如何制定和执行教育数据的伦理准则和法律规范,如何建立和完善教育数据的监督管理和纠纷解决机制,是教育数据伦理与法律规范需要回答的关键问题。

10.3 教育数据共享与合作

10.3.1 跨学科数据整合与应用

随着教育数据的规模和多样性不断增长,如何有效地整合和利用不同来源、不同类型、不同领域的教育数据,以支持教育改革和创新,是当前教育数据分析面临的重要课题。跨学科数据整合与应用是指将教育数据与其他学科领域的数据进行有机结合,以发现教育现象和问题的深层次规律和内在机制,为教育决策和实践提供更全面、更精准、更有效的数据支持(李佩宁,2017)。

1. 主要步骤

为了实现跨学科数据整合与应用,我们需要遵循以下五个主要步骤:

① 数据收集。从不同的数据源获取相关的教育数据和其他学科数据,如学生的成绩、行为、心理、生理等数据,以及社会、经济、文化等背景数据。

② 数据清洗。对收集到的数据进行预处理,如去除重复、缺失、异常等无效数据,统一数据格式、编码、单位等。

③ 数据融合。根据预定的目标和问题,选择合适的数据融合方法,如连接、聚合、转换等,将不同来源、不同类型、不同领域的数据进行有意义的组合,形成一个统一的数据集。

④ 数据分析。运用统计分析、机器学习、可视化等技术手段,对融合后的数据进行深入挖掘和探索,发现数据中隐藏的模式、关联、趋势等信息。

⑤ 数据应用。根据分析结果,提出针对性的建议或方案,为教育决策和实践提供数据依据,或者开发具有实用价值的产品或服务,为教育参与者提供便利和帮助。

2. 主要价值和意义

跨学科数据整合与应用不仅能够提高教育数据的利用效率,还能够带来以下三方面的主要价值和意义:

① 扩大教育数据的视野和维度,使教育现象和问题能够从多角度、多层次、多维度进行观察和分析,提高教育认知的深度和广度。

② 丰富教育数据的内容和形式,使教育数据能够更好地反映教育参与者的全面特征和多元需求,提高教育服务的质量和效果。

③ 激发教育数据的创新潜能,使教育数据能够与其他学科领域的知识和技术相互交流和借鉴,提高教育创新的动力和水平。

3. 面临的挑战和难点

跨学科数据整合与应用虽然有很多优势,但也不可避免地会遇到一些挑战和难点,主要包括以下四个方面:

① 数据获取的难度和成本。由于涉及多个学科领域,需要收集大量异构的数据,可能存在数据来源不稳定、质量不可靠、权限不开放等问题,导致获取数据耗时耗力。

② 数据融合的复杂性和风险。由于涉及多种类型和格式的数据，需要进行多种转换和匹配，可能存在数据不一致、不完整、不准确等问题，导致融合后的数据失真或误导。

③ 数据分析的技术和方法。由于涉及多个学科领域，需要运用多种分析技术和方法，可能存在数据量过大、算法不适用、结果不可解释等问题，导致分析效率低下或效果不佳。

④ 数据应用的伦理和法律。由于涉及多个教育参与者的利益和权益，需要遵守相关的伦理和法律规范，可能存在数据泄露、滥用、歧视等问题，导致应用过程中出现争议或纠纷。

因此，跨学科数据整合与应用需要有明确的目标和问题导向，有合理的数据治理和管理机制，有专业的数据分析和应用团队，有良好的数据伦理和法律意识，才能充分发挥教育数据的价值和作用（高桂雅，2023）。

10.3.2 跨国教育数据共享的挑战与机遇

随着教育的国际化和全球化的发展，教育数据的跨国共享和合作也越来越受到关注和重视。教育数据的跨国共享和合作可以帮助分析不同国家和地区的教育状况和需求，以制定更有普适性和适应性的教育理念和策略，也可以帮助促进不同国家和地区的教育交流和合作，以提升教育的质量和效益。

教育数据的跨国共享和合作面临着一些挑战和机遇，主要包括以下几个方面（巫莉莉、张波，2021）：

① 数据标准的统一与协调。不同国家和地区的教育数据可能存在定义、分类、度量、编码等方面的差异，这给教育数据的跨国共享和合作带来了困难和障碍。为了实现教育数据的跨国共享和合作，需要建立统一或者兼容的教育数据标准，以保证教育数据的可比性、可互操作性、可重用性等。同时，也需要建立有效的数据标准协调机制，以适应不同国家和地区的教育数据标准的变化和更新。

② 数据安全与隐私的保护与平衡。教育数据中可能包含着个人或者机构的敏感信息，如姓名、身份证号、成绩、评价等，这些信息可能受到法律或者道德上的保护，不能随意公开或者传输。为了实现教育数据的跨国共享和合作，需要建立严格的数据安全与隐私保护机制，以防止教育数据被泄露、篡改、滥用等。同时，也需要建立合理的数据安全与隐私平衡机制，以避免过度保护导致教育数据无法有效利用。

③ 数据质量与信任的建立与提升。不同国家和地区的教育数据可能存在着不同的质量水平，如准确性、完整性、时效性、一致性等，这给教育数据的跨国共享和合作带来了风险和不确定性。为了实现教育数据的跨国共享和合作，需要建立完善的数据质量管理机制，以提升教育数据的质量水平，也需要建立有效的数据信任机制，以增强不同国家和地区对于教育数据来源、处理、使用等方面的信任度。

④ 数据价值与利益的发现与分配。不同国家和地区的教育数据可能存在着不同的价值潜力，如支持决策、促进创新、提高效率等，这给教育数据的跨国共享和合作带来了机会和动力。为了实现教育数据的跨国共享和合作，需要建立科学的数据价值评估机制，以发现教育数据中隐含或者显现出来的价值点，也需要建立公平的数据利益分配机制，以保证教育数据的提供者、使用者、受益者等各方的合理利益。

10.3.3　国际合作与标准化的推动

教育数据共享与合作的一个重要方面是国际合作与标准化的推动。随着教育数据分析的发展和应用，不同国家和地区之间的教育数据交流和比较的需求也日益增加。为了促进教育数据的有效共享和利用，需要建立一些国际性的组织、机制和标准，以协调和规范教育数据的收集、处理、存储、传输、分析和使用等各个环节。

目前，已经有一些国际性的组织和项目在推动教育数据共享与合作的发展，例如联合国教科文组织（United Nations Educational, Scientific and Cultural Organization, UNESCO）、国际学生评估项目（The Programme for International Student Assessment, PISA）、国际数学与科学教育成就趋势研究（Trends in International Mathematics and Science Study, TIMSS）等。这些组织和项目通过制定一些共同的指标、方法和标准，以及提供一些平台和工具，来收集、整合、发布和分析不同国家和地区的教育数据，从而为全球教育发展提供参考和支持。例如，联合国教科文组织设立了国际教育信息系统（UNESCO institute for statistics, UIS），负责收集、分析和发布全球范围内各级各类教育的统计数据，并制定了一系列关于教育统计指标、分类、定义、方法等方面的国际标准。PISA 是由经济合作与发展组织（Organisation for Economic Cooperation and Development, OECD）主导的对 15 岁学生进行数学、阅读和科学素养评估的项目，每三年进行一次，目前已有 80 多个国家和地区参与。TIMSS 是由国际教育成就评估协会（The International Association for the Evaluation of Educational Achievement, IEA）主导的对四年级和八年级学生进行数学和科学成就评估的项目，每四年进行一次，目前已有 60 多个国家和地区参与。这些项目通过对不同国家和地区学生的学习成果进行比较，揭示了影响学习成果的各种因素，并为各国政策制定者提供了借鉴。

除了这些已有的组织和项目外，还有一些新兴的倡议和行动在探索教育数据共享与合作的新模式和新途径。这些倡议和行动通过利用互联网、人工智能、区块链等新技术，来促进教育数据的开放、透明、安全和创新，从而为教育改革和质量提升提供新的机会和挑战。例如开放教育资源（open educational resources, OER）、大学排名（u-ranking）等。其中，开放教育资源是指在知识共享许可证或公共领域下发布的可自由使用、修改、复制或再发布的数字化教育资源。开放教育资源可以促进优质教育资源在全球范围内的广泛共享与利用，提高教师专业发展水平，满足不同类型、不同层次学习者的个性化需求。大学排名是指在大量大学教育数据共享资源基础上，根据一定指标和方法对不同大学进行评价和排序的活动，目前已有多种不同的大学排名体系，如 QS（Quacquarelli Symonds）世界大学排名、泰晤士高等教育世界大学排名、上海交通大学世界大学学术排名等。大学排名可以促进高等教育质量的提升和透明度的增强，为高等教育的国际化和多样化发展提供参考。

可见，国际合作与标准化是教育数据共享与合作的一个重要方面，也是混合式教学环境下教育数据分析的未来发展趋势之一。在这一方面，需要加强各国和地区之间的沟通和协作，以及制定和遵守一些公认的原则和规范，以保证教育数据的质量、可信度和有效性。

参考文献

[1] 蔡静,田友谊,2016.大数据时代的师生互动:机遇、挑战与策略[J].教育科学研究,(10):6.

[2] 柴唤友,刘三女牙,康令云,等,2020.教育大数据采集机制与关键技术研究[J].大数据,6(6):14-25.

[3] 陈观彩,2017.浅谈中职学生干部能力培养途径[J].卫生职业教育,35(1):30-31.

[4] 陈海建,戴永辉,韩冬梅,等,2017.开放式教学下的学习者画像及个性化教学探讨[J].开放教育研究,23(3):105-112.

[5] 陈立志,2011.大学生思想政治教育创新研究[M].合肥:电子科技大学出版社.

[6] 陈鹏,李艳燕,2011.CSCL中基于数据挖掘的角色分析研究[J].现代远程教育研究,(1):84-88.

[7] 程幼强,张岚,2011.大学生英语学习态度问卷的编制及其信效度分析[J].天津外国语大学学报,(3):41-48.

[8] 代闯闯,栾海晶,杨雪莹,等,2021.区块链技术的研究及其发展综述[J].计算机科学,(S2):500-508,666.

[9] 戴力农,2016.设计调研[M].2版.北京:电子工业出版社.

[10] 翟俊卿,陈蕴琦,王西敏,2021.移动设备促进儿童在户外自然情境中的学习:基于国外实证研究的系统分析[J].现代远距离教育,(5):43-51.

[11] 董志友,黄晶伟,2020.移动学习理论探析与发展趋势[J].绥化学院学报,40(5):126-128.

[12] 杜浩哲,2020.翻转课堂教学模式满意度调查分析[D].曲阜:曲阜师范大学.

[13] 费少梅,王进,陆国栋,2015.信息技术支持的SCH-SPOC在线教育新模式探索和实践[J].中国大学教学,(4):57-60.

[14] 冯晓英,王瑞雪,吴怡君,2018.国内外混合式教学研究现状述评:基于混合式教学的分析框架[J].远程教育杂志,36(3):13-24.

[15] 傅丽玉,陆歌皓,吴义明,等,2022.区块链技术的研究及其发展综述[J].计算机科学,(6A):447-461.

[16] 高桂雅,2023.数据驱动的高校图书馆跨学科知识组织与智慧服务模式研究[J].图书馆界,(4):64-67.

[17] 顾小清,王炜,2004.支持教师专业发展的课堂分析技术新探索[J].中国电化教育,(7):18-21.

[18] 郭峰,2010.网络教学中的教师角色实证研究[D].济南:山东师范大学.

[19] 郭炯,郑晓俊,2017.基于大数据的学习分析研究综述[J].中国电化教育,(1):121-130.

[20] 国家标准化管理委员会,2017.系统与软件工程系统与软件质量要求和评价(SQuaRE):GB/T 25000.51—2016[S].北京:中国标准出版社.

[21] 国务院,2017.国务院关于印发新一代人工智能发展规划的通知[Z/OL].(2017-07-20)[2022-06-20].https://www.gov.cn/zhengce/content/2017/07/20/content_5211996.htm.

[22] 韩雨,韩丛英,2022.2021年人工智能领域科技发展综述[J].战术导弹技术,(2):42-51.

[23] 何克抗,2004.从BlendingLearning看教育技术理论的新发展(上)[J].中国电化教育,(3):5-10.

[24] 何克抗,2016."学习分析技术"在我国的新发展[J].电化教育研究,37(7):5-13.

[25] 胡勇,2009.网络教学中的教师角色实证研究[J].开放教育研究,(2):92-96.

[26] 黄红涛,孟红娟,左明章,等,2018.混合现实环境中具身交互如何促进科学概念理解[J].现代远程教育研究,(6):9.

[27] 黄荣怀,王运武,焦艳丽,2021.面向智能时代的教育变革:关于科技与教育双向赋能的命题[J].中国电化教育,(7):22-29.

[28] 黄银芳,2021.智慧课堂中小学科学学习者画像构建研究[D].长沙:湖南师范大学.

[29] 纪兰芬,2016.大学生对基于互联网＋的APT模式的态度研究[J].青海师范大学学报(哲学社会科学版),(2):154-158.

[30] 姜强,赵蔚,王朋娇,等,2015.基于大数据的个性化自适应在线学习分析模型及实现[J].中国电化教育,(1):85-92.

[31] 科宾,斯特劳斯,2015.质性研究的基础:形成扎根理论的程序与方法:第3版[M].朱光明,译.重庆:重庆大学出版社.

[32] 克瑞奇,克拉奇菲尔德,1958.心理学纲要[M].周先庚,等译.北京:文化教育出版社.

[33] 李东林,郑玮,朱静,2017.硕士研究生学习态度及其与学校因素的相关研究[J].高教探索,(7):73-79.

[34] 李航,2019.统计学习方法:[M].2版.北京:清华大学出版社.

[35] 李华珍,2020.基于网络教育学习者特征向量的相似学习者研究[D].无锡:江南大学.

[36] 李克东,赵建华,2004.混合学习的原理与应用模式[J].电化教育研究,(7):1-6.

[37] 李佩宁,2017.什么是真正的跨学科整合:从几个案例说起[J].人民教育,(11):76-80.

[38] 李青,刘娜,2016.MOOC中教学视频的设计及制作方法:基于Coursera及edX平台课程的实证研究[J].现代教育技术,(7):64-70.

[39] 李瑞,2021.大学英语在线学习者画像的行为标签体系研究[D].成都:电子科技大学.

[40] 李文贤,2020.初中语文课堂师生言语互动研究[D].长沙:湖南师范大学.

[41] 李雪娇,2019.基于学习者画像的在线学习支持服务策略设计研究[D].上海:华东师范大学.

[42] 李亚楠,张睿,2022.基于学习投入的混合式教学预警模型研究:以大学物理为例[J].物理与工程,(1):93-102,125.

[43] 李燕峰,刘亚男,2021.高等教育数据治理领域的区块链融合研究[J].中国教育信息化,(17):60-66.

[44] 李永智,2023.以数字化开辟教育发展新赛道[N].人民日报,10-13(9).

[45] 刘冰,2010.学习者网络学业求助行为实证研究[J].乐山师范学院学报,(10):137-140.

[46] 刘冰,罗小兵,2018.大学生SPOC学习态度实证研究[J].教育评论,(6):148-152.

[47] 刘军,2004.社会网络分析导论[M].北京:社会科学文献出版社.

[48] 刘三女牙,杨宗凯,李卿,2017.教育数据伦理:大数据时代教育的新挑战[J].教育研究,(4):15-20.

[49] 陆吉健,周美美,张霞,等,2021.基于MR实验的"多模态＋人机协同"教学及应用探索[J].远程教育杂志,(6):58-66.

[50] 罗森伯格M,霍夫兰德R H,1960.多元态度理论的实验验证[J].美国心理学家,15(5):327-343.

[51] 吕之华,2017.精通D3.js[M].2版.北京:电子工业出版社.

[52] 马健云,2018.高校混合式教学发展现状及保障制度研究[D].重庆:西南大学.

[53] 马世权,2020.乐见数据:商业数据可视化思维[M].北京:人民邮电出版社.

[54] 迈尔斯D M,2016.社会心理学:第11版[M].侯玉波,等译.北京:人民邮电出版社.

[55] 乔璐,江丰光,2020.慕课学习者群体的聚类分析:以"STEM课程设计与案例分析"慕课为例[J].现代教育技术,(1):100-106.

[56] 上海市教育委员会信息中心,2021.上海教育数据质量管理规范(试行)[R/OL].(2021-08-10)[2023-02-11].https://www.shedu.net/cn/shedu_new/editer/uploadfile/20210913102454787.pdf.

[57] 斯宾塞,1862.第一原理[M].易立梅,译.北京:外语教学与研究出版社.

[58] 孙颁,2020.MR技术前景探究:混合现实(MR)的数字化前景[EB/OL].(2020-11-13)[2023-06-13]. https://www.100vr.com/100vr/index/articlepage_detail?type=3&id=176983.

[59] 孙妍妍,顾小清,丰大程,2019.面向学习者画像的评估工具设计:中小学生"学会学习"能力问卷构建与验证研究[J].华东师范大学学报(教育科学版),37(6):36-47.

[60] 谭铁牛,2019.人工智能的历史、现状和未来[EB/OL].(2019-02-18)[2023-09-12].https://www.cas.cn/zjs/201902/t20190218_4679625.shtml.

[61] 唐雯谦,覃成海,向艳,等,2021.智慧教育与个性化学习理论与实践研究[J].中国电化教育,(5):124-137.

[62] 唐烨伟,茹丽娜,范佳荣,等,2019.基于学习者画像建模的个性化学习路径规划研究[J].电化教育研究,(10):53-60.

[63] 陶德清,2000.学习心理学[M].北京:高等教育出版社.

[64] 陶德清,2001.学习态度的理论与研究[M].广州:广东人民出版社.

[65] 田雅慧,2020.基于学习者画像的MOOC学情预警研究[D].上海:华东师范大学.

[66] 王良周,于卫红,2015.大数据视角下的学习分析综述[J].中国远程教育,(3):31-37.

[67] 王陆,2008.信息化教育研究中的新内容:互动关系研究[J].电化教育研究,(1):11-17,21.

[68] 王陆,杨惠,白继芳,2008.CSCL中基于问题解决的知识建构[J].中国电化教育,(4):31-34.

[69] 王正青,徐辉,2018.大数据时代美国的教育大数据战略与实施[J].教育研究,(2):120-126.

[70] 微言创新,2020.漫谈混合现实(MR)技术之一:什么是混合现实(MR)技术[EB/OL].(2020-11-13)[2023-09-26].https://www.100vr.com/100vr/index/articlepage_detail?type=3&id=177003.

[71] 巫莉莉,张波,2021.华南农业大学:高校一体化数据治理与服务[J].中国教育网络,(7):68-69.

[72] 吴兵,叶春明,2008.上海电视大学与马来西亚宏愿大学学习者网上交互比较研究[J].开放教育研究,(3):56-62.

[73] 吴艳安,熊才平,黄勃,2011.网络通讯环境下的师生互动变革研究[J].远程教育杂志,(3):60-65.

[74] 武法提,黄石华,殷宝媛,2019.基于场景感知的学习者建模研究[J].电化教育研究,40(3):68-74.

[75] 肖君,乔惠,李雪娇,2019.基于xAPI的在线学习者画像的构建与实证研究[J].中国电化教育,(1):123-129.

[76] 辛娜敏,王立勋,张伟远,2003.远程教育中互动的理念及派别之述评[J].中国远程教育,(17):27-33,78.

[77] 杨惠,吕圣娟,王陆,等,2009.CSCL中教师的教学组织行为对学习者高水平知识建构的影响研究[J].中国电化教育,(1):64-68.

[78] 杨现民,2022.中国基础教育大数据2020-2021:走向数据驱动的规模化因材施教[M].北京:科学出版社.

[79] 杨现民,李新,吴焕庆,等,2017.区块链技术在教育领域的应用模式与现实挑战[J].现代远程教育研究,(2):34-45.

[80] 杨现民,唐斯斯,李冀红,2016.教育大数据的技术体系框架与发展趋势:"教育大数据研究与实践专栏"之整体框架篇[J].现代教育技术,(1):5-12.

[81] 姚芳茜,王金萍,万力勇,2022.高校思政课教师在线教学行为框架构建研究[J].高等继续教育学报,(4):52-58,65.

[82] 叶子,庞丽娟,2001.师生互动的本质与特征[J].教育研究,(4):5.

[83] 殷雷,2008.学习态度与学习成绩的相关研究:以学习考勤记录与课堂提问成绩作为学生平时成绩的初步探讨[J].心理科学,31(6):1471-1473.

[84] 余明华,张治,祝智庭,2021.基于学生画像的项目式学习评价指标体系研究[J].电化教育研究,42(3):89-97.

[85] 袁军,2019.大数据环境下用户画像在高校图书馆的应用研究[J].图书馆研究与工作,(6):22-26.

［86］张静抒,2006.情感管理学［M］.上海:上海交通大学出版社.
［87］张楠,2021.基于"钉钉"的线上教学师生互动行为数据的分析与对策研究［D］.杭州:杭州师范大学.
［88］张琪,2018.学习分析技术与方法［M］.北京:科学出版社.
［89］张睿,王祖源,徐小凤,2017.混合型教学模式对物理学习态度的影响［J］.物理与工程,(3):3-6.
［90］张文彤,2021.SPSS统计分析基础教材［M］.3版.北京:高等教育出版社.
［91］张艳红,2009.网络师生互动的心理学研究［M］.北京:中国社会科学出版社.
［92］张增强,杨艳玲,冯桂珍,2021.课堂教学大数据分析及其在混合式教学中的运用［J］.石家庄铁道大学学报(社会科学版),(3):104-110.
［93］张振虹,杨庆英,韩智,2013.微学习研究:现状与未来［J］.中国电化教育,(11):12-20.
［94］张志红,耿兰芳,2009.学习态度对大学生学习成绩影响的实证分析［J］.中国大学教学,(10):87-89.
［95］赵磊磊,张黎,王靖,2022.智能时代教育数据伦理风险:典型表征与治理路径［J］.中国远程教育,(3):17-25,77.
［96］赵瑞斌,范文翔,杨现民,等,2020.具身型混合现实学习环境(EMRLE)的构建与学习活动设计［J］.远程教育杂志,38(5):8.
［97］赵鑫,姚海莹,2019.基于蓝墨云班课的混合式教学行为研究:以"现代教育技术"课程为例［J］.现代教育技术,(5):46-52.
［98］赵伟,2022.智能时代教育数据风险不容忽视［N］.光明日报,05-24(15).
［99］知达数据,2020.数据图表设计十大原则(完整篇)［EB/OL］.(2020-11-19)［2022-10-29］.https://zhuanlan.zhihu.com/p/299538248.
［100］中华人民共和国教育部,2018.教育部机关及直属事业单位教育数据管理办法［R/OL］.(2018-02-11)［2022-05-12］.http://www.moe.gov.cn/srcsite/A03/s7050/201802/t20180211_327248.html.
［101］中华人民共和国教育部,2022.教育基础数据:JY/T 0633—2022［S/OL］.(2022-11-30)［2023-01-09］.http://www.moe.gov.cn/srcsite/A16/s3342/202302/W020230215418174069060.pdf,2019.
［102］中华人民共和国教育部,2022.介绍党的十八大以来教育国际合作交流情况［R/OL］.(2022-09-20)［2022-11-22］.http://www.moe.gov.cn/fbh/live/2022/54849/sfcl/202209/t20220920_662968.html.
［103］周丹,陈丽婷,2016.基于SPOC的高职混合教学模式研究［J］.教育与职业,16:98-99.
［104］周庆,牟超,杨丹,2015.教育数据挖掘研究进展综述［J］.软件学报,(11):3026-3042.
［105］朱伶俐,刘黄玲子,黄荣怀,2007.网络学习社区交互文本编码体系的设计及应用［J］.开放教育研究,13(1):98-104.
［106］朱宁宁,2013.初中生历史自主学习能力的城乡差异研究［D］.扬州:扬州大学.
［107］朱晓雯,2022.知识·空间·权益:国外移动学习研究的理论图景与逻辑理路［J］.电化教育研究,(7):27-33.
［108］ADAMS W K,PERKINS K K,PODOLEFSKY N S,et al.,2006. New instrument for measuring student beliefs about physics and learning physics:the Colorado learning attitudes about science survey［J］. Physical Review Special Topics Physics Education Research,2(1):87-92.
［109］AGRAWAL R,IMIELINSKI T,SWAMI A,1993. Mining association rules between sets of items in large databases［J］. ACM SIGMOD Record,22(2):207-216.
［110］AMES C,1992. Classrooms:goals,structures,and student motivation［J］. Journal of Educational Psychology,84(3):261-271.
［111］ANDERSON J R,1993. Rules of the mind［M］. New York:Psychology Press.
［112］ANDERSON J R,BOTHELL D,BYRNE M D,et al.,2004. An integrated theory of the mind［J］. Psychological Review,111(4):1036-1060.
［113］ATKINSON R C,SHIFFRIN R M,1968. Human memory:a proposed system and its control processes［J］. Psychology of Learning and Motivation,2:89-195.

[114] AUSUBEL D P,1968. On educational psychology: a cognitive view[M]. New York: Holt, Rinehart and Winston.

[115] BAKER R S J D,2010. Data mining for education[J]. International Encyclopedia of Education,7(3): 112-118.

[116] BARNUM C,PAARMANN W,2002. Bringing induction to the teacher: a blended learning model [J]. THE Journal,30(2):56-64.

[117] BEATTY B,2019. Hybrid-flexible course design[M]. London:EdTech Books.

[118] BERGE Z L,1995. Facilitating computer conferencing: recommendations from the field [J]. Educational Technology,35(1):22-30.

[119] BOHRA N,JOSHI S,2019. Establishing the relationship between learner profile and retention of learning: a case of adult literacy program in India[J]. The New Educational Review,55(1):195-207.

[120] BOURDIEU P, WACQUANT L J,1992. An invitation to reflexive sociology [M]. Chicago: University of Chicago Press.

[121] BROAD E,SMITH A,WELLS P,2017. Helping organisations navigate ethical concerns in their data practices[R/OL].[2023-11-01]. https://www.scribd.com/document/358778144/ODI-Ethical-Data-Handling-2017-09-13.

[122] BROWN J S, COLLINS A, DUGUID P,1989. Situated cognition and the culture of learning[J]. Educational Researcher,18(1):32-42.

[123] BYSTROVA T, LARIONOVA V, SINITSYN E, et al.,2018. Learning analytics in massive open online courses as a tool for predicting learner performance[J]. Вопросы образования,(4):139-166.

[124] CAMPOS M,2004. A constructive method for the analysis of networked cognitive communication and the assessment of collaborative learning and knowledge-building [J]. Journal of Asynchronous Learning Networks,8(2):1-30.

[125] CHATTI M A, DYCKHOFF A L, SCHROEDER U, et al.,2012. A reference model for learning analytics[J]. International Journal of Technology Enhanced Learning,4(5/6):318-331.

[126] CHAUHAN J,GOEL A,2017. A feature-based analysis of MOOC for learning analytics[C]. 2017 Tenth international conference on contemporary computing (IC3). IEEE: 1-6.

[127] CHEN M Y,CHEN C P,SUN Y S,2011. A data mining framework for building a recommendation system with a novel similarity measure and a trust metric[J]. Expert Systems with Applications,38 (9):10791-10800.

[128] CHIM T H,WYLIE R,2014. The ICAP framework: linking cognitive engagement to active learning outcomes[J]. Educational Psychologist,49(4):219-243.

[129] CLARK K,DUCKHAM M,GUILLEMIN M,et al.,2019. Advancing the ethical use of digital data in human research: challenges and strategies to promote ethical practice[J]. Ethics and Information Technology,21(1):59-73.

[130] CLARKE R,2018. Guidelines for the responsible application of data analytics[J]. Computer Law & Security Review,34(3):467-476.

[131] CLOW D,2012. The learning analytics cycle: closing the loop effectively[C]. Proceedings of the 2nd international conference on learning analytics and knowledge. Association for Computing Machinery: 134-138.

[132] COOKSON P S,CHANG Y B,1995. The multidimensional audioconferencing classification system (MACS) [J]. American Journal of Distance Education,9(3):18-36.

[133] COOPER A,2012. What is analytics? definition and essential characteristics[R]. CETIS Analytics Series,1(5):1-10.

[134] CURRY L,1983. An organization of learning style theory and constructs[J]. Cognitive Style,28:28.

[135] Data Quality Campaign,2014a. Roadmap for educator licensure policy addressing data literacy[EB/OL].（2014-11-12）[2023-11-16]. https://dataqualitycampaign. org/resource/roadmap-educator-licensure-policy-addressing-data-literacy/.

[136] Data Quality Campaign,2014b. Teacher data literacy: it's about time:a brief for state policymakers[EB/OL].（2014-02）[2023-11-16]. https://dataqualitycampaign. org/wp-content/uploads/2016/03/DQC-Data-Literacy-Brief. pdf.

[137] DEWEY J,1938. Experience and education[M]. London:Macmillan Publishers Limited.

[138] DRACHSLER H,KALZ M,2016. The MOOC and learning analytics innovative cycle(MOLAC): a reflective summary of ongoing research and its challenges[J]. Journal of Computer Assisted Learning,32(3):281-290.

[139] DREW C,2018. Design for data ethics:using service design approaches to operationalize ethical principles on four projects[J]. Philosophical Transactions of the Royal Society a Mathematical Physical and Engineering Sciences,376(2128): 20170353.

[140] DUVAL E,2012. Learning analytics and educational data mining[N/OL]. Erik Duval's Weblog,2012-01-30.[2023-04-15]. https://erikduval. wordpress. com/2012/01/30/learning-analytics-and-educational-data-mining/.

[141] EBBINGHAUS H,2013. Memory: a contribution to experimental psychology[J]. Annals of Neurosciences,20(4):155.

[142] FAHY P J,CRAWFORD G,ALLY M,et al. ,2000. The development and testing of a tool for analysis of computer mediated conferencing ttranscripts[J]. The Alberta Journal of Educational Research,66(1):85-88.

[143] FELDER R M,SILVERMAN L K,1988. Learning and teaching styles in engineering education[J]. Engineering Education,78(7):674-681.

[144] FLAVELL J H,1979. Metacognition and cognitive monitoring: a new area of cognitive-developmental inquiry[J]. American Psychologist,34(10):906-911.

[145] FLEMING N D,BAUME D,2006. Learning styles again: varking up the right tree[J]. Educational Developments,7(4):4-10.

[146] FOX A,2013. From MOOCs to SPOCs[J]. Communications of the ACM,56(12):38-40.

[147] FREEMAN A,ADAMS S,CUMMINS M,et al. ,2017. NMC/CoSN horizon report: 2017 K-12 edition[R]. Texas:The New Media Consortium.

[148] GAGNE R,1985. The conditions of learning and theory of instruction[M]. New York:Holt,Rinehart and Winston.

[149] GARCiA E,ROMERO C,VENTURA S,et al. ,2008. Drawbacks and solutions of applying association rule mining in learning management systems[J]. Nonproliferation Review.

[150] GARRISON D R,ANDERSON T,ARCHER W,2001. Critical thinking and computer conferencing: a model and tool to assess cognitive presence[EB/OL].[2023-9-29]. https://auspace. athabascau. ca/handle/2149/740.

[151] GARRISON D R,ARBAUGH J B,2007. Researching the community of inquiry framework: review, issues,and future directions[J]. The Internet and Higher Education,10(3):157-172.

[152] GIANNAKOS M,SPIKOL D,Di Mitri D,et al. ,2022. Introduction to multimodal learning analytics[J]. Springer, Cham,9:3-28.

[153] GOLDY-BROWN S,2021. 11 Benefts of MOOCS (massive open online courses)[EB/OL].[2023-09-19]. https://plexuss. com/news/article/benefits-of-moocs.

[154] GRAINGER B,2013. Massive open online course（MOOC）report 2013[R/OL].[2023-09-19]. http://www. londoninternational. ac. uk/sites/default/files/documents/mooc_report-2013. pdf.

[155] GRELLER W,DRACHSLER H,2012. Translating learning into numbers:a generic framework for learning analytics[J]. Journal of Educational Technology & Society,15(3):42-57.

[156] GUNAWARDENA C N,LOWE C A,ANDERSON T,1997. Analysis of a global online debate and the development of an interaction analysis model for examining social construction of knowledge in computer conferencing[J]. Journal of Educational Computing Research,17(4):397-431.

[157] HALLGREN K,2016. How to approach data-driven decisions in education[N/OL]. (2016-02-17) [2023-4-30]. https://www.mathematica.org/blogs/data-driven-decisions-in-education.

[158] HAMILTON L,HALVERSON R,JACKSON S,et al.,2009. Using student achievement data to support instructional decision making (NCEE 2009-4067)[EB/OL]. (2009-9-29)[2023-5-16]. https://ies.ed.gov/ncee/wwc/Docs/PracticeGuide/dddm_pg_092909.pdf.

[159] HAN J, PEI J,2002. Mining frequent patterns without candidate generation[J]. ACM, 29(2):1-12.

[160] HARA N,BONK C,ANGELI C,2000. Content analysis of online discussion in an applied educational [J]. International Journal of Computer-Supported Collaborative Learning.

[161] HENRI F, RIGAULT C R,1996. Collaborative distance learning and computer conferencing[J]. Springer Berlin Heidelberg,145:45-76.

[162] HERODOTOU C,RIENTIES B,BOROOWA A,et al.,2019. A large-scale implementation of predictive learning analytics in higher education: the teachers' role and perspective [J]. Educational Technology Research and Development,67:1273-1306.

[163] HILLMAN D C,WILLIS D J,GMAWARDENA C N,1994. Learner-interface interaction in distance education: an extension ofcontemporary models and strategies for practitioners[J]. American Journal of Distance Education,8(2):30-42.

[164] IBM,2019. Extracting business value from the 4 V's of big data[EB/OL]. [2023-06-20]. https://www.researchgate.net/figure/The-Four-Vs-of-Big-Data-and-Its-Value-IBM-2019-fg1-344303432.

[165] IFENTHALER D,TRACEY M W,2016. Exploring the relationship of ethics and privacy in learning analytics and design:implications for the field of educational technology[J]. Educational Technology Research and Development,64(5):877-880.

[166] IKEMOTO G S,MARSH J A,2007. Chapter 5cutting through the "data-driven" mantra: different conceptions of data-driven decision making[J]. Yearbook of the National Society for the Study of Education,106(1):105-131.

[167] JOHNSON L,ADAMS B S,ESTRADA V,et al.,2014. NMC horizon report:2014 higher education edition [R/OL]. [2023-09-19]. http://cdn.nmc.org/media/2014-nmc-horizon-report-he-EN-SC.pdf.

[168] KANUKA H,ANDERSON T,1998. Online social interchange, discord, and knowledge construction [J]. Journal of Distance Education,13(1):57-74.

[169] KEARSLEY G,1995. The nature and value of interactionin distance learning[R]. In Third Distance Education Research Symposium,83:92.

[170] KHALIL M,EBNER M,2015. Learning analytics:principles and constraints[C]. Edmedia+ innovate learning. Association for the Advancement of Computing in Education (AACE):1789-1799.

[171] KHALIL M,PRINSLOO P,SLADE S,2022. The use and application of learning theory in learning analytics:a scoping review[J]. Journal of Computing in Higher Education,34(1):1-22.

[172] KOLB D A,1984. Experiential learning:experience as the source of learning and development[M]. Upper Saddle River:Prentice-Hall.

[173] LAI M K, SCHILDKAMP K, 2013. Data-based decision making: an overview [J]. Springer Netherlands:17.

[174] LESTER J C,CONVERSE S A,KAHLER S E,et al.,1997. The persona effect: affective impact of animated pedagogical agents[C]. In Proceedings of the ACM SIGCHI Conference on Human Factors in Computing Systems:359-366.

[175] LIU Q,CHEN S,WANG W,2015. Mining learning behavior patterns in online problem-solving activities for students' academic performance prediction[C]. Proceedings of the 8th international conference on educational data mining. International Educational Data Mining Society:448-451.

[176] LONG P,SIEMENS G,2011. Penetrating the fog:analytics in learning and education[J]. Educause Review,46(5):31-40.

[177] LOVE N,2012. Data literacy for teachers[M]. Melbourne:Hawker Brownlow Education.

[178] MANDINACH E B,GUMMER E S,2013. Asystemic view of implementing data literacy in educator preparation[J]. Educational Researcher,42(1):30-37.

[179] MANDINACH E B,GUMMER E S,2016. Data literacy for educators:making it count in teacher preparation and practice[M]. Upper Saddle River:Teachers College Press.

[180] MAYER R E,MORENO R,2003. Nine ways to reduce cognitive load in multimedia learning[J]. Educational Psychologist,38(1):43-52.

[181] MEANS B,CHEN E,DEBARGER A,et al.,2011. Teachers' ability to use data to inform instruction:challenges and supports[J]. Office of Planning,Evaluation and Policy Development,US Department of Education.

[182] MOHAMMED A Z,2009. E-learning on the cloud[J]. International Arab Journal of E-Technology,1(2):58-64.

[183] MOLENDA M,2015. In search of the elusive ADDIE model[J]. Performance Improvement,54(2):40-42.

[184] MONTESSORI M,1912. Themontessori method[M]. Manhattan:Frederick A. Stokes Company.

[185] MOORE M,1989. Three types of interaction[J]. The American Journal of Distance Education,3(2):1-6.

[186] MOUGIAKOU S,VINATSELLA D,SAMPSON D,et al.,2023. Educational data analytics for teachers and school leaders[M]. Berlin:Springer Nature.

[187] NEHIRI N,AKNIN N,2017. New construction process of standardized learner profile[C]. Proceedings of the 2nd International Conference on Computing and Wireless Communication Systems:1-5.

[188] North Carolina Department of Public Instruction,2013. Data literacy[R/OL]. [2023-3-27]. http://ites.ncdpi.wikispaces.net/Data+Literacy.

[189] O'FARRELL,2017. Using learning analytics to support the enhancement of teaching and learning in higher education[C]. National Forum for the Enhancement of Teaching and Learning in Higher Education.

[190] ORVALHO J,2014. The dubuque electricity portal:evaluation of a city-scale residential electricity consumption feedback system[J]. Computing reviews,55(7):439-440.

[191] PAPAMITSIOU Z,FILIPPAKIS M E,POULOU M,et al.,2021. Towards an educational data literacy framework:enhancing the profiles of instructional designers and e-tutors of online and blended courses with new competences[J]. Smart Learning Environments,8(1):Article 1.

[192] PARK K,JI H,LIM H,2015. Development of a learner profiling system using multidimensional characteristics analysis[J]. Mathematical Problems in Engineering:Article 1.

[193] PEGG J,2014. Structure of the observed learning outcome (SOLO) model[J]. Springer Netherlands,7:1-5.

[194] PIAGET J,1952. The origins of intelligence inchildren[M]. New York:International Universities Press.

[195] PINTRICH P R,SCHUNK D H,2002. Motivation in education:theory,research and applications [M]. 2nd ed. Upper Saddle River:Merrill Prentice Hall.

[196] POGORSKIY E,2013. Using personalisation to improve the effectiveness of global educational projects[J]//JPRADO J C,MARZAL M A. Incorporating data literacy into information literacy programs:core competencies and contents. Libri,63(2):123-134.

[197] PRADO J C,MARZAL M A,2013. Incorporating data literacy into information literacy programs:core competencies and contents[J]. Libri,63(2):123-134.

[198] REISER R A,2001. A history of instructional design and technology:part II:a history of instructional design[J]. Educational Technology Research and Development,49(2):57-67.

[199] RIDSDALE C,ROTHWELL J,SMIT M,et al.,2015. Strategies and best practices for data literacy education[J]. Knowledge Synthesis Report.

[200] ROBERTSON I,2008. Learners' attitudes to wiki technology in problem based,blended learning for vocational teacher education[J]. Australasian Journal of Educational Technology,24(4):425-441.

[201] ROGIERS A,MERCHIE E,KEER H V,2020. Learner profile stability and change over time:the impact of the explicit strategy instruction program "learning light"[J]. The Journal of Educational Research,113(1):26-45.

[202] ROMERO C,VENTURA S,GARCÍA E,2007. Data mining in course management systems:moodle case study and tutorial[J]. Computers & Education,51(1):368-384.

[203] RUBEL A,JONES K M L,2016. Student privacy in learning analytics:an information ethics perspective[J]. The Information Society,32(2):143-159.

[204] RYU J,BAYLORA L,2005. The psychometric structure of pedagogical agent persona[J]. Technology,Instruction,Cognition and Learning,2(4):291-319.

[205] SAMPSON D,PAPAMITSIOU Z,IFENTHALER D,et al.,2021. Educational data literacy[M]. Berlin:Springer.

[206] SAUNDERS N G,MALM LD,MALONEBG,et al.,1998. Student perspectives:responses to internet opportunities in a distance learning environment[J]. Mid-western Educational Researcher,11(4):8-18.

[207] SHACKLOCK X,2016. From bricks to clicks:the potential of data and analytics in higher education [R/OL]. (2016-01-19)[2024-02-18]. https://www.policyconnect.org.uk/media/1128/download.

[208] SIDHARTHA K,2016. MOOC:Advantages and disadvantages. Igniteengineers[EB/OL]. [2023-09-15]. https://www.igniteengineers.com/mooc-advantages-and-disadvantages/.

[209] SIEMENS G,2012. Learning analytics:envisioning a research discipline and a domain of practice[C]. Proceedings of the 2nd international conference on learning analytics and knowledge. Association for Computing Machinery:4-8.

[210] SIEMENS G,GASEVIC D,2012. Guest editorial-learning and knowledge analytics[J]. Educational Technology & Society,15(3):1-2.

[211] SO H,BRUSH T A,2008. Student perceptions of collaborative learning,social presence and satisfaction in a blended learning environment:relationships and critical factors[J]. Computers & Education,51(1):318-336.

[212] SUPPES P,1966. The uses of computers in education[J]. Scientific American,215(3):206-220.

[213] SWELLER J,MERRIENBOER J,PAAS F,1998. Cognitive architecture and instructional design[J]. Educational Psychology Review,10(3):251-296.

[214] TANG C,CHAW L,2013. Readiness for blended learning:understanding attitude of university students[J]. International Journal of Cyber Society and Education,6(2):79-100.

[215] TENE O,POLONETSKY J,2016. Beyond IRBs:ethical guidelines for data research[J]. Washington and Lee Law Review Online,72(3):458.

[216] THOMAS R K,STREKALOVA-HUGHES E,2023. The learner profile:piloting a tool to support contextualized understanding of the learner[J]. Journal of Early Childhood Teacher Education,44(3):349-372.

[217] THORNDIKE E L,1920. The measurement of intelligence[M]. New York:Teachers College Press.

[218] U. S. Department of Education,2017. Reimagining the role of technology in education:2017 national education technology plan update [DB/OL]. [2023-09-19]. https://tech.ed.gov/files/2017/01/NETP17.pdf.

[219] TIMPERLEY H,EARL L M,2008. Understanding how evidence and learning conversations work [J]. Professional Learning & Development in Schools & Higher Education,1:1-12.

[220] VAHEY P,YARNALL L,PATTON C,et al.,2006. Mathematizing middle school:results from a cross-disciplinary study of data literacy[C]. Annual Meeting of the American Educational Research Association,San Francisco,CA.

[221] VALIATHAN P,2002. Blended learning models[J]. Learning Circuits,3(8):50-59.

[222] VALLEE H Q,LAIRD E,2021. Data ethics in education and the social sector:what does it mean and why does it matter? [R/OL]. [2024-01-01]. https://cdt.org/wp-content/uploads/2021/02/2021-02-19-Data-Ethics-and-Ed-and-Social-Sector-FINAL.pdf.

[223] VYGOTSKY L S,1978. Mind in society:the development of higher psychological processes[M]. Boston:Harvard University Press.

[224] WASSERMAN S,FAUST K,1994. Social network analysis:methods and applications[M]. London:Cambridge University Press.

[225] WOLFF A,GOOCH D,CAVERO M,et al.,2016. Creating an understanding of data literacy for a data-driven society[J]. In The Journal of Community Informatics,12(3):9-26.

[226] YANG J,2013. A study on online learner profile for supporting personalized learning[J]. Knowledge Management & E-Learning:An International Journal,(5):315-322.

[227] ZOOK M,BAROCAS S,BOYD D,et al.,2017. Ten simple rules for responsible big data research[J]. PLOS Computational Biology,(13):e1005399.

后　　记

当本书的最后一个句号画上时,我不知道我写这本书的目的是否达到了。

我的本意是对混合式教学环境下教育数据分析领域做一次系统性的探讨和总结,旨在为构建以数据驱动的个性化教学新范式,推动教育数字化转型提供理论与实践参考。像很多书的写作过程一样,本书的写作也是一个不断收集和整合资料的过程,是一个不断学习和反思的过程。我在撰写本书的过程中,参考了大量的国内外文献,运用了多种研究方法,设计和开展了多个教育数据分析的实验和案例,力求使本书的内容具有一定的理论深度和实践广度。同时我也意识到本书的不足之处,希望能够得到读者的理解和指正。

首先,本书着重强调混合式教学环境下教育数据分析的关联理论要素,包括混合式教学、教育数据和学习分析等基础理论知识。我认为通过教育数据分析,可以更全面地理解学习过程,发现学生的潜能和问题,并为其提供个性化的支持和指导。这不仅有助于提高教育质量、推动教育公平,还能培养出更具创造力和适应能力的未来人才。同时,本书还强调构建适用于混合式教学环境的教育数据分析框架的必要性,以引导教育工作者历经从数据采集到结果呈现再到反馈和建议的整个过程。其次,本书介绍混合式教学环境下教育数据分析的技术手段和方法步骤,对一些常见的数据分析和挖掘方法,给出了相应的应用案例并进行分析,为后续的实践篇提供方法支持和参考。最后,通过实验研究法和案例分析法等多种研究方法,本书深入探讨混合式教学环境下学习者的情感态度、学习行为和学习支持的实践案例。这些案例旨在展示教育数据分析的实际应用,为个性化教学策略的设计提供具体支持。同时,我也意识到,在混合式教学中,教师和管理者同样发挥着重要作用,未来的研究需要更多地关注和分析他们在混合式教学环境下的表现,以全面评估和改进混合式教学的质量和效果。

在学术创新方面,本书提出了混合式教学环境下教育数据分析实践框架,并强调未来教育数据分析的趋势,包括多元化、智能化、个性化和开放化等方向。同时构建了基于学习者画像的个性化教学设计框架,推动教育数据分析领域的理论和实践创新。

学术价值上,首先,我认为本书是对国家教育数字化战略的一种积极参与和回应,为教育工作者、学习者、研究者以及教育决策者提供有益的理论和实践指导,推动教育数据分析在混合式教学中的广泛应用,促进教育质量的提升和个性化学习服务的实现。其次,在混合式教学环境下,教育数据分析的应用需要与伦理价值观和法律框架相结合,以保护学生和教育工作者的隐私,避免对学生和教育决策产生负面影响。最后,本书强调教师数据素养是未来学校教师专业发展不可或缺的一部分。然而,目前存在的教育工作者专业能力框架很少涉及教育数据素养,忽视了在混合式教学中应用教育数据分析的方法和工具所具备的潜在价值。因此,应该对现有的教育工作者专业能力框架进行扩展,以使其能够包容和培养适应教育数据素养的相关能力。这样的扩展不仅有助于提高教育工作者在混合式教学环境下的教学效果,还能更好地适应数字化时代对教育工作者的新要求。

尽管本书努力尝试涵盖混合式教学环境下教育数据分析的多个方面,但限于篇幅和个人能力等因素,未能深入探讨一些新技术的运用、教育数据分析的多样化应用场景等问题。在未来的研究中,我将进一步深入研究混合式教学环境下教育数据分析的理论基础和前沿问题,挖掘新技术、新方法,并扩展研究视野,力图涵盖更多的应用场景和数据形态。这将为教育数字化转型提供更多的思考和探索,促进教育领域的不断发展和创新。

刘　冰
2023 年 11 月